Eva-Maria Willkop, Claudia Wiemer,
Evelyn Müller-Küppers,
Dietrich Eggers, Inge Zöllner

Auf neuen Wegen

Deutsch als Fremdsprache für die Mittelstufe und Oberstufe

HUEBER VERLAG

7.   6.   5.   Die letzten Ziffern
2012 11 10 09 08   bezeichnen Zahl und Jahr des Druckes.
Alle Drucke dieser Auflage können, da unverändert,
nebeneinander benutzt werden.
1. Auflage
© 2003 Hueber Verlag, 85737 Ismaning, Deutschland
Umschlagfoto: Corbis Stock Market, Düsseldorf (George B. Diebold)
Satz/Layout: grafik & design, Bettina Kammerer, München
Druck und Bindung: Ludwig Auer GmbH, Donauwörth
Printed in Germany
ISBN 978–3–19–001640–2

Vorwort

Das vorliegende Lehrwerk möchte mit Ihnen neue Wege gehen, etwas ausprobieren und Sie von den alten, ausgetretenen Wegen etwas abbringen. Lassen Sie uns den Weg erkunden, der für Sie der interessanteste und vielversprechendste ist und an dem die meisten Ihrer (Lern-)Ziele liegen.

Auf neuen Wegen richtet sich an Lernende im In- und Ausland, die sich intensiv mit deutscher Sprache und Kultur beschäftigen wollen oder an einer deutschsprachigen Universität studieren möchten.

Das Lehrwerk setzt voraus, dass Sie die Grundstufe mit einem sehr guten *Zertifikat Deutsch* abgeschlossen haben. Das Buch soll Sie die ganze Mittelstufe hindurch begleiten und es Ihnen erleichtern, sich auf wichtige Prüfungen der Mittel- und Oberstufe vorzubereiten (ab der Stufe B2 des Europäischen Referenzrahmens; z.B. auf die *Zentrale Mittelstufenprüfung* (ZMP) und die *Zentrale Oberstufenprüfung* (ZOP) ebenso wie auf die *Deutsche Sprachprüfung für den Hochschulzugang ausländischer Studienbewerber* (DSH) oder den TestDaF). Dafür werden Ihnen Sprachkenntnisse vermittelt und Lerntechniken gezeigt, mit denen Sie individuell weiterlernen und Ihr Wissen ausbauen können.

Das Lehrbuch umfasst acht Lektionen und hat im Anhang einen Lösungsschlüssel und einen Strategieanhang. Die einzelnen Lektionen sind modular aufgebaut: Sie bestehen jeweils aus drei thematischen Teilen A, B und C, einem Vertiefungsteil und einem Grammatikteil.

Die thematischen Teile behandeln verschiedene Aspekte eines Themas. Je nach Interesse können Sie Ihre eigenen Schwerpunkte setzen. Im Vertiefungsteil erhalten Sie von Lektion zu Lektion mehr Möglichkeiten und Anregungen, mit authentischen Materialien selbstständig umzugehen und die erlernten Strategien einzusetzen. Außerdem bietet Ihnen der Vertiefungsteil Projekte an (für In- und Ausland, für das Internet), in denen Sie Ihre neu erworbenen Kenntnisse integrativ und in realen Situationen anwenden können.
Im Grammatikteil können Sie sich die Regeln noch einmal ansehen und weitere Aufgaben zu den Grammatikschwerpunkten der Lektion bearbeiten.

Im Strategieanhang finden Sie einen Überblick über die wichtigsten Strategien zum Umgang mit Texten, zur eigenen Sprachproduktion und zum selbstständigen Weiterlernen; diese Strategien werden in den Lektionen an konkreten Beispielen eingeführt, geübt und später immer wieder aufgegriffen.
Der Lösungsschlüssel hilft Ihnen, wenn Sie alleine arbeiten oder etwas wiederholen möchten.

Wir hoffen, dass der von uns vorgeschlagene Weg Ihnen interessante Ausblicke auf die deutsche Sprache und Kultur ermöglicht, und wünschen Ihnen viel Spaß bei der Arbeit mit dem Buch.

Ihr Autorenteam

Auf neuen Wegen

Inhalt

Leseverstehen

A3 Unser Ausland (Kommentar); A8 Dazwischen (Gedicht); B4–B6/B8 Eltern + Kind = Luxus (Magazin-Artikel); B18 Singles (Fachtext); C4/C5 Schwanken zwischen Aktionismus und Faulsein (Bericht); VT2 Reportagen zur Auswahl: Single-Wohnung/SeniorInnen-studium/Vereine

Hörverstehen

A6 Ausländer über Deutsche (Statements); B13 Kinder und Beruf – Karriereknick vorprogrammiert? (Interview)

Sprechen

A8 Eindrücke zum Gedicht äußern; B1 Familie vorstellen; B11 Mit dem Heimatland vergleichen; B14 Über Kinder und Beruf diskutieren; C1/C2 Befragung im Kurs zu Werten von Jugendlichen durchführen

Schreiben

A7 Auf Leserumfrage reagieren; B2 Familienstrukturen beschreiben; B15 Sachtext schreiben; C6 Bericht zusammenfassen

Wortschatz/Kommunikationsmittel

A4/5 Wortschatz erschließen; A7 Beobachtungen wiedergeben; A8 Meinungen wiedergeben; B1/B2 Funktionen/Rollen beschreiben; B7 Synonyme finden; B9 Wortschatz erklären; B14 Diskussion führen

§ **Grammatik**

B10 Nominalkomposita ➔ GT1 Wortbildung 1; B19 ➔ GT2 Relativsätze; C3 ➔ GT3 Konnektoren 1: Adversative Beziehungen; C7/C8 Proformen (➔ L4, GT1); C9 ➔ GT4 Indirekte Rede

Projekt

VT1 Menschen aus deutschsprachigen Ländern – Porträts und Collagen (In- oder Auslandsprojekt, Netzprojekt)

Spiel

Kennenlernspiel; GT1,6 Spiel mit Komposita

Leseverstehen

A3 Rolex (Werbetext); A5 Die Innere Uhr (Internettext); B4 Zeit ist nicht überall Geld (Fachzeitschriftentext); C7 Zeitdiebe (Zeitschriftenartikel); C9 Zeitfresser (Magazin-Artikel); VT1 Fachzeitschriftenartikel zur Auswahl: Kolibri oder Schnecke? / Die missbrauchte und verzweckte Zeit

Hörverstehen

A9 Kanon; B1 Zeiterfahrungen (Diskussion); C5 Selbstorganisation und Zeitmanagement (Interview); C11 Kanon

Sprechen

A9 Große Uhren (Lied singen); B3 Zeitvorstellungen vergleichen und bewerten; B5/B6 Experiment beschreiben; C6 Ratschläge für Zeitorganisation formulieren; C11 Zeit zu haben (Kanon singen)

Schreiben

A2 Uhrentypen beschreiben; A4 Werbeanzeige formulieren; A8 Geschichte schreiben; B7 Leserbrief schreiben; C4 Erlebnisbericht zu Zeitsprichwörtern anfertigen; C10 Vorschläge zum Umgang mit „Zeitdieben" formulieren

Wortschatz/Kommunikationsmittel

A2 Wortschatz zur Beschreibung von Objekten einsetzen; B5 Experiment beschreiben; C1-C3 Wendungen und Sprichwörter zu „Zeit" anwenden; C6 Tipps geben

Grammatik

A6 Gradpartikeln → GT1 Partikeln 1; A7 → GT2 Konnektoren 2: Temporale Beziehungen; B8 → GT3 Funktionen der Tempora; B9 → GT4 Proportionalsätze; C8 Verbpräfixe → GT5 Wortbildung 2

Projekt

VT2 Zeitrecherchen ❶ Schweizer Uhren ❷ Zeiteinteilung

Spiel

A1 Zeitspiel

Lektion 3: Arbeit und Beruf

Leseverstehen

A4 Die Zukunft der Arbeit (Zeitschriftenartikel); B4 Zeitungstexte zur Auswahl: Die 9,90-Franken-Denkfabrik / Lästige Einkäufe erledigen zwei clevere Jura-Studenten; C6 Zusammenarbeit kann beflügeln (Zeitungsreportage); VT7 Jens Sparschuh: Der Zimmerspringbrunnen (Romanauszug)

Hörverstehen

B1 Alternative Arbeitsformen (Radiobericht); B5 Einkaufsservice (Telefongespräch); C4 Multikulturelle Zusammenarbeit (Interview); C7 Probleme bei der multikulturellen Zusammenarbeit (Interview)

Sprechen

A3 Vermutungen über die Zukunft der Arbeit anstellen; A8 Diagramm erläutern; A9 Über Zeitarbeit diskutieren; B2 Kommentar zum Radiobericht abgeben; C1 Erfahrungen mit internationaler Zusammenarbeit schildern; C2 Grafik beschreiben; C3 Vermutungen anstellen; C5 Ratschläge formulieren; VT6 Bewerbungsstrategien analysieren

Schreiben

B6 Wunsch-Beruf beschreiben; VT2/VT3 Lebenslauf schreiben; VT4/VT5 Bewerbung schreiben

Wortschatz/Kommunikationsmittel

A1/A6 Wortschatz zu Arbeit und Beruf; A5 Erklären/Definieren; A7 Anglizismen und Umgangssprache erklären; A9 Diskussion leiten; C8 Wortschatz für Eigenschaften sammeln

Grammatik

B7 → GT1 Verbvalenz 1; B8 → GT2 Wortstellung 1; C9 → GT3 Konnektoren 3: Kausale Beziehungen

Projekt

VT8 Mein Beruf (Berufsprofile erstellen)

Spiel

A2 Spiel „Heiteres Beruferaten"; B3 Spiel „Tauschring"

Lektion 4: Bei bester Gesundheit

Leseverstehen

A1 Fit bleiben (Kurztexte); A6/A7 Fitnessexperten geben Tipps (Zeitungstext); B5 So finden Sie den richtigen Mediziner (Zeitschriftenartikel); B10 Maxie Wander: Leben wär' eine prima Alternative (Romanauszug); C6 Gewürze – eine klasse Medizin (Zeitschriftenartikel); C10 Haben Sie noch Fragen? (Auszüge aus einem Ratgeber-Artikel); VT2 Merkblatt für Versicherte (Broschüre)

Hörverstehen

A4 Tu was für dich (Radiosendung); B3 Schlafstörungen (Gesundheitstelefon); C3 Naturheilverfahren (Radiosendung); VT1 Gruppenversicherung (Beratungsgespräch)

Sprechen

A2 Vorschläge zur Fitness machen; A5 Volkssportarten des Heimatlandes vorstellen; A9 Vor- und Nachteile von Sportarten besprechen; A12 Kurzvortrag halten; B6/7 Rollenspiele zu Patientenproblemen durchführen; B9 Krankenhauserfahrungen austauschen; C1/C4 Kommentar zu alternativen Heilverfahren abgeben

Schreiben

B1 Schaubild beschreiben; B8 Zur Auswahl: Erzählung/Bericht zu Rahmenthemen verfassen; B11 Brief beantworten; VT3 Unfallbericht/Privatbrief schreiben; VT4 Arztroman schreiben

Wortschatz/Kommunikationsmittel

A3 Bewegungen beschreiben; A9 Vor- und Nachteile nennen; A12 Vortrag gliedern/halten; B4 Wortschatz für Eigenschaften eines guten Arztes sammeln; C4 Kommentieren/Bewerten; C5/C7 Nomen und Adjektive zur Beschreibung von Geschmack sammeln; C8 Ausdrücke zur Beschreibung einer Wirkung im Text suchen

Grammatik

A6/C11 → GT1 Textgrammatik; A10 → GT2 Konnektoren 4: Finale Beziehungen; C12 → GT3 Konnektoren 5: Konditionale Beziehungen

Projekt

VT5 Fitness (mit Feldforschung im Fitnesscenter)

Spiel

C9 Herkunft von Rezepten erraten

Leseverstehen

A4 Frühlingsgefühle (Zeitungsartikel); A11 Jurek Becker: Amanda herzlos; Max Frisch: Stiller (Romanauszüge); B1/B3 Kulturschock (Sachbuchauszüge); B10 Distanzregeln (Sachbuchauszug); C1 Verfolgungsjagd in Fußgängerzone (Zeitungsnotiz); VT1 Texte zur Auswahl: Prüfungsangst (Sachbuchauszug) / Was ist „emotionale Intelligenz" (Ratgeber-Artikel)

Hörverstehen

A3 Veronika, der Lenz ist da (Lied); A7 Trio: Sabine (Lied); C2 Angst in interkulturellen Begegnungen (Kurzvortrag); C8 Szenen im Café (Geräusche identifizieren); VT2 Axel Marquard: Dora is wech (Hörspielausschnitt)

Sprechen

A1/A2/A6 Frühlings- und Herbstgefühle besprechen; A10 Telefongespräch spielen; B9 Distanzverhalten vergleichen; B12 über interkulturelle Missverständnisse sprechen; C4/5 Kulturspezifische Konventionen und emotionale Reaktionen vergleichen

Schreiben

B5 Zusammenfassung erstellen; B13 Erfahrungsbericht zu Kulturschock schreiben; C6 Typische Situationen für Emotionen beschreiben; C10 Geschichte zu Titelbild erfinden

Wortschatz/Kommunikationsmittel

A5 Antonyme zu Gefühlsausdrücken im Text finden; B2 Wortschatz zu Gefühlen und Stimmungen im Text finden; B11 Wörter mit „Distanz" erschließen; C4 Wortschatz für Gefühle sammeln; C7 Emotionsausdrücke ordnen

§ Grammatik

A8 Gesprächspartikeln (→ L2, GT1 Partikeln 1); A12/A13 Satzförmige Ergänzungen – Aktionalergänzungen → GT1 Verbvalenz 2; A14 Satzadverbien → GT3 Partikeln 2; B6 → GT4 Vergleiche; B7 Satzförmige Ergänzungen → GT1 Verbvalenz 2; B8 → GT2 Wortstellung 2; C3 Präpositionalergänzung (→ L3, GT1 Verbvalenz 1); VT4 Modalpartikeln → GT3 Partikeln 2; GT5 Fehlersuche

Projekt

VT3 Theateraufführung (nach Sketchen von Loriot)

Spiel

C9 Rollenspiel ohne Worte

Leseverstehen

A2 Deutsche Universitätslandschaft (Kurztexte); A10 Dietrich Schwanitz: Der Campus (Romanauszug); B2 Ein Jahr im Ausland ist wichtiger ... (Umfrage); B4 Auslandserfahrung in Äthiopien (Zeitungsartikel); C5 Fit per Klick (Fachpresse); VT1 Texte zur Auswahl: Grau ist alle Theorie / Welcome to Campus Germany / Feindliche Übernahme (Zeitungstexte)

Hörverstehen

A4 Privathochschulen (Radiosendung); A7 Beim Akademischen Auslandsamt (Beratungsgespräch); C2 Volkshochschulen (Kurzvortrag)

Sprechen

A1 Über Fotos und Witze sprechen; A3 Universitätstypen im Heimatland vorstellen;
A5 Streitgespräch zu Hochschultypen führen; A9 Schaubild beschreiben; B1 Assoziogramm
zu Auslandsstudium erstellen; C1 Möglichkeiten eines nachträglichen Abschlusses besprechen; C8 Stellungnahme zu Studium über Internet abgeben

Schreiben

A6 offiziellen Brief an Universität verfassen; B3 fiktiven Erfahrungsbericht schreiben;
C3 Zusammenfassung erstellen; C4 Schaubild beschreiben; VT3 Schaubilder beschreiben

Wortschatz/Kommunikationsmittel

A8 Wortschatz zu „Studieren in Deutschland" sammeln; A9 Schaubilder, Tabellen etc.
beschreiben; B3 Über Erfahrungen berichten; B9 Begriffe definieren; C4 Schaubilder,
Tabellen etc. beschreiben; C6 Paraphrasen im Text finden; C7 Wortschatz ergänzen

§ Grammatik

B5 Nomen aus Verben und Adjektiven → GT2 Wortbildung 3; B6/B7 → GT3 Attribution;
B8 Attributsätze → GT3 Attribution; C9 Partizipialattribute → GT3 Attribution; C10 →
GT3 Attribution; C11 → GT4 Konnektoren 6: Instrumentale Beziehungen

Projekt

VT2 Studiengänge in D.A.CH (Inlands- oder Auslandsprojekt, Netzprojekt)

Spiel

B10 Definitionsspiel

Leseverstehen

A2 Das Wandern (Volks- und Kunstlied); A5 Joseph von Eichendorff: Aus dem Leben
eines Taugenichts (Auszug aus Novelle); A9 Merkmale der Romantik (Informationstext);
B1 Goethe, Johann Wolfgang von (Lexikonartikel); B2 J. W. v. Goethe: Beherzigung, Erinne-
rung (Gedichte); B8 Johann Eckermann: Gespräche mit Goethe; C2 Stadtbaugeschichte
Frankfurts (Text aus Reiseführer); VT1 J. W. v. Goethe: Die Leiden des jungen Werther,
Ulrich Plenzdorf: Die neuen Leiden des jungen W. (Textvergleich der Romanauszüge)

Hörverstehen

A1 Das Wandern (Lieder); A4 Wem Gott will rechte Gunst erweisen (Lied); B3 Franz Schubert:
Mignon (Lied); B4 J. W. v. Goethe: Faust-Monolog (Dramenauszug); C2 Stadtbaugeschichte
Frankfurts (Kurzvortrag)

Sprechen

A3 Bild beschreiben; A8 Kurzreferat zur Novelle halten; B2 Interpretation von Goethe-
Gedichten erarbeiten und vergleichen; B5 Zitate erklären; B7/B9 über Kunst sprechen;
C4 Kurzvortrag zur Stadtentwicklung Frankfurts halten

Schreiben

B6 Sachtext über Faust verfassen; B10 Aufsatz zu vorgegebenen Themen verfassen;
VT2 zu Redewendungen eine Geschichte erfinden

Wortschatz/Kommunikationsmittel

A6 Synonyme finden für veralteten Wortschatz; A7 Textsemantik; B3 Wörter ordnen;
B7 Begriff „Künstler"; C6 Wortschatz zu Stadtarchitektur bestimmten Kategorien zuordnen;
VT2 Redewendungen erklären

§ **Grammatik**

B11 → GT1 Konjunktiv II; C5 Partizipialattribute (→ L6, GT3 Attribution)

Projekt

VT3 Architektur-Weg durch eine Stadt

Spiel

C7 Stadt-Rallye

Lektion 8: D A CH in Europa

Leseverstehen

A2 Europa (Textausschnitte); A3 Zeittafel der europäischen Einigung (Kurztexte); A5 Maastrichter Vertrag (Sachtext); B3 Das Reinheitsgebot (Informationstext); C2 Bilaterale Verhandlungen zwischen der Schweiz und EU (Kurztexte und Textausschnitte aus Zeitungen);
C4 Schweiz und EU vereinbaren freien Personenverkehr (Zeitungsartikel); VT1 Europa und der Stier (Sage)

Hörverstehen

A8 Jugendliche über Europa (Stellungnahmen), Die Scheinheiligen: Euromarketing
(Kabarett); B3 Reinheitsgebot (Interview); C1 Die Schweiz und Europa (Kurzvortrag);
C6 Franz Hohler: Schweizer sein (Lied)

Sprechen

A1 Vorwissen zu EU besprechen; A7 Konsequenzen des Vertrags von Maastricht diskutieren; B1/B2 Funktionen der EU-Institutionen besprechen; C5 Vermutungen über Reaktion der Schweizer anstellen; VT1 Sagen erzählen

Schreiben

B4 Zusammenfassung schreiben; VT1 Sage schreiben; VT2 Fiktiven Text (Zukunft Europas)
schreiben

Wortschatz/Kommunikationsmittel

B3 Paraphrasen zuordnen; C3 Wortschatz erschließen

§ **Grammatik**

A4 → GT1 Passiv; A6 → GT1/2 Passiv und Passiversatzformen; B5 → GT1/2 Passiv und
Passiversatzformen

Projekt

VT3 Kooperationen ❶ Städtepartnerschaften (D.A.CH) ❷ Internationale Zusammenschlüsse
(D.A.CH und Heimatland, Netzprojekt)

Anhang

Menschen
in Deutschland

Kennenlernspiel

In diesem Spiel sollen Sie sich dadurch (besser) kennen lernen, dass Sie die passenden Fragen zu vorgegebenen Antworten suchen.

1 **Wie sind Sie?**

- Überlegen Sie sich fünf Aussagen über sich selbst, z.B.: *Ich trinke gerne Wein.*
- Nehmen Sie einen Zettel und formulieren Sie die Aussagen als Fragen um, z.B.: *Was trinken Sie / trinkst du gerne?*
- Drehen Sie den Zettel um und schreiben Sie die Antworten auf Ihre fünf Fragen auf, z.B.: *Wein.* Notieren Sie darunter Ihren Vornamen und Ihr Herkunftsland.

2 **Lernen Sie sich kennen!**

- Heften Sie sich den Zettel so an, dass man die Antworten lesen kann, und gehen Sie im Raum herum. Fragen Sie sich gegenseitig.
- Wenn jemand eine richtige Frage gefunden hat, notiert er/sie Name, Frage und Antwort.
- Nach ca. 20 Minuten wird jede Person von denjenigen gemeinsam vorgestellt, die zu ihr richtige Fragen gefunden haben.

3 **Probelauf**

Die Kursleiterin / Der Kursleiter hat für sich einen solchen Zettel schon vorbereitet. Suchen Sie die richtigen Fragen.

A

Blick von außen

A1   **Betrachten Sie das Foto aus einer deutschen Fußgängerzone auf der ersten Seite der Lektion.** Stellen Sie Vermutungen über einzelne Personen an: Was machen diese Menschen? Wohin gehen sie? Wie könnte ihr Tagesablauf aussehen?

A2   **Was ist Ihnen an den Menschen in deutschsprachigen Ländern aufgefallen?**

a) Waren Sie schon einmal in einem deutschsprachigen Land? Dann notieren Sie Ihre Beobachtungen kurz. Bei welcher Gelegenheit ist Ihnen das aufgefallen?
Vergleichen Sie: Was ist anders im Vergleich zu Ihrem Heimatland?

b) Sollten Sie kein deutschsprachiges Land näher kennen, notieren Sie kurz, was Sie über das Leben und das Verhalten der Menschen dort gehört oder gelesen haben. Vergleichen Sie mit Ihrem Heimatland.

A3   **„Unser Ausland! Was ausländischen Mitbürgern hierzulande auffällt"**

So hieß der Titel einer Zeitungsserie mit zehn Folgen. Im folgenden Lesetext erfahren Sie, was Aboubacar Souaré, einem Soziologen aus Guinea, in Deutschland aufgefallen ist.

1   Unterstreichen Sie beim ersten Lesen im Text die Stichpunkte aus der Tabelle.
2   Notieren Sie beim zweiten Lesen kurz, wie und wo Souaré diese Beobachtungen gemacht hat.

Was ist Aboubacar Souaré aufgefallen?	Wie und wo hat er das gemerkt?
Umgang miteinander von Deutlichkeit und Klarheit geprägt	*Möbelkauf, Radiokauf: genaue Maße, Verlässlichkeit*
Leben nach genauem Plan, Kontrolle	
geografische Unkenntnis	
weniger auf Kleidung achten	
Form der Konfliktbewältigung	
spirituelles Vakuum	
intimes Verhältnis zum Portemonnaie	
niemandem etwas schuldig bleiben wollen	

„Unser Ausland!"

Was ausländischen Mitbürgern hierzulande auffällt – Aboubacar Souaré, 36 Jahre, Soziologe aus Guinea, lebt seit fünf Jahren in Deutschland

In Deutschland ist der Umgang miteinander von Deutlichkeit und Klarheit geprägt. Das erleichtert die Orientierung. Ja heißt ja, nein heißt nein – man weiß immer, was Sache ist. Das empfinde ich als angenehmer als vage, höfliche Worte, auch wenn die Direktheit manchmal verletzend sein kann.

Die Vorteile deutscher Verbindlichkeit habe ich zum Beispiel im Rahmen von Möbelkäufen aus zweiter Hand kennen gelernt. Wenn ich mich per Annonce verabredet hatte, zum Beispiel, um ein Regal zu kaufen, war es drei Tage später tatsächlich noch da, auch wenn sich in der Zwischenzeit weitere Interessenten gemeldet hatten. Als ich auf diesem Wege einen Weltempfänger suchte und den Verkäufer am Telefon nach der Größe des Gerätes fragte, gab er mir wenig später genaue Auskunft in Zentimeter und Gramm – er hatte das Radio tatsächlich gewogen.

Diese Präzision bei technischen Angelegenheiten zeigt sich in Deutschland überall im Alltag. Man lebt gerne nach einem genauen Plan und sehnt sich danach, alles kontrollieren zu können. Das funktioniert so lange, bis etwas Unvorhergesehenes passiert und Improvisation verlangt wird. In dieser Hinsicht sind Afrikaner durch ihre andere Sozialisation viel flexibler. In Deutschland habe ich schon einige Male erlebt, wie unangemeldeter Besuch regelrechte Panik auslöste, Sofas wurden gerückt, der ganze Haushalt war in Aufruhr.

Was mich in Deutschland immer wieder erstaunt, ist die geografische Unkenntnis, sogar in intellektuellen Kreisen. Viele wissen beispielsweise gar nicht, wo Guinea liegt, und verwechseln das westafrikanische Land mit Papua-Neuguinea oder Kenia. Stets werde ich gefragt, wie heiß es in meinem Heimatland ist und ob es gefährliche Schlangen oder Affen gibt. Das Bild von Afrika scheint in Deutschland nach wie vor von Schulbüchern geprägt zu sein, die den Kontinent als einen Ort exotischer Landschaften und wilder Natur darstellen. Das urbane Afrika hat in der Vorstellung vieler Deutscher wenig Platz.

Ich habe seit meinem Studium in Conakry gelebt, einer Stadt, in der man sich gerne diskret und sehr elegant kleidet. So habe ich, als ich zuerst nach Göttingen zog, ebenfalls häufig Anzüge getragen. Doch jedesmal, wenn ich so gekleidet irgendwo auftauchte, wurde ich unweigerlich gefragt, ob ich Geburtstag hätte. Nun, die schlichte und tendenziell farblose Jeans-mit-Pullover-Tracht, die in Deutschland favorisiert wird, hat andererseits den Vorteil, dass man vielleicht weniger auf die Kleidung als auf die Persönlichkeit eines Menschen achtet.

Was die zwischenmenschlichen Beziehungen angeht, gibt es in Guinea einen Begriff, für den mir keine direkte Übersetzung ins Deutsche bekannt ist. *Djikke* beschreibt eine Form der Rücksichtnahme gegenüber Verwandten oder Freunden, die einem Unrecht getan haben. Man verzeiht ihnen, weil man sich darauf besinnt, wie lange man schon befreundet ist und was man schon alles gemeinsam erlebt hat. Außerdem vergibt man einer Person schneller einen Fehler, wenn man mit deren Angehörigen oder Freunden in guter Verbindung steht.

Ein vergleichbares Verhalten habe ich in Deutschland noch nie erlebt, es scheint diese Form der Konfliktbewältigung nicht zu geben. In Streitsituationen kommt es mir oft so vor, als zähle nur noch der Moment, als würden die Kontrahenten für kurze Zeit ihr Gedächtnis verlieren. Deswegen enden in Deutschland viele Freundschaften und Beziehungen sehr abrupt.

Meiner Meinung nach herrscht in Deutschland ein spirituelles Vakuum, worin ich einen wichtigen Grund für die Unzufriedenheit vieler Menschen sehe. Die Europäer haben ihre Götter der Rationalität geopfert. [...] Wenn etwas schief geht, wenn man arbeitslos oder krank wird, fehlen die spirituellen Ressourcen eines Wissens, wie man mit Unglück im Leben umgehen kann.

Viele versuchen, diese Leere zu kompensieren, indem sie zum Beispiel Yoga oder Tai Chi lernen. Asiatische Meditationsformen sind individualisierbar und passen deswegen sehr gut in westliche Gesellschaften. Andere gehen zur Psychotherapie, die auf dem besten Wege ist, eine kleine Industrie zu werden.

Was mir auffällt, ist das fast intime Verhältnis der Deutschen zu ihrem Portemonnaie: Sie halten es sehr versteckt oder beugen sich instinktiv darüber. Wahrscheinlich ist dies ein verinnerlichter Reflex, das Innere der Börse vor fremden Blicken zu schützen. Merkwürdig ist auch die Verlegenheit vieler Deutscher, wenn sie jemand grüßt, den sie nicht kennen, oder wenn sie ein Kompliment bekommen! Genauso perplex reagiert, wer überraschend ein Geschenk erhält, was hierzulande sofort ein Gegengeschenk erfordert. Man will eben niemandem etwas schuldig bleiben.

(Aufgezeichnet von Dorothee Wenner, DIE ZEIT)

3 Bei welchen drei Verhaltensweisen vergleicht der Autor explizit Afrikaner und Deutsche? Welche Unterschiede stellt er fest und wie könnte man das erklären?

4 Wie verhalten sich die Menschen in Ihrem Land in diesen drei Bereichen?

Welche Ausdrücke im Kontext helfen Ihnen, den folgenden Wortschatz (→ S10, S. 256) zu verstehen?

Beispiel: Weltempfänger (Z. 15): Kontexthilfen: *des Gerätes (Z. 16/17), das Radio (Z. 19)*

vage (Z. 4) _____   spirituelles Vakuum (Z. 70/71) _____
Verbindlichkeit (Z. 7) _____   etwas geht schief (Z. 74) _____
Unkenntnis (Z. 31) _____   perplex (Z. 90) _____

Bilden Sie Gruppen.

Jede Gruppe erklärt vier der folgenden Ausdrücke mit eigenen Worten und stellt die Erklärungen im Plenum vor. Achten Sie bitte darauf, dass Ihre Worterklärungen in den Kontext passen.

Beispiele: Orientierung (Z. 2/3)   *das Verhalten in der Gesellschaft*
            im Rahmen von etwas (Z. 8)   *im Zusammenhang mit etwas*

etwas Unvorhergesehenes (Z. 23/24)   Panik (Z. 28)   unweigerlich (Z. 45)
Improvisation (Z. 24)   geprägt (Z. 37)   Kontrahenten (Z. 67)
Sozialisation (Z. 26)   urban (Z. 39)   abrupt (Z. 69)
flexibler (Z. 26)   diskret (Z. 42)   kompensieren (Z. 77)

Hören Sie die folgenden Meinungen über Deutsche.

1 Beantworten Sie nach dem ersten Hören die Fragen:
   – Wer spricht (Mann/Frau, evtl. Name, Heimatland)? Tragen Sie diese Informationen in die Tabelle ein.
   – Worüber wird gesprochen?
2 Lesen Sie die Aussagen unten.
   Wer sagt was? Ordnen Sie beim zweiten Hören die Aussagen den Personen zu.

Aussagen	Personen						
	Kolumbien ♂						
1 Deutsche sind sehr stolz auf ihr Land.							
2 Andere Länder werden von den Deutschen an ihrer Sauberkeit und Ordnung gemessen.							
3 Das Leben in Deutschland ist sehr organisiert.							
4 Die Deutschen sind diszipliniert und hektisch.							
5 Wenn etwas nervt, denkt man: Typisch deutsch!							
6 Man kann in Deutschland mit den Menschen rechnen.							
7 Viele Deutsche sind Streber: langweilig und zielgerichtet.							
8 In Deutschland muss man konform sein.							
9 Ich hatte Schwierigkeiten, Freunde zu finden.							
10 Die Menschen waren entgegenkommend, obwohl ich ihre Sprache nicht sprechen konnte.							

3 Welche dieser Aussagen sind Ihrer Meinung nach eher Vorurteile? Warum?
   Gibt es auch Stereotype (Vorurteile) über die Menschen in Ihrem Heimatland?

A7 **Eine deutschsprachige Zeitung möchte eine Seite mit ca. 15 Aussagen von Ausländerinnen und Ausländern veröffentlichen zum Thema:**

„Was mir an Deutschland und den Deutschen aufgefallen ist."

1 Lesen Sie noch einmal Ihre Notizen aus Aufgabe A2.
   a) Wählen Sie zwei Ihrer Beobachtungen aus und schreiben Sie einen kleinen Text von ca. 80
      Wörtern (→ S6, S. 252). Nennen Sie zum Schluss Ihren Namen und Ihr Herkunftsland.
      (Sie können auch über Österreich oder die Schweiz schreiben.)
      Benutzen Sie dabei einige der angegebenen Formulierungshilfen.

Kommunikationsmittel: Beobachtungen wiedergeben

In Deutschland ist mir aufgefallen, dass ...
Die Deutschen sind (auch) oft ...
In Bezug auf / Bei ... sind die Deutschen besonders ...
Was ... angeht/betrifft, gibt es in Deutschland ...
Folgende Situation machte mir deutlich, dass viele Deutsche ...

   b) Wenn Sie kein deutschsprachiges Land näher kennen, dann schreiben Sie einen kleinen
      Text von ca. 80 Wörtern (→ S6, S. 252) zu dem Thema:
      „Vorstellungen in meinem Heimatland über Deutschland."
      (Sie können auch über Österreich oder die Schweiz schreiben.)
      Benutzen Sie dabei einige der angegebenen Formulierungshilfen.

Kommunikationsmittel: Meinungen wiedergeben

Bei uns sagt/erzählt man, dass ...
Ich habe (oft) gelesen/gehört ...
Die Deutschen gelten als ...
Die Deutschen sollen ...
Was ... betrifft/angeht, soll es in Deutschland ...
Das soll besonders bei ... auffallen.

2 Tauschen Sie Ihren Text mit dem einer/eines anderen Lernenden und machen Sie gegenseitig
   sprachliche und inhaltliche Verbesserungsvorschläge. Schreiben Sie dann eine zweite Fassung
   Ihres Textes und setzen Sie dabei alle Vorschläge um, die Sie gut finden.

3 Stellen Sie alle Texte zu einer Wandzeitung zusammen.

Dazwischen

Jeden Tag packe ich den Koffer
ein und dann wieder aus.
Morgens, wenn ich aufwache,
plane ich die Rückkehr,
aber bis Mittag gewöhne ich mich mehr
an Deutschland.
Ich ändere mich
und bleibe doch gleich
und weiß nicht mehr,
wer ich bin.
Jeden Tag ist das Heimweh
unwiderstehlicher,
aber die neue Heimat hält mich fest
Tag für Tag noch stärker.
Und jeden Tag fahre ich
zweitausend Kilometer
in einem imaginären Zug
hin und her,
unentschlossen zwischen
dem Kleiderschrank
und dem Koffer,
und dazwischen ist meine Welt.

1 Welche Bedeutung hat der Titel „Dazwischen"?

2 Sprechen Sie über die Welt, von der hier die Rede ist:
   – Welche besondere Lebenssituation beschreibt Tekinay?
   – Welche zwiespältigen Gefühle ergeben sich daraus?
   – Kennen Sie die beschriebene Situation aus eigener Erfahrung?
   – Gibt es Situationen, in denen diese zwiespältigen Gefühle sehr stark werden?

Sie können folgende Kommunikationsmittel für die Interpretation nutzen.

Kommunikationsmittel: Gefühle beschreiben

Tekinay meint/denkt vielleicht, dass ...
Sie hat das Gefühl / den Eindruck, dass / als ob ...
Ihr kommt es so vor, als ob ...
Sie fühlt sich wie ... /, als ob ...
Sie findet, dass ...
Sie fühlt/spürt, dass ...

Lebensformen

B1 **Wer gehört zu Ihrer Familie?**

1 Schreiben Sie die Mitglieder Ihrer Familie (Mutter, Bruder ...) auf ein Blatt.
Versuchen Sie die Beziehung zwischen den Personen grafisch darzustellen.
In Deutschland würde man dafür einen Stammbaum wählen:

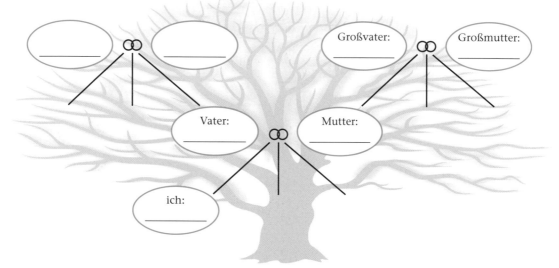

Großvater: _____ Großmutter: _____

Vater: _____ Mutter: _____

ich: _____

2 Stellen Sie Ihre Familie im Plenum kurz vor. Vielleicht haben Sie auch Fotos Ihrer Familie, die
Sie zeigen wollen.
3 Beschreiben Sie die Beziehung zu (einigen) Mitgliedern Ihrer Familie. Benutzen Sie dabei auch
die angegebenen Adjektive.

■ stressig   ■ eng   ■ persönlich   ■ vertrauensvoll   ■ kühl
■ sehr gut   ■ wechselhaft   ■ anstrengend   ■ intim
■ freundschaftlich   ■ kompliziert   ■ distanziert   ■ gestört
■ liebevoll   ■ schwierig   ■ höflich   ■ katastrophal

B2 **Eine Familienforscherin untersucht die Familienstrukturen in Ihrer Heimat und bittet Sie um Mithilfe.**
Sie sollen die Rolle und Funktion eines Familienmitglieds beschreiben (→ S6, S. 252), das in Ihrer
Kultur einen besonderen Stellenwert hat. Benutzen Sie die angegebenen Formulierungshilfen.

Kommunikationsmittel: Funktionen/Rollen beschreiben

Bei uns spielt der älteste Bruder eine besondere Rolle, weil ...
Die Funktion/Aufgabe des/der ... ist ...
Er/Sie ist zuständig/verantwortlich für ...
Typisch in unserer Kultur ist der so genannte „Mit-Vater", der ...
... hat die Aufgabe ...
Er/Sie trägt die Verantwortung für ...

Was steht wohl in den Artikeln, aus denen die folgenden Schlagzeilen stammen?

Auslaufmodell Familie

(FAZ)

Familie ade! Es lebe die Familie

(DIE ZEIT)

Das Ende der Familie

(Wiener)

Fall der Familie

(taz)

Eltern und Kind = Luxus

(Der Spiegel)

B4 **Der folgende Artikel ist zwar schwierig, Sie sollen ihn aber auch nicht in allen Details verstehen.**

Lesen Sie den Text zunächst global. Informieren Sie sich vorher, was man unter globalem Lesen versteht (→ S1, S. 248).

B5 **Welche sind die Schlüsselwörter im Text?**

Kreuzen Sie sie an und begründen Sie Ihre Entscheidung.

■ Luxus   ■ Veränderungen   ■ Familie   ■ Pro-Kopf-Einkommen
☒ Eltern   ■ Geburtenrate   ■ Familienstrukturen
■ Teilzeitarbeitsplätze   ■ Erziehung   ■ Kinder   ■ Zeitraum

B6 **Gliedern Sie den Text in vier Teile und ordnen Sie diesen die folgenden Überschriften zu.**

Geben Sie durch die Ziffern 1 bis 4 die Reihenfolge der Teilthemen im Text an.

☐ Erziehung heute (Zeilen: _____)

☐ Soziales und ökonomisches Umfeld für Familien mit Kindern (Zeilen: _____)

☐ Entwicklungen in der Familienstruktur (Zeilen: _____)

1 Einstellung zu Familie und Kindern (Zeilen: *1–*_____)

ELTERN + KIND = LUXUS

Konservative Mahner werden nicht müde, immer wieder den Verfall der Familie
zu beschwören. Doch die Wirklichkeit sieht anders aus:
Die Familie lebt, aber sie hat es schwerer denn je, ihre Funktion zu erfüllen

Von Sabine Kartte

„Wen rechnen Sie zu Ihrer Familie?", fragte das Deutsche Jugendinstitut (DJI) annähernd 5000 Deutsche. Das sich bietende Bild familiärer Beziehungen war so vielfältig, dass es den Münchner Forschern nicht gelang, eine einheitliche Definition zu finden. Eines jedoch wurde klar: „Man kann nicht davon reden, dass die Familie zerbricht", sagt der DJI-Wissenschaftler Walter Bien.

Seit Mitte der achtziger Jahre erforscht das Münchner Institut die Lebensverhältnisse von Familien und Kindern sowie deren Wandel. In regelmäßig erstellten Familien-Surveys (1) werden die Daten gesammelt und ausgewertet. Biens Fazit: „Die Bedeutung von Kindern und Familien ist nach wie vor riesengroß."

Beides rangiert in der Werteskala der Deutschen immer noch an oberster Stelle. 85 Prozent der deutschen Frauen haben oder hatten Kinder, die „Normalfamilie", Vater, Mutter, Kinder, ist dabei nach wie vor das Standardmodell. 82 Prozent der Familien mit Kindern unter 18 Jahren werden von verheirateten Elternpaaren geführt, in 4 Prozent leben die Erzeuger (2) unverheiratet zusammen, 13 Prozent sind Ein-Eltern-Familien. [...]

Die meisten Deutschen, fanden die DJI-Forscher heraus, fühlen sich in ein stabiles familiales Netz eingebunden. „Die Beziehungen zwischen den Generationen sind viel stärker als die Beziehungen zu Freunden", sagt Bien. Probleme werden überwiegend in der Familie besprochen und gelöst. Freunde kommen als emotionale Stütze nach Partner, Eltern und Verwandten erst an vierter Stelle vor.

„Wir sind doch alle Familienmenschen", meint der Hamburger Familienpsychologe und Buchautor Wolfgang Hantel-Quitmann frohgemut (3). Die Formen und das Leben in der Familie verändern sich, aber wann, fragt der Experte, hätten sie das nicht getan?

Die so genannte Kernfamilie schrumpft, Gebinde (4) mit mehr als zwei Kindern sind die Ausnahme; vor allem im Osten ist die einst hohe Geburtenrate nach dem Wendeschock (5) weggeknickt (6). Das aktive Leben mit Kindern deckt einen immer kürzeren Zeitraum in den Biografien ab, die Frauen gebären später, die Nach-Kinder-Zeit wird auf Grund der steigenden Lebenserwartung immer länger – mehr als 40 Prozent der so genannten Singles sind rüstige Alte (7).

Die Ehe als Familienfundament verliert an Gewicht. Besonders im Osten der Republik haben sich Ehe und Familie zunehmend entkoppelt (8), über 40 Prozent der Frauen dort bringen ihre Kinder ohne Trauschein zur Welt [...].

Familienforscher sorgen sich weniger um den Bestand der Familien als um deren Funktionsfähigkeit. Sind die Familien noch in der Lage, die in sie gesetzten mannigfaltigen Erwartungen zu erfüllen? [...] „Erziehung", sagt der Bielefelder Kinderforscher Klaus Hurrelmann, „war noch nie so schwierig wie heute."

Das magische Dreieck nennt Hurrelmann die vitalen Aufgaben der Erziehung: Wärme, nicht zu wenig, aber auch nicht zu viel; Anregung, jedoch ohne zu über- oder unterfordern; soziale Regeln, dabei genau das richtige Maß zwischen starrer Autorität und wurschtigem Laissez-faire (9). Die Balance herzustellen, so Hurrelmann, gelinge immer mehr Familien immer weniger. Seine Diagnose: „Viele Probleme, die Familien haben, kommen nicht aus der Familie, sondern aus dem Umfeld, das auf die Veränderungen nicht angemessen reagiert." [...]

Immer noch fehlen Zehntausende von Kindergarten- und Hortplätzen, nicht einmal jeder 20. Schüler findet Platz in einer Ganztagsschule. Die deutsche Arbeitswelt schert sich (10) wenig um Kindergartenöffnungszeiten, Schulferien und Masern. Qualifizierte Teilzeitarbeitsplätze sind rar; Arbeitszeitmodelle, die Erziehenden erlauben, den beruflichen Einsatz für ein paar Jahre herunterzufahren (11), sind in privaten Firmen weitgehend unbekannt.

Menschen mit Kindern finden in familientauglichen Großstadtvierteln kaum noch bezahlbare Wohnungen, kommen bei der Altersversorgung schlechter weg, blechen (12) sogar im Urlaub mehr, weil die Preise in den Schulferien am höchsten sind. Mit der Familiengründung schrumpft das Pro-Kopf-Einkommen: Von 30.000 Euro Bruttoeinkommen bleiben einem Kinderlosen rund 16.000 Euro netto, auf den Elternteil einer vierköpfigen Familie entfallen knapp 7000 Euro, inklusive Kindergeld.

(Spiegel Special)

B7 In dem Text finden Sie einige schwere oder sehr emotionale Ausdrücke. Ordnen Sie die neutralen Synonyme zu.

12 bezahlen   ☐ Überblick   ☐ Lebensgemeinschaft

☐ lockerer Erziehungsstil   ☐ trennen   ☐ sich kümmern

☐ Eltern   ☐ optimistisch   ☐ Wiedervereinigung

☐ aktive Senioren   ☐ reduzieren   ☐ drastisch gesunken

B8 Ordnen Sie die folgenden Stichpunkte den vier Teilthemen zu.

Beispiel: Ein-Eltern-Familie *Teilthema 1 und 2*

    (1) Einbindung in stabiles familiales Netz
    (2) Wärme, Anregung und soziale Regeln als magisches Dreieck der Erziehung
    (3) Durchschnittsfamilie mit zwei Kindern
    (4) zu wenige Ganztagsschulen
    (5) zunehmende Entkoppelung von Ehe und Familie
    (6) starke Beziehung zwischen Generationen
    (7) fehlende Kindergarten- und Hortplätze
    (8) keine kinderfreundlichen Arbeitszeitmodelle
    (9) Familie und Kinder an oberster Stelle der Werteskala
  (10) geringeres Pro-Kopf-Einkommen

B9 Erklären Sie, was diese Stichpunkte bedeuten.

Beispiel: Ein-Eltern-Familie   *Eine Familie mit nur einem Elternteil, entweder einer allein erziehenden Mutter oder einem allein erziehenden Vater.*

B10 Nominalkomposita (→ GT1, S. 37)

Erklären Sie die folgenden Nominalkomposita und nennen Sie den entsprechenden Artikel.

Beispiele: Familienstrukturen *(die, Pl.) sind Strukturen in einer Familie.*
Ein Familienpsychologe *(der) ist ein Psychologe, der sich mit Beziehungen und Problemen in Familien beschäftigt und diese Familien behandelt und berät.*
Eine Familiengründung *(die) ist die Gründung einer Familie.*
Eine Normalfamilie *(die) ist eine Familie, die in ihrer Größe und Lebensführung dem Durchschnitt entspricht.*

Werteskala	Lebenserwartung	Teilzeitarbeitsplatz
Standardmodell	Trauschein	Großstadtviertel
Geburtenrate	Kindergartenöffnungszeit	Altersversorgung
Wendeschock	Arbeitswelt	Kindergeld

B11 Entscheiden Sie, über welches der folgenden Teilthemen Sie sprechen wollen (→ S8, S. 254):

■ Einstellung zu Familie und Kindern
■ Entwicklungen in der Familienstruktur
■ Erziehung heute
■ Soziales und ökonomisches Umfeld für Familien mit Kindern

Vergleichen Sie in Gruppen die im Text jeweils beschriebene Situation in Deutschland mit der Situation in Ihrem Heimatland / Ihren Heimatländern. Tragen Sie die Ergebnisse dann im Plenum vor.

B12 Die Journalistin Gabriele Hafner interviewte in München die Gynäkologin Eva Ostermaier (zwei Kinder) und Arno Makowsky, Lokalchef der „Süddeutschen Zeitung" (eine Tochter), zum Thema „Kinder und Beruf – Karriereknick vorprogrammiert?"

Sprechen Sie darüber, was mit dieser Überschrift gemeint ist. Stellen Sie Vermutungen darüber an, wie sich die Kinder auf die Karriere der interviewten Personen ausgewirkt haben.

B13 Hören Sie das Interview. Sie brauchen nicht alle Einzelheiten zu verstehen.

Informieren Sie sich vorher, was man unter globalem Hören versteht (→ S2, S. 249).

1 Markieren Sie durch Ziffern die Reihenfolge der Gesprächsthemen. Ein Tipp: Achten Sie auf die Fragen und Bemerkungen der Interviewerin, die das Gespräch strukturieren.

   ☐ Väter und Kinder in der Freizeit

   ☐ Reaktionen auf Erziehungsurlaub des Vaters

   ☐ Herausforderung Familie und Beruf

   ☐ Erziehungsurlaub und Karriere

   1 Vorstellung der interviewten Personen

   ☐ Reaktionen auf Berufstätigkeit der Mutter

   ☐ Zukünftige Rahmenbedingungen für Eltern mit Kindern

2 Hören Sie nun das Gespräch noch einmal und notieren Sie:
   – Wie werden berufstätige Mütter beurteilt?
   – Wie werden Väter bewertet, die Erziehungsurlaub nehmen?

B14 Diskutieren Sie (→ S8, S. 254) darüber, ob sich Kindererziehung und Berufstätigkeit miteinander verbinden lassen.

1 Lesen Sie dazu die folgende Zeitschriftennotiz. Wie wird darin die im Untertitel gestellte Frage beantwortet? Welche Gründe werden genannt?

Tschüss, Mami

Sind berufstätige Frauen die besseren Mütter?

Mutti ist die Beste – wenn sie arbeiten geht. Kinder erwerbstätiger Frauen sind in mancher Hinsicht besser dran als die Sprösslinge von Familien, in denen die Mutter ihre Berufstätigkeit zu Gunsten der Kindererziehung geopfert hat. Diese Erkenntnis setzt sich in der Wissenschaft durch. Denn der Karriere-Verzicht gut ausgebildeter Mütter gebiert ein Problem: Das Kind soll sie für ihr Opfer, den langjährigen Verzicht auf Berufstätigkeit, entschädigen. Ambitioniert stürzen sie sich auf das Ersatzobjekt ihrer Selbstverwirklichung, das sich deshalb oft zu einer Enttäuschung entwickelt.

Kinder berufstätiger Mütter dagegen zeigen „nicht mehr, sondern weniger Auffälligkeiten in Entwicklung und Verhalten", wie der Bonner Professor Hans G. Schlack in Übereinstimmung mit internationalen Ergebnissen feststellt: „Berufstätigkeit kann so viel zur Lebenszufriedenheit von Müttern (und Vätern) beitragen, dass dadurch offenbar auch die psychischen Bedürfnisse der Kinder insgesamt besser erfüllt werden können."

(Spiegel Special)

2 Was denken Sie: Können berufstätige Frauen bessere Mütter sein?
Bilden Sie je nach persönlicher Meinung zwei Gruppen (Ja/Nein). Sammeln Sie zunächst innerhalb dieser Gruppen entsprechende Argumente.

3 Wählen Sie eine Diskussionsleiterin / einen Diskussionsleiter. (Sie finden entsprechende Kommunikationsmittel in Lektion 3, A9, S. 77) Einige Lernende sollten auch die Diskussion beobachten, ohne daran teilzunehmen, und später erklären, welche Gruppe sie mehr überzeugt hat.

4 Verwenden Sie die im Kasten angegebenen Kommunikationsmittel. Schreiben Sie im Kurs jedes Kommunikationsmittel zwei Mal auf einen Zettel. Mischen Sie alle Zettel. Jede Diskussionsteilnehmerin / Jeder Diskussionsteilnehmer zieht drei Zettel und muss diese Kommunikationsmittel in der Diskussion einsetzen.

5 Führen Sie die Diskussion und versuchen Sie, Ihre Argumente möglichst überzeugend zu vertreten.

Kommunikationsmittel: Diskussion führen

Meinung äußern:	*Ich bin der Meinung/Ansicht, dass ...*
	Ich glaube/denke/meine/finde, dass ...
Zustimmung:	*Ich stimme Ihnen/dir zu ...*
	Ja genau. / Richtig. / Das stimmt.
	Der Meinung bin ich auch.
Ablehnung:	*Da bin ich aber völlig anderer Meinung.*
	Da muss ich widersprechen.
	Das stimmt doch überhaupt nicht.
Einschränkung:	*Ja schon/gut, aber ...*
	So pauschal kann man das aber nicht sagen ...
	Das kann schon sein, aber ...
Zweifel:	*Stimmt das wirklich?*
	Also, ich weiß nicht ...
	Naja, ich hab' da so meine Zweifel.

B15 Schreiben Sie einen kurzen Sachtext (→ S6, S. 252).

Wie sieht Erziehung in Ihrem Heimatland und in Ihrer Familie aus? Welche Erziehungsaufgaben werden von welchen Familienmitgliedern übernommen?

B16 Betrachten Sie den Cartoon: Welche andere Lösung für die Kreuzworträtselaufgabe fällt Ihnen ein?

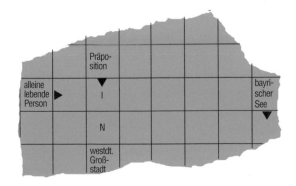

B17 **Beschreiben Sie den Haushalt, in dem Sie leben.**

1 Leben Sie alleine, mit Ihrer Familie oder mit Freunden zusammen?
2 Was gefällt Ihnen daran, alleine oder mit anderen zu leben, und was nicht?
Möchten Sie auch in Zukunft so leben?

B18 **In Deutschland leben mittlerweile ca. 35 % aller Erwachsenen als Singles. 1956 waren es erst 19 %.**

Der folgende Text definiert zwei unterschiedliche Singletypen.

1 Lesen Sie den Text und ordnen Sie sich evtl. einem der beiden Typen zu.
2 Schreiben Sie aus dem Text Merkmale heraus, die die unterschiedlichen Singletypen beschreiben.

Single auf Zeit	Langzeit-Single
unfreiwillig	

Zwei Single-Typen lassen sich unterscheiden:

Singles auf Zeit
und Langzeit-Singles

– Der größte Teil der Singles begreift das Alleinleben als Übergangsstadium auf dem Weg zu einer neuen Partnerschaft. Diese Singles auf Zeit sind so genannte „transitorische Singles", die also „zeitweilig" allein in den eigenen vier Wänden leben, dies aber nur als vorübergehenden Zustand erleben. Sie verstehen sich als unfreiwillige Singles, die sich beruflich außerordentlich engagieren, aber mit der persönlichen Lebenssituation nicht immer zufrieden sind. Die Singles auf Zeit möchten gerne eine(n) Partner(in) haben, sehen derzeit aber kaum Möglichkeiten, diesen Wunsch zu realisieren. So kann es zu Gefühlen der Enttäuschung und Vereinsamung kommen. [...]

– Das größte öffentliche Interesse gilt hingegen den Langzeit-Singles bzw. freiwilligen Singles, weil sie eine eigenständige, vielleicht auch neue Lebensform zu repräsentieren scheinen. Die freiwilligen Singles sind überzeugte Singles, auch „echte Singles" genannt, weil sie ganz bewusst allein im eigenen Haushalt leben und mit ihrer jetzigen Lebenssituation durchaus zufrieden sind. Sie können sich kaum vorstellen, diese freie und unabhängige Lebensform wieder aufzugeben. Einer Partnerschaftsbindung gehen sie bewusst aus dem Wege, weil sie sich dann eingeengt fühlen oder gar „Platzangst" bekommen.

(Horst W. Opaschowski, Singles)

3 Sprechen Sie über Vor- und Nachteile des Single-Daseins und ergänzen Sie die Tabelle um weitere Merkmale, die für diese Typen außerdem zutreffen könnten.

1 Ergänzen Sie die folgenden Erklärungen:

(1) Ein Single auf Zeit ist _____jemander_____ ,

_____der_____ eigentlich eine Partnerin / einen Partner sucht.

_____kommen_____ zu Hause niemand wartet.

_____Finden_____ dieser Zustand unzufrieden macht.

_____Scheinen_____ diese Situation unbefriedigend ist.

(2) Ein Langzeit-Single ist _____jemander_____ ,

_____der_____ bewusst allein lebt.

_____Sie sind zufrieden, wenn_____ diese Situation gefällt.

_____Finden_____ Lebensform auf zunehmendes Interesse stößt.

_____Haben i/hr_____ Leben ein fester Partner keinen Platz hat.

2 Ergänzen Sie die Aussagen durch Relativsätze.

Beispiel: Eine Partnerschaft ist eine Beziehung, ... (Beide Partner sind gleichberechtigt.) →
Eine Partnerschaft ist eine Beziehung, in der beide Partner gleichberechtigt sind.

(1) Die Lebensform ist die Art und Weise, ... (Jemand gestaltet sein Leben.) *in die das*

(2) Platzangst ist eine Angst, *in die* (Sie entsteht durch zu viel Nähe.)

(3) Ein Übergangsstadium ist eine Zeitphase, *in.* (Man geht von einer Lebenssituation in eine andere über.) *der in das*

(4) Berufstätigkeit von Müttern ist ein wichtiges Thema, ... (Darüber wird kontrovers diskutiert.)

(5) Kindererziehung ist eine Aufgabe, ... (Eltern und Gesellschaft wirken daran mit.) *in die*

Generationen

In einer Umfrage wurden deutsche Jugendliche befragt, welche der folgenden Eigenschaften und Verhaltensweisen sie für besonders wichtig halten.

Sprechen Sie über diese Eigenschaften (→ S8, S. 254) und führen Sie eine Befragung in Ihrem Kurs durch. Diskutieren Sie dann eine Rangfolge von 1 bis 18. Halten Sie das Ergebnis schriftlich fest.

- pflichtbewusst sein
- unabhängig sein
- Verantwortung für andere übernehmen
- ehrgeizig sein
- das Leben genießen
- kritisch sein
- auf Sicherheit bedacht sein
- sich selbst verwirklichen
- sich anpassen
- anderen Menschen helfen
- etwas leisten
- tun und lassen, was man will
- durchsetzungsfähig sein
- eigene Fähigkeiten entfalten
- Rücksicht auf andere nehmen
- ein aufregendes, spannendes Leben führen
- sich gegen Bevormundung wehren
- ein hohes Einkommen anstreben

Vergleichen Sie Ihre Rangfolge mit der folgenden Tabelle, die die Ergebnisse der Befragung deutscher Jugendlicher zeigt.

Wichtige Eigenschaften/Verhaltensweisen von Menschen	Anteil der Befragten, die die höchsten Zustimmungswerte gewählt haben, in %
eigene Fähigkeiten entfalten	68,8
das Leben genießen	65,4
unabhängig sein	62,0
durchsetzungsfähig sein	61,9
sich selbst verwirklichen	60,9
etwas leisten	56,3
pflichtbewusst sein	55,6
sich gegen Bevormundung wehren	54,5
anderen Menschen helfen	54,2
ein hohes Einkommen anstreben	52,1
Rücksicht auf andere nehmen	51,7
auf Sicherheit bedacht sein	46,7
kritisch sein	45,3
ein aufregendes, spannendes Leben führen	43,8
ehrgeizig sein	41,2
Verantwortung für andere übernehmen	36,1
tun und lassen, was man will	35,0
sich anpassen	22,8

(Shell-Studie 2000)

§ **C3** Konnektoren: Adversative Beziehungen (→ GT3, S. 39)

Sicherlich haben Sie Unterschiede zwischen Ihrer Wertung und der Wertung deutscher Jugendlicher festgestellt.

1 Formulieren Sie die Unterschiede mit folgenden Ausdrücken:

■ im Gegensatz zu / dazu / dazu, dass ■ entgegen ■ aber ■ dagegen/hingegen
■ doch ■ während ■ jedoch ■ im Unterschied zu / dazu / dazu, dass

Beispiele: *Deutsche Jugendliche halten die Entfaltung der eigenen Fähigkeiten für sehr wichtig.*
*Im Gegensatz dazu finden **wir** (betont) / finde **ich**, dass ...*
***Wir** jedoch meinen / Jedoch meinen **wir**, dass ...*
*Während **deutsche** Jugendliche gerne das Leben genießen, denken die Jugendlichen bei **uns** ...*

2 Sprechen Sie darüber, was die Ursachen für die unterschiedliche Bewertung sein könnten.

Lesen Sie den Titel und Untertitel des folgenden Textes und stellen Sie Vermutungen über die Herkunft und den Inhalt des Textes an.

Lesen Sie den Text dann global (→ S1, S. 248). Waren Ihre Vermutungen richtig?

Schwanken zwischen Aktionismus und Faulsein
Neue Studie beklagt schlechte Vorbereitung aufs Altern / Fernsehen als Zeitkiller

Alte Menschen verbringen ihre Zeit zunehmend vor dem Fernseher. Dafür gehen sie seltener spazieren, machen weniger Ausflüge und unternehmen
5 weniger Reisen als noch zu Beginn der 80er Jahre. Dies ergab eine Studie des B.A.T. Freizeit-Forschungsinstituts (Hamburg). Gut jeder dritte Ruheständler wende sich schon nachmittags
10 TV-Programmen zu. „Damit hat sich der Fernsehkonsum für die Ruheständler als Zeitfüller und oft auch als Zeitkiller etabliert", sagte B.A.T.-Studienleiter Professor Horst Opaschowski.
15 Nach seinen Worten wird angesichts der gestiegenen Lebenserwartung die Generation der über 80-Jährigen „das eigentliche sozialpolitische Thema des 21. Jahrhunderts" sein. „Ein wachsen-
20 der Anteil von Hochaltrigen und Langlebigen wird medizinisch und biologisch am Leben erhalten, ohne sozial und psychologisch darauf vorbereitet zu sein." Verschärfend komme die
25 ungesicherte materielle Zukunft hinzu.

„Die gesetzlichen Rentenkassen können den künftigen Ruhestandsgenerationen wahrscheinlich allenfalls eine Grundversorgung gewährleisten",
30 hieß es. Der Untersuchung zufolge sehen bereits 54 Prozent der jungen Berufstätigen ihre Altersversorgung nicht als gut beziehungsweise ihre Rente nicht mehr als sicher an.
35 Als wesentliche Altersvorsorge gab gut jeder zweite Befragte die Erhaltung familiärer Bindungen an. Allerdings wollten 50 Prozent auch von einem Netzwerk an Freunden im Alter profi-
40 tieren. Während 1983 noch Ausschlafen und ausgiebiges Frühstücken für einen Großteil der Befragten Vorrang hatte, gehen die Senioren heute öfter zu Vorträgen oder besuchen kulturelle
45 Veranstaltungen. Ein Großteil übernehme ehrenamtliche Aufgaben. Dabei sind die älteren Menschen Opaschowski zufolge hin- und hergerissen zwischen Aktionismus und Faulsein.
50 „Eigentlich wollen (und sollen) sie die

Rolle der Neuen Alten spielen, die rund um die Uhr aktiv, vital und dynamisch sind. Dem steht ihr tatsächliches Verhalten gegenüber, das mehr an Stuben-
55 hockerei als an Aktivitätsstress erinnert." Ein Drittel der Befragten gab an, dass Trägheit und Bequemlichkeit ihnen am meisten im Wege stehe.
Den Ausstieg aus dem Berufsleben
60 empfänden viele als Erleichterung. So bewerteten etliche Befragte das Leben nach dem 50. Lebensjahr als „Abstieg", der von viel Hektik und Stress begleitet ist. „Aus der Sicht von heute
65 erscheint die Arbeitsbelastung Anfang der 80er Jahre fast wie eine Idylle." Deshalb zögen die Ruheständler überwiegend einen radikalen Schlussstrich unter das Kapitel Arbeit. Kontakte zu
70 ehemaligen Kollegen würden gekappt, der frühere Arbeitsplatz nicht mehr aufgesucht.

(dpa)

Markieren Sie beim zweiten Lesen die Hauptinformationen.

Füllen Sie mit Hilfe Ihrer Markierungen die folgenden Lücken mit Stichpunkten aus (→ S4, S. 250).

1. Abschnitt
Thema des Textes: _sehen mehr Fern,_
Informationsquelle des Textes: _Freizeit_

2. Abschnitt
Ein wichtiges Thema des 21. Jahrhunderts: _steigesteigene Lebenerwartung_
Probleme alter Menschen: _Medizine, soziales problem_

3. Abschnitt
Wichtige soziale Faktoren im Alter: _kein active, familien_
Aktivitäten im Alter: _zur Vortrage, viel sociale_
Von wem stammt das Zitat im Text? _Studie von Firma_
Was wird in dem Zitat gesagt? _älteren Leute wollen viel tun, Stubehockerei_

4. Abschnitt
Bewertung der Rentenzeit: _Es ist ein mes Teil des Lebens, weil sie normalerweise kein_

C6 Fassen Sie den Text mit Hilfe Ihrer Notizen in fünf bis zehn Sätzen zusammen (→ S7, S. 254).

§ C7 Proformen (→ Lektion 4, GT1, S. 125)

„Alte Menschen" ist ein Schlüsselwort des Textes, den Sie gelesen haben. Schlüsselwörter werden oft wiederholt oder in anderer Form wieder aufgenommen. Dies sieht im ersten Abschnitt folgendermaßen aus:

Alte Menschen- - - - - → ihre
    sie ←- - - - - -
                  - - - →
        jeder Ruheständler
          ←- - - -
    die Ruheständler

Alte Menschen verbringen ihre Zeit zunehmend vor dem Fernseher. Dafür gehen sie seltener spazieren, machen weniger Ausflüge und unternehmen weniger Reisen als noch zu Beginn der 80er Jahre. Dies ergab eine Studie des B.A.T. Freizeit-Forschungsinstituts (Hamburg). Gut jeder dritte Ruheständler wende sich schon nachmittags TV-Programmen zu. „Damit hat sich der Fernsehkonsum für die Ruheständler als Zeitfüller und oft auch als Zeitkiller etabliert", sagte B.A.T.-Studienleiter Professor Horst Opaschowski.

1 Markieren Sie nun in dem Zeitungsartikel ab Zeile 15 alle Wörter, die das Schlüsselwort ersetzen.
2 Ergänzen Sie im folgenden Lückentext den Ausdruck „alte Menschen" durch Alternativen. Überlegen Sie dabei, an welchen Stellen Nomen und an welchen Stellen Pronomen besser klingen.

Die Lebenserwartung der Deutschen steigt. Damit stellt sich die Frage, wie _alte Menschen_ ihre Freizeit verbringen. Während _____ früher angaben, dass _____ gerne ausschlafen und ausgiebig frühstücken, sind _____ heute aktiver und dynamischer. _____ übernehmen ehrenamtliche Aufgaben oder besuchen kulturelle Veranstaltungen. Oft dient _____ jedoch auch der Fernseher als Zeitfüller. Viele der _____ gaben an, schon nachmittags das Fernsehgerät einzuschalten. Somit sind _____ hin- und hergerissen zwischen Aktionismus und Faulsein.

C8 Stellen Sie Bezüge her: Nennen Sie die entsprechenden Textstellen in C4, auf die die folgenden Wörter verweisen.

Damit (Z. 10), seinen (Z. 15), darauf (Z. 23), hinzu (Z. 25), ihre (Z. 32), ihre (Z. 33), Dabei (Z. 46), ihr (Z. 53), ihnen (Z. 58)

Beispiel: dies (Z. 6) *bezieht sich darauf, dass alte Menschen zunehmend vor dem Fernseher sitzen, anstatt anderen Freizeitaktivitäten nachzugehen.*

C9 Indirekte Rede (→ GT4, S. 41)

In dem Text wird häufig die Meinung anderer Personen wiedergegeben.

1 Woran erkennen Sie in den beiden folgenden Sätzen, dass hier nicht die persönliche Meinung des Journalisten, der den Zeitungsartikel geschrieben hat, ausgedrückt wird?

Dabei sind die älteren Menschen Opaschowski zufolge hin- und hergerissen zwischen Aktionismus und Faulsein. „Eigentlich wollen (und sollen) sie die Rolle der neuen Alten spielen, die rund um die Uhr aktiv, vital und dynamisch sind."

2 Suchen Sie in dem Zeitungsartikel nach weiteren Stellen, an denen die Meinungen anderer Personen oder Institutionen wiedergegeben werden. Markieren Sie diese Textstellen.

VT1   **Projekte:**   **Menschen aus deutschsprachigen Ländern (Porträts und Collagen)**

Projekt 1:   Für Lernende in (D) (A) (CH)*
Fertigen Sie Porträts an von Deutschen, Österreicherinnen/Österreichern, Schweizerinnen/Schweizern, die Sie bereits kennen. Der Personenkreis, auf den Sie sich dabei beziehen, soll möglichst heterogen sein. Die Ergebnisse sollen in Form von Collagen präsentiert werden.

Projekt 2:   Für Lernende im Heimatland
Stellen Sie Menschen aus deutschsprachigen Ländern vor, die in Ihrem Heimatland leben oder sich gerade dort befinden (also auch Touristen). Die Ergebnisse sollen auch hier als Collagen sichtbar gemacht werden.

Projekt 3:   In (D) (A) (CH) / Im Heimatland (Netzprojekt)
Stellen Sie eine deutschsprachige Person aus dem Internet vor. Präsentieren Sie die Ergebnisse ebenfalls als Collage.
[* (D) (A) (CH) = die Autokennzeichen von Deutschland, Österreich und der Schweiz]

Projekte 1 und 2: Arbeitsschritte

❶ *Vorbereitung*
1 Auswahl der Personen, die porträtiert werden sollen:
Stellen Sie gemeinsam eine Liste der in Frage kommenden Personen auf und wählen Sie dann den endgültigen Personenkreis so aus, dass verschiedene Altersgruppen, Geschlechter, Berufsgruppen usw. repräsentiert werden.
2 Diskutieren Sie, wie Sie herausfinden können, wer „Ihre" Person eigentlich ist.
Sie wollen nicht Allgemeines über Menschen aus deutschsprachigen Ländern, sondern eine bestimmte Person in ihrer Individualität darstellen. Was ist das Besondere an dieser Person? Das können Charaktereigenschaften sein oder auch der Beruf, Freizeitaktivitäten oder besondere Engagements.
3 Material: Sammeln Sie Ideen zu Materialien, die Sie für eine Collage benutzen können (z.B. Fotos, andere Bilder, Skizzen, kleine Texte usw.).

❷ *Durchführung*
Sammeln Sie Material zu Ihrem Personenporträt und setzen Sie es zu einer Collage zusammen.

Tipps:
– Lassen Sie sich von der betreffenden Person ein Foto geben (möglichst auch eine Aufnahme, die diese Person bei einer charakteristischen Tätigkeit zeigt) oder machen Sie selbst Fotos.
– Schreiben Sie kleine Texte und suchen Sie passende Bilder dazu (z.B. aus Illustrierten oder eigene Skizzen, Zeichnungen).

❸ *Präsentation*
1 Hängen Sie alle Collagen im Unterrichtsraum auf. Vergleichen Sie: Welche Person finden Sie besonders interessant? Zu welcher Person haben Sie noch weitere Fragen?
2 Kennzeichnen Sie die Ihrer Meinung nach interessanteste Collage mit einem farbigen Punkt.
3 Die interessantesten Collagen werden nun im Plenum vorgestellt.

Projekt

Projekt 3: Arbeitsschritte

❶ *Vorbereitung*
Gehen Sie ins Internet. Dort gibt es viele Suchmaschinen.
MetaGer eignet sich für Deutschland gut. Sie finden es unter http://www.metager.de.
Auch Google ist sehr schnell (http://www.google.de).
Altavista wäre eine alternative Suchmaschine. Darüber finden Sie eventuell auch einige
österreichische und Schweizer Lebensläufe.

❷ *Durchführung*
1 Wenn Sie studieren, interessieren Sie vielleicht Lebensläufe von deutschen Studierenden.
   Diese finden Sie unter http://www-public.rz.uni-duesseldorf.de/homepages/links.html.
2 Andere Personen finden Sie mit dem Suchbegriff „lebenslauf". Suchen Sie einen aktuellen
   Lebenslauf mit Foto und evtl. privater Homepage und drucken Sie alle interessanten Informationen aus.
3 Überlegen Sie: Was wollen Sie von der Person noch wissen? Z.B. Hobbys, Meinungen zu Politik, Religion, Bücher, Menschen ... Vielleicht hat die Person noch mehr interessante Fotos,
   eine Lieblingsmusik etc.
   Mailen Sie der Person Ihre Fragen. Erklären Sie aber vorher, wofür Sie das alles brauchen!
4 Stellen Sie nun das/die Foto(s) und die Informationen zu einer Collage zusammen.

❸ *Präsentation* (vgl. Projekt 1 und 2)

VT2 **Bei der autonomen Arbeit mit Texten im Vertiefungsteil (→ S5, S. 251) sollen Sie lernen, Texte
selbstständig zu bearbeiten.**

In den ersten Lektionen finden Sie zu den einzelnen Phasen der Textarbeit konkrete Arbeitsvor-
schläge. Arbeiten Sie in den ersten Lektionen stärker in Gruppen, später sollten Sie in der Lage
sein, komplexe Texte allein zu bearbeiten.

1 Textauswahl
   Lesen Sie nur die Überschriften (auch Ober- und Untertitel) der folgenden drei Texte. Schreiben
   Sie für jeden Text ein Wort auf, das das Thema nennt. Vergleichen Sie Ihre Ergebnisse und
   schreiben Sie die drei Themen an die Tafel.
   Bilden Sie je nach Interesse drei Gruppen. Wenn Sie sich nicht entscheiden können, überfliegen
   Sie die Texte (orientierendes Lesen).

2 Textarbeit
   • Lesen Sie Ihren Text global (→ S1, S. 248): Markieren Sie die Hauptinformationen und formu-
     lieren Sie dann für jeden Abschnitt die Hauptaussage(n) als Stichpunkte (→ S4, S. 250).
     (Vgl. Sie die unterstrichenen Beispiele zu jedem Text.)
   • Bearbeiten Sie Ihren Text als Ganzes: Wie ist er aufgebaut? Erkennen Sie Einleitung, Haupt-
     teil(e) und Schluss? Ordnen Sie Ihre Stichpunkte zu.

```
Einleitung  (Z.  -  ):      –
Hauptteil   (Z.  -  ):      –
                            –
                            –
                            –
                            –
                            ...
Schluss     (Z.  -  ):      –
```

- Erweitern Sie Ihren Wortschatz: Markieren Sie in einer anderen Form neue Wörter und Ausdrücke, die Sie für wichtig und interessant halten und die Sie deshalb lernen wollen. (Vgl. Sie die eingekreisten Beispiele zu jedem Text.)
  Übertragen Sie diese Wörter z.B. in Ihre Wortschatzkartei, Ihr Wörterheft (siehe Wortschatzarbeit → S10, S. 256).

3 Textpräsentation
Stellen Sie Ihren Text im Plenum vor (maximal 15 Minuten pro Gruppe).
- Verdeutlichen Sie Textaufbau, Teilthemen und Hauptinformationen (evtl. auch visuell: Folie, Tafel).
- Geben Sie eine mündliche Zusammenfassung.
- Beantworten Sie Fragen zum Inhalt.
- Erklären Sie wichtige Wörter.

4 Mögliche weitere Aktivitäten
- Vergleichen Sie die Informationen mit der Situation in Ihrem Heimatland.
- Greifen Sie für Sie interessante Einzelinformationen heraus und versuchen Sie, weitere Informationen darüber zu bekommen:
  z.B. Text 1: Mieten in Deutschland, Mitwohnzentralen etc.
  Text 2: Gesamthochschulen
  Text 3: ADAC

Text 1

Einzelgänger, Individualisten, Paare auf Distanz – auf den Spuren der Singles in Stuttgart (Teil 2)

„Wir wollen ohne Kompromisse wohnen"
3000 Euro für Luxusquartier

„Wir wollen ohne Kompromisse wohnen", sagt der 28-jährige Ingo. Er ist Modedesigner und seine Behausung könnte exklusiver nicht sein: eine Maisonette-Wohnung mit 280 Quadratmetern, im Zentrum nahe der Fußgängerzone gelegen, Parkettböden, großformatige Kunstwerke an den Wänden. Und im Eingangsbereich empfängt ein Arrangement aus riesigen Kunstblumen und einer alten Vespa den Gast.

„Ich brauche viel Platz", beschreibt Ingo das Ambiente, für das er nur 400 Euro im Monat zahlt. Denn er lebt mit zwei Ingenieuren und einer Hochschullehrerin in einer Wohngemeinschaft. Die vier Singles hat vor allem ein Grund zusammengeführt: „Eine ähnlich gute Wohnung bekommt ein Alleinstehender für den Preis nicht", sagt Hermann, einer der Ingenieure. Trotz des gemeinsamen Quartiers führen die vier ein Singledasein. „Jeder folgt hier seinem eigenen Lebensrhythmus", sagt Ingo. Regeln gebe es kaum.

Die Statistik verrät einen unverkennbaren Trend zur Singularisierung. Nach Auskunft von Manfred Gann, dem Leiter des Wohnungsamtes, werden 135 000 der 284 300 Wohnungen in Stuttgart als Einpersonenhaushalte geführt. Die Singlequote liege über 50 Prozent, wenn nur die deutschen Einwohner berücksichtigt würden.

Immer mehr Senioren lebten alleine in ihren vier Wänden, weil die Kinder ausgezogen sind oder der Partner verstorben ist, erklärt Gann. Außerdem behielten Paare zunehmend zwei Wohnungen. Die durchschnittliche Einwohnerzahl pro Wohnung sei folglich in Stuttgart von 2,88 im Jahre 1977 auf 1,96 im Jahre 1997 gesunken.

Zusammenleben ohne Regeln

Single-WG billiger

Ein finanzkräftiger Single hat nach der Erfahrung des Wohnungsamtsleiters zur Zeit keine Probleme, ein Quartier zu finden. „Engpässe gibt es nur, wenn die Monatsmiete pro Quadratmeter weniger als 6 Euro betragen soll", sagt Gann. Da seien Singles auf dem Markt mit den gleichen Problemen konfrontiert wie die übrige Bevölkerung. Ein Alleinstehender, der nicht mindestens 30 Jahre alt ist, habe kaum Chancen auf eine Sozialwohnung. „Erst jenseits dieser Altersgrenze akzeptieren wir Vormerkungen." Momentan stünden 1300 Personen auf der Warteliste für 40- bis 45-Quadratmeter-Einheiten. Diese könne ein Arbeitnehmer mit einem Brutto-Jahresgehalt bis zu einer Höchstgrenze von 17 000 Euro beanspruchen.

Trotz des Mangels an kleinen günstigen Wohnungen plant die Stuttgarter Wohnungs- und Städtebaugesellschaft (SWSG) keine weiteren Single-Einheiten. „Neue Ein- bis Anderthalbzimmer-Wohnungen entstehen bei uns nur als architektonische Abfallprodukte", sagt der Hauptgeschäftsführer Peter Jürgen Röhr. Nur wenn bei einem Projekt der bebaute Raum anders nicht genutzt werden könne, entstünden kleine Einheiten. Ansonsten sei ihr Bau unverhältnismäßig teuer. Schließlich müssten jeweils Küche, Bad und Keller geschaffen werden. „Niemand baut spezielle Single-Wohnungen", sagt auch Ulrich Pfeffer, der Geschäftsführer des Haus- und Grundbesitzervereins. Kleine Einheiten lägen nicht mehr im Trend. Einzimmer-Apartments seien auch für die meisten Alleinstehenden nicht attraktiv. Ansonsten habe sich die Lage auf dem Stuttgarter Wohnungsmarkt entspannt. Jeder finde etwas Passendes.

Sind Singles beliebte Mieter? Eher nicht. „Mit Alleinstehenden haben wir oft Belegungsschwierigkeiten", sagt Röhr. Singles hätten häufig einen anderen Lebensrhythmus und würden eher gegen die Hausordnung verstoßen. Das allerdings hält Ulrich Pfeffer für ein Vorurteil. „Ob jemand die Kehrwoche einhält oder laute Musik hört, ist Einstellungssache und vom Familienstand oder der Nationalität unabhängig." Der allein stehende Mieter sei bei Hausbesitzern ebenso geschätzt wie alle anderen.

Singles, die nur zeitweise solo sind oder überhaupt nicht mehr allein leben wollen, sind die Klientel der Mitwohnzentralen oder der Boarding-Häuser, die ihren Gästen jeden Service vom Frühstück bis zur Mitgliedschaft in einem Fitnessstudio anbieten. 194 solcher rundum betreuter Apartments vermietet seit drei Monaten die Stella AG in Möhringen. Der Luxus hat allerdings seinen Preis. Zwischen 2000 und 3000 Euro im Monat sind für die Ein- bis Zweizimmer-Wohnungen fällig. Sie werden hauptsächlich an Mitarbeiter großer Firmen oder der US-Armee vermietet, die nur kurze Zeit in der Landeshauptstadt weilen. Die Unternehmen tragen in aller Regel auch die Kosten. „Die Betriebe bieten ihren hoch qualifizierten Angestellten diesen Service, um die Motivation zu stärken", sagt Monika Vogels, Verkaufsleiterin von Stella-Suites. Im März waren die Apartments zu 69 Prozent belegt.

Frank Korn leitet seit acht Jahren eine Mitwohnzentrale. Der Familienvater vermittelt Übernachtungsmöglichkeiten auf Zeit oder führt Wohngemeinschaften zusammen. „Häufig kommen Menschen aus kleinen Wohnungen zu mir, weil ihnen die Decke auf den Kopf fällt", sagt er. Andere wiederum – vor allem Studenten – wollten in einer WG schlicht Kosten sparen. Der monatliche Mietpreis für ein Zimmer liege zwischen 250 und 330 Euro. Korn sucht jedem Interessenten den nach seiner Meinung passenden Vermieter und stellt den Kontakt her. Dabei leistet er Überzeugungsarbeit. Eine allein lebende Hochschullehrerin etwa, die ein Zimmer untervermieten wollte, brachte er schließlich in einer WG unter. Frank Korn glaubt, dass sich der Trend zu Wohngemeinschaften künftig weiter verstärkt. „Im Grunde", so sagt er, „will doch niemand allein wohnen."

(Michael Trauthig, Stuttgarter Zeitung)

„Unsere Seniorinnen sind das Salz in der Suppe"
Das SeniorInnenstudium: Lebensqualität im Alter

Junge StudentInnen wechseln erstaunte Blicke, wenn ihnen an der Universität unter den KommilitonInnen ein Gesicht begegnet, auf dem sich Lebens-
5 linien ihren Weg ins fortgeschrittene Alter bahnen. Graue und weiße Köpfe mischen das Bild der Stu-
10 dierenden auf – für Eingeweihte längst ein gewohnter An-blick an den Hoch-schulen, die das
15 SeniorInnenstudium eingeführt haben: Ungewöhnlich jedoch ist die zahlenmäßig große Überlegenheit weiblicher Teilnehmerin-nen, wie beispielsweise an der Bergischen
20 Universität Gesamthochschule Wuppertal. Auffallend viele Frauen, die schon dem Ren-tenalter entgegengehen, aber auch jene um die 50, widmen sich diesem Studiengang: „Frauen spielen hier von Beginn an eine prominente
25 Rolle", so die Leiterin des wissenschaftlichen Sekretariats des SeniorInnenstudiums, Dr. Felizitas Sagebiel, „ihr Anteil liegt zwischen 70 und 80 Prozent."
Ein Grund dafür liegt möglicherweise darin,
30 dass die Seniorinnen nicht, wie an den meis-ten Universitäten, den Status unverbindlicher Gasthörerinnen einnehmen, sondern die Wuppertaler Gesamthochschule ihren Altstu-dentInnen ein zielgerichtetes Studium unter
35 Federführung des Fachbereichs Gesellschafts-wissenschaften anbietet. Nach fünf Semestern kann ein Abschlusszertifikat erworben wer-

den. Die Voraussetzungen für dieses Zertifikat schreibt die Studienordnung vor.
Warum sind es überwiegend Frauen, die die-
40 sen späten Lerneifer noch einmal ent-wickeln? Es ist der messbare Erfolg, der den Reiz ausübt, sich
45 selbst und anderen zu beweisen, dass Frau fähig ist, auch im Alter geistige Ar-beit zu leisten. Mehr-
50 heitlich sind es Frau-en, die das klassische Rollenbild der Ge-schlechter ihrer Generation widerspiegeln, in der Beruf und Familienarbeit ein anderes
55 Konkurrenzverhältnis bildeten als heute. Die meisten von ihnen hängten bei Familiengrün-dung den Beruf an den Nagel und nahmen ihren Platz im Privaten ein, während der Mann den seinen weiterhin im Öffentlichen
60 durch Erwerbsarbeit sicherte und für das materielle Wohl seiner Familie sorgte. Im SeniorInnenstudium nehmen also diese Frau-en den Faden erneut auf, der im Zuge von Mutterschaft und des Sorgens um andere
65 nicht weitergesponnen werden konnte. Das ergebnisorientierte SeniorInnenstudium stärkt das Selbstvertrauen dieser Frauen, wenn die pflichtgefüllten Jahre vorbei sind, wenn mit der wohlverdienten Ruhe aber auch eine Lee-
70 re einzukehren droht.

Franziska W. – 64 Jahre: „Ich habe drei Söh-ne, drei Schwiegertöchter, drei Enkel", sagt sie. Ein stolzes Fazit nach einem Leben als Hausfrau und Mutter, die nun gemeinsam mit ihrem Mann am SeniorInnenstudium teilnimmt. „Es war gar nicht so einfach, meinen Mann zum Studieren zu bewegen, aber ich wollte mit ihm auch im Alter etwas Gemeinsames haben, etwas anderes, ganz Neues. Jetzt besuchen wir einmal in der Woche zwei Philosophieseminare und können anschließend zu Hause richtig schön über das Leben diskutieren, das ja nun nicht mehr nur aus den Kindern, dem Heim und der Arbeit meines Mannes besteht. Ich mache noch mit bei den Rechtswissenschaften, weil mich diese besonders interessieren."

[...]

Franziska ist eine bodenständige, lebensnahe Frau mit erstaunlichem Gespür für das Wesentliche, auch für die Grenzen, die uns die Zeit setzt. „Natürlich werde ich irgendwann das Zertifikat machen, meinen Mann allerdings kann ich dazu nicht überreden, er hat keine Lust. Noch nicht", sagt sie. Dabei strahlt Franziska eine kraftvolle Fröhlichkeit und Zuversicht aus, die keinen Zweifel daran lässt, dass es ihr gelingen wird, den Lebenspartner zu gegebener Zeit doch noch zum gemeinsamen Abschlusspapier zu bewegen.

[...]

Christel M. – 63 Jahre, sagt: „Ich habe mit dem SeniorInnenstudium begonnen, um endlich etwas nur für mich zu tun. Als Erzieherin und allein erziehende Mutter stand ich beruflich und privat immer im Dienste anderer. Ich hatte nie Zeit, an mich zu denken, und die Konzentration auf eigene Interessen fällt mir sogar jetzt noch schwer. Ich will aber mehr erfahren über die Entstehung, Entwicklung und Veränderungen gesellschaftlicher Strukturen, die für das Verhalten der Menschen so maßgeblich erscheinen. Deshalb gehe ich in die Soziologie und Philosophie." Ein ungeheurer Wissensdrang verbirgt sich hinter dieser zierlichen, auf den ersten Blick distanziert wirkenden Frau. Doch gibt Christel im Seminar schnell ihre Zurückhaltung auf. Sie will Antworten finden auf Fragen, die sie in den Jahren ihrer praktischen Arbeit mit Kindern unterschiedlichster Herkunft immer wieder beschäftigt haben und bis in die Gegenwart nicht loslassen: „Ich möchte wissen, wer oder was entscheidet heute über normgerechtes, über abweichendes Verhalten und inwieweit ist dies beim schnellen Wandel morgen noch gültig. Auf welche Gesellschaftsverhältnisse müssen wir unsere Kinder vorbereiten. Wie frei ist der Einzelne überhaupt noch in der Gestaltung seiner Welt, in der Erziehung unserer Kinder."

Wenn SeniorInnen aktiv am Seminarverlauf teilnehmen, ergeben sich Kommunikationsebenen, die ungeahnte Qualitäten haben können. Mögliche Hemmnisse, Vorurteile zwischen den Generationen werden abgebaut und sinnvolles intergenerationelles Lernen gestaltet. [...]

Viele Frauen haben sich im Laufe dieses Studiums von einer Lebensphase emanzipiert, in der sie ihre Interessen zurückstellten, ihre Unabhängigkeit zu Gunsten der Belange anderer Aufgaben – eine Lebensphase, die als eigene persönliche Geschichte begriffen und akzeptiert wird. Aus dieser Sicht gelingt es der einen oder anderen Altstudentin, sich wirklich zu neuen Ufern aufzuschwingen. SeniorInnen können an nahezu allen Veranstaltungen der verschiedenen Fachbereiche teilnehmen. Und es gibt Dozenten und Dozentinnen, die sagen: „Unsere Seniorinnen sind das Salz in der Suppe." Dies ist ein Kompliment, das ermutigt, nicht nur zu ruhen, wenn es in den Ruhestand geht.

(Frankfurter Rundschau)

Stichwort Vereine

Viele Deutsche im Verein

240.000 Vereine und 40.000 Selbsthilfegruppen sind in Deutschland registriert. 71,9 Millionen Deutsche sind Mitglieder eines Vereins; Doppelmitgliedschaften herausgerechnet, bleiben immer noch 35 Millionen. – Zahlen aus einer im Herbst vom Bundesfamilienministerium veröffentlichten Studie.

Die Vereinsziele sind bunt gemischt: Neben 2300 Hundesport-, 945 Kaninchenzucht-, 13.600 Schützenvereinen und 15.240 Chören finden sich 122 Koch-, 56 Computerclubs und 294 Alpenvereine. Nach der Studie sind 58 Prozent aller über 14-jährigen Deutschen Mitglied in einem Verein. Die größten Vereine sind der Deutsche Sportbund (23,7 Millionen Mitglieder) und der ADAC (11 Millionen).

Wer einen Verein gründet, nimmt ein wichtiges demokratisches Grundrecht wahr. Artikel 9 GG sichert in der Bundesrepublik Deutschland dieses Recht allen Deutschen zu und macht bei den Vereinszwecken nur drei Einschränkungen: Der Vereinszweck darf dem Strafrecht nicht zuwiderlaufen, nicht gegen die verfassungsmäßige Ordnung und nicht gegen den Gedanken der Völkerverständigung gerichtet sein.

Die 175. oder 150. Jubiläen zeigen: Die meisten unserer heutigen Vereine wurden zu Beginn oder Mitte des 19. Jahrhunderts gegründet: Die Arbeiterbildungsvereine, die Sportvereine, Spar-, Garten- oder Bildungsvereine. Damals blieb man standesbewusst unter sich, im Verein spiegelte sich die Weltanschauung. Das steigerte sich bis zu Grabenkämpfen zwischen dem proletarischen und bürgerlichen Vereinslager. Dann kassierten die Nazis alle Vereine und ließen nur noch einen zu, den eigenen.

Nach 1945, als Vereinsgründungen wieder erlaubt waren, ging man mit denen zusammen in den Verein, mit denen man auf nachbarschaftlicher oder kollegialer Basis verkehrte. Da half der Sportverein schon mal, das Dach des neuen Eigenheimes zu decken, oder der Fußballclub mietete zusammen ein Ferienheim. Die Vereine organisierten im Nachkriegsdeutschland Fahrten für Jugendliche, Sportbegegnungen. Sie förderten Partnerschaften mit Städten in anderen Ländern und halfen beim Wiederentdecken der lokalen Identität: „Unser Verein" war bald das Aushängeschild des Dorfes. Und noch ein Stück Geschichte schrieben sie: Als „Nichtvereinsmensch" konnte man überhaupt nicht oder nur sehr schwer Politiker werden.

Heute möchte niemand mehr eine nach Schweiß riechende Turnhalle, es sollte schon ein durchgestyltes Studio sein, mit Sauna, Whirlpool und Fruchtsafttheke. Was ist ein Gesangverein gegen modernen Discosound? Ist es wieder einmal so weit, den Verein totzusagen? – Mitnichten, sagt der Heilbronner Stadthistoriker Rudolf Senghaas, der die Vereinsstruktur seiner Stadt durchleuchtet hat. Vereine haben dann eine Chance, weiter zu bestehen, wenn

• sie die „Vereinsfamilie" – Nachbarschaft, Kollegen, kleine Kreise – wieder ernst nehmen,

• wenn sie sich als Dienstunternehmen – Vereinsfeste, Musikunterricht, Fitnessstudio – auch gegen private Konkurrenz behaupten

• und wenn sie sich intensiv um die Jugendarbeit kümmern, von der Talentförderung bis zur Straßensozialarbeit.

Denn schließlich: Wie anders sollen Frauen und Männer als künftige Schriftführer, Kassierer, Übungsleiter und Vorstände gefunden werden?

(V. Th., PZ / Wir in Europa)

1   Unterstreichen Sie in den folgenden Sätzen die Nominalkomposita und zerlegen Sie sie
    in zwei Teile:

    (1) Es fehlen Plätze in Ganztagsschulen.
    (2) In den Schulferien verreisen manche Familien mit Kindern ins Ausland.
    (3) Doch ein Großteil der Familien bleibt zu Hause.
    (4) Dann gehen die Kinder gerne ins Schwimmbad oder nutzen andere Freizeitangebote.

2   Die beiden Teile eines Kompositums nennt man Grundwort und Bestimmungswort. Ergänzen
    Sie die Regeln:

    _B_ steht an erster Stelle.
    ___ steht an zweiter Stelle.

    Das Grundwort (G)   ___ spezifiziert das Kompositum.
    Das Bestimmungswort (B)   ___ klassifiziert das Kompositum.
                               ___ bestimmt den Artikel (bei Nomen).
                               ___ bestimmt Singular oder Plural (bei Nomen).

3   Zu welcher Wortart gehört das Bestimmungswort (B) in den folgenden Komposita?

    Beispiel: Berufsleben: B = der Beruf (Nomen)

    Grundversorgung, Mehrbelastung, Arbeitsmarkt, Großstadt, Familiengründung, Schultag,
    Bruttoeinkommen, Schlussstrich, Wohnsituation, Kleinanzeige, Liebeserklärung, Bücherregal,
    Rauchverbot, Einkommenstabelle

4   Das Grundwort eines Kompositums bestimmt die Wortart und kann ebenfalls verschiedenen
    Wortarten angehören. Bestimmen Sie die Wortart bei den folgenden Wörtern und tragen Sie
    diese Grundwörter in die Tabelle ein.

    erfolgsverwöhnt, wunderschön, größtenteils, kinderfeindlich, festsetzen, Ausflugsziel, hoch-
    interessiert, staubsaugen, Ferienreise, Umzugspläne, freiwillig, rundheraus

    Beispiel: irgendwann von wann (Adverb)

Nomen	
Adjektiv	
Verb	
andere	wann

5   Sehen Sie sich alle Komposita in den Aufgaben 3 und 4 an, die ein Nomen als Bestimmungs-
    wort haben. Wie sind sie verbunden? Tragen Sie sie in das Schema auf Seite 38 ein.

Bestimmungswort   Grundwort

	-Ø-	

	-(e)s*-	

Familie	-(e)n- (wie Plural)	psychologe

	-er- (wie Plural)	

* -s- steht immer, wenn das Bestimmungswort ein Nomen ist, das auf -ung, -keit/-heit, -ion, -schaft, -tät, -ling oder -tum endet.

6   Spiel: stressfrei – Freizeit

Setzen Sie sich im Kreis. Ein Wort wird vorgegeben (z.B.: *Buch, Tier, Schule* etc.). Die erste Person bildet damit ein Kompositum. Die zweite (im Uhrzeigersinn) verwendet das Grundwort in ihrem Kompositum als Bestimmungswort, z.B. *Buchladen – Ladenstraße – Straßenname – ...*
Klatschen Sie alle diesen Rhythmus: 1-2-3-4-**5**-1-2-3-4-**5** ...: Immer auf „5" muss die nächste Person ihr Kompositum sagen oder sie scheidet aus. Beim nächsten „5" kommt dann die/der Nächste dran.
Machen Sie ein paar Proberunden, bevor Sie richtig anfangen. Wer am Schluss übrig bleibt, bekommt von den anderen eine Belohnung.

GT2   Relativsätze (← B19, S. 25)

1   Sehen Sie sich zur Erinnerung das folgende Schema an und ergänzen Sie die fehlenden Formen.

Relativpronomen		Nominativ	Akkusativ	Dativ	Genitiv
Singular	m				*dessen*
	f				*deren*
	n				*dessen*
Plural				*denen*	*deren*

Relativwörter mit *w-*:   – Artikel: *welcher* (nicht gebräuchlich im Genitiv, sonst dekliniert
                                          wie *dieser*)
                                       – Adverbien: *wie, wo, was* etc.

2   Das Relativpronomen wird von zwei Seiten bestimmt. Vergleichen Sie die Beispiele:

Genus/Numerus ──────────▶ Relativpronomen ◀────────── Verbstruktur

die Frau,	(f./Sing.)	*der*	(Dativ-Ergänzung)	*er einen Brief schreibt*
die Trauer des Mannes,	(m./Sing.)	*der*	(Subjekt)	*verlassen wurde*
mit Leuten,	(Plural)	*auf die*	(Präpositionalerg.)	*ich lange warten muss*
in Großstädten,	(Plural/Ort)	*wo*	(Lokalergänzung)	*viele Singles leben*

3   Verbinden Sie nun die folgenden Sätze, indem Sie Relativsätze bilden.

   Beispiel: Die Forscher untersuchen die Familie. Über die Entwicklung der Familie sind bislang
   wenig Veröffentlichungen erschienen.
   Die Forscher untersuchen die Familie, über deren Entwicklung bislang ... erschienen sind.

   (1) Wichtiger als Freunde sind Familienmitglieder. Zwischen diesen bestehen enge
   Beziehungen.
   (2) Eltern erhalten vom Staat Kindergeld. Seine Höhe ist jedoch nicht ausreichend.
   (3) A. Souaré wundert sich über den Jeans-mit-Pullover-Look in Deutschland. Seine Kleidung
   ist meistens sehr elegant.
   (4) Der Verkäufer gab genaue Auskunft über das Radio. Souaré interessierte sich für das Radio.
   (5) Das Bild von Afrika ist durch Schulbücher geprägt. In diesen Schulbüchern wird Afrika als
   ein Ort wilder Natur dargestellt.
   (6) Die Deutschen haben ein intimes Verhältnis zu ihrem Portemonnaie. Sie halten es
   versteckt.
   (7) In Deutschland gibt es eine große Unzufriedenheit. Das ist auf ein spirituelles Vakuum
   zurückzuführen.
   (8) Man verzeiht Menschen ein Unrecht. Man ist mit ihnen befreundet.

GT3   Konnektoren 1: Adversative Beziehungen (← C3, S. 27)

1   Betrachten Sie die Übersicht: Die wichtigsten Konnektoren zum Ausdruck einer adversativen
   Beziehung sind *aber, doch* bzw. *jedoch* und *dagegen/hingegen*. Sie haben eine sehr variable
   Position, je nachdem, ob sie sich eher auf ein einzelnes Wort oder z.B. den ganzen Satz
   beziehen.

Kontext	Satz			
	0	I	II: Verb	
Sie wollen das Leben genießen,	**doch/aber**	*sie*	*müssen*	*zu viel arbeiten.*
Sie sind unabhängig,		**jedoch/hingegen/dagegen**	*können*	*sie sich auch anpassen.*
Selbstverwirklichung ist für viele wichtig,		*den meisten*	*bedeutet*	*Rücksichtnahme **jedoch/aber/dagegen/hingegen** noch mehr.*
Sie wollen Kinder,		*heiraten* **aber/jedoch/hingegen/dagegen**	*wollen*	*sie nicht.*

2 Ordnen Sie nun alle adversativen Ausdrücke, auch die aus C3, in die folgende Tabelle ein.

Adversative Ausdrücke

Konjunktor	*aber*
Subjunktor	*während*
Präposition	
Adverb	
Wendung	

3 Adversative Wendungen

(1) Sehen Sie sich die verschiedenen Sätze an.
Im Unterschied/Gegensatz dazu:
Die Deutschen planen alles. **Im Gegensatz dazu** *leben wir eher spontan.*

Im Unterschied/Gegensatz zu:
Im Gegensatz zu *den Deutschen sind wir eher spontan.*
Wir sind – **im Unterschied zu** *den Deutschen – eher spontan.*

(2) Bilden Sie zu den folgenden Themen ähnliche Sätze mit den zwei verschiedenen Strukturen.
– Essgewohnheiten: die Deutschen/wir
– Freizeitverhalten älterer Menschen: die Deutschen/wir
– Stellenwert der Familie: die Deutschen/wir
– Männer/Frauen

4 Verbinden Sie die Aussagen und verwenden Sie dazu jeweils verschiedene adversative Konnektoren.

(1) In Deutschland achtet man weniger auf die Kleidung.
In Guinea kleidet man sich gerne diskret und sehr elegant.
(2) Die Deutschen leben nach einem genauen Plan und möchten alles kontrollieren. Die Afrikaner sind durch ihre Sozialisation flexibler.
(3) In den Medien wird häufig vom Verfall der Familie gesprochen.
Die Bedeutung von Kindern und Familie ist nach wie vor sehr groß.
(4) Einem kinderlosen Arbeitnehmer bleiben von 30.000 Euro Bruttoeinkommen rund 17.500 Euro netto. Auf ein Elternteil einer vierköpfigen Familie entfallen knapp 7.000 Euro.
(5) Kinder nicht erwerbstätiger Frauen leiden oft unter der Unzufriedenheit ihrer Mütter. Berufstätige Frauen erfüllen die psychischen Bedürfnisse ihrer Kinder insgesamt besser.
(6) Singles auf Zeit verstehen das Alleinleben als Übergangsstadium auf dem Weg zu einer neuen Partnerschaft. Langzeit-Singles leben bewusst allein.

1   Überprüfen Sie Ihr Wissen über die indirekte Rede mit der folgenden Übersicht.

§ Indirekte Rede

❶ Funktion
Wiedergabe von schriftlichen oder mündlichen Aussagen anderer Personen

❷ Verwendungskontext und Modi
- Alltagssprache: meist Indikativ; zuweilen Konjunktiv II (*würde* + Infinitiv), dabei manchmal mit expliziter Distanzierung (Zweifel):
  Er sagt, er sieht jeden Tag nur eine Stunde fern.
  Er behauptet, er würde jeden Tag nur eine Stunde fernsehen. (Ich glaube das aber nicht.)
- Medien- und Wissenschaftssprache: Konjunktiv I, bei Identität mit Indikativ auch Konjunktiv II:
  Ein Drittel der Befragten gab an, dass Trägheit ihnen am meisten im Weg stehe.
  Den Ausstieg aus dem Berufsleben empfänden sie als Erleichterung.

❸ Bildung
- Der Konjunktiv I leitet sich vom Infinitivstamm des Verbs ab mit den folgenden Endungen:
  -e, -est, -e, -en, -et, -en: er gehe.
- Der Konjunktiv II leitet sich vom Präteritumstamm des Verbs ab mit Umlaut bei den Vokalen *a, o, u* der starken Verben und mit denselben Endungen wie bei Konjunktiv I: *er käme.*

❹ Verwendete Formen
- Konjunktiv I:
  sein: alle Formen: *sei, seist, seien, seiet* (eingeschränkt)
  Modalverben: 1. und 3. Person Singular: *könne, müsse, dürfe* etc.
  andere Verben: 3. Person Singular: *komme, helfe, mache, stelle* etc.
- Konjunktiv II:
  haben, sein, Modalverben, einige starke Verben: alle Formen: *hätte, wärest, könntet, kämen, ginge* etc.
  schwache Verben und die meisten starken Verben: *würde* + Infinitiv

❺ Zeitstufen bei Konjunktiv I und II
- Gegenwart: *Er erklärte, dass er krank <u>sei</u> / dass er täglich Zeitung <u>lese</u> / dass seine Kinder <u>kämen</u>. Der Arzt riet ihm, er <u>solle</u> die Medikamente einnehmen.*
- Vergangenheit: *Er erklärte, er <u>sei</u> krank <u>gewesen</u> / er <u>habe</u> täglich Zeitung <u>gelesen</u> / seine Kinder <u>seien</u> gestern <u>gekommen</u>. Sie fragte, ob er sich <u>erholt</u> <u>habe/hätte</u>.*
- Zukunft: *Sie erklärte, sie <u>werde</u> nächste Woche verschiedene kulturelle Veranstaltungen <u>besuchen</u>. Er wollte wissen, wohin sie denn <u>ginge</u>.*

❻ Verwendete Strukturen

• Wiedergabe von Aussagen:	redeeinleitende Verben: *Er behauptete, sagte, meinte ...*
	dass-Satz oder Hauptsatz
	Hauptsatz mit redeeinleitenden Wendungen wie *laut dpa*
• Wiedergabe von Fragen:	redeeinleitende Verben: *Sie fragte, erkundigte sich, wollte wissen ...*
	Nebensatz mit *ob* oder *w*-Fragewort
• Wiedergabe von Aufforderungen:	redeeinleitende Verben: *Er befahl, bat ihn, forderte sie auf ...*
	Infinitiv mit *zu* oder *dass*-Satz bzw. Hauptsatz mit Modalverb (*sollen, müssen, mögen*): *Sie forderte ihn auf, das zu erledigen; er erwiderte, dass sie ihm etwas Zeit lassen solle.*

2 Formulieren Sie die folgenden Fragen und Aufforderungen indirekt.

Beispiel: Clara riet Peter: „Sei doch nicht immer so ehrgeizig. Du musst auch mal an deine Freunde denken!" ➔

Clara riet Peter, er solle nicht immer so ehrgeizig sein. Er müsse auch einmal an seine Freunde denken.

(1) Peter antwortete: „Bitte mische dich nicht immer in meine Angelegenheiten ein!"
(2) Clara fragte: „Bist du denn nie unzufrieden mit deinem Leben?"
(3) Peter fragte zurück: „Was meinst du damit?"
(4) Clara darauf: „Stell dich doch nicht naiv! Lebst du denn gerne so?"
(5) Peter forderte sie auf: „Also, Clara, versuche bitte ein Mal, mich zu verstehen!"

3 Formulieren Sie Texte dieser Lektion um.

(1) Setzen Sie den Text „Unser Ausland" (A3, S. 14) in die indirekte Rede.

Der Soziologe Aboubacar Souaré schreibt, in Deutschland sei der Umgang miteinander von Deutlichkeit und Klarheit geprägt. Das erleichtere ...

(2) In dem Text „Eltern + Kind = Luxus" (B6, S. 20) werden an verschiedenen Stellen direkte Fragen und Aussagen formuliert. Setzen Sie diese Textteile in die indirekte Rede.

Beispiel: „Wen rechnen Sie zu Ihrer Familie?", fragte das Deutsche Jugendinstitut (DJI) annähernd 5000 Deutsche. ➔

Das DJI fragte annähernd 5000 Deutsche, wen sie zu ihrer Familie rechneten / rechnen würden.

(3) Benutzen Sie die verschiedenen Formen der indirekten Rede im ersten Abschnitt der Zeitungsmeldung „Tschüss, Mami" (B14, S. 22).

In der Zeitungsmeldung „Tschüss, Mami" heißt es, Mutti sei die Beste – wenn sie arbeiten gehe. Kinder ...

(4) Suchen Sie auch in dem Text „Schwanken zwischen Aktionismus und Faulsein" (C4, S. 28) nach Zitaten und setzen Sie diese in die indirekte Rede.

Mit der Zeit

2

Dem Glücklichen schlägt keine Stunde

„Die Zeit ist eine Uhr ohne Ziffern"

(Ernst Bloch)

Zeit ist Geld

Wer zuerst kommt, mahlt zuerst

Eile mit Weile

Alles zu seiner Zeit

Die innere Uhr

A1 Zeitspiel

Bilden Sie zwei bis drei Gruppen. Lösen Sie in jeder Gruppe möglichst schnell die unten stehenden Aufgaben und schreiben Sie die Antworten auf.
Ihre Kursleiterin / Ihr Kursleiter stoppt die Zeit. Die schnellste Gruppe gewinnt.
Achtung: Jede falsche Antwort kostet Sie eine Minute!
Belohnung: Die schnellste Gruppe erhält von den anderen ein „Zeitgeschenk" (z.B. eine Woche Kaffeeholen in der Pause, dreimal morgens eine Zusammenfassung der Neuigkeiten des Vortages, eine Begleitung bei einem Behördengang etc.).

Aufgaben:

A Orientierung im Buch

1. Welche Teile enthält das Buch?
2. Wie ist eine Lektion aufgebaut (Teile, Abfolge)?
3. Wo finden Sie die Lernstrategien?
4. Wo finden Sie die Projekte?
5. Auf welcher Seite finden Sie eine Übersicht über das Passiv?
6. Welche Aktivitäten werden durch ein Symbol (Piktogramm) verdeutlicht?

B Machen Sie eine Statistik zu den Kursteilnehmerinnen/ Kursteilnehmern

1. Wie viele in Ihrer Gruppe „lieben" Grammatik, wie viele „hassen" sie, wie viele sind neutral?
2. Wie viele in Ihrer Gruppe lernen am besten a) durch Sehen, b) durch Hören, c) durch Anfassen oder d) durch Handeln?
3. Wie viele sind kontaktfreudig, wie viele eher zurückhaltend?

C Fragen zum Institut / zur Schule

1. Wo ist die nächste Toilette? Zeichnen Sie den Weg dorthin!
2. Wann macht die Bibliothek oder die Cafeteria auf, wann schließt sie?
3. Gibt es ein aktuelles kulturelles Angebot für Sie? Schreiben Sie auf, wo wann was stattfindet (eine Veranstaltung).
4. Wie viele Meter ist der nächste Feuerlöscher ungefähr von der Tür des Unterrichtsraums entfernt?

A2 Wählen Sie eine der Uhren auf der ersten Seite der Lektion oder auch einen anderen Uhrentyp aus. Beschreiben Sie die Uhr (Aussehen/Funktion), aber nennen Sie dabei nicht den Namen.

- Armbanduhr
- Standuhr
- Pendeluhr
- Taschenuhr
- Stoppuhr
- Kuckucksuhr
- Wecker
- Sonnenuhr
- Sanduhr
- Kirchturmuhr

Dann stellen Sie Ihre Uhr vor und die anderen müssen erraten, um welchen Uhrentyp es sich handelt. Sie können für die Beschreibung die folgenden Wörter und Wendungen benutzen:

... ist oval, rund, viereckig.
... ist verschnörkelt, schlicht.
... sieht aus wie ...
... besteht aus ...
aufziehen
klingeln

- der Zeiger
- das Gehäuse
- das Ziffernblatt
- das Pendel
- die digitale Anzeige
- römische Ziffern
- die Gewichte

IN MANCHEN AUSTERN FINDEN SIE EINE PERLE.

GENAU WIE IN JEDER OYSTER.

Wenn wir eine Uhr Oyster nennen, hat das auch einen guten Grund. Nämlich das äußerst widerstandsfähige Gehäuse, das in einem Stück aus einem massiven Metallblock herausgearbeitet wird. In seinem Innern befindet sich dann die wahre Schönheit: ein feines automatisches Manufakturwerk. Ähnlich wie eine Perle, die langsam in einer Auster heranwächst, entsteht auch das Werk eines Rolex Chronometers nicht über Nacht. Tatsächlich dauert es ein ganzes Jahr, bis es fertig wird. Jedes der winzigen Einzelteile wird getestet, geprüft und mit Ultraschall gereinigt, bis alles strahlt wie ein Juwel. Wenn Sie nun demnächst das glänzende Äußere einer Oyster bewundern, dann bedenken Sie: Die Schönheit einer Rolex beginnt bereits in ihrem Innern.

ROLEX

www.rolex.com oder schreiben Sie uns: Rolex Uhren GmbH, Postfach 10 30 41, 50470 Köln

1 Lesen Sie den Text genau: Mit welchen Wörtern und Ausdrücken wird die Uhr objektiv beschrieben?

widerstandsfähiges Gehäuse,

2 Die Uhr wird mit einer Auster verglichen. Wie wird diese Metapher durch Text und Bild verdeutlicht?

Bilden Sie jetzt Gruppen und wählen Sie eine der Uhren auf dem Deckblatt.

Verfassen Sie eine eigene Werbeanzeige (→ S6, S. 252). Nehmen Sie dazu eine der Beschreibungen aus A2, S. 44, und formulieren Sie sie zum Werbetext um. Welche Metapher könnte passen?

In dem folgenden Text geht es um Innere Uhren.

1 Was könnte man darunter verstehen?

2 Der Text stammt aus dem Internet. Auf der ersten Seite finden Sie eine Inhaltsübersicht. Überfliegen Sie den Kurztext und die Themen. Stimmt Ihre Hypothese?

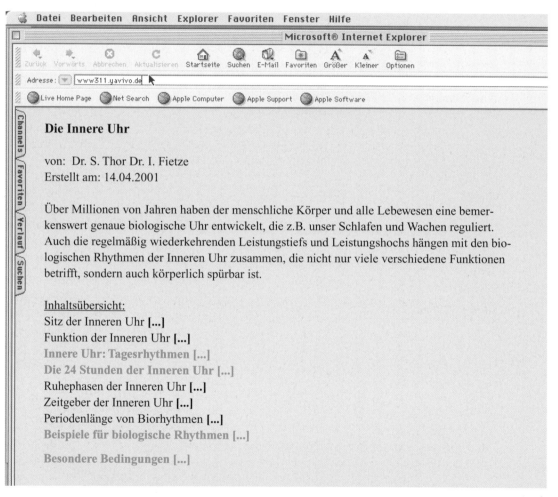

Datei Bearbeiten Ansicht Explorer Favoriten Fenster Hilfe

Microsoft® Internet Explorer

Zurück Vorwärts Abbrechen Aktualisieren Startseite Suchen E-Mail Favoriten Größer Kleiner Optionen

Adresse: www311.yavivo.de

Live Home Page   Net Search   Apple Computer   Apple Support   Apple Software

Channels \ Favoriten \ Verlauf \ Suchen

Die Innere Uhr

von: Dr. S. Thor Dr. I. Fietze
Erstellt am: 14.04.2001

Über Millionen von Jahren haben der menschliche Körper und alle Lebewesen eine bemerkenswert genaue biologische Uhr entwickelt, die z.B. unser Schlafen und Wachen reguliert. Auch die regelmäßig wiederkehrenden Leistungstiefs und Leistungshochs hängen mit den biologischen Rhythmen der Inneren Uhr zusammen, die nicht nur viele verschiedene Funktionen betrifft, sondern auch körperlich spürbar ist.

Inhaltsübersicht:
Sitz der Inneren Uhr [...]
Funktion der Inneren Uhr [...]
Innere Uhr: Tagesrhythmen [...]
Die 24 Stunden der Inneren Uhr [...]
Ruhephasen der Inneren Uhr [...]
Zeitgeber der Inneren Uhr [...]
Periodenlänge von Biorhythmen [...]
Beispiele für biologische Rhythmen [...]

Besondere Bedingungen [...]

www.yavivo.de

3 Textausschnitte aus den markierten Kapiteln haben wir für Sie ausgewählt. Stellen Sie Vermutungen darüber an, was jeweils der Inhalt sein könnte.
Lesen Sie dann den Text und markieren Sie die Hauptaussagen.

Die Innere Uhr

Innere Uhr: Tagesrhythmen

Biorhythmen erlauben es allen lebenden Organismen, sich leichter an wechselnde Umweltbedingungen sowie an die wechseln-
5 den Jahreszeiten anzupassen und somit besser zu überleben. Circadiane, also einen Tag dauernde Rhythmen, sind die am häufigsten untersuchten Rhythmen beim Menschen. [...] Der offensichtlichste Rhythmus in unserer
10 Umwelt, der durch die Rotation unseres Planeten um seine zentrale Achse bedingt ist und der den Wechsel zwischen Tag und Nacht hervorruft, scheint den bekanntesten, ungefähr einen Tag dauernden, circadianen Rhyth-
15 mus (circa = ungefähr, dies = ein Tag) geprägt zu haben. Circadiane Rhythmen sind von ihrer Natur her endogen* und werden durch so genannte biologische Uhren („Innere Uhren") angetrieben. Sie bleiben auch bestehen, wenn
20 der Wechsel von Licht und Dunkelheit, Mahlzeiten, körperliche Aktivität und soziale Faktoren wegfallen, wie in Isolationsexperimenten in Bunkern und Höhlen gezeigt werden konnte. Allerdings gehen die inneren Uhren
25 von Natur aus ungenau, da sie in der Regel mit einem 25-Stunden-Tag laufen. Es ist somit die Aufgabe der äußeren Zeitgeber, die inneren Uhren auf den geophysikalischen 24-Stunden-Tag festzuhalten. Dies ist von Bedeutung, da es
30 deutlich macht, dass biologische Rhythmen vorausschauenden (= antizipatorischen) Charakter haben, d.h. die Körperfunktionen planen diesen Wechsel mit Hilfe ihrer Steuerungsfunktionen voraus.
35 Die Experten wissen inzwischen, dass die Tagesperiodik auch genetisch mitbestimmt wird. Erst kürzlich entdeckten US-Forscher ein mutiertes Gen, welches für eine besondere Störung der inneren Uhr, das „vorgezoge-
40 nen Schlafphasensyndrom", den Extremtyp der Lerche verantwortlich ist. Wer darunter leidet, geht viel zu früh schlafen (etwa gegen 19 Uhr), weil das Schlafbedürfnis dann bereits stark ist. Er wacht für gewöhnlich sehr früh
45 am Morgen auf und kann nicht wieder einschlafen.

Die 24 Stunden der Inneren Uhr

Die innere Uhr diktiert unsere Tagesform, sie bestimmt über Gesundheit und Krankheit –
50 und über Leistungshochs und Leistungstiefs. Aus diesem Grunde ist es gut zu wissen, wie zum Beispiel die Hormonkurven verlaufen oder welche geistige oder körperliche Tätigkeit zu welcher Tageszeit am besten gelingt.
55 [...] Amerikanische Herzforscher haben herausgefunden, dass sich Herzinfarkte in den Morgenstunden dreimal häufiger als spätabends ereignen. Warum dies so ist, wird in Wissen-
60 schaftlerkreisen heftig diskutiert. Zwischen zehn und elf Uhr weisen die stimulierenden Substanzen Dopamin und Noradrenalin ihre höchste Blutkonzentration auf. Dies ist, nach einem kleinen Tief gegen 9 Uhr, unser Tages-
65 höhepunkt und ein geistiges und körperliches Fitness-Hoch. Zu keinem anderen Zeitpunkt am Tag sind wir so kreativ und konzentriert. Es gibt fünf gleichmäßig auf den Tag verteilte Termine, zu denen der Magensäurespiegel
70 ansteigt. Die Mittagszeit ist ein solcher Termin und wir werden hungrig. Nach dem Mittagsgipfel fällt die Leistungsfähigkeit zwischen 13 und 14 Uhr um rund 20 Prozent ab. Um 15 Uhr nähert sich unser
75 Organismus dann einem zweiten Leistungshoch. Um 15 Uhr herum ist der weitaus günstigste Zeitpunkt am Tag, um zum Zahnarzt zu gehen. Denn die Wissenschaftler haben herausgefun-
80 den, dass eine am Nachmittag gegebene Betäubungsspritze zwei- bis dreimal solange wirkt wie am Vormittag. Die abendliche Wirkzeit ist dann wieder kürzer und ähnlich der am Vormittag.
85 Die „Innere Uhr" schaltet vom leistungsfördernden Sympathikus* auf den beruhigenden Parasympathikus* um. Langsam aber sicher bereitet sich der Körper auf die Zeitspanne der Erholung vor. Das Herz reagiert um 19
90 Uhr herum auf Stress nur noch mit einer Steigerung seiner Schlagzahl um ein Viertel, mittags dagegen kann es seine Frequenz nach

Stress um mehr als ein Drittel steigern. Dennoch haben wir nach einem Leistungstief
95 gegen 18 Uhr ca. um 19 Uhr nochmals ein kurzes Leistungshoch. [...]

Beispiele für biologische Rhythmen

Die Tagesschwankungen vieler Biorhythmen entsprechen dem Verlauf der meisten Lebens-
100 funktionen der Menschen, z.B. Blutdruck, Hormongehalt im Blut, Stärke der Lungenfunktion und eigene Schmerzempfindung.
Im Verlauf eines Tages sind beim Blutdruck morgens und abends ein etwas höherer Wert
105 festzustellen. Das Auf und Ab des Blutdruckes wird jedoch nicht alleine von unserer Inneren Uhr, sondern multifaktoriell gesteuert. Er steigt z.B. bei körperlicher Aktivität an. Bereits wenn Nachtschichtarbeit geleistet wird, ist
110 dieser Rhythmus gestört. Der Blutdruck ist dann morgens und abends besonders niedrig und nachmittags und nachts besonders hoch. [...]
Wir neigen dazu, die Körperhülle als etwas
115 Passives zu sehen. Die Haut ist jedoch ein vielseitiges Organ, das mit inneren Rhythmen ausgestattet ist. So dauert der Austausch von toten und sterbenden Zellen durch „Frischzellen" im Schnitt 27 Tage, also fast einen
120 Monat. In diesem Zyklus werden die Zellen der Oberhaut durch neue ersetzt. Schweißdrüsen entwickeln ihre stärkste Sekretion gegen 15 Uhr. Die Haut hat außerdem sehr komplexe Temperaturzyklen. Ihre Durchblu-
125 tung variiert in einem Ein-Minuten-Rhythmus, entgegengesetzt zum Rhythmus der Muskeldurchblutung. Wenn die Durchblutung im Muskel hoch ist, dann ist sie in der Haut niedriger – und umgekehrt.

130 ### Besondere Bedingungen

Oft bemerken wir das Vorhandensein unserer Inneren Uhr erst, wenn sie aus dem Gleichgewicht gerät. Typische Auslöser dafür sind Situationen wie Schichtdienst und Jet-Lag, aber
135 auch Schwangerschaft und die Wechseljahre. Durch jede Störung der circadianen Rhythmik können besondere Schlafstörungen entstehen. Beim Jet-Lag, der Schlafstörung durch Zeitzonenwechsel, fühlen sich die Reisenden
140 wie aus der Bahn geraten: abgeschlagen, müde, schlechter Stimmung und mit Verdauungsproblemen kämpfend.
Ursache für den Jet-Lag ist die zeitliche Diskrepanz zwischen der Ortszeit und der bio-
145 logischen Rhythmik des Körpers. Die plötzliche und einmalige Verschiebung der natürlichen zeitlichen Tagesstruktur nach dem Wechsel mindestens zweier Zeitzonen bringt den Menschen in eine Umwelt, die um meh-
150 rere Stunden verschoben ist.
Die Innere Uhr wird durch die Einflüsse der neuen Umgebung auf die neue Zeit eingestellt, was natürlich viel länger dauert als der Dreh an unserer Armbanduhr.
155 Das neue Justieren der Inneren Uhr braucht etwa einen Tag pro übersprungener Zeitzone. Für die Umstellungsdauer ist auch die Richtung des Flugs entscheidend.
Bei einem Flug in westliche Richtung (Ameri-
160 ka) erfolgt eine Verlängerung des Tages, was der 25-Stunden Periodik unserer inneren Uhr näher kommt. Daher vollzieht sich die Zeitanpassung des Reisenden nach einem Westflug schneller als nach einem Ostflug (Asien), bei
165 dem sich unser Tag verkürzt.

* Worterklärungen:
endogen = im Körperinneren vor sich gehend
Sympathikus = Nervenstrang, der besonders die inneren Organe versorgt
Parasympathikus = der dem Sympathikus entgegengesetzt wirkende Teil des Nervensystems

4   Ergänzen Sie die Teilthemen (links) und die Erklärungen und Beispiele (rechts).

(1) Aufgaben der Biorhythmen: _____

(2) circadiane Rhythmen = _____   Eigenschaften der c. Rh.:
                                        – endogen
                                        – unabhängig von *Licht,* _____

                                        _____
                                        – bewiesen durch _____
                                        – allerdings: _____

(3) Tagesperiodik auch genetisch angelegt
    Erklärung/Beleg dafür: _____

(4) IU (Innere Uhren) bestimmen
    Tagesform: Gesundheit/Krankheit: _____

                                        _____
                                        Leistungshochs/-tiefs: _____

                                        _____
                                        Hunger: *5 x am Tag, z. B. mittags wegen*
                                        Anstiegs von Magensäurespiegel
                                        Schmerzempfindlichkeit: _____

                                        _____

(5) _____   _____

                                        _____
                                        Haut: _____

                                        _____

(6) _____   _____
                                        Jetlag – Ursachen/Faktoren: _____

                                        _____

                                        _____

5   Zusammenfassung

(1) Häufig haben einzelne Abschnitte in Texten einen zusammenfassenden Charakter.
    Suchen Sie in den Textausschnitten zur „Inneren Uhr" solche Abschnitte heraus.
    Wo im Text stehen sie? Wo könnten sie sonst noch stehen?
(2) Informieren Sie sich, wie eine Zusammenfassung aussehen sollte (→ S7, S. 254). Sind die
    von Ihnen gefundenen Textabschnitte „gute" Zusammenfassungen in diesem Sinne?
(3) Lesen Sie die beiden folgenden Zusammenfassungen des Gesamttextes und diskutieren
    Sie dann, welche der beiden die bessere ist. Begründen Sie Ihre Entscheidung.

a) In dem Text von S. Thor und J. Fietze geht es um so genannte „Innere Uhren". Aufgrund
    dieser Biorhythmen können sich alle lebenden Organismen leichter an wechselnde Umwelt-
    bedingungen anpassen. Die am häufigsten untersuchten circadianen, also einen Tag dau-
    ernden Rhythmen sind durch die Erdrotation und damit den Wechsel zwischen Tag und
    Nacht bedingt. Sie sind endogen und bleiben auch bestehen, wenn äußere Faktoren wie z. B.
    Licht und Dunkelheit etc. wegfallen. Allerdings sind sie von Natur aus ungenau, nämlich
    auf einen 25-Stunden-Tag angelegt. Außerdem sind sie genetisch mitbestimmt.

Die innere Uhr bestimmt die Tagesform und beeinflusst beispielsweise Gesundheit/Krankheit, über den Tag verteilte körperliche und geistige Leistungshochs und -tiefs, das regelmäßig auftauchende Hungergefühl sowie die je nach Tageszeit unterschiedliche Schmerzempfindlichkeit.

Schwankungen von Biorhythmen wie z. B. Bluthochdruck, Hormongehalt des Blutes etc. entsprechen dem Verlauf der Lebensfunktionen der Menschen. So wird das normale Auf und Ab des Blutdrucks bei Nachtschichtarbeit entsprechend verändert. Selbst die als passiv geltende Hautoberfläche des Körpers ist ein vielseitiges Organ, das über innere Rhythmen verfügt.

Das Vorhandensein der inneren Uhr wird häufig erst durch eine Störung der circadianen Rhythmik bewusst. Ein typisches Beispiel dafür ist der Jet-Lag, der durch eine Diskrepanz zwischen der Ortszeit und der biologischen Rhythmik des Körpers bei Zeitzonenwechsel bedingt ist und so lange dauert, bis sich die innere Uhr auf die neue äußere Zeit eingestellt hat.

b) Biorhythmen erlauben es allen lebenden Organismen, sich an die Umwelt anzupassen. Die circadianen Rhythmen dauern einen Tag und sind endogen. Die inneren Uhren bleiben auch bestehen, wenn äußere Faktoren wie Licht/Dunkelheit, Mahlzeiten, körperliche Aktivität und soziale Faktoren wegfallen. Dies hat man durch Isolationsexperimente in Bunkern und Höhlen gezeigt. Die biologischen Rhythmen haben vorausschauenden Charakter. Ein mutiertes Gen führt zu einer Störung der inneren Uhr, dem „vorgezogenen Schlafphasensyndrom".

Die innere Uhr bestimmt die Tagesform und beeinflusst Gesundheit/Krankheit, Leistungshochs und -tiefs. Durch sie bekommt man regelmäßig Hunger. Wegen der inneren Uhr sollte man besser am Nachmittag zum Zahnarzt gehen.

Die Tagesschwankungen vieler Biorhythmen entsprechen dem Verlauf der meisten Lebensfunktionen der Menschen.

Durch die Störung der inneren Uhr können Schlafstörungen entstehen. Beim Jet-Lag braucht man einen Tag pro Zeitzone, um die innere Uhr neu einzustellen.

§ **A6** Gradpartikeln (→ GT1, S. 64–65)

Informieren Sie sich darüber, was Gradpartikeln sind. Suchen Sie in Gruppen aus jeweils einem Textteil alle Gradpartikeln heraus und ordnen Sie sie.

Welche Gradpartikeln sind

(1) hervorhebend: _sogar, ..._
(2) verstärkend/abschwächend: _ziemlich, ..._
(3) schätzend: _etwa, ..._

A7 Konnektoren: Temporale Beziehungen (→ GT2, S. 65)

1 Teilen Sie den Text in etwa drei gleich lange Teile. Suchen Sie im Text nach Wörtern und Wendungen, die etwas mit „Zeit" zu tun haben.
   Mit welchen dieser Ausdrücke kann man auf die folgenden Fragen antworten?
   Wann? (Zeitpunkt) _kürzlich (Z. 37)_
   Wie lange? (Zeitdauer)
   Wie oft? (Frequenz)

2 Ordnen Sie diese Ausdrücke in die Tabelle GT2 ein.

3 In welcher der drei Kategorien haben Sie die meisten Ausdrücke gefunden? Woran liegt das?

A8 Schreiben Sie eine Geschichte (→ S6, S. 252–254) über einen spannenden, ereignisreichen Tag.

Benutzen Sie möglichst viele der folgenden Ausdrücke und der von Ihnen gesammelten temporalen Wörter und Wendungen.

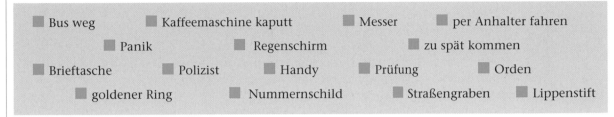

- Bus weg
- Kaffeemaschine kaputt
- Messer
- per Anhalter fahren
- Panik
- Regenschirm
- zu spät kommen
- Brieftasche
- Polizist
- Handy
- Prüfung
- Orden
- goldener Ring
- Nummernschild
- Straßengraben
- Lippenstift

Beginnen Sie z.B. so:

Diesen Tag werde ich nie vergessen! Schon als ich morgens aufstand …

A9 Hören Sie ein Kinderlied und singen Sie den Kanon nach.

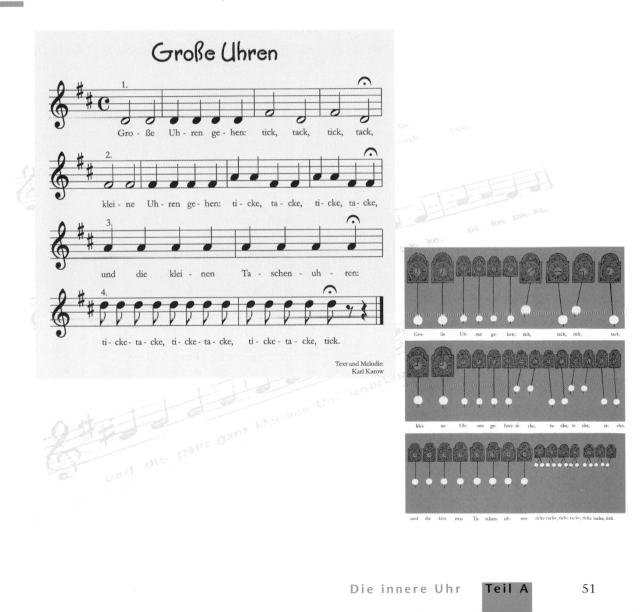

Große Uhren

1. Gro - ße Uh - ren ge - hen: tick, tack, tick, tack,
2. klei - ne Uh - ren ge - hen: ti - cke, ta - cke, ti - cke, ta - cke,
3. und die klei - nen Ta - schen - uh - ren:
4. ti - cke - ta - cke, ti - cke - ta - cke, ti - cke - ta - cke, tick.

Text und Melodie:
Karl Karow

B1   Hören Sie einen Ausschnitt aus einer Diskussion zwischen Elena aus Spanien, Cristina aus Kolumbien und Marta aus Chile.

1   Worüber sprechen die drei Frauen?
2   Hören Sie den Diskussionsausschnitt noch einmal und notieren Sie Stichpunkte zu
    – den subjektiven Einstellungen der Sprecherinnen zu dem Phänomen Zeit,
    – den Einstellungen zu Zeit im jeweiligen Heimatland,
    – den Erfahrungen in Deutschland mit dem Phänomen Zeit.

	subjektive Einstellungen	Einstellungen im Heimatland	Erfahrungen in Deutschland
Elena			
Cristina			
Marta			

B2   Stichpunkte

1   Welche der folgenden Stichpunkte zu Aussagen aus dem Text sind am besten formuliert?

   (1) ☐ Die Zeit ist in Deutschland immer mit Stress verbunden.
         ☐ Zeit in Dtld. mit Stress verbunden
         ☐ Stress
   (2) ☐ + : bei Einladungen unpünktlich kommen
         ☐ Einladungen unpünktlich
         ☐ Bei Einladungen kommt man niemals pünktlich.
   (3) ☐ Terminkalender am Abend
         ☐ Sie schaut in den Terminkalender, um Termine zu kontrollieren.
         ☐ Terminkalender als Kontrolle

2   Lesen Sie die Informationen zu „Stichpunkte notieren" im Strategieanhang (→ S4, S. 250) und überprüfen Sie, ob Sie richtig entschieden haben.
3   Kontrollieren Sie nun Ihre eigenen Stichpunkte in B1. Korrigieren Sie sie, wenn nötig und möglich.

B3   Vergleichen Sie die Aussagen zu den drei Bereichen in B1.

1   Welche der in Deutschland gemachten Erfahrungen werden kritisiert, welche eher positiv bewertet?
2   Haben Sie ähnliche Erfahrungen mit unterschiedlichen Zeitvorstellungen gemacht? Sprechen Sie darüber (→ S8, S. 254).

Zeit ist nicht überall Geld
Der Rhythmus der Kulturen

„Die haben ein völlig anderes Zeitgefühl." Diesen Satz hört man mit schöner Regelmäßigkeit von Deutschen, die in einem südlichen Land Urlaub machen. Und Wagemutige, die sich ein Ferienhaus in einem Land gekauft haben, in dem die Uhren anders gehen, singen ein Klagelied von den ach so unzuverlässigen Handwerkern: „Kommen sie heute nicht, kommen sie morgen auch nicht." Der Psychologe Robert Levine von der California State University in Fresno hat mit seiner Forschungsgruppe eine Reihe von Zeitstudien in 31 Ländern durchgeführt und bestätigt die Erfahrung der Urlauber und Häuslebauer: andere Länder, andere Zeitsitten.

Die Wissenschaftler beobachteten in den Großstädten der jeweiligen Länder die Gehgeschwindigkeit der Passanten und stoppten, wie schnell Postbeamte eine Briefmarke verkauften. Zudem interessierten sie sich für die Genauigkeit der öffentlichen Uhren: Sie verglichen sie mit der Telefonansage.

Als das „schnellste" Land stellte sich die Schweiz heraus. In diesem Land bewegen sich die Menschen ganz besonders schnell, arbeiten die Postbeamten extrem flink und – natürlich – gehen die Uhren äußerst genau. Auf Platz 2 landete Irland, gefolgt von Deutschland und Japan. Die letzten Plätze belegen Länder, in denen Uhren keine sonderlich große Bedeutung haben. Levine: „In Mexiko, das auf dem letzten Platz landete, können Menschen, die sich allzu genau nach der Uhr richten, ein ausgesprochenes Ärgernis sein."

Levine und seine Kollegen fanden fünf Faktoren, die entscheiden, wie schnell oder wie langsam das Lebenstempo in den verschiedenen Kulturen ist:

1. Wohlstand: Je reicher das Land, desto schneller das Tempo. Wirtschaft und Lebenstempo beeinflussen sich dabei gegenseitig, wie Robert Levine erklärt: „Orte mit einer aktiven Wirtschaft legen größeren Wert auf Zeit, und Orte, an denen Zeit wertvoll ist, sind sehr aussichtsreiche Kandidaten für eine aktive Wirtschaft."

2. Grad der Industrialisierung: Je entwickelter ein Land ist, desto weniger Zeit haben seine Bewohner. Levine hält es für eine „Ironie der Moderne, dass wir von Zeit sparenden Maschinen umgeben sind und dennoch weniger Zeit zur Verfügung haben als frühere Generationen." In vielen Fällen entpuppen sich die angeblich Zeit sparenden Errungenschaften als die eigentlichen Zeitdiebe, denn „fast jeder technische Fortschritt (geht) mit einer Steigerung der Erwartungen einher". So dürfen zum Beispiel in einem Haushalt, der über einen Staubsauger verfügt, keine Wollmäuse herumfliegen – außer die für die Sauberkeit zuständige Person schert sich wenig um die Meinung der anderen.

3. Einwohnerzahl: Je größer die Stadt, desto schneller gehen und arbeiten die Menschen.

4. Klima: Je höher die Temperaturen, desto langsamer das Lebenstempo. Es gibt unterschiedliche Erklärungen für das langsamere Tempo in tropischen Ländern. Manche Wissenschaftler glauben, die Hitze verursache einen Mangel an Energie; andere meinen, dass Menschen in wärmeren Ländern weniger zum Leben benötigen – weniger Kleidung und einfachere Häuser – und sich deshalb weniger anstrengen müssen, um ihren Lebensunterhalt zu verdienen. Wieder andere vermuten, dass höhere Temperaturen auch die Lebensfreude erhöhen und die Menschen mehr Wert auf die angenehmen Dinge des Lebens legen.

5. Individualismus: Wie Levine und sein Forschungsteam feststellen konnten, sind Länder mit individualistischen Werten stärker leistungsorientiert als Länder, in denen es noch intakte Gemeinschaften gibt. „Diese Konzentration auf die Leistung führt ... zu einer Zeit-ist-Geld-Einstellung, die wiederum in den Zwang mündet, jeden Augenblick irgendwie zu nutzen." In Kulturen, in denen soziale Beziehungen Vorrang haben, findet sich auch eine entspanntere Haltung der Zeit gegenüber. Im ostafrikanischen Burkina Faso gibt es keine „verschwendete Zeit". Dort wäre es „Verschwendung", wenn nicht sogar eine „Sünde", wie Levine meint, wenn man für seine Mitmenschen nicht ausreichend Zeit hätte.

(Psychologie heute)

Verwenden Sie dafür die Kommunikationsmittel aus dem Kasten.

1 Wer führte das Experiment durch und wo?
2 Welche Hypothese stand wahrscheinlich am Anfang des Experiments?
3 Wie lief das Experiment ab?
4 Zu welchen Ergebnissen kamen die Wissenschaftler?

Kommunikationsmittel: Experiment beschreiben

Hypothese	Resultat
Die Wissenschaftler gingen von der Hypothese aus ...	*Die Experimente führten zu dem Schluss ...*
Ausgangspunkt des Experiments war die Frage ...	*Die Wissenschaftler fanden heraus, dass ...*
In diesem Experiment sollte geklärt werden ...	*Die Experimente hatten folgende Ergebnisse: ...*
In diesem Experiment sollte die Wirkung von x auf y geklärt werden.	*Das Resultat dieses Experiments kann folgendermaßen zusammengefasst werden: ...*

B6 Bearbeiten Sie nun die folgenden Aufgaben.

1 Welche Gründe gibt es für kulturell verschiedene Zeitvorstellungen?
Welche Faktoren haben Levine und seine Gruppe gefunden? Notieren Sie diese in Kurzform.

2 Stellen Sie die fünf Faktoren mündlich dar.

B7 Leserbrief

1 Ordnen Sie Ihr Land in Bezug auf die fünf Faktoren ein und prüfen Sie, ob Levines Thesen auf Ihr Land zutreffen.

2 Schreiben Sie nun einen Leserbrief (→ S6, S. 252) an die Zeitschrift „Psychologie heute". Sie können sich dabei auf zwei bis drei Faktoren beschränken.

Ich habe Ihren Artikel "Zeit ist nicht überall Geld" gelesen und kann Ihnen nur teilweise zustimmen.In meiner Heimat ...

Mit freundlichen Grüßen
Jana Kinská
Tschechien

B8 Funktionen der Tempora (→ GT3, S. 66)

Der Wechsel von Tempusformen in einem Text kann Signalfunktion haben. Bei der Leserin / dem Leser (oder der Zuhörerin / dem Zuhörer) soll eine bestimmte Reaktion ausgelöst werden. Sehen Sie sich noch einmal den Text „Zeit ist nicht überall Geld" an.

1 Welche Tempora dominieren im ersten Abschnitt (Z. 1–17)? Warum?

2 Vom ersten zum zweiten Abschnitt gibt es einen Wechsel. Warum?

3 Welche Funktion hat der Wechsel in Z. 28?

4 Ordnen Sie den von Ihnen bestimmten Tempora die folgenden Funktionen zu.

(1) abgeschlossen und nicht mehr aktuell: *Präteritum*

(2) abgeschlossen, aber noch aktuell:

(3) aktuell gültig und relevant:

(4) allgemein gültig und relevant:

B9 Proportionalsätze (→ GT4, S. 69)

In dem Experiment werden verschiedene Kulturen miteinander verglichen.
Beispiel: Je entwickelter ein Land ist, desto weniger Zeit haben die Bewohner. (Z. 53–55)

1 Welcher Satz ist in dem Beispiel der Hauptsatz, welcher der Nebensatz?

2 Markieren Sie alle Vergleiche mit *je – desto* im Text. Welche inhaltlichen Gemeinsamkeiten können Sie erkennen?

3 Leiten Sie nun Regeln für die Struktur dieser Proportionalsätze ab.

4 Bilden Sie (sinnvolle) Proportionalsätze:
In den Zeilen 48–52, 79–80, 80–85, 86–90 und 100–103 gibt es andere Formen des Vergleichs. Diese können Sie auch proportional ausdrücken.
Beispiel: Wir sind von Zeit sparenden Maschinen umgeben und haben dennoch weniger Zeit.
(Z. 56–58) →
Je mehr wir von Zeit sparenden Maschinen umgeben sind, desto weniger Zeit haben wir zur Verfügung.

5 Häufig verwendet man auch Kurzformen der Proportionalsätze wie z.B. *je früher, desto besser* oder *je später der Abend, desto schöner die Gäste* (Redewendung). Bilden Sie eigene Beispiele.

C

Unter Zeitdruck

C1 Welche Sätze entsprechen einander?

(1) Wir dürfen jetzt keine Zeit verlieren.
(2) Sie sollten sich dafür Zeit lassen.
(3) Das Team spielt jetzt auf Zeit.
(4) Das hat Zeit.
(5) Wir vertreiben uns die Zeit mit Fernsehen.
(6) Sie möchte mit der Zeit gehen.
(7) Die Zeit läuft mir davon.
(8) Es ist an der Zeit, Veränderungen vorzunehmen.
(9) Es ist nur eine Frage der Zeit, wann das passiert.

(a) Es passiert bestimmt; nur der Zeitpunkt ist noch nicht bekannt.
(b) Die Zeit vergeht so schnell, dass ich nicht alles erledigen kann.
(c) Wir wissen nicht, was wir tun sollen, und sehen fern.
(d) Es ist nötig, bald etwas zu verändern.
(e) Sie spielen absichtlich langsam, um nichts mehr zu riskieren.
(f) Wir müssen uns beeilen.
(g) Sie möchte sich so verhalten, wie es modern ist.
(h) Sie sollten das in Ruhe erledigen.
(i) Das kann man später tun.

C2 Wissen Sie, was die folgenden Wendungen bedeuten? Wählen Sie eine Wendung aus und klären Sie (ggf. mit dem Wörterbuch) die Bedeutung.

Schreiben Sie nun einen Beispielsatz, in dem diese Wendung in einem typischen Kontext steht. Dieses Beispiel soll den anderen Kursteilnehmerinnen/Kursteilnehmern die Bedeutung erklären.

Beispiel: *Stell dir vor, ich habe gestern beim Arzt eine geschlagene Stunde warten müssen. Die könnten ihre Termine auch besser koordinieren!*

- im Augenblick
- im letzten Augenblick
- eine geschlagene Stunde
- zu später Stunde
- die Stunde der Wahrheit
- wissen, was die Stunde geschlagen hat
- mit der Zeit
- zu gegebener Zeit
- auf Zeit
- in jüngster Zeit
- für alle Zeiten
- zurzeit
- zur Zeit (+ Genitiv)
- um diese Zeit
- von Zeit zu Zeit

C3 Zeit-Sprichwörter

1 Was könnten die folgenden Zeit-Sprichwörter oder die auf der ersten Seite der Lektion bedeuten?

(1) *Was du heute kannst besorgen, das verschiebe nicht auf morgen.*

(2) *Die Zeit heilt alle Wunden.*

(3) *Morgenstund hat Gold im Mund.*

(4) *Kommt Zeit, kommt Rat.*

2 Gibt es diese Sprichwörter so oder ähnlich auch in Ihrer Muttersprache? Oder andere Zeit-Sprichwörter?
3 Können Sie sich Situationen vorstellen, für welche die Sprichwörter zutreffen?

C4 Haben Sie schon einmal ein Erlebnis gehabt, zu dem eines der Sprichwörter passen würde?

Erzählen Sie! Schreiben Sie einen Text (→ S6, S. 252) und orientieren Sie sich dabei an folgenden Fragen:
1 Was war die Ausgangssituation?
2 Welche Komplikation ergab sich?
3 Welches Ereignis löste eine Wende aus?
4 Wie ging die Geschichte aus?
5 Fazit?

Beispiel: *Das Referat hätte schon am Montag fertig sein sollen. Aber mir fiel überhaupt nichts ein. Plötzlich entdeckte ich im Internet ...*

C5 Ein Seminarleiter berichtet über ein Seminar zu „Selbstorganisation und Zeitmanagement".

1 Was erwarten Sie von einem Seminar mit diesem Titel? Sammeln Sie mögliche Aspekte zu einem solchen Seminar.
2 Hören Sie nun ein Interview mit dem Seminarleiter und notieren Sie Teilthemen.
3 Notieren Sie beim zweiten Hören wichtige Stichpunkte (→ S4, S. 250).

	Teilthemen	wichtige Ideen in Stichpunkten
1	*Hauptklientel*	
2		
3		
4		
5		

C6 Sprechen Sie über Ratschläge zur Zeitorganisation (→ S8, S. 254).

1 Halten Sie die Ratschläge, die Herr Zimmer-Henrich in dem Interview nennt, für nützlich?
2 Ein weiterer Tipp ist, maximal 60% der eigenen Zeit zu verplanen, weil immer jemand stören wird. Haben Sie selbst erfolgreiche Tipps gegen Stress? Welche?
Verwenden Sie folgende Kommunikationsmittel:

Kommunikationsmittel: Tipps geben

Ich würde (dir/Ihnen) vorschlagen/empfehlen/raten, ... zu ...
Sinnvoll/Hilfreich/Nützlich wäre es, wenn ...
Man könnte / Du könntest / Sie könnten ...
Man sollte / Du solltest / Sie sollten ...
Wie wäre es, wenn ...
Vielleicht wäre es gut/besser, wenn ...
Haben Sie schon einmal daran gedacht, ... zu ...

Welche der unten genannten „Zeitdiebe" können Sie in den folgenden Texten wiederfinden?

Die Zeitdiebe
1 Besucher
2 Besprechungen
3 Telefon
4 Aufschieberitis
5 nicht nein sagen können
6 keine klaren Prioritäten
7 Termindruck
8 Routinearbeit
9 mangelnde Delegation
10 geringe Selbstdisziplin

(Helmut Dittrich, Erfolgsgeheimnis Zeiteinteilung)

Sie verzetteln sich

Auf dem Weg zur Post entdecken Sie eine neue Modeboutique und gehen „kurz" hinein. Bei der Anprobe der fünften Hose fällt Ihnen ein, dass Sie eigentlich vor 18 Uhr bei der Post sein wollten. Verflixt, es ist bereits 18.30 Uhr. Ihr Freund ist wohl auch schon zu Hause und Sie wollten ihn doch mit seinem Lieblingsessen überraschen ...

Sie halten Pläne nicht ein

Ihr Kontrolltermin beim Zahnarzt ist längst überfällig. Dabei haben Sie sich, als er das letzte Mal gebohrt hat, fest vorgenommen, rechtzeitig einen Termin auszumachen. Aber im Grunde hat das ja noch Zeit – oder? Und jetzt quälen Sie plötzlich Zahnschmerzen und Sie müssen schnell einen Arzttermin in Ihren ohnehin schon proppevollen Zeitplan quetschen.

Sie führen nichts zu Ende

Heute abend wollen Sie endlich die Wäsche wegbügeln, die seit Tagen zu einem riesigen Stapel angewachsen ist. Nach dem dritten Stück klingelt das Telefon und Sie machen es sich während des Gesprächs auf dem Sofa gemütlich. Nach dem Telefonat zappen Sie die TV-Kanäle durch und bleiben bei einem Krimi hängen. Nach eineinhalb Stunden ist er zu Ende und Ihr Wäscheberg kein bisschen kleiner.

Sie sagen nie „Nein"

Der „arbeitsfreie" Sonntag ist eigentlich schon randvoll mit Plänen. Schließlich bleibt unter der Woche nicht viel Zeit. Aber wenn die beste Freundin darum bittet, doch auf ihre Kinder aufzupassen, dann übernehmen Sie diesen Job eben auch noch.

---

§ | C8   Verbpräfixe (→ GT5, S. 69)

1   Suchen Sie im Text C7 alle Verben mit Präfix heraus und ordnen Sie sie.

trennbares Präfix	untrennbares Präfix
einfallen	*sich verzetteln*

2   Sehen Sie sich die Präfixe an. Bei welchen Verben können Sie noch die Bedeutung der Präfixe erkennen?
Beispiel: einfallen: ein ← *in; eine Idee fällt jemand „in den Kopf"*

1 Die Autorin wendet sich mit diesen Ratschlägen an eine ganz bestimmte Personengruppe. An welche? An welchen Wörtern oder Formulierungen erkennen Sie das?

2 Welche dieser Ratschläge können Sie auf sich persönlich beziehen? Welche Empfehlungen sprechen Sie weniger an?

So gehen Sie gegen die Zeitfresser an

Lernen Sie planen

→ Planen Sie realistische Zeiträume, in denen Sie etwas erledigen wollen (Tage, Wochen). Diese Fristen sollten Sie einhalten.

5 → Arzt und Friseur liegen in der Nähe? Legen Sie beide Termine auf einen Tag (dann müssen Sie den Weg nicht zweimal machen) und einen bestimmten Zeitraum, damit der Tag nicht zerrissen wird. Als Zeitpunkt ist der frühe Vormittag oder der späte Nachmittag vor-
10 teilhaft, damit Sie nachher bzw. vorher noch Zeit für andere Dinge haben. Eine Pufferzeit ist sinnvoll, damit vermeiden Sie Stress bei Zeitüberschreitungen.

→ Wenn sich doch zwischen zwei Aufgaben oder Besorgungen Leerlauf ergibt, dann nutzen Sie die War-
15 tezeiten ganz bewusst zum Entspannen, etwa zum Lesen eines spannenden Buches.

→ Legen Sie bestimmte Zeiten fest, zu denen Sie nicht gestört werden wollen. Nutzen Sie diese Zeiten für sich oder für die Erledigung wichtiger Arbeiten, die hohe
20 Konzentration fordern.

→ Wenn Ihre Zeitplanung nicht funktioniert hat, notieren Sie genau, woran es lag. Meist ähneln sich die Störfaktoren. Überlegen Sie, was Sie dagegen tun kön-nen, etwa den Anrufbeantworter nutzen, wenn Sie
25 nicht durchs Telefon gestört werden wollen.

Setzen Sie Prioritäten

→ Überlegen Sie genau, was zwar gemacht werden müsste und was wirklich wichtig ist. Machen Sie ruhig jeden Tag eine Liste (auch für Kleinigkeiten) und glie-
30 dern Sie sie nach Dringlichkeit. Schätzen Sie auch die dafür benötigte Zeit ein.

Verbessern Sie Ihre Arbeitstechniken

→ Machen Sie einen Wocheneinkaufsplan und gehen Sie nicht wegen jeder Kleinigkeit in den Supermarkt.
35 → Legen Sie nicht alle Dinge auf einen Tag (z.B. Samstag als „Großputztag"). Verteilen Sie die Aufgaben

(z.B. Montag Wäsche waschen, Dienstag- und Don-nerstagabend bügeln, Mittwoch saugen usw.). So sind Sie am Samstag nicht so „gestresst" und können sich Ihrem Partner oder den Kindern widmen, die an diesem 40 Tag nicht ins Geschäft bzw. in die Schule müssen.

→ Viele Dinge müssen Sie nicht selbst erledigen, son-dern können auch andere einspannen. Den Brief kön-nen die Kinder zur Post tragen. Ihr Mann kann auch mal bei der Wäsche mithelfen. Ihre Nachbarin kann 45 Ihnen was vom Bäcker mitbringen und Sie ihr was aus der Apotheke. Wenn's um Kinder abholen geht, können Sie sich mit Eltern, die in der Nähe wohnen, abwech-seln.

→ Lernen Sie „Nein" zu sagen, wenn Sie absehen 50 können, dass Sie etwas nicht schaffen. Ihre Familie oder Freunde werden lernen, dies zu akzeptieren. Bei einer guten Begründung wird jeder Verständnis haben und wird eine andere Lösung finden.

Halten Sie Perfektionismus im Zaum
55
→ Nobody is perfect! Sie müssen auch nicht perfekt sein. Lassen Sie zu, dass manches weniger gut erledigt wird, und sparen Sie die Zeit, die Sie aufgewendet hät-ten, lieber für sich selbst auf.

Überfordern Sie sich nicht
60
→ Auch wenn Sie gerne neben Ihrem Job noch den Besuch bei der Freundin, den Sportverein, das Kino und den Volkshochschulkurs zeitlich unter einen Hut bringen möchten – denken Sie daran, dass zu viele Ver-pflichtungen in der Freizeit zum Stressfaktor werden 65 können. Überlegen Sie, was für Sie selbst das Wichtig-ste ist und was Ihnen am meisten Spaß und Erholung bringt.

→ Belohnen Sie sich, wenn Sie Ihre Planung eingehal-ten haben.
70
(prima Carina)

Was sind Ihre Haupt-Zeitdiebe?

Teilen Sie ein Blatt in zwei Spalten. Links beschreiben Sie typische Situationen, die Ihnen normalerweise Zeit stehlen.
Geben Sie das Blatt an Ihre Zeitberaterin / Ihren Zeitberater weiter. Sie/Er soll in der rechten Spalte mögliche Vorschläge dazu notieren, wie Sie Ihr Leben ändern müssen.
Stellen Sie die wichtigsten Ratschläge im Plenum vor.

C11 **Hören Sie einen Kanon und singen Sie ihn dann nach.**

VT1 Bearbeiten Sie die Lesetexte des Vertiefungsteils weitgehend selbstständig (→ S5, S. 251).

1 Textauswahl
- Worum geht es in den Texten? Bei diesen beiden Texten helfen Ihnen die Überschriften wahrscheinlich wenig. Wo sonst in den Texten könnten Sie diese Information finden?
- Bilden Sie zwei Gruppen: Jede Gruppe überfliegt einen Text, überprüft die Vermutung und teilt der anderen Gruppe mit, wo man die Information findet.
- Entscheiden Sie sich dann für eines der beiden Themen und bearbeiten Sie den Text.

2 Textarbeit
- Lesen Sie den Text global (→ S1, S. 248) und notieren Sie die Hauptinformationen als Stichpunkte (→ S4, S. 250).
- Teilen Sie den Text in größere Einheiten: Welche Abschnitte gehören zusammen? Begründen Sie Ihre Entscheidung.
- Notieren Sie, was für Sie persönlich an dem Text besonders interessant ist.
- Erweitern Sie Ihren Wortschatz (→ S10, S. 256).

Text 1
(1) Sammeln Sie aus dem Text Komposita mit *Zeit-/-zeit*.
(2) Suchen Sie alle Wörter aus dem Text, die zu dem Begriffspaar *schnell/langsam* passen, und ordnen Sie sie in die Tabelle ein.

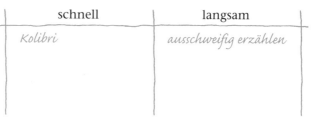

schnell	langsam
Kolibri	*ausschweifig erzählen*

Text 2
Suchen Sie im Text die Wörter aus dem Wortfeld „Zeit" und ordnen Sie sie.

3 Textpräsentation
Gehen Sie vor wie in Lektion 1.

4 Mögliche weitere Aktivitäten
- Führen Sie in Ihrer Gruppe den in Text 1 beschriebenen Test durch. Wie viele „Kolibris" und „Schnecken" gibt es bei Ihnen?
- Zu Text 2 könnten Sie eine Zeitlinie entwerfen mit Stichpunkten zu den wichtigsten Etappen im jeweiligen Jahrhundert oder mit Zeichnungen, Bildern etc. Sie können diese Linie mit eigenen Ideen bis zur Gegenwart fortführen.

Kolibri oder Schnecke?

Wie die Zeitrhythmen in den unterschiedlichen Kulturen, so unterscheiden sich auch die individuellen Zeitrhythmen von Mensch zu Mensch. Es
5 gibt „Kolibris", von ihren Mitmenschen gerne als „Hektiker" beschimpft, und es gibt „Schnecken", die die Geduld eines schnelleren Menschen arg strapazieren können.
10 Wie steht es mit Ihnen und der Zeit? Welcher Zeittyp sind Sie? Ein kleiner Selbsttest kann Ihnen Aufschluss darüber geben:

- Sie haben Ihre Armbanduhr ver-
15 gessen. Macht Sie dies nervös, fühlen Sie sich den ganzen Tag über unsicher? Gehören Sie zu den Menschen, die sich permanent durch einen Blick auf die
20 Uhr darüber informieren, wie viel die Stunde geschlagen hat? Oder gelingt es Ihnen manchmal, die Zeit zu vergessen? Sind Sie häufig erstaunt, wie spät es
25 schon ist?
- Sind Sie ein Schnellsprecher? Werden Sie ungeduldig, wenn jemand sehr ausschweifig erzählt? Macht es Sie kribbelig,
30 wenn Ihr Gegenüber sehr langsam spricht?
- Wie nehmen Sie Ihre Mahlzeiten

ein? Eher nebenbei und hastig?
35 Wenn Sie in Gesellschaft essen, sind Sie dann meist als erster fer-
80 tig? Haben andere Sie schon mal ermahnt: „Iss langsamer"?
- Wie schnell oder langsam ist
40 Ihre Gehgeschwindigkeit? Haben andere Schwierigkeiten, mit Ihnen mitzuhalten, oder ist es
85 eher so, dass Sie von anderen angetrieben werden?
45
- Sind Sie ein geduldiger Autofahrer? Verlieren Sie auch in einem Stau nicht die Nerven? Oder flu-
90 chen Sie, wenn ein langsamer Fahrer vor Ihnen den Verkehrsfluss blockiert?
- Gehören Sie zu jenen Men-
50 schen, die sich ohne Zeitpläne
95 und Arbeitslisten nackt vorkommen? Ist Ihr Tagesablauf bis ins Letzte ver- und geplant – oder gibt es Zeitinseln?
55
- Sind Sie ein eher nervöser
100 Mensch? Können Sie nicht still sitzen? Sind Ihre Füße oder Hände immer irgendwie in Bewegung?
60
- Wie reagieren Sie, wenn Sie war-
105 ten müssen? Fügen Sie sich in Ihr Schicksal? Nutzen Sie die Wartezeit für sich oder bereitet Warten Ihnen Qualen?

Wenn Sie bei der Beantwortung dieser Fragen feststellen, dass Sie ein „schneller" Mensch sind, für den Zeit ein wertvolles Gut ist, dann stehen Sie wahrscheinlich häufig unter Zeitdruck und laufen Gefahr, irgendwann an der „Eilkrankheit" zu leiden. Dieser Begriff stammt von den Psychologen Ulmer und Schwartzbund, die festgestellt haben: Eilkranke Zeitgenossen bekommen durch den permanenten Zeitdruck, unter

dem sie stehen, Gesundheitsrisiken wie Herz-Kreislauf-Störungen, Iso-
80 lation, niedriges Selbstwertgefühl.

Aber: „Ein schnelles Tempo an sich ist ... nicht notwendigerweise die Ursache einer Krankheit", beruhigt der Psychologe Robert Levine. Bei
85 seinen Zeitstudien hat er festgestellt, dass schnelle Menschen nur dann eilkrankheitsgefährdet sind, wenn ihr persönliches Temperament nicht mit dem Tempo der Umwelt überein-
90 stimmt. Schnelle Menschen benötigen einen schnellen Zeittakt in ihrem Umfeld – am Arbeitsplatz, in der Schule, im Privatleben –, um sich wohl zu fühlen. Menschen, die lang-
95 samer getaktet sind, brauchen langsamere äußere Rhythmen. Erst wenn persönliches und äußeres Tempo weit auseinanderklaffen, kommt es zu Zeitproblemen. „Tatsache ist", so
100 Levine, „dass manches, was einer Person zu schnell geht, für andere schon Langeweile bedeutet." Grundsätzlich gilt: Das persönliche Tempo eines Menschen kann nicht automa-
105 tisch als „richtig" oder „falsch", „gut" oder „schlecht" bewertet werden. Jeder Einzelne muss sich im Grunde die Lebensumwelt schaffen, die seinem persönlichen Rhythmus
110 entspricht.

(Psychologie heute)

Die missbrauchte und verzweckte Zeit

Jedes Ding hat seine Zeit, sagt man. Doch haben wir heute, in unserer schnelllebigen Zeit, noch einen Sinn für die Zeit? Oder geben wir der Zeit nicht längst schon unseren eigenen Takt an? Ein Blick zurück zeigt auf, wie fundamental sich die Zeiterfahrung gewandelt hat.

Versuchen wir uns etwas in die Vergangenheit zu versetzen: in eine frühmittelalterliche Welt ohne Uhren. Welches Zeitgefühl hatte man damals, ohne Glockenturm und Swatch? Wie erlebte man die Zeit beim Reisen zu Fuß über die Alpen oder beim Wallfahren auf dem Jakobs-Pilgerweg nach Santiago? Was war ‚die Zeit‘ damals noch, als Pilgerreisen Monate dauerten – während die elektronische Geschwindigkeit der Telekommunikation heute dreihunderttausend Kilometer pro Sekunde beträgt?

Die Zeit vor den Uhren war tatsächlich eine andere Zeit. Die Zeit war geprägt vom subjektiven Bio-Rhythmus und vor allem von den natürlichen Zyklen der Natur. Sommer und Winter, Tag und Nacht, Sonne und Regen – das waren die prägenden Faktoren einer bäuerlichen Welt.

Zwar gab es zum Behelf schon früh spezielle Sonnenuhren. Und für das Messen kürzerer Zeiten gab es Sanduhren. Trotzdem war die Zeit damals nur wenig strukturiert. Es war eine fließende Zeit, die nur unterbrochen wurde durch familiäre Feste freudiger oder trauriger Art und vor allem durch die vielen dutzend Kirchenfeste, die es damals noch gab.

Dann aber kamen die Benediktiner und erfanden gleichsam die Institution der ‚Stunde‘. Da die Benediktinermönche die Zeit als ein Geschenk Gottes betrachteten, wollten sie dieses Geschenk entsprechend würdigen. Die Zeit – so ihr Gedanke – sollte mit Arbeit und Gebet, mit ‚ora et labora‘ geheiligt, respektive gottgefällig genutzt werden.

Dazu führten sie in ihrem Klosterleben einen strengen Stundenrhythmus ein. Sie übernahmen von den Römern den Begriff der Horen, der Stunden, und wiesen allen Stunden eine bestimmte Tätigkeit zu: Chorgebet, Schriftlesung, Gartenarbeit und anderes mehr.

Und um dieses System der stündlichen Wechsel noch perfekter zu machen, erfanden die Benediktiner im Hochmittelalter die mechanische Uhr. Diese großen mechanischen Uhren hatten ursprünglich keinen einzigen Zeiger und schlugen die Zeit nur einmal – zur vollen Stunde.

Es fällt uns heute schwer, uns vorzustellen, wie stark der feste klösterliche Stundenplan das Zeitempfinden und den ganzen Lebensfluss der Mönche prägte. Bedeutet ein solcher Stundenrhythmus nicht ein repressives Korsett? Oder kann man sich da einschwingen? Vielleicht müsste man heutige Benediktinerinnen fragen, die ja auch heute noch in strenger Klausur von Stunde zu Stunde leben?

Die neuen mechanischen Uhren wurden nicht nur in abgelegenen Klöstern genutzt. Auch in den Dörfern war die Uhr bald einmal verbreitet. Die Glocken der Landkirchen, über Jahrhunderte von Hand geschlagen, wurden nun mehr und mehr mit mechanischen Uhrwerken versehen. Und schon bald gehörte es zum Stolz jeder kleinen aufstrebenden Stadt, als Attraktion eine

große, technisch ausgefeilte Stadtuhr zu besitzen. Ja, die Uhr war Ende Mittelalter das zentrale, modische Kultobjekt.

Parallel zum Siegeszug der Uhren wandelte sich auch das Zeitgefühl. Und auch ein neues Zeitkonzept machte sich breit. In der alten Kirche wurde die Zeit als etwas Heiliges betrachtet und durfte darum nicht für egoistische menschliche Bedürfnisse genutzt werden. Die aufstrebende Klasse der Händler, Kaufleute und Bankiers sah dies allerdings etwas anders. Für sie war die Zeit profaner Natur: Sie war ein exzellentes Mittel, schnell zu Geld zu gelangen. Die entscheidende Frage bei diesem Zeitspiel hieß: Wann ist der beste Zeitpunkt zum Kaufen? Und wann soll ich verkaufen?

Tatsächlich wurde Ende Mittelalter ein Kampf gekämpft, der kaum je in den Geschichtsbüchern auftaucht, obwohl er fundamentale Folgen hatte. Es war der Kampf zwischen dem Zeitkonzept der Kirche, die die Zeit Gott widmen wollte, und dem Zeitkonzept des neuen Bürgertums, das die Zeit nun an sich riss und wirtschaftlich zu nutzen begann. Tatsächlich hat die Zeit damals ihre Unschuld verloren. Sie war nun kein göttliches Mysterium mehr, sondern nur noch – ein Wirtschaftsfaktor.

(www.visionen.ch)

Entscheiden Sie sich für eines der beiden Projekte.

Projekt 1: Schweizer Uhren
Bereiten Sie einen Vortrag zur Geschichte der Schweizer Uhrenfabrikation vor.

Projekt 2: Zeiteinteilung
Ermitteln Sie, wie es zur heutigen Zeiteinteilung in Sekunden, Minuten, Stunden etc. gekommen ist, und bereiten Sie einen Vortrag vor.

❶ *Vorbereitung*
Überlegen Sie, welche Möglichkeiten Ihnen zur Verfügung stehen, um Material zu beschaffen (Bibliotheken, Internet etc.; → S11. S. 257). Überlegen Sie, welche Form der Präsentation Sie wählen möchten (z.B. Vortrag, Dossier, Wandzeitung) und wie Sie Ihre Darstellung mit Fotos, Grafiken etc. illustrieren können.

❷ *Durchführung*
Recherchieren Sie Ihr Thema. Versuchen Sie, möglichst unterschiedliche Aspekte Ihres Themas herauszuarbeiten, z.B. historische, kulturelle, finanzielle, individuelle Aspekte.

❸ *Präsentation*
Stellen Sie die Ergebnisse Ihrer Untersuchung möglichst klar strukturiert und anschaulich vor.

GT1 Partikeln 1: Gradpartikeln und Gesprächspartikeln (← A6, S. 50)

1 Sehen Sie sich die folgende Übersicht an.

---

§ Gradpartikeln und Gesprächspartikeln

Im Deutschen gibt es viele Partikeln. Das sind Wörter, die nicht verändert werden können.

❶ *Gradpartikeln*

- Funktion: Sie beziehen sich auf ein Element im Satz, das sie
  a) hervorheben (*nur/lediglich, auch, sogar, wenigstens, hauptsächlich* etc.), oft mit Betonung auf der Partikel.
     Viele Menschen können <u>vor allem</u> am Morgen gut arbeiten.
  b) verstärken oder abschwächen (*sehr, zu, höchst, äußerst, ausgesprochen, überaus, ganz, recht, relativ, etwas, vergleichsweise* etc.), mit Betonung auf der Partikel.
     Die Besprechung dauerte <u>viel zu</u> lange. Sie war außerdem <u>ziemlich</u> langweilig.
  c) schätzen (*etwa, circa, ungefähr, fast, mindestens, beinahe, kaum* etc.).
     Das Projekt wird <u>ca.</u> drei Monate dauern, <u>höchstens</u> jedoch ein halbes Jahr.

- Position: meist direkt vor dem Element, auf das sie sich beziehen.

---

❷ *Gesprächspartikeln*

- Funktion: Sie steuern das Gespräch, zeigen z.B. einen Sprecherwechsel an oder signalisieren eine bestimmte Einstellung zu dem Gesagten, z.B. Interesse (*ja, mhm*), Zustimmung oder Ablehnung (*genau, eben, nein*), Zweifel (*naja, gut aber*) oder Überraschung (*ach, ah*). Auch das Gesprächsende kann mit ihnen eingeleitet werden (*schön, gut*).

- Position: vor oder nach einem Satz:
  Das ist doch so, <u>oder?</u> – <u>Ja, also</u> ich kann dazu nur sagen, dass ... (Sprecherwechsel).
  Das Auto ist kaputt. – <u>Tja,</u> dann kommen wir mal wieder zu spät. (Resignation).

---

2 Die Gradpartikeln *so, sehr* und *zu* sind leicht zu verwechseln. Versuchen Sie mit Hilfe der Adjektive, eindeutige Sätze zu bilden.
Beispiel: Um 2 Uhr morgens geht man nicht zu Bett. (spät) →

Das ist <u>sehr</u> spät für Menschen, die arbeiten müssen. Es ist <u>zu</u> spät für kleine Kinder. Und es ist <u>so</u> spät, dass man auf keinen Fall genügend schläft.

(1) Der Mantel kostet 300 Euro. (teuer)
(2) Der Berg ist 5000 Meter hoch. (hoch)
(3) Im Sommer steigen die Temperaturen manchmal auf über 35 Grad. (heiß)
(4) Man muss 5 Stockwerke hoch zu Fuß gehen. (anstrengend)
(5) Das Theaterstück dauert 4 Stunden. (lang)
(6) Das Restaurant liegt 50 Kilometer von der Stadt entfernt. (weit)
(7) Er macht jeden Tag Hausaufgaben. (fleißig)

3 In Diskussionen können Sie Argumente mit Hilfe der Gradpartikeln verstärken oder abschwächen.

Beispiel: Ich halte Levines Ergebnisse für <u>sehr</u> interessant.

Nun gut, aber sie sind doch auch <u>ausgesprochen</u> stereotyp.

Markieren Sie in den Äußerungen links die Gradpartikeln. Reagieren Sie bitte mit einem Statement und verwenden Sie dabei auch Gesprächspartikeln.

Zeit ist in einer Freundschaft gar nicht relevant.	*Naja, (aber) ...*
Das Klima hat sehr großen Einfluss auf die Mentalität.	*Ja, (aber) ...*
In einer großen Stadt wird oft relativ schnell gearbeitet.	*So? (Da) ...* *Doch, ...*
Die Arbeitsleistung wird durch Individualismus enorm gesteigert.	*Schön, (dann) ...*
	Ach, ich bitte Sie, ...
Zeitverschwendung gibt es überhaupt nicht.	*Eben, (deshalb) ...*
Zeit ist viel weniger wert als Geld.	

GT2 Konnektoren 2: Temporale Beziehungen (← A7, S. 50)

Ordnen Sie die Ausdrücke aus A7 in die folgenden Kategorien ein. Ergänzen Sie die Tabelle um weitere temporale Ausdrücke und vergleichen Sie Ihre Ergebnisse im Plenum.

Temporale Ausdrücke			
	Zeitpunkt	**Zeitdauer**	**Frequenz**
Subjunktor	*wenn*		
Präposition		*während*	
Adverb	*morgens*		*wieder*
Wendung	*eines Tages*		

1 Sehen Sie sich die Übersicht über die Tempusfunktionen an.

§ Funktionen der Tempora

Tempusformen signalisieren erstens bestimmte Zeitstufen (Vergangenheit, Gegenwart, Zukunft). Zweitens können sie z.B. bei der Gesprächspartnerin / dem Gesprächspartner Aufmerksamkeit oder Spannung erzeugen oder das Gegenteil, nämlich Distanz oder Entspannung bewirken.

❶ *Präsens*
- Gegenwart: etwas geschieht gerade jetzt oder hat immer Gültigkeit
  Der Chef ist im Moment in einer Besprechung.
  Bei nasskaltem Wetter gibt es die meisten Erkältungen.
- Zukunft: etwas geschieht bald und wird als sicher angesehen
  Die Kollegin hat nächste Woche zwei Tage frei.
- Vergangenheit: das Präsens weckt Spannung oder Aufmerksamkeit (historisches Präsens)
  Mit siebzehn verlässt Goethe das Elternhaus und geht zum Studium nach Leipzig.

❷ *Perfekt*
  (v.a. in der gesprochenen Sprache; Ausnahme: Bei *haben, sein, werden* (Passiv) und den Modalverben wird meistens das Präteritum benutzt.)
- Vergangenheit: etwas wird für den aktuellen Zeitpunkt noch als aktuell oder relevant angesehen
  Stell dir vor, Maria hat gestern endlich ihren alten Wagen verkauft.
- Vergangenheit im geschriebenen Text: das Perfekt soll – v.a. bei Zusammenfassungen am Textanfang oder Textende – Spannung und Aufmerksamkeit wecken
  Am gestrigen Abend hat sich ein schwerer Unfall ereignet. Ein PKW fuhr ...
- Zukunft: etwas ist erst später abgeschlossen
  Ich glaube nicht, dass er den Wagen bis übermorgen repariert hat.
  Wenn wir gegessen haben, können wir noch kurz über die Reise sprechen.

❸ *Präteritum*
  (v.a. in der geschriebenen Sprache; in Norddeutschland auch oft in der gesprochenen Sprache)
- Vergangenheit: etwas wird aus entspannter Distanz heraus erzählt (auch fiktional: Romane, Erzählungen, Märchen)
  Es war einmal ein König, der hatte eine wunderschöne Tochter ...
- Gegenwart: etwas wird jetzt gefragt, aber mit höflicher Distanz
  Wer war der Nächste? (beim Arzt)

2 Was bedeutet das Präsens hier? Bestimmen Sie die Funktion in den folgenden Sätzen.
   Beispiel: Markus erzählt: „Gestern sitze ich friedlich auf meinem Balkon und plötzlich kracht
       es ...": *Vergangenheit + Spannung*

   (1) Im Geschichtsbuch steht: „1989 fällt die Berliner Mauer. Damals ..."
   (2) Am Telefon: „Es klingelt gerade, ich gehe mal an die Tür."
   (3) Das Sprichwort sagt: Zeit ist Geld.
   (4) Angela erzählt von ihrem Urlaub: „Eines Tages stehen wir am Strand und da..."
   (5) Zu den Freunden: „Wir fahren im Urlaub nicht weg. Und ihr? Was macht ihr?"

3 Warum wird hier das Präteritum verwendet? Bestimmen Sie die Funktion.

(1) Der Roman endet: „Kansok war ein intelligenter Mann. Er verließ die Stadt."
(2) Der Ober kommt mit den Getränken und fragt: „Wer bekam das Bier, wer die Cola?"
(3) In einem Bericht steht: „Um die Daten zu erheben, musste eine Spezialapparatur zum Einsatz gebracht werden."
(4) Der Student fragt die Dozentin auf dem Flur: „Sie hatten jetzt gleich Sprechstunde, oder?"
(5) Die Sprechstundenhilfe fragt den Patienten: „Wie war doch gleich Ihr Name?"

4 Warum steht hier das Perfekt? Bestimmen Sie die Funktion.

(1) Die Ärztin stellt fest: „Sie sind erschöpft. Sie haben sich übernommen."
(2) Ein Artikel in der Zeitung beginnt so: Gestern hat sich im Chemiewerk eine heftige Explosion ereignet. Die sofort ausgerückte Feuerwehr verhinderte das Schlimmste ...
(3) Er beteuert: „Ich verspreche dir: Morgen Abend, wenn du nach Hause kommst, habe ich das Bad geputzt."
(4) In einem Brief steht: „Weißt du, als ich diese Vorwürfe hörte, bin ich einfach aufgestanden und gegangen."
(5) Am Telefon: „Ich kann noch nicht weg, die Handwerker haben sich noch nicht gemeldet."

5 Sehen Sie sich nun die Funktionen der Nebentempora an.

---

❹ *Plusquamperfekt*
- Vergangenheit: etwas geschah vor einer im Präteritum erzählten Handlung
  Als Herr Wahner in die Firma kam, hatte sein Sekretär schon die wichtigste Korrespondenz erledigt. Nachdem er mit zwei Kunden telefoniert hatte, nahm er die S-Bahn zum Flughafen.

---

❺ *Futur*
- Vermutung: man vermutet, dass etwas im Moment oder später passiert (modales Futur)
  Wo ist Florian? – Der wird wieder mal vor seinem Computer sitzen.
  Die Regierung wird dieses Gesetz wohl in der nächsten Woche verabschieden.
- Zukunft: etwas wird als geplant, gewünscht oder befürchtet dargestellt
  Wenn Evelyn sich vorgenommen hat, Japanisch zu lernen, dann wird sie das auch unter allen Umständen tun.
  Konflikte zwischen den feindlichen Mächten wird es auch nach dem Friedensvertrag noch geben.

---

❻ *Vor-Futur* (kommt selten vor)
- Vermutung: man vermutet, dass etwas passiert ist
  Die Dozentin wird unsere Klausur fertig korrigiert haben.

---

6 Das Futur drückt meist eine Vermutung über etwas Vergangenes, Gegenwärtiges oder Zukünftiges aus. Nur selten drückt es eine reine Zukunft aus. Wo drückt der Satz nur Zukunft, wo nur Vermutung und wo beides aus?

Zukunft und/oder Vermutung? Kreuzen Sie an.

	Zukunft	Vermutung
(1) Wird Christine noch kommen?	▪	▪
(2) Sie wird den Zug verpasst haben.	▪	▪
(3) Sie wird wahrscheinlich im Augenblick noch im Bahnhof München stehen.	▪	▪
(4) Paul wird nächste Woche seine Prüfung machen, das hat er versprochen.	▪	▪
(5) Aber wird er sie bestehen?	▪	▪

7 Kleine Fehlersuche: Das Plusquamperfekt ist ein sehr seltenes Tempus im Deutschen. In welchen Sätzen ist es nicht korrekt verwendet worden?

(1) Man hatte eine Pilotstudie durchgeführt, bevor die offizielle Untersuchung gestartet wurde.
(2) Während die Wissenschaftlerin die ersten Versuchspersonen befragt hatte, hatte sie eine geniale Idee.
(3) Als sie die Interviews abgeschlossen hatte, begann sie sofort mit den Tests.
(4) Bevor sie das Manuskript erstellt hatte, wertete sie die Tests aus.
(5) Die Forscherin veröffentlichte daher die Resultate sofort, nachdem sie das Experiment beendet hatte.

8 Der folgende Text steht im Präsens. Das kann nicht immer richtig sein. Überlegen Sie sich, was der Autor sagen möchte, entscheiden Sie sich dann für eine der Tempusformen. Manchmal müssen Sie auch Konjunktiv verwenden.

Das Abenteuer – Ausgangstext   **Das Abenteuer** – Ihr Text

Vor ein paar Jahren fahren wir mit dem Schiff nach Übersee. Die Fahrt ist die ganze Zeit recht ruhig, aber auf einmal geht es Schlag auf Schlag: Ein Sturm kommt auf, Wasser dringt ein, ein Feuer bricht aus, das Schiff sinkt.
Wir können uns in kleine Boote retten. Doch Tag um Tag vergeht. Plötzlich schreit jemand: „Land in Sicht". Wir sehen alle auf, aber – es ist ein riesiger Fisch. Er kommt direkt auf uns zu. Frisst er uns?
Doch im letzten Augenblick strandet unser Boot. Am Strand gibt es nichts und niemand. Unser Kapitän fragt: „Wer holt Holz für ein Feuer? Wer sucht Trinkwasser und Essen?"
Wir beschließen, uns aufzuteilen. Aber nach zwei Stunden kommt einer von uns nicht zurück. Am nächsten Tag finden wir ihn. Er redet wirr: „Unsere Vorfahren sind hier und beobachten uns; sie zeigen uns den Weg." Was geschieht mit ihm? Nach einem tiefen Schlaf vergisst er aber alles wieder.
Langsam verlieren wir den Mut. Verlassen wir diese Insel jemals wieder? Ist ab jetzt jeder Tag wie der davor? ...
Aber es gibt immer einen Ausweg. Wir finden endlich doch einen Weg von der Insel. Und heute, viele Jahre später, blicke ich auf dieses Abenteuer zurück und sage mir: Die Zeit ist schwer, aber ich mache viele Erfahrungen.

Vor ein paar Jahren fuhren wir mit...

Diskutieren Sie Ihre Ergebnisse: Gibt es Alternativen? Was ändert sich durch eine andere Form?

Bilden Sie wie im Beispiel *je-desto*-Sätze:

Regel: Adjektiv im Komparativ bzw. *mehr/weniger* + Verb/Nomen

Beispiel: kalt + / frieren +   ➔ *Je kälter es wird, desto mehr frieren wir.*

    Geld + / ausgeben + ➔ *Je mehr Geld man verdient, desto mehr gibt man auch aus.*

(1) arbeiten + / Geld +

(2) Bücher lesen + / Wissen +

(3) etwas häufig wiederholen + / sich etwas gut merken +

(4) etwas zu tun haben + / Zeit vergeht schnell +

(5) arbeiten + / Freizeit –

(6) fleißig + / gute Ergebnisse +

(7) ein bestimmtes Buch oft lesen + / das Buch gut verstehen +

(8) diese Person lang kennen + / sie mögen –

(9) schnell arbeiten + / Stress +

(10) ausgehen – / Leute kennen lernen –

1   Entscheiden Sie sich für eines der Präfixe *ent-*, *zer-* oder *miss-* und bilden Sie eine Gruppe. Vergleichen Sie die Verben und suchen Sie gemeinsame Bedeutungen für Ihr Präfix. Ergänzen Sie weitere Verben.
Welche sind die Hauptbedeutungen? Suchen Sie dafür ein typisches Beispielverb, mit dem Sie den anderen diese Bedeutung erklären (wenn Sie wollen, auch mit Beispiel, Zeichnung, Merkvers etc.).

Beispiel: *ver-*
Bedeutungen:
* „weg von etwas": *verlieren, verkaufen, verlegen, vergessen, verschicken.*
        typisch z.B.: *verschenken*
* Zustandsänderung: *vermehren, vermenschlichen, versüßen, verkleinern, verbessern.*
        typisch z.B.: *verändern*
* keine klare Gruppe: *versuchen...*

ent-: entfesseln, entkorken, entwirren, entfärben, entgegnen, entfallen, entzerren ...
zer-: zerdrücken, zerfallen, zerstreuen, zerschneiden, zerkochen, zerkleinern, zerlegen ...
miss : misslingen, missbilligen, missdeuten, missfallen, misstrauen ...

2   Die untrennbaren Präfixe verändern oft die Valenz (→ Lektion 3, GT1, S. 97) des entsprechenden Grundverbs. Das gilt v.a. für *be-* (oft in der Bedeutung: „mit etwas versehen") und *er-*. Vergleichen Sie bei den folgenden Verben Präfixverb und Grundverb: Gibt es Unterschiede? Welche Veränderung ist am häufigsten?
be-: bearbeiten, besprechen, bepflanzen, besetzen, bedecken, beachten ...
er-: erwarten, erhoffen, erfinden, ersteigen, ersetzen ...

3　Welches der beiden Verben hat eine konkrete, welches eine abstrakte Bedeutung?

(1) a) Das Experiment durchläuft eine wichtige Phase.
　　b) Durch den Park sollte man nachts nicht durchlaufen.
(2) a) Wir haben das Konto überzogen.
　　b) Wegen des Regens hatten alle ihre Mäntel übergezogen.
(3) a) Bei dem Wetter kann man sich hier unterstellen.
　　b) Man unterstellte ihm einen Betrug.
(4) a) Der Sturm hat den riesigen Baum einfach umgerissen.
　　b) Können Sie Ihr Konzept kurz umreißen?

> Ist das Präfix trennbar oder untrennbar?
>
> Ist die Bedeutung abstrakt oder konkret?
>
> Ist das Präfix betont oder unbetont?

Ergänzen Sie die Tendenz:

Das betonte Präfix ist _____ und hat eher eine _____ Bedeutung.
Das unbetonte Präfix ist _____ und hat eher eine _____ Bedeutung.

4　Woher kommen die Verben?

Beispiel: beerdigen ← *be – Erd(e) – igen*

beeinflussen	vereinfachen	veranschaulichen
anerkennen	beabsichtigen	beinhalten
verheimlichen	beseitigen	vereinsamen

Arbeit und Beruf

3

A1 Berufs-ABC

Suchen Sie zu einzelnen Buchstaben des Alphabets einen Arbeitsplatz und sammeln Sie dann Berufe, die dort ausgeübt werden.

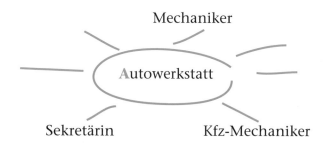

Mechaniker

Autowerkstatt

Sekretärin   Kfz-Mechaniker

Clown

Zirkus

A2 Spiel „Heiteres Beruferaten"

1 Bilden Sie Gruppen von vier bis fünf Personen. Jede Person denkt sich für ihre linke Nachbarin / ihren linken Nachbarn einen Beruf / eine Tätigkeit aus, schreibt ihn/sie auf einen Zettel und befestigt diesen Zettel an der Stirn der Nachbarin / des Nachbarn.

2 Jede/Jeder muss nun innerhalb seiner Gruppe durch Ja-/Nein-Fragen herausfinden, was ihr/sein Beruf ist. Siegerin/Sieger in der Gruppe ist, wer am schnellsten den eigenen Beruf rät.

FÜR VIELE EIN UNERREICHBARER TRAUMJOB: DER ZITRONENFALTER

A3 Schauen Sie sich das Titelblatt der Lektion an.

1 Sprechen Sie darüber (→ S8, S. 254), wie sich Arbeit/Arbeitsplätze im Laufe der letzten Jahrhunderte entwickelt haben.

2 Sprechen Sie darüber, in welchen Branchen es Ihrer Meinung nach in Zukunft einen Zuwachs an Arbeitsplätzen geben wird und in welchen Branchen Arbeitsplätze abgebaut werden. Differenzieren Sie gegebenenfalls zwischen deutschsprachigen Ländern und Ihrem Heimatland.

A4 Lesen Sie den Text und notieren Sie in Stichpunkten (→ S4, S. 250), welche Arbeitsmodelle der Zukunft der Text nennt und welche Branchen Erfolg versprechend sind.

Arbeitsmodelle:

Variante 1

Variante 2

Variante 3

Variante 4

Variante 5 *schlecht bezahlte Dienstleistungen*

Variante 6

Branchen:

1

2

3

4 *Bildung*

5

Die Zukunft der Arbeit

*Vollbeschäftigung? Schon abgeschminkt. Der klassische Acht-Stunden-Tag? Ein Auslaufmodell. Das 40-jährige Dienstjubiläum? Auch vorbei. Der Arbeitsalltag von morgen ist überall Thema Nummer eins. Bleiben die Fragen: Wie flexibel müssen wir sein? Und was müssen wir tun, damit wir überhaupt noch eine Chance haben? BRIGITTE-Autorin Monika Held über **PROGNOSEN** und **TRENDS** auf dem Arbeitsmarkt*

Wir sind keine Hellseher – aber eines wissen wir genau: Die Zukunft ist launisch. Sie wird unsere Arbeit und unser Leben auf den Kopf stellen. Fragen wir uns doch heute schon kopfschüttelnd: Weißt du noch – damals? Erinnerst du dich an das eherne Motto, das über jedem Lebenslauf stand? Eine Ausbildung! Ein Beruf! Eine Rente! Und weißt du noch? Als der Wecker klingelte um sechs, die Arbeit um acht begann und um vier der Feierabend. Vierzig Jahre lang derselbe Trott! Bezahlt wurde – weißt du's noch? – die achtstündige körperliche Anwesenheit. Der Klönschnack und die Kaffeepause. Himmlische Zeiten! Himmlische Zeiten? Mal ehrlich, das war doch immer auch ein bisschen wie Knast.

Weniger Urlaub.

Mehr Geld.

Oder umgekehrt

Es gibt Unternehmen, in denen die Zukunft schon begonnen hat. Bei Siemens wurde die Vertrauensgleitzeit eingeführt. Den Mitarbeitern einer Arbeitsgruppe ist es selbst überlassen, wie sie ihre Arbeitszeit organisieren. Sie können, in Absprache mit ihrem Team, mal mehr arbeiten und mal weniger. Mal drei Stunden – und mal zwölf. Und die Mitarbeiter der Mannheimer Versicherungs-AG entscheiden, nach Absprache mit ihrem Vorgesetzten, selbst darüber, wie viel sie in den kommenden zwölf Monaten arbeiten wollen. Die Devise heißt: Weniger Urlaub – mehr Geld. Mehr Freizeit – weniger Geld. Wir entdecken die erste Variante künftiger Arbeit: Die Organisatoren unserer Arbeitszeit sind wir selbst.

Nur montags bis freitags?

Und nur in der Firma?

Wir lesen, in Großbritannien habe man die galoppierende Arbeitslosigkeit in den Griff bekommen. Na, wie denn wohl? Nicht durch ein Wunder. Weil fast 25 Prozent aller Beschäftigten Teilzeit arbeiten. In Holland sind es sogar 38 Prozent. Da erreichen wir mit unseren 16 Prozent gerade nur EU-Durchschnitt. Doch wir holen auf, ob wir wollen oder nicht. Teilzeitarbeit wird ein Teil unserer Zukunft sein. Die Bayer AG bietet schon heute 400 Teilzeitvarianten an.

Der Blick vom Tellerrand zeigt uns für die nächsten zwei, drei Jahre 800.000 neue Tele-Arbeitsplätze, die meisten davon voraussichtlich für Frauen. Sie werden dann nicht mehr im, aber weiterhin fürs Unternehmen arbeiten. Zu Hause. Und weil man inzwischen festgestellt hat, dass Tele-Arbeit ohne Kontakt zum „Mutterbetrieb" einsam macht, ist eine Betriebsanbindung eingeplant. Wöchentliche Teamsitzungen und gemeinsame Konferenzen verhindern die Entfremdung zwischen Tele- und Stammarbeiterinnen.

Wer wird uns beschäftigen? Wo werden wir arbeiten? Wo werden Menschen gebraucht? Wer die eigene Zukunft plant, sollte die Branchen anpeilen, denen die Zukunft gehören wird. Das ist zum Beispiel die Telekommunikationsindustrie, die Informationsverarbeitung: Infos sammeln, ordnen, aufbereiten, verkaufen. Die Freizeitindustrie, der Tourismus: beraten, buchen, organisieren. Das Gesundheitswesen: heilen, betreuen, pflegen. Die Bildung: ausbilden, weiterbilden, planen, beraten, umschulen. Und die Wachstumsbranche Umwelt: forschen, entwickeln, informieren, vorsorgen, entsorgen.

Unsere Chance:

Feminine Arbeit.

Weiche Intelligenz

Weil es immer weniger sichere, lebenslängliche Stammarbeitsplätze gibt, weil es einer allein also nicht mehr schafft, eine ganze Familie auszuhalten, werden Frau und Mann verdienen müssen. Die Art der Arbeit wird sich ähneln. Mal ein Job, mal ein Projekt. Schon heute gibt es dafür einen Begriff. Man nennt das die „Feminisierung" der Arbeit. Was nichts anderes bedeutet, als dass Männer in Zukunft ihr Arbeitsleben so organisieren müssen, wie wir Frauen das schon immer getan haben: flexibel, kommunikativ, teamorientiert, fantasievoll.

Ausbildung, Job – und Pause. Kindererziehung und Teilzeitarbeit. Wenn die Kinder krank sind und die Eltern alt: Pause. Einsteigen, aussteigen, einsteigen, aussteigen. Die Fähigkeiten, die man für so unordentliche Lebensläufe braucht, werden in Zukunft auch die Männer lernen müssen. Das schöne neue Wort dafür heißt „weiche Intelligenz". Anpassungsfähig, pfiffig, flexibel. Auf Arbeit, die „weiche Intelligenz" verlangt, waren wir doch schon immer abonniert. Seien wir also wachsam und nutzen die Chance. Schaffen wir uns noch die neue Technik drauf – denn eines steht fest: Auch auf der Datenautobahn läuft letztlich nichts ohne Menschen.

Aber Vorsicht – nicht träumen. Wer den Sprung von Projekt zu Projekt nicht schafft, wer nicht selbstständig arbeiten kann, wem es nicht gelingt, zu einer Kern-

mannschaft zu gehören, wer keine attraktive Markt-
lücke findet, wer das Zeug zum Freelancer, zum Selbstständigen, zum Selbstvermarkter nicht hat, der wird
zu den Menschen gehören, die von schlecht bezahlten
Dienstleistungen leben müssen. Von diversen McJobs.
Putzen, Kinder hüten, Koffer tragen. Waren einpacken
im Supermarkt [...]: Wir müssen uns auf eine Arbeit
unterhalb der eigenen Fähigkeiten einrichten.

Wo aber Gefahr ist, wächst das Rettende auch. In
Bottrop liegt die Arbeitslosigkeit bei 14 Prozent. Viel-
leicht ist es kein Zufall, dass sich ausgerechnet dort die
GIB gegründet hat, die Gesellschaft für innovative

Beschäftigungsförderung. Wer arbeitslos ist und eine
pfiffige Idee für eine Existenzgründung hat, kann sie
hier von Profis gründlich testen lassen. Auch gleich die
eigene Person und die Frage, ob ich eher der Typ
„zuverlässiger, fleißiger Angestellter" bin oder ob in
mir Durchsetzungskraft, Wagemut und Organisationstalent stecken. [...]

Wir sind keine Hellseher, aber das Motto der Zukunft
haben wir begriffen. Es ist nicht so wichtig, was wir
einmal gelernt haben – wichtiger ist, was wir daraus
machen.

(BRIGITTE)

A5 **Erklären Sie die verschiedenen Arbeitsmodelle mit folgenden Kommunikationsmitteln:**

Kommunikationsmittel: Erklären/Definieren

x bedeutet, dass ...
Unter x versteht man / verstehen wir ...
x wird definiert als ...
... heißt x.
x wird als ... erklärt.
Wenn man von x spricht, meint man ...

A6 **Lesen Sie den Text noch einmal genau.**

Sammeln Sie im Plenum alle Ausdrücke für berufliche Tätigkeiten, für Menschen im Arbeitsprozess und ihre Eigenschaften, für Orte, an denen gearbeitet wird, und solche Ausdrücke, die
mit Arbeit zusammenhängen, die Sie aber nicht eindeutig zuordnen können.
Bilden Sie dann Gruppen und wählen Sie pro Gruppe eine Kategorie aus. Ordnen Sie den Wortschatz (→ S10, S. 256) und tragen Sie alle Wörter, die in Ihre Kategorie passen, in die Tabelle ein.

arbeiten	Menschen	Eigenschaften	Orte	weitere Aspekte
beschäftigen	*Arbeitsgruppe*	*flexibel*	*Unternehmen*	*Vollbeschäftigung*

Der Text, den Sie gelesen haben, ist ein journalistischer Text. Arbeiten Sie Merkmale des journalistischen Stils heraus.

1 Der Text enthält Merkmale der Umgangssprache und Anglizismen.
   Erklären Sie folgende Ausdrücke aus dem Kontext:
   Vierzig Jahre lang derselbe Trott! (Z. 17)
   ... der Klönschnack ... (Z. 19)
   ... Knast ... (Z. 21)
   ... in den Griff bekommen ... (Z. 42)
   ... schaffen wir uns ... drauf ... (Z. 94–95)
   ... Freelancer ... (Z. 101)
   ... McJobs ... (Z. 104)

2 In dem Text lesen Sie häufig die Pronomen *wir, du*, einmal auch *ich*.
   Wer ist damit gemeint? Beachten Sie bei Ihrer Analyse auch, woher der Text stammt: Welche
   Art von Zeitschrift vermuten Sie hinter dem Namen „Brigitte"?

3 Häufig werden im Text Fragen gestellt, die keine echten Fragen sind.
   Die Funktion solcher Fragen kann sein:
   – ein neues Thema ankündigen
   – den Leser direkt ansprechen
   – den Text lebendiger gestalten
   – den Leser zum Nachdenken anregen
   – den Leser provozieren
   – Zweifel ausdrücken.
   Markieren Sie die Fragen und erklären Sie jeweils, was die Autorin damit signalisieren will.
   Beispiel: Nur montags bis freitags? Und nur in der Firma? (Z. 39–40):
   provozieren, Zweifel ausdrücken

Ein weiteres Arbeitsmodell der Zukunft ist möglicherweise die Zeitarbeit.

Erklären Sie zunächst (evtl. mit Hilfe des Wörterbuchs bzw. Lexikons) den Begriff „Zeitarbeit".
Erläutern Sie dann das Diagramm.

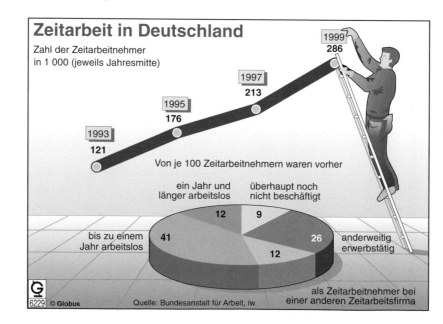

Zeitarbeit in Deutschland
Zahl der Zeitarbeitnehmer
in 1 000 (jeweils Jahresmitte)

1993 — 121
1995 — 176
1997 — 213
1999 — 286

Von je 100 Zeitarbeitnehmern waren vorher

ein Jahr und länger arbeitslos — 12
überhaupt noch nicht beschäftigt — 9
bis zu einem Jahr arbeitslos — 41
anderweitig erwerbstätig — 26
als Zeitarbeitnehmer bei einer anderen Zeitarbeitsfirma — 12

6229 © Globus   Quelle: Bundesanstalt für Arbeit, iw

Teil A Die Zukunft der Arbeit

1 Überlegen Sie zunächst, welche Aufgaben eine Diskussionsleiterin / ein Diskussionsleiter erfüllen muss (z.B. in das Thema einführen, das Wort erteilen). Erschließen Sie weitere Funktionen aus den angegebenen Kommunikationsmitteln.

Kommunikationsmittel: Diskussion leiten

Thema einführen:
Das Thema unserer heutigen Diskussion ist ...
Wir sind heute hier, um über ... zu diskutieren.
Heute geht es um die Frage, ob ...

_____:
(Frau) X, würden Sie bitte zu der Frage Stellung nehmen, ob ...
Wie ist denn deine / Ihre Meinung dazu?
Wie denkst du / denken Sie über ...
Hat jemand dazu eine andere Meinung?

Wort erteilen:
(Herr) X hat das Wort.
Ich übergebe jetzt das Wort an (Frau) X.
Vielleicht könnte zuerst (Herr) X etwas zu diesem Punkt sagen.

_____:
Bitte lassen Sie Ihre Gesprächspartner doch ausreden.
Moment, bitte nicht alle gleichzeitig/durcheinander.
Immer der Reihe nach.

_____:
Das gehört aber jetzt nicht zum Thema.
Bitte halten Sie sich an die Fragestellung.

_____:
Wenn ich Sie recht verstanden habe, dann könnte man sagen ...
Als Ergebnis kann man also festhalten ...
Lassen Sie uns abschließend festhalten ...
Zusammenfassend möchte ich also sagen ...

_____:
Meine Damen und Herren, unsere Zeit ist um.
Ich bitte Sie nun zum Ende zu kommen.
Ich denke, wir haben die wichtigsten Punkte erörtert.

---

2 Sammeln Sie an der Tafel Argumente pro und contra Zeitarbeit.

3 Bilden Sie Diskussionsgruppen. Jede Gruppe wählt eine Diskussionsleiterin / einen Diskussionsleiter. Die jeweils anderen Gruppen übernehmen die Rolle des Publikums.

4 Jede Gruppe führt nun nacheinander eine kurze Diskussion von ca. acht bis zehn Minuten. Verwenden Sie die oben stehenden Kommunikationsmittel zur Diskussionsleitung und die Kommunikationsmittel aus Lektion 1, B14, S. 23.
Das jeweilige Publikum beobachtet das Diskussionsverhalten (Beteiligung, Anwendung von Kommunikationsmitteln, Steuerung der Diskussion etc.) und bewertet dies.

B   Innovative Ideen

B1 Der Hessische Rundfunk hat eine Sendung über alternative Arbeitsformen produziert.

Hören Sie den Beitrag über den „Tauschring Berlin".

1   Notieren Sie beim ersten Hören, wie der Tauschring funktioniert.

Zahlungsmittel: _____

Mitglieder: _____

Motive der Mitglieder: _____

2   Notieren Sie beim zweiten Hören so viele Beispiele für „Zahlungsmittel" wie möglich.
Kuchenbacken, _____

_____

B2 Sprechen Sie über folgende Fragen:

Halten Sie dieses Prinzip für gerecht?
Glauben Sie, dass dieses Modell Zukunft hat?
Wäre es auch in Ihrem Land einsetzbar?

B3 Spiel „Tauschring"

Was würden Sie beim Tauschring anbieten?

1   Überlegen Sie sich Angebote. Die Hälfte der Gruppe notiert ihr Angebot auf Zetteln
    (mit Namen).

2   Die Zettel werden gemischt. Die andere Hälfte der Gruppe zieht jeweils einen Zettel. Handeln
    Sie nun mit dem Anbieter aus, was und wie Sie tauschen können.

B4 Im Folgenden finden Sie zwei Zeitungsartikel, die je ein Beispiel für neue Unternehmen bzw. neue
Berufe vorstellen.

Entscheiden Sie sich anhand der Überschrift für einen der beiden Texte, bilden Sie Gruppen und
bearbeiten Sie jeweils folgende Aufgaben. Stellen Sie dann die beiden neuartigen Unternehmens-
ideen im Plenum vor. (Vgl. zu Bearbeitung und Präsentation die Vertiefungsteile von Lektion 1,
S. 31 ff., und 2, S. 60 ff.)

Text 1:   Womit beschäftigt sich die Denkfabrik?
          Wer arbeitet in der Denkfabrik?
          Wer sind die Kunden und welche Anliegen (Probleme, Wünsche) haben sie?
          Wie teuer ist das „Denken"?

Text 2:   Welches Unternehmen haben die zwei Jura-Studenten gegründet?
          Für welche Kundengruppen ist dieser Service interessant?
          Welche Voraussetzungen waren nötig, um diese Idee zu verwirklichen?
          Wie sind die Verdienstmöglichkeiten?
          Welche Werbung wurde gemacht?
          Was sind Ihrer Meinung nach die Vor- bzw. die Nachteile des Unternehmens?

Die 9,90-Franken-Denkfabrik
Bei einer Firma im schweizerischen Biel kann guter Rat billig sein

Von Annette Kelter

Biel – Die monatliche Telefonrechnung hat astronomische Höhen erreicht. Die Tochter des Hauses ist verliebt und dies schlägt sich empfindlich auf die Rechnung nieder. Der Vater sucht dringend nach einer eleganten Lösung für das Problem. Leider wachsen Ideen nicht auf Bäumen – aber immerhin kann man sie kaufen. In Biel in der Schweiz gibt es seit November 1997 den weltweit bislang einzigen Brainstore, in dem man Ideen quasi an der Ladentheke bekommen kann. Die Idee dazu hatte Markus Mettler, ein ehemaliger Student der Wirtschaftswissenschaften. Nach seinen Worten ist der Brainstore „ein ganz normaler Laden, in dem man frische Ideen kaufen kann".

Aber so normal ist der Laden nicht. Moderne Designermöbel, Computer und Touchscreen-Bildschirme dominieren den mit exotischen Pflanzen ausstaffierten Raum. Mit allen möglichen Anliegen kommen die Kunden in den Brainstore. Ob man nun als gestresster Vater eine Idee braucht, wie man nicht alleine den Hauptumsatz der Telefongesellschaften bestreitet, oder einen originellen Vorschlag für seine Bewerbung braucht, die Mitarbeiter des Brainstore entwickeln für fast alles eine Idee. Jede wird individuell nach den Vorstellungen des Kunden zusammengestellt. Aber nicht jedes Anliegen wird behandelt. Tabu sind alle Themen, die „schädigend sind und schaden sollen", sagt Firmenchef Markus Mettler. Mit dieser Devise sei man bisher sehr gut gefahren.

Zum Kundenkreis des Brainstores zählen nicht nur Leute, die für ein kleineres Alltagsproblem schnell mal eine Idee brauchen. Großfirmen wie Nestlé, Coop und sogar Bill Gates' Unternehmen Microsoft haben hier schon Anregungen gekauft. Und auch die Stadtverwaltung von Biel ließ sich von Markus Mettlers Team beraten. Biels Stadtpräsident wandte sich ebenfalls an den Brainstore, um eine Lösung für ein typisches Großstadtproblem zu finden: Graffitis. Ein erster Vorschlag war, die schützenswerten Bauten einfach mit Kletterpflanzen bewachsen zu lassen, denn das nehme den Sprayern den Reiz. Ein weiterer Vorschlag war, eine mobile Einsatztruppe zu bilden, die nachts genauso heimlich und versteckt wie die Graffitisprayer auf die Straße geht und dort alle Graffitis übermalt. Der Stadtrat entschied sich vor drei Wochen für den zweiten Vorschlag. Ergebnisse liegen noch nicht vor.

Neue Mitarbeiter sind im Bieler Brainstore immer willkommen. Wer hier arbeiten will, sollte „anders sein als alle anderen Mitarbeiter". Nach Ansicht von Markus Mettler sind nicht so sehr das Einser-Abitur oder der akademische Grad gefragt, entscheidend seien vielmehr Witz, Spontaneität und Phantasie. So arbeiten im Brainstore eine Juristin, eine Kunsthistorikerin, ein Journalist, aber auch ein früherer Schuhverkäufer und eine Konditorin. Schon für wenige Franken bekommt man nach kurzer Zeit eine Idee geliefert. Eine Idee, die in einer Viertelstunde ausgearbeitet wird, kostet 9,90 Franken – die teuerste Idee, an der ein Team neun Monate arbeitet, kostet 990 000 Franken.

Übrigens, dem Vater der an der Telefonitis erkrankten Tochter schlug der Brainstore vor, entweder einen Münzfernsprecher im Haus installieren zu lassen oder zukünftig die Telefonrechnungen der Tochter von nahe stehenden Verwandten sponsern zu lassen.

(Süddeutsche Zeitung)

Lästige Einkäufe erledigen zwei clevere Jura-Studenten
Jörg Wolff und Darius Zajk entdeckten eine Marktlücke

Von Carlo Rosenkranz

Fast jeder kennt die Situation: Man kommt am Abend erschöpft von der Arbeit nach Hause, blickt leeren Magens in einen ebensolchen Kühlschrank und das Toilettenpapier geht auch zur Neige. Man erschrickt beim Gedanken an den Weg zum Supermarkt, der ohnehin gleich schließt. Wäre es jetzt nicht schön, wenn es an der Tür klingelte und ein junger Mann lieferte die zuvor bestellten Waren bis in die Wohnung?

Seit einigen Wochen müssen Mainzer von solch paradiesischen Zuständen nicht länger nur träumen. Die Jura-Studenten Jörg Wolff und Darius Zajk haben im Februar unter dem Namen „J.D's Einkaufsservice" ein Dienstleistungsunternehmen gegründet. „Die Idee dazu hatte ich schon während meines Zivildienstes, als ich für alte Leute das Essen gebracht und Einkäufe erledigt habe", erklärt der 22 Jahre alte Jörg. Auch im Bekanntenkreis stieß er immer wieder auf Menschen, die neben Beruf und Familie kaum Zeit für die täglichen Besorgungen fanden.

Als der gebürtige Stuttgarter dann mit seinem Kommilitonen und Freund Darius zusammen eine Wohngemeinschaft in der Altstadt gründete, um „uninah" zu wohnen, nahm die Idee wieder konkrete Formen an. Flugs ließ man sich beim Gewerbeamt als Gesellschaft bürgerlichen Rechts (GbR) eintragen und begann, den Service publik zu machen. 3000 Flugblätter verteilten die beiden: „Wir kaufen für Sie ein."

Seither haben die Profi-„Shopper" eine Handvoll Stammkunden. Ihre Bestellungen erreichen sie per Fax oder Telefon. Meist werden die zwei auf Großeinkäufe geschickt. „Katzenstreu und -futter, ein Kasten Cola", zitiert Jörg aus der Bestellung einer Kundin. „Unsere Kunden sehen uns unheimlich gerne Getränkekisten die Treppen hochschleppen", lacht Darius. Bezahlt wird die Mühe mit 15 Prozent vom Einkaufswert oder 8 Euro, wenn der Gesamtbetrag unter 50 Euro liegt.

Die weitere Ausdehnung geht nur langsam voran. „Die Leute halten das prinzipiell für eine tolle Idee, aber das Misstrauen ist groß", fasst Darius die Reaktionen zusammen. Neue Kunden kämen meist auf Empfehlung derer, die mit „J.D's" bereits Erfahrung hätten. Die Wünsche der Kunden zielgenau zu befriedigen sei wichtige Grundlage für das Vertrauen.

Dass der Service nicht nur für Alte und Gebrechliche interessant sei, unterstreicht die 23-jährige Antje Tomscheit: „Unter der Woche haben mein Freund und ich neben der Arbeit kaum Zeit einzukaufen." Außerdem wohnt Antje Tomscheit im fünften Stock. Ohne Aufzug. Für fast 100 Euro ließ sie gleich beim ersten Mal einkaufen. Und: „Die haben genau das gebracht, was ich wollte. Nur ein Artikel war ausverkauft, so dass sie eine andere Marke genommen haben." Etwa 13 Euro hat das Einkaufenlassen gekostet. „Das lohnt sich", urteilt die neue Kundin. „Sonst gehe ich in der Mittagspause zum teuren Laden um die Ecke oder mein Freund und ich holen etwas doppelt." Außerdem spare man Spritkosten und Zeit.

(Mainzer Allgemeine Zeitung)

Hören Sie einen Anruf beim Einkaufsservice.

1 Stellen Sie sich vor, Sie sitzen in der Telefonzentrale des Einkaufsservice und müssen die Ein-
kaufsliste der Kundin notieren. Möglicherweise kennen Sie die Markennamen nicht. Achten Sie
daher besonders darauf, die Produkte (z.B. Milch, Eier oder anderes) herauszuhören und zu
notieren.

Name: _____

Adresse: _____

Liefertermin: _____

Einkäufe: _____

_____

_____

2 Welchen Hörstil haben Sie angewendet? Informieren Sie sich über die verschiedenen Hörstile
im Strategieanhang (→ S2 / S3, S. 249).

B6 **Wunsch-Beruf**

1 Schreiben Sie einen Text (→ S6, S. 252) zum Thema „Mein Wunsch-Beruf".
Gehen Sie dabei auf folgende Aspekte ein:
• Beschreiben Sie die von Ihnen gewünschte Tätigkeit und die Rahmenbedingungen
(Verdienst, Arbeitszeit, Verantwortung, Kontakt zu Mitmenschen etc.).
• Begründen Sie Ihren Wunsch.
Achtung: Verraten Sie nicht zu viel von sich selbst.

2 Die Texte werden eingesammelt und gemischt. Jede Kursteilnehmerin / Jeder Kursteilnehmer
zieht einen Text und versucht zu erraten, wer ihn geschrieben hat.

§ **B7** **Verbvalenz (→ GT1, S. 97)**

1 Markieren Sie, welche der folgenden Sätze grammatisch vollständig (+) oder unvollständig (-)
sind.

(1) Seit kurzem erledigen zwei clevere Jura-Studenten.

(2) Zwei clevere Jura-Studenten erledigen problemlos.

(3) Lästige Einkäufe erledigen zwei clevere Jura-Studenten.

(4) Seit kurzem erledigen lästige Einkäufe problemlos.

(5) Seit kurzem erledigen zwei clevere Jura-Studenten
problemlos lästige Einkäufe.

2 Wenn man von Verbvalenz spricht, meint man, dass das Verb die Satzstruktur bestimmt. Zur Valenz gehören die Ergänzungen, die man benötigt, um einen grammatisch vollständigen und korrekten Satz zu bilden. Angaben sind zusätzliche, grammatisch nicht notwendige Informationen.
Welche Satzteile in 1/Satz (5) sind Ergänzungen, welche sind Angaben?
Schreiben Sie nur die Ergänzungen in das Valenzschema.

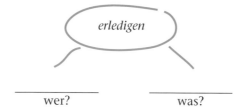

3 Analysieren Sie die folgenden Sätze. Stellen Sie die Valenz der Verben schematisch dar (wie in 2) und ergänzen Sie auch die passenden Fragewörter. Wenn es Angaben gibt, setzen Sie diese in Klammern.
Beispiel: Man kommt (am Abend) (erschöpft) nach Hause.

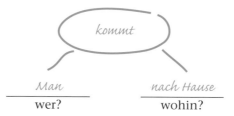

(1) Seit einigen Wochen müssen Mainzer von solchen paradiesischen Zuständen nicht länger träumen.
(2) Die Leute halten das prinzipiell für eine tolle Idee.
(3) ... aber das Misstrauen ist groß.
(4) Etwa 13 Euro hat das Einkaufenlassen gekostet.
(5) ... als ich alten Leuten das Essen gebracht habe.
(6) Außerdem wohnt Antje Tomscheit im fünften Stock.
(7) Sonst gehe ich in der Mittagspause zum teuren Laden um die Ecke.
(8) Die jungen Leute haben ihr Dienstleistungsunternehmen „J.D's Einkaufsservice" genannt.
(9) Jörg Wolff und Darius Zajk sind Studenten.
(10) Die meisten finden diese Idee gut.
(11) Der Telefonservice beginnt um 10 Uhr und dauert dann bis 20 Uhr.

4 Ordnen Sie die gefundenen Fragewörter den folgenden Ergänzungsklassen zu.

Ergänzungsklasse	Fragewörter
Subjekt(-Ergänzung)	
Akkusativ-Ergänzung	
Dativ-Ergänzung	
Präpositional-Ergänzung	*Präposition + wen/wem ; wo(r) + Präposition*
Lokal-Ergänzung	
Direktional-Ergänzung	
Temporal-Ergänzung	
Quantitativ-Ergänzung	*wie viel*
Qualitativ-Ergänzung	
Klassifikations-Ergänzung	*(als/für) was? wie?*

5 Informieren Sie sich über Form und Funktion der Ergänzungsklassen (→ GT1, S. 97).

B8 Wortstellung (→ GT2, S. 100)

Wie ein Brückenpfeiler eine Brücke trägt, so trägt das Verb den Satz. Es hat eine feste Position und bestimmt damit auch die Position der anderen Satzglieder.

1 Schreiben Sie die folgenden Sätze in das Schema und beobachten Sie: Was steht (direkt) vor dem Verb?

(1) Die Leute halten das prinzipiell für eine tolle Idee.
(2) Etwa 13 Euro kostet das Einkaufenlassen.
(3) Außerdem wohnt Antje Tomscheit im fünften Stock.
(4) Sonst gehe ich in der Mittagspause zum teuren Laden um die Ecke.
(5) Diese Idee finden die meisten gut.

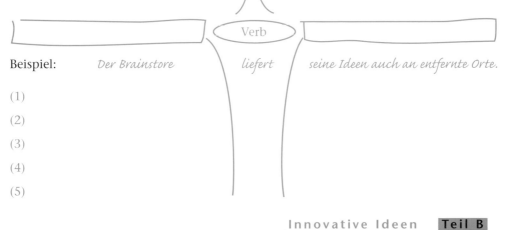

Beispiel: *Der Brainstore* *liefert* *seine Ideen auch an entfernte Orte.*

(1)

(2)

(3)

(4)

(5)

2 Meist besteht das Verb aus zwei Teilen. Diese beiden „Brückenpfeiler" des Satzes nennt man „Verbklammer". Die Verbklammer teilt den Satz in Felder: vor (Vorfeld), zwischen (Mittelfeld) und nach (Nachfeld) den Verbteilen.
Schreiben Sie die folgenden Sätze so in das Schema, dass die beiden Verbteile in den Brückenpfeilern stehen.

(1) Laut Zeitung sind die Organisatoren des Einkaufsservice übrigens Studierende des Faches Jura gewesen.
(2) Die beiden teilten sich ihre Zeit flexibel ein.
(3) Sie fingen schon morgens mit dem Service an.
(4) Daher haben sie die Bestellungen meistens noch am gleichen Tag ausgeführt.
(5) Sie sind zum Einkaufen fast immer in einen großen Supermarkt gefahren.
(6) Dabei konnte man sich absolut auf sie verlassen.
(7) Bis heute haben sie den zwei Studenten immer wieder neue Aufträge gegeben.
(8) Deshalb müssen Mainzer nicht länger von solchen paradiesischen Zuständen träumen.

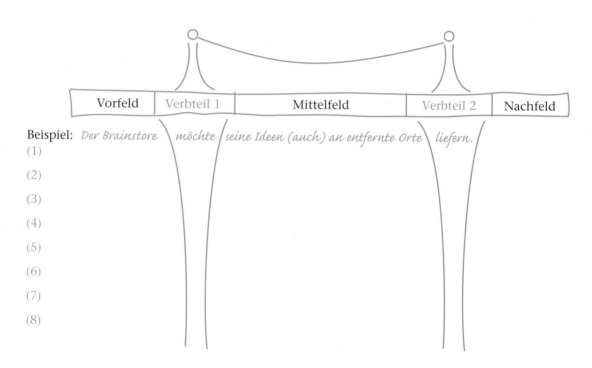

| Vorfeld | Verbteil 1 | Mittelfeld | Verbteil 2 | Nachfeld |

Beispiel: *Der Brainstore* \ *möchte* / *seine Ideen (auch) an entfernte Orte* \ *liefern.*
(1)

(2)

(3)

(4)

(5)

(6)

(7)

(8)

3 Setzen Sie die Angaben in den Sätzen 1 bis 8 in Klammern. Welche Ergänzungen finden Sie im Mittelfeld? (Machen Sie die „Frageprobe".)
Untersuchen Sie die Stellung der Ergänzungen im Mittelfeld und ergänzen Sie die Regeln.

Im Mittelfeld links (nach dem Verbteil 1) stehen:

_____

Im Mittelfeld rechts (vor dem Verbteil 2) stehen:

_____

4 Informieren Sie sich über die Wortstellung der Ergänzungen (→ GT2, S. 100).

Multikulturelle Zusammenarbeit

C1 Die Welt wird immer kleiner: sowohl die Mobilität der Menschen als auch die internationale wirtschaftliche Zusammenarbeit nehmen zu. Sprechen Sie über diese Veränderungen (→ S. 8, S. 254).

1 Glauben Sie, dass diese Entwicklung für Ihr Heimatland von Vorteil ist?
2 Haben Sie / Hat jemand aus Ihrer Familie schon einmal in einem fremden Land bzw. in einer ausländischen Firma gearbeitet? Welche Erfahrungen haben Sie / hat er oder sie dabei gemacht?

C2 In der BRD stellen Mitbürger türkischer Herkunft die größte ausländische Gruppe dar.

Versuchen Sie anhand der Grafik die Entwicklung dieser Gruppe zu verstehen: Was hat sich zwischen 1970 und heute geändert? Was könnte der Grund dafür sein?

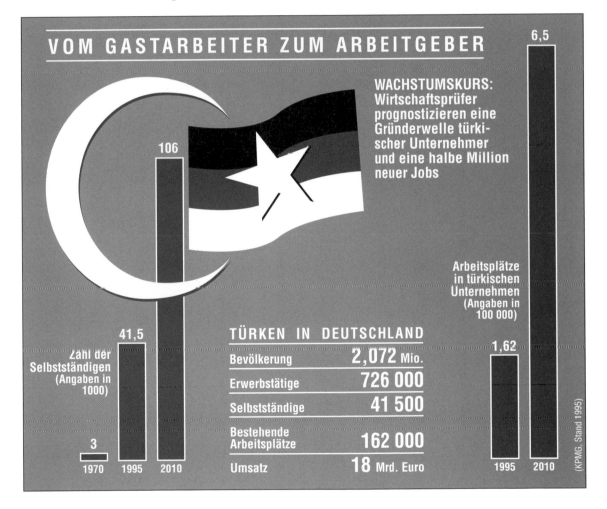

VOM GASTARBEITER ZUM ARBEITGEBER

WACHSTUMSKURS: Wirtschaftsprüfer prognostizieren eine Gründerwelle türkischer Unternehmer und eine halbe Million neuer Jobs

106

6,5

Arbeitsplätze in türkischen Unternehmen (Angaben in 100 000)

1,62

41,5

Zahl der Selbstständigen (Angaben in 1000)

3

1970   1995   2010

1995   2010

(KPMG, Stand 1995)

TÜRKEN IN DEUTSCHLAND	
Bevölkerung	**2,072** Mio.
Erwerbstätige	**726 000**
Selbstständige	**41 500**
Bestehende Arbeitsplätze	**162 000**
Umsatz	**18** Mrd. Euro

C3 In einem Artikel mit dem Titel „Mein Chef vom Bosporus" werden verschiedene türkische Unternehmer vorgestellt, unter anderem Herr Kemal Sahin.

Lesen Sie die Kurzinformation aus dem Zeitschriftentext: Welche Eigenschaften zeichnen Sahin als Unternehmer wohl aus?

Kemal Sahin
FIT FOR GROWTH

• Die Firma
1982 gründete Kemal Sahin in Aachen sein Unternehmen, zu dem heute 25 Gesellschaften zählen, u.a. in Deutschland, den Niederlanden, den USA und der Türkei.

Die Santex-Gruppe engagiert sich neben der Bekleidungsindustrie in den Branchen Bau, Tourismus sowie Energie und erzielt mittlerweile einen Jahresumsatz von 0,7 Mrd. Euro. [...]

• Der Unternehmer
Nach seinem Ingenieur-Studium in Aachen erhält Kemal Sahin keine Arbeitserlaubnis. Mit einem Startkapital von 5000 Mark (ca. 2500 Euro) beginnt er 1982 seine Selbstständigkeit mit der Eröffnung einer Boutique in Aachen. Konsequent setzt der 42-Jährige „preußische Türke" seither auf Wachstum.

(Focus)

Bekleidung ist der größte Geschäftsbereich in Kemal Sahins Unternehmen.

Kemal Sahin, Unternehmer

C4 Interview mit Herrn Sahin

1 Hören Sie zunächst nur den ersten Teil (→ S3, S. 249) und notieren Sie die entsprechenden Zahlen.
Zahl der Beschäftigten insgesamt: _____
Zahl der Mitarbeiter in Deutschland: _____ Davon Deutsche: _____
Zahl der Mitarbeiter in der Türkei: _____ Davon Deutsche: _____

2 Hören Sie den zweiten Teil. Beantworten Sie die folgenden Fragen und vergleichen Sie Ihre Ergebnisse.
– Welche Begriffe passen zu den folgenden Zahlen?
70 %: _____
20 %: _____
10 %: _____
– Wie beschreibt Sahin die Firmenphilosophie? Notieren Sie Stichpunkte (→ S4, S. 250).
– Welche Eigenschaften seiner Mitarbeiterinnen/Mitarbeiter beschreibt Sahin?
Notieren Sie Stichpunkte zu deutschen Mitarbeitern und zu ausländischen bzw. türkischen Mitarbeitern.
– Worin sieht Sahin die positiven Auswirkungen einer interkulturellen/multinationalen Zusammenarbeit?

3 Im dritten Teil geht es um Deutsche in ausländischen Betrieben. Hören Sie und notieren Sie.
– Nennen Sie drei Eigenschaften, die ausländische Kolleginnen/Kollegen bei den Deutschen sehen.
– Wie sollten sich deutsche Mitarbeiterinnen/Mitarbeiter nach Herrn Sahins Meinung verhalten, damit ein gutes Arbeitsklima entsteht?

C5 Geben Sie Deutschen, die in Ihrem Land arbeiten und leben wollen, Ratschläge oder Empfehlungen, wie sie sich verhalten sollten.

Verwenden Sie dabei die Modalverben im Konjunktiv II.

Die Deutschen sollten bei uns ...
Sie dürften bei uns nicht ...

C6 Lesen Sie den Text auf S. 88.

1 Lesen Sie Teil 1 (Z. 1–23) global(→ S1, S. 248): Worum geht es in diesem Text? Bis zu welcher Textstelle/Zeile müssen Sie lesen, um das Thema zu erkennen? Markieren Sie diese Stelle.

2 Lesen Sie den ersten Abschnitt von Teil 2 detailliert (→ S3, S. 249): Durch welche Wörter im Kontext wird der Begriff „Unternehmensplanspiel" erklärt?

Formulieren Sie in einem Satz, was ein Unternehmensplanspiel ist.

3 Lesen Sie den gesamten Text und ergänzen Sie das folgende Schema in Stichpunkten:

Teil 1: **Ziel der Untersuchung:** _____

Teil 2: **Ablauf des Planspiels:**

    1. Phase der Einarbeitung: _____

    _____

    2. Expertenphase: _____

    _____

Ergebnisse des Planspiels*
So arbeiten/kommunizieren/verhalten sich

Amerikaner	Deutsche	Indonesier

Schlussfolgerung:
Mögliche synergetische Effekte: _____

_____

Teil 3: **Kritik an der Studie:** _____

_____

* Weitere Informationen, v.a. was die Indonesier betrifft, erfahren Sie aus dem Interview (C7, S. 89).

Zusammenarbeit kann beflügeln

In Teams sind Deutsche unbelehrbar, Amerikaner entspannt

❶ Ob es um die Entwicklung eines Automodells geht oder den Bau eines neuen Staudamms: Experten aus unterschiedlichen Ländern werden oft in Teams zusammengefasst, weil sie Spezialisten für bestimmte Fragen sind. Doch wenn es darum geht, Aufgaben zu lösen, hat jeder andere Strategien, die durch seine kulturelle Herkunft bestimmt sind. Dies führt im Team oft zu Missverständnissen und erschwert die Arbeit.

Ausländische Mitarbeiter würden zwar akzeptiert, aber nach dem Motto behandelt, „sie sind halt anders, wären sie nicht im Team, könnten wir besser arbeiten", meint Alexander Thomas, Psychologe an der Universität Regensburg. „Dass sich kulturelle Eigenarten ergänzen und sogar zu besonders kreativen Lösungen führen können, wird zwar behauptet", sagt Alexander Thomas. Nachgewiesen habe diesen Effekt aber bisher noch niemand. Thomas und seine Mitarbeiter untersuchten, ob es solche Synergieeffekte in interkulturellen Arbeitsgruppen tatsächlich gibt. Die Ergebnisse stellten sie kürzlich auf einer Tagung in Regensburg vor.

❷ Um unterschiedliche Arbeitsstile zu untersuchen, organisierten Thomas und sein Team ein Unternehmensplanspiel: 27 Gruppen – zusammengesetzt aus amerikanischen, indonesischen und deutschen Studenten – leiteten jeweils eine Textilfirma. Zunächst arbeiteten sie sich nach Nationen getrennt in das Spiel ein. Für die Aufgabe selbst hatten die Spieler nur zwei Stunden Zeit, um Firmenentscheidungen für jeweils zwölf Monate zu treffen. Den Erfolg der verschiedenen Gruppen maßen die Wissenschaftler nicht nur am Vermögen der virtuellen Firmen, sondern auch an der Zufriedenheit der Mitspieler.

Mittels Befragungen und Videoaufzeichnungen analysierten die Psychologen die Vorgehensweisen der verschiedenen Teams. [...] „Die Deutschen identifizierten sich bis zur Verbissenheit mit ihrer Aufgabenstellung", sagt Ulrich Zeutschel, Leiter der Studie. Misserfolge wurden von ihnen eher aggressiv kommentiert: „Ich hab's euch ja gleich gesagt ...!" oder „Dafür trägst du die Verantwortung!"

Die Amerikaner hingegen gingen die Aufgaben entspannter an, nahmen Misserfolge weniger persönlich und feierten auch kleine Erfolge begeisterter als ihre deutschen Mitspieler. Sowohl die Indonesier als auch die Amerikaner seien in ihren Entscheidungsfindungen offener gewesen: Sie träfen schnell Kompromisse und verwarfen Lösungsansätze auch wieder schnell, wenn sie zu keinem guten Ergebnis führten.

Den Deutschen sei es nicht darum gegangen, sich möglichst schnell zu einigen, sondern die optimale Lösung zu finden. Überzeugt von ihrer Sichtweise hätten sie versucht, alle anderen Mitarbeiter auf ihre Seite zu ziehen. „Dadurch kam es oft zu langwierigen Diskussionen, die den Zeitplan gefährdeten", so Zeutschel. Die gut durchdachten Entscheidungen ersparten ihnen dafür später meist Zeit, weil sie besser funktionierten und deswegen seltener durch neue Konzepte ersetzt werden mussten.

In der „Expertenphase" wurden die Teams international gemischt: Die deutschen Studenten arbeiteten mit Amerikanern oder Indonesiern in Gruppen von drei bis vier Personen zusammen. „Die Deutschen tendierten in diesen Gruppen dazu, ihre Partner zu dominieren und zu dozieren", meint Zeutschel. Sie brachten beispielsweise zu den Besprechungen fertige Strategievorschläge mit oder selbst entworfene Formblätter. Die Amerikaner konnten sich erst langsam durch Nachfragen in die Gruppe einbringen; das ließ sie unzufrieden werden, so Zeutschel.

Sowohl Deutsche als auch Amerikaner könnten voneinander lernen, beispielsweise wenn es darum geht, Kritik zu äußern, glaubt Zeutschel.

Darin liege eines der Synergiepotentiale: Die Amerikaner einerseits mit ihrem eher sanften Kritikstil und ihrer starken Anerkennung von produktiven Beiträgen; die Deutschen andererseits mit ihrer Art, kritische Punkte schonungslos anzusprechen.

Wer solche synergetischen Effekte in einem internationalen Team nutzen wolle, müsse sie aber fördern, sagt Alexander Thomas. Wichtig sei es, die Mitarbeiter schon von Anfang an für die Besonderheiten der jeweils anderen Nationalitäten zu sensibilisieren. Den Deutschen müsse man zudem noch klar machen, dass ihre Art, Probleme zu lösen, nicht die einzig richtige sei.

❸ Mit Zurückhaltung reagierten in Regensburg einige Fachkräfte großer Unternehmen auf die vorgestellten Ergebnisse: Sie kritisieren, dass die Untersuchungsbedingungen zu wenig mit der Praxis übereinstimmen. „Drei Leute in einem Team, das ist in unseren Abteilungen nicht realistisch", sagt Linda Lehmann, Mitarbeiterin in der Forschungsabteilung beim Autohersteller BMW.

Die Kritik will Alexander Thomas nicht auf sich sitzen lassen: Dies sei zum Teil von den Firmen selbst verschuldet, argumentiert er: „Ursprünglich wollten wir die Untersuchungen etwa bei BMW oder Siemens machen." Die Firmen hätten ihnen aber den Zugang zu ihren internationalen Entwicklungsabteilungen verwehrt. Begründung: Ihre Arbeit sei geheim, die notwendigen Nachgespräche seien zu aufwendig.

(Karen Steiner, Süddeutsche Zeitung)

C7 Hören Sie nun ein Interview mit dem Projektleiter der Studie, Ulrich Zeutschel.

Ergänzen Sie das Schema in C6, S. 87 wo das möglich ist, und vergleichen Sie Ihre Ergebnisse.

C8 Welche Eigenschaften halten Sie für wichtig, welche für problematisch in der multinationalen Zusammenarbeit?

Notieren Sie diese. Vergleichen Sie dann Ihre Ergebnisse im Plenum.

wichtig	problematisch

1 Markieren Sie in den folgenden Sätzen jeweils den Grund (G) und die Folge (F).
   Beispiel: *Den Deutschen ging es darum, die optimale Lösung zu finden* (G). **Deshalb** *kam es oft zu langwierigen Diskussionen* (F).

   (1) Experten aus unterschiedlichen Ländern sind oft Spezialisten für bestimmte Fragen. Daher werden sie gerne in gemischten Teams zusammengefasst.
   (2) Die gut durchdachten Entscheidungen ersparten ihnen später meist Zeit, weil sie besser funktionierten und deswegen seltener durch neue Konzepte ersetzt werden mussten.
   (3) Die Firmen hätten ihnen aber den Zugang zu ihren internationalen Entwicklungsabteilungen verwehrt. Die Begründung war: Ihre Arbeit sei geheim.
   (4) Weil es immer weniger sichere lebenslängliche Stammarbeitsplätze gibt, werden Frau und Mann verdienen müssen.
   (5) Ein erster Vorschlag war, die schützenswerten Bauten einfach mit Kletterpflanzen bewachsen zu lassen, denn das nehme den Sprayern den Reiz.

2 Durch welche Konnektoren und Wendungen wird in diesen Sätzen die Beziehung jeweils ausgedrückt? Welche signalisieren den Grund, welche die Folge?

Grund	Folge
weil	

3 Kennen Sie weitere kausale Konnektoren und Wendungen? Ergänzen Sie die Tabelle und verknüpfen Sie die folgenden Sätze damit.

   (1) Telearbeit macht einsam. Es sind wöchentliche Teamsitzungen geplant.
   (2) Zwei Jura-Studenten haben einen Einkaufsservice gegründet. Die Mainzer müssen abends nicht mehr in den Supermarkt hetzen.
   (3) Die Amerikaner waren unzufrieden. Sie konnten sich nicht in das Team einbringen.

VT1 Um eine Arbeit zu finden, muss man sich in der Regel um eine Stelle bewerben.

Dazu reicht man Unterlagen ein. Zu Ihren kompletten Bewerbungsunterlagen gehören:

Eigene Texte:
• Tabellarischer Lebenslauf
• Bewerbungsschreiben
Dokumente:
• Zeugnisse
• Empfehlungsschreiben
• ...
Welche weiteren Unterlagen könnten je nach Beruf wichtig sein?

VT2 Der Lebenslauf ist im deutschsprachigen Raum eine sehr formalisierte Textsorte.

Im Folgenden finden Sie einen Musterlebenslauf und eine „Checkliste", die Ihnen wichtige Hinweise für die Abfassung eines Lebenslaufes gibt.

1   Finden Sie, dass der Lebenslauf mit Hilfe der Checkliste verbessert werden kann?

2   Welche Aspekte müssten in Ihren Lebenslauf noch aufgenommen werden?

CHECKLISTE

Lebenslauf und Foto

Lebenslauf:
✔ vollständige Adresse mit Telefon-
  nummer,
  am Ende Tagesdatum mit Unter-
  schrift (Vor und Zuname)
✔ Positionsbezogen formulieren, d.h.
  Praktika und Studieninhalte, die
  zur ausgeschriebenen Stelle passen,
  ausführlicher beschreiben;
  grundsätzlich mit Schlüsselbegrif-
  fen arbeiten, die für das jeweilige
  Unternehmen interessant sind
✔ drei Blöcke bilden:
  1. Persönliche Daten
  2. Ausbildung und Studium
  3. Praktika und berufliche Tätigkeiten

Lebenslauf

Name:	Hans Mustermann	
Anschrift:	Grüne Straße 18	
	26897 Hilkenbrook	
	Telefon: 0 44 93 / 0 8 15	
	E-Mail: hamuma@aol.com	
Geburtsdatum:	5.3.1970	
Geburtsort:	Hamburg	
Staatsangehörigkeit:	deutsch	
Familienstand:	verheiratet, eine Tochter	
Schulabschluss:	07/1989	Abitur am Staatl. Gymnasium, Hamburg-Altona
Studium:	10/1989 – 07/1991	Architektur an der Fachhochschule Hamburg
	09/1991 – 06/1992	Architektur an der Universidad Autónoma de Barcelona
	10/1992 – 05/1997	Architektur an der Technischen Universität Berlin Abschluss: Diplom. Examensarbeit: „Die Begrünung von Stadthäusern und Industriegebäuden in Berlin-Marzahn unter bauökologischen und architektonischen Gesichtspunkten"
Praktika:	07/1989 – 09/1989	Firma Ökobau / Hamburg
	07/1992 – 09/1992	Projekt „Grüne Brücke" der Stadt Pirmasens
	02/1994 – 03/1994	Architekturbüro Mauger (Begrünung stillgelegter Industriekomplexe) / Berlin
Besondere Kenntnisse:	EDV-Kurs für CAD am Rechenzentrum der TU Berlin (1995) sehr gute Englischkenntnisse gute Spanischkenntnisse	

Hilkenbrook, 1. Juli 1997

Hans Mustermann

VT3 Schreiben Sie Ihren eigenen Lebenslauf (→ S6, S. 252).

Bei einer wirklichen Bewerbung sollten Sie nicht mehr als zwei Seiten schreiben, ein Foto rechts oben anheften oder einkleben und den Lebenslauf unterschreiben.

VT4 Neben dem Lebenslauf ist das persönliche Anschreiben für eine bestimmte Arbeitsstelle oder auch für einen Praktikumsplatz sehr wichtig.

1 Versuchen Sie, folgendes Anschreiben in die richtige Reihenfolge zu bringen.

1 Gerne würde ich Ihnen bei einem persönlichen Gespräch meine Vorstellung über die „Architektur von morgen" erläutern.

11 Hillenbrook, 1. 7. 1997

2 Sehr geehrter Herr Marx,

7 Im Mai dieses Jahres habe ich mein Studium beendet und suche eine Stellung, in der ich meine ökologischen Interessen einfließen lassen kann. Das sehe ich in Ihrem Büro gegeben.

6 Hans Mustermann
Grüne Straße 18
26897 Hilkenbrook

4 Ich möchte Ihnen kurz erläutern, warum mich gerade diese Stelle interessiert. Wie Sie aus meinem beigefügten Lebenslauf erkennen können, habe ich mich schon sehr früh für die ökologischen Ansätze des Bauens interessiert. Im Bereich der Begrünung von Stadthäusern und Industriegebäuden unter bauökologischen und architektonischen Gesichtspunkten habe ich meine Examensarbeit geschrieben. Während meines Studiums habe ich mehrere Praktika in alternativen Stadtprojekten absolviert. Ihre Arbeiten kenne ich aus der Fachpresse und Ihre Argumente für einen neuen, menschenfreundlichen Baustil finde ich beeindruckend.

3 Architekturbüro
Marx und Partner
Inselstr. 56
12599 Berlin

10 Stellenanzeige im Berliner Wochenblatt vom 30.6.1997

9 Mit freundlichen Grüßen
Hans Mustermann

8 Anlagen:
Lebenslauf, Lichtbild, Zeugniskopien, Bescheinigungen, Diskette mit dieser Bewerbung

5 die von Ihnen ausgeschriebene Position „Architekt" hat mich sofort angesprochen.

2 Schreiben Sie dann Kommunikationsmittel heraus, die Sie selbst für eine Bewerbung gut gebrauchen können.

VT5 Schreiben Sie eine Bewerbung.

1 Suchen Sie eine für Sie interessante Annonce in der Zeitung bzw. im Internet. Im Netz finden Sie Stellenangebote unter folgenden Adressen:
Arbeitsamt online: http://www.arbeitsamt.de   DV Job: http://www.dv-job.de
Jobs & Adverts: http://www.job.de   Stellenbörse: http://www.stellenboerse.de
WDR: http://www.wdr.de/jobs/bin/index.cgi   ZEIT: http://www.jobs.zeit.de

2 Formulieren Sie ein Bewerbungsschreiben (ca. eine Seite) für eine Stelle, die Ihnen interessant erscheint. Beachten Sie dabei folgende Kriterien:
• Die Annonce: Gehen Sie auf die Anforderungen ein, die in der Anzeige genannt werden.
• Ihre fachliche Qualifikation: Nennen Sie die beruflichen Erfahrungen oder Weiterbildungen, die Sie für die Stelle besonders qualifizieren.
• Ihre Person: Nennen Sie persönliche Eigenschaften, die für die Arbeit relevant sind (wie „teamfähig" oder „belastbar"). Stellen Sie dabei kurz dar, wie Sie diese Eigenschaften schon unter Beweis gestellt haben.

Werfen Sie nun Ihre Bewerbung zusammen mit der Anzeige in den „Job-Pool".

1 Jede Kursteilnehmerin / Jeder Kursteilnehmer zieht eine Bewerbung und analysiert als Personalchefin/Personalchef zusammen mit einer Partnerin / einem Partner, ob sie/er die Kandidatin / den Kandidaten nehmen würde.
Stellen Sie die Ergebnisse Ihrer Beratung im Plenum vor.

2 Welche Strategien waren bei den Personalchefinnen/Personalchefs entscheidend? Sammeln Sie die wichtigsten.

VT7 **Lesen Sie die folgenden Ausschnitte aus dem Roman „Der Zimmerspringbrunnen" (1995) von Jens Sparschuh.**

1 Lesen Sie zunächst den ersten Ausschnitt.
In welcher Situation befindet sich der Ich-Erzähler?
Wie würden Sie ihn charakterisieren? Kreuzen Sie an:

☐ teamorientiert	☐ motivationslos
☐ zielstrebig	☐ engagiert
☐ rational	☐ kreativ
☐ gelangweilt	☐ unselbstständig
☐ arbeitsscheu	☐ dynamisch
☐ verantwortungsbewusst	☐ entscheidungsfreudig

Wie beeinflusst ihn das Horoskop?
Wie geht er mit seiner Situation um?

Julia hatte also, wie gewöhnlich, die Wohnung verlassen, ich – meinen Posten am Küchentisch bezogen. Für diesen Tag stand, anders als sonst, Wichtiges, Bedeutsames auf dem Plan: Ich musste eine Bewerbung schreiben! Eigentlich wollte ich dieses wurstige HALLO-BERLIN-Anzeigenblatt nicht mehr lesen. Ich schlug es nur wegen des Horoskops auf. Die Sterne lügen nicht! (Das können sie nämlich gar nicht; sie wissen ja auch nicht, was die Wahr
5 heit ist ...) Ohne abergläubisch zu sein, hatte ich aber bisher durchaus immer etwas Wahres in meinem Wassermann-Horoskop gefunden, oder anders: richtig falsche Tipps gaben sie einem im Grunde genommen nie. Damals überzeugte mich vielleicht Punkt 1 (Stichwort LIEBESLEBEN) etwas weniger – dafür aber um so mehr die Punkte 2 und 3, wobei letzterer (ALLGEMEINES) geradezu speziell auf mich zugeschnitten zu sein schien. Auf der Nebenseite, unter den Stellenangeboten, hatte ich die kleine, unscheinbare Annonce gefunden. Nor
10 malerweise wäre sie mir gar nicht aufgefallen und schon beim ersten Satz »Wenn Sie auf 5000,– DM und mehr im Monat verzichten können, brauchen Sie nicht weiterzulesen ...« hätte ich aufgehört weiterzulesen. Dass ich dennoch weiterlas, lag wahrscheinlich daran, dass mir das »Treffen Sie Entscheidungen jetzt!« von Punkt 2 noch im Kopf herumgeisterte. Die Firma PANTA RHEIn* (das kleine, in Schreibschrift angehängte »n« offenbar ein launiger Hinweis auf den oberrheinischen Firmenstandort) vertritt seit Jahren erfolgreich einen eingeführten Mar
15 kenartikel und sucht für den Vertrieb im Raum Berlin/Brandenburg einen engagierten Vertreter. An Voraussetzungen waren lediglich Fahrerlaubnis und Einsatzbereitschaft genannt. (Fahrerlaubnis habe ich.) Erfahrungen im Vertreterbereich wären wünschenswert, aber, so die Einschränkung, »keineswegs Bedingung«. Was sprach dagegen? Die Kreise, in denen ich mich bewegte, waren in den letzten Jahren immer kleiner, immer enger geworden.
20 Eigentlich bewegte ich mich gar nicht mehr, sondern saß, seit meiner Abwicklung, nur noch in der Wohnung herum. Oder: ich lag einfach auf dem Sofa und starrte zum Fenster, ganze Nachmittage ... [...]

* *panta rhei (griech.)*: „Alles fließt" bzw. „Alles ist in Bewegung" (Heraklit).

2 Lesen Sie nun einen weiteren Ausschnitt.
Welche Probleme stellen sich dem Ich-Erzähler bei seiner Bewerbung?
Können Sie das Wortspiel mit dem Begriff „Vertreter" erklären?
Wie geht die Geschichte wohl weiter?

Ich saß im Hobbyraum und ruckte mich nicht vom Fleck. Vielleicht hatte ich im Moment auch gerade etwas sehr Wichtiges, etwas sehr Unaufschiebbares zu tun. Wer weiß.
Wie zum Beispiel an dem Tag, als ich meine PANTA RHEIn-Bewerbung schrieb. Im Grunde genommen war sie ja,
25 bis auf zwei, drei offene Formulierungen, schon fertig. Ich musste mich nur noch entscheiden, wie ausführlich ich meinen bisherigen beruflichen Werdegang schildern sollte. Von meinem alten Lebenslauf war, abgesehen von einigen Daten, die ich immer wieder vergesse (Schulanfang usw.), leider nicht mehr viel zu gebrauchen. Vollständig gestrichen hatte ich zunächst den Passus, beginnend mit »Bin seit meiner Schulzeit überzeugter Vertreter der sozialistischen Ordnung«, dann aber überlegt, ob sich nicht doch etwas davon retten ließe und mich
30 schließlich zu der Kurzfassung entschlossen: »Langjährige Erfahrungen im Vertreterbereich«.

3 Lesen Sie den nächsten Ausschnitt.
Waren Ihre Vermutungen richtig?
Wie reagiert der Ich-Erzähler auf die neue Situation?

Als ich ungefähr einen Monat später den Antwortbrief der PANTA RHEIn auf mein Bewerbungsschreiben erhielt, zuckte ich innerlich zusammen. Eigentlich hatte ich fest damit gerechnet, nichts mehr von der Firma zu hören, bestenfalls vielleicht eine Absage. Und nun das! Eine Einladung, und zwar nach Bad Sülz, in den Hochschwarzwald, zur alljährlichen Vertreterkonferenz, »eine gute Gelegenheit, einander in aufgeschlossener Atmosphäre
35 kennen zu lernen« und zu überprüfen, ob nicht auch ich »ein neues Mitglied unserer großen, überaus erfolgreichen PANTA RHEIn-Familie« werden könnte. Vom Direktor persönlich unterschrieben: Ihr Alois Boldinger.
Ich wankte zum Fahrstuhl.
In der Wohnung angekommen, ging ich ins Wohnzimmer, zog die Gardinen vor und legte die Neunte, meine Lieblingssinfonie, auf den Plattenteller. Mich selbst legte ich aufs Sofa. Die Platte drehte sich. Alles drehte sich.
40 Alles drehte sich um mich. Ich schloss die Augen und besah mich von innen. Die letzten Wochen und Monate, die ganzen Jahre (und die kaputten) zogen an mir vorüber. Sie verschwanden auf Nimmerwiedersehen im Dunkel der Vergangenheit, im Licht einer neuen Zukunft ...

4 Was denken Sie: Welches Produkt wird der Ich-Erzähler möglicherweise in Zukunft vertreten?

Wie sieht das Profil Ihres derzeitigen oder zukünftigen Berufs in Deutschland aus? Erstellen Sie eine Kurzübersicht.

❶ *Vorüberlegungen*

Machen Sie dazu eine Liste von Informationen, die Sie zusammentragen müssen. Folgende fünf Punkte sollten Sie bei Ihrer Präsentation berücksichtigen:

• Ausbildung und Weiterbildungsmöglichkeiten (kurz)
• Verdienst- und Aufstiegsmöglichkeiten: Welche Art Stelle kann man finden? Als Angestellte/Angestellter, Beamtin/Beamter etc.? Wie sind die Zukunftsaussichten?
• Berufsgruppen: Welche eher akademischen, welche praktischen Betätigungsfelder gibt es in Ihrem Beruf? Z.B. kann ein Arzt als Journalist, in einem Krankenhaus, in der Forschung etc. arbeiten.
• Ansehen des Berufs: Wie wird der Beruf in der Gesellschaft gesehen? Kennt man ihn? Gibt es Vorurteile oder Überbewertungen?
• Menschentyp: Welche Menschen sind für diesen Beruf geeignet?

Berücksichtigen Sie nicht nur Ihre eigenen Vorstellungen, sondern recherchieren Sie auch auf dem Arbeitsmarkt. Lesen Sie z. B. Annoncen und befragen Sie Experten, z.B. Personalchefs von Firmen oder das Arbeitsamt. Erklären Sie immer, dass Sie die Informationen für Ihren Deutschkurs benötigen.

❷ *Materialbeschaffung* (→ S11, S. 257)

❸ *Vorbereitung der Präsentation*

Werten Sie die Informationen aus Ihrem Material aus und machen Sie eine zweiseitige Übersicht über das Berufsbild. Denken Sie daran: Visuelle Hilfen sind dabei sehr wichtig.

❹ *Vergleich*

Hängen Sie Ihre Berufsprofile an die Wand. Bilden Sie dabei Gruppen mit ähnlichen Berufen. Dann gehen alle Kursteilnehmerinnen/Kursteilnehmer herum und vergleichen (ca. 5 Minuten), wo vermutlich die größten Unterschiede zu dem jeweiligen Heimatland bestehen.

❺ *Präsentation*

Die Berufsprofile, bei denen am häufigsten Unterschiede zwischen Deutschland und anderen Ländern festgestellt wurden, werden im Plenum vorgestellt. Insbesondere die Meinungen über Ansehen und Menschentyp sollten diskutiert werden.
Alle Präsentationen werden dann nach Berufsgruppen zusammengefasst und für alle kopiert.

1   Informieren Sie sich mit der folgenden Übersicht über Formen und Funktionen der Ergänzungen.

§ Verbvalenz 1

Jedes Verb im Deutschen verlangt eine bestimmte Anzahl und Art von festen Ergänzungen, die man nur unter bestimmten Umständen weglassen kann.

❶ *Kasusergänzungen*

E_{Subj} – Subjekt(-Ergänzung): E_{Subj} kommt bei fast allen Verben des Deutschen vor (Ausnahmen: *Mich friert. Ihn dürstet* etc.). Das Subjekt kann ein Pronomen sein:
Sie schläft niemals.

E_{Akk} – Akkusativ-Ergänzung: E_{Akk} kommt viel häufiger vor als E_{Dat}, aber ihre Funktion ist nicht eindeutig: Sie kann sich auf eine Person oder eine Sache beziehen (*anrufen, bestellen*):
Siehst du das Schild / die Kinder dort?

E_{Dat} – Dativ-Ergänzung: E_{Dat} ist typisch für eine **Person**. Deshalb steht sie bei den meisten Verben der Kommunikation (wie *erzählen, raten, erklären*) und des Gebens/Nehmens (wie *schenken, stehlen*) sowie bei einigen anderen Verben (z.B. *helfen, folgen*):
Der Dekan überreichte ihr die Urkunde.

E_{Gen} – Genitiv-Ergänzung: E_{Gen} gibt es nur noch sehr selten; sie wird heute meist durch $E_{Präp}$ ersetzt (*sich einer Sache erinnern* → *sich an eine Sache erinnern*)

❷ *Weitere Ergänzungen*

$E_{Präp}$ – Präpositional-Ergänzung: bei Verben mit fester Präposition (+ Kasus). Die Präposition hat meist keine Bedeutung mehr:
Er wartet auf seine Freundin.

E_{Lok} – Lokal-Ergänzung: bei statischen Verben (wie *wohnen, liegen*) wird ein **Ort** ausgedrückt:
Er wohnt in der Altstadt. Die Wohnung liegt abseits.

E_{Dir} – Direktional-Ergänzung: bei Verben mit einer zielgerichteten Bewegung (wie *gehen, kommen, fahren*) wird eine **Richtung** / ein **Ziel** oder eine **Herkunft** ausgedrückt:
Er fährt in die Stadt / dorthin. Sie kommt aus Brasilien.

E_{Temp} – Temporal-Ergänzung: bei temporalen Verben (wie *dauern, beginnen*). Mit Präpositionalphrasen, Adverbien oder Nomen im Akkusativ wird der **Beginn**, die **Dauer** oder das **Ende** einer Handlung angezeigt:
Der Film dauert zwei Stunden. Die Vorlesung beginnt um 9 Uhr.

E~Quant~ – Quantitativ-Ergänzung:	bei Verben, die etwas mit **Mengen** zu tun haben. Die Menge wird durch Nomen im Akkusativ oder Präpositionalphrase ausgedrückt: *Das kostet <u>einen Euro</u>. Das Wasser erwärmt sich <u>um 5 Grad</u>.*
E~Qual~ – Qualitativ-Ergänzung:	bei den Verben *sein, werden, bleiben* und anderen Verben, bei denen eine **Eigenschaft** wichtig ist. Diese Eigenschaft wird durch Adjektiv (oder manchmal eine Präpositional-phrase) ausgedrückt: *Ich fühle mich <u>gut</u>. Er ist <u>in guter Verfassung</u>.*
E~Klass~ – Klassifikations-Ergänzung:	bei den Verben *sein, werden* und *bleiben* und anderen Verben. Hier wird durch ein Nomen (Nominativ oder Akkusativ) meist ein **Beruf** oder ein **Status** ausgedrückt: *Sie wird <u>Managerin</u>. Wir bleiben <u>Freunde</u>. Ich nenne ihn <u>einen Lügner</u>.*

2 Dativ- und Akkusativ-Ergänzung

(1) Ordnen Sie die Ergänzungen den richtigen Verben zu.

Sie vermarkten	elegante Lösungen für alle Probleme.
Sie helfen	jedem Anrufer die Chance, auch billig eine Lösung zu finden.
Sie verkaufen	einem Mann, wie er seiner Tochter das Telefonieren abgewöhnen kann.
Sie erklären	ihre Ideen im Team.
Sie geben	ihren Klienten mit guten Ideen.
Sie besprechen	ihre Kreativität in einer Denkfabrik.

(2) Welche zwei Ergänzungen passen (eher) nicht zum Verb? Streichen Sie sie durch.
Beispiel: *helfen:* ~~einem Tisch~~, einer alten Frau, meiner Familie, ~~der Rose~~, dem kranken Vogel

1 *vermarkten:* ein neues Buch, eine Sängerin, ein Produkt, das Konzept, den Arbeitnehmer
2 *trauen:* dem Finanzberater, den Zeitungen, der Geschäftsleitung, dem Firmenwagen, dem Arbeitsplatz
3 *besprechen:* das Jubiläumsfest, einen Plan, die neue Nachbarin, die Firmenstrategie, den Chef

(3) Vergleichen Sie die Verben in (1) und (2): Bei welchen steht eine Dativ-Ergänzung? Welchen Grund gibt es dafür?

3 Lokal- und Direktional-Ergänzung

(1) Ordnen Sie die Ergänzungen den richtigen Verben zu.

1 ▢ 2 ▢ 3 ▢ 4 ▢ 5 ▢ 6 ▢

1 Die Denkfabrik sitzt
2 Biel liegt
3 Der Brainstore liefert
4 Mit allen möglichen Anliegen kommen
5 Sogar Großkonzerne wie Microsoft legen
6 Im Vergleich zu anderen Jung-unternehmen befindet sich

a die Lösung ihrer Probleme in die Hände des jungen Teams.
b Brainstore wirtschaftlich in einer beneidenswerten Situation.
c die Kunden in die Firma.
d seine Ideen auch an entfernte Orte.
e in Biel.
f in der Schweiz.

(2) Vergleichen Sie die Verben: Bei welchen steht eine Lokal-, bei welchen eine Direktional-Ergänzung? Welchen Grund gibt es dafür?

(3) Vergleichen Sie die folgenden Bewegungsverben:
Ist die Bewegung zu einem Ziel hin (= R)?
Oder an einem Ort, an dem man sich befindet oder ankommt (= O)?
Ergänzen und klassifizieren Sie die Sätze.
Beispiel: Die Fehlinvestitionen kommen ans Licht.   _R_
         Der Kurs bewegt sich auf einem hohen Niveau.   _O_

1 Die Geschäftsführerin reist _____   _____
  (ihre tschechische Partnerfirma + *zu*)
2 Sie surft _____, um neue Lieferanten zu finden.   _____
  (das Internet + *in*)
3 Viele Pendler fahren weit _____   _____
  (ihr Arbeitsplatz + *zu*).
4 Er joggt eine Stunde _____, um seine Kreativität zu   _____
  erhöhen. (der Wald + *in*)
5 Zum Nachdenken geht sie _____   _____
  (die frische Luft + *an*)
6 _____ laufen die halbfertigen Teile vorbei.   _____
  (das Fließband + *auf*)
7 Mit diesem Produkt schwimmt die Firma _____   _____
  (eine Modewelle + *auf*).
8 Die Finanzspritze fließt ausschließlich _____   _____
  (nötige Neuinvestitionen + *in*).
9 Nach langer Jobsuche landete er _____   _____
  (eine Agentur + *in*).
10 Die Vertragsverhandlungen kommen _____   _____
  (die Endrunde + *in*).

4 Klassifikations- und Qualitativ-Ergänzung
   (1) Was ist alles kombinierbar? Bilden Sie möglichst viele Sätze.

Die Mitarbeiterin	ist	Juristin
	fühlt sich	intelligent
		die Jüngste im Team
	heißt	gut
		Bauer
	findet die Idee	eine gute Koordinatorin
	nennt ihn	einen Lügner
		interessant
	wirkt	eine gute Idee
	hält den Vorschlag für	gestresst

(2) Vergleichen Sie die Ergänzungen: Welche sind Klassifikations-, welche Qualitativ-Ergänzungen? Begründen Sie Ihre Entscheidung.

5 Teilen Sie sich in zwei Gruppen. Sehen Sie sich in dem Text „Die 9,90-Franken-Denkfabrik"
   (← B4, S. 79) entweder die ersten 4 Sätze oder die Sätze 5–8 an.
   (1) Was gehört nicht fest zum Verb? Streichen Sie es durch.
   (2) Welche Ergänzungen bleiben übrig?

1 Informieren Sie sich mit der folgenden Übersicht über die wichtigsten Regeln für die Stellung der Ergänzungen im Satz.

§ Wortstellung 1

Die Position der Satzglieder hängt im Deutschen stark vom Verb ab, genauer gesagt von V1 (dem finiten Verb) und V2 (dem infiniten Verbteil). Diese beiden Verbteile bilden die Verbklammer. Dadurch entstehen im Satz drei Stellungsfelder, nämlich das Vorfeld, das Mittelfeld und das Nachfeld.

---

❶ *Position ø*
Immer vor dem Vorfeld, also in Position ø stehen
- Konjunktoren: *und, denn, aber, doch*
- Gesprächspartikeln: *ja, hm, naja*
Vor dem Vorfeld können außerdem stehen
- Satzadverbien: *natürlich, ich helfe dir gerne*
- andere Satzteile, die vor allem in der gesprochenen Sprache herausgehoben werden sollen: *die Laura, mit der kann man sich gut unterhalten*

---

❷ *Vorfeld*
Im Vorfeld kann jedes Satzglied (Ergänzung, Angabe) stehen außer *nicht*, Modalpartikeln und Reflexivpronomen. Am häufigsten wird das Vorfeld jedoch durch das Subjekt oder durch (temporale bzw. kausale) Angaben besetzt. Das Vorfeld ist in Entscheidungsfragen und Imperativsätzen meist unbesetzt.

---

❸ *Mittelfeld*
Die Abfolge der Satzglieder im Mittelfeld ist im Wesentlichen von drei Faktoren bestimmt:
- Ergänzungen stehen eher links (nach V1) oder rechts (vor V2), Angaben stehen in der Mitte (→ Lektion 5, GT2 Wortstellung 2, S. 160).
- Ergänzungen links: E_{Subj}, E_{Dat}, E_{Akk} (neutral bis links; die E_{Akk} kann nur als Pronomen vor der E_{Dat} stehen.)
- Ergänzungen rechts: alle anderen Ergänzungsklassen.
- Kurze Elemente (wie Pronomen) stehen eher links, lange Elemente eher rechts.
- Bekannte Information (Thema) steht eher links, neue oder wichtige Information (Rhema) eher rechts (→ Lektion 5, GT2 Wortstellung 2, S. 160).

---

❹ *Nachfeld*
(→ Lektion 5, GT2 Wortstellung 2, S. 160)

2 Schreiben Sie die Sätze neu, indem Sie die unterstrichenen Ergänzungen durch ein Pronomen ersetzen.
Beispiel: Er erzählte <u>den Kindern</u> eine Geschichte. → *Er erzählte ihnen eine Geschichte.*

(1) Der Personalrat erklärte <u>dem Arbeitnehmer</u> seine Rechte.
(2) Die Studierenden wollten einer Kundin <u>die bestellten Waren</u> liefern.
(3) Das Arbeitsamt soll <u>Arbeitslosen</u> einen neuen Arbeitsplatz vermitteln.
(4) Sie vertraute der Freundin <u>den gesamten Schmuck</u> an.
(5) Er hielt <u>den Kollegen</u> einen Vortrag.
(6) Die Firma verkaufte <u>Aktionären im In- und Ausland</u> den größten Teil der Aktien.
(7) Man übersetzt der Delegation <u>wichtige Passagen der Rede</u>.

3 Bilden Sie Gruppen und machen Sie sich in jeder Gruppe drei Mal Satz-Kärtchen für jede der folgenden Listen.
Mischen Sie dann die Kärtchen aus einer Liste und bilden Sie Sätze, indem Sie die Kärtchen auf dem Tisch/Boden ordnen. Suchen Sie mögliche Varianten.
Beispiel:

Liste 1: ist – seit 2 Jahren – Lehrer – glücklicherweise – an dieser Schule – er

_____
_____
_____

Liste 2: geschenkt – meine Mutter – hat – heute – ein Buch – mir

_____
_____

Liste 3: seinem Bruder – der Mann – auf den Brief – aber – antwortet – nicht

_____
_____
_____

Liste 4: ist – wegen eines Kongresses – in die Universität gefahren – die Frau – danach

_____
_____
_____

Liste 5: leider – gestern – uns – haben – um eine Stunde – verspätet – doch – wir

_____
_____
_____

1 Ordnen Sie zunächst die folgenden Ausdrücke in die Tabelle ein und geben Sie mit G (Grund) bzw. F (Folge) an, ob danach Grund oder Folge steht.

■ weil   ■ denn
■ aus diesem Grund   ■ daher   ■ deshalb
■ darum   ■ nämlich   ■ die Ursache dafür ist
■ da   ■ deswegen   ■ wegen   ■ aufgrund
■ der Grund/die Begründung dafür ist

Kausale Ausdrücke

Konjunktor	
Subjunktor	*weil (G)*
Präposition	
Adverb	
Wendung	

2 Formulieren Sie zu den folgenden Sätzen einen passenden Grund oder eine passende Folge und verknüpfen Sie mit möglichst vielen kausalen Konnektoren.

(1) Die monatliche Telefonrechnung war ungeheuer hoch.
(2) Frau Herrmann lässt für sich einkaufen.
(3) Herr Mustermann liest die Zeitungsannoncen.
(4) Frau Kleinig braucht einen Kredit über 20 000,– € .
(5) Herr Sahin beschäftigt deutsche Mitarbeiter.

3 Formulieren Sie die folgenden Sätze um. Ersetzen Sie dabei die nominalen Ausdrücke für kausale Beziehungen durch Sätze und verwenden Sie andere kausale Konnektoren.
Beispiel: Ihre langjährige Erfahrung mit Rechnerinstallationen war die Begründung für ihre sofortige Einstellung. →
    Sie hat langjährige Erfahrung mit Rechnerinstallationen. Deshalb wurde sie sofort eingestellt.

(1) Wegen der drastischen Zunahme der Arbeitslosigkeit entstehen neue Arbeitsmodelle.
(2) Grund für den Erfolg von Brainstore ist die Kreativität der Mitarbeiter.
(3) Aufgrund der Tatsache, dass Sahin keine Arbeitserlaubnis bekam, gründete er ein eigenes Unternehmen.
(4) Ursache für die Zunahme von Unternehmensgründungen ist die Öffnung der Märkte.
(5) Als wichtiger Grund für Probleme in der internationalen Zusammenarbeit werden die verschiedenen Kommunikationsstile angesehen.

Bei bester Gesundheit

4

A1   **Was kann man tun, um fit zu werden oder fit zu bleiben?**

Führen Sie die Sätze weiter, indem Sie Informationen aus den Texten verwenden. Lesen Sie selektiv (→ S3, S. 249).

(1) Zur Entspannung ...
(2) Bevor man morgens aufsteht, ...
(3) Gegen schlechte Laune ...
(4) Mit den Fingern ...
(5) Bei Figurproblemen ...
(6) Wenn man Stress hat, ...
(7) ...

Einfach gut in Form
Die effektivsten Fitness-Systeme sind simpel konstruiert – wie der Body-Trainer. In wenigen Minuten täglich ermöglicht das Gerät aus zwei Bügeln gezieltes Training von Problemzonen wie Oberschenkel, Po, Hüften, Bauch und Brust. So hinterlassen Feiertags-Schlemmereien keine bleibende Erinnerung. Partnertraining? Mit zwei Geräten kein Problem. Body-Trainer, Best. Nr. 307, zu bestellen bei: ...

(Freude am Leben)

Kurz-Urlaub für die Seele

MENTAL-SPAZIERGANG zum Entspannen und Erfrischen: Schließen Sie die Augen und stellen Sie sich vor, wie Sie barfuß durch einen Wald gehen. Spüren Sie, wie weich und kühl sich das Moos unter Ihren Füßen anfühlt? Rascheln Sie durchs Laub, springen Sie in eine Pfütze und genießen Sie das Kitzeln der hohen Gräser an den nackten Beinen.
FINGERSPIELE beruhigen und bringen Ausgleich. Mit dem rechten Daumen einmal kurz über das obere Glied des rechten Zeigefingers streichen. Dann 2-mal das obere Ringfingerglied und 3-mal das obere Glied des kleinen Fingers berühren. Schließlich ist das obere Mittelfingerglied dran: 4-mal drüberstreichen. Übung in umgekehrter Reihenfolge wiederholen. Dann die linke Hand. Jede Seite 4-mal.
STRESS WEGTROMMELN Hände locker ausschütteln, dann Fäuste ballen und damit die Arme abklopfen: an der Außenseite hoch, an der Innenseite herunter. Dann sind die Schultern dran. Zum Schluss die Beine außen hoch- und innen hinabklopfen.
ATEMPAUSE EINLEGEN Aufrecht hinstellen, ausatmen, den Oberkörper nach vorn beugen. Einatmen, wieder aufrichten und die Arme in die Höhe strecken. 10-mal wiederholen.

(Vital)

Yoga und Musik wecken die Lebensgeister

Im Winter fällt das Aufstehen besonders schwer. Deshalb sollten Sie sich Zeit nehmen, in aller Ruhe wach zu werden! Genießen Sie noch ein bisschen Ihr kuschelig warmes Bett und begrüßen Sie den Tag mit TAO-YOGA: Umarmen Sie Ihren Körper und wünschen Sie sich selbst einen guten Morgen. Stellen Sie sich vor, wie ein wohltuendes Lächeln Ihre Organe durchströmt, vom Scheitel bis zur Sohle wandert. Tief atmen! Tipp für einen wachen Blick: während der Yoga-Übung Augenpads auf die geschlossenen Lider legen (z.B. Borghese). Immer noch müde? MERENGUE-MUSIK macht munter, bringt Kreislauf und Atmung in Schwung (z.B. „Grandes Exitos"/J. L. Guerra).

1:0 FÜR GUTE LAUNE
Fitness ist nicht nur etwas für die Muskeln, Sport sorgt auch für gute Laune, so eine Untersuchung der Uni London. Squash, Joggen und Aerobic schlagen die miese Stimmung in den Wind und muntern uns wieder auf! (Vital)

Gesunde, prickelnde Entspannung
Besonders belebend ist ein Bad in einem Whirlpool: Abertausende von kleinen prickelnden Luftblasen massieren den Körper und fördern die Durchblutung der Haut. Ein solches Sprudelbad ist daher geradezu ideal für die Entspannung nach einem arbeitsreichen Tag oder nach intensivem Sporttraining. Ein Whirlpool lässt sich ohne Probleme in normalen Bädern einbauen. Wanne raus – Whirlpool-Wanne rein.

(Freude am Leben)

Sprechen Sie darüber, was Sie selbst zur Entspannung tun und um fit zu bleiben, und machen Sie Vorschläge.

Schauen Sie sich die abgebildeten Gymnastikübungen an.

Führen Sie die einzelnen Bewegungen aus und klären Sie dabei die Begriffe.

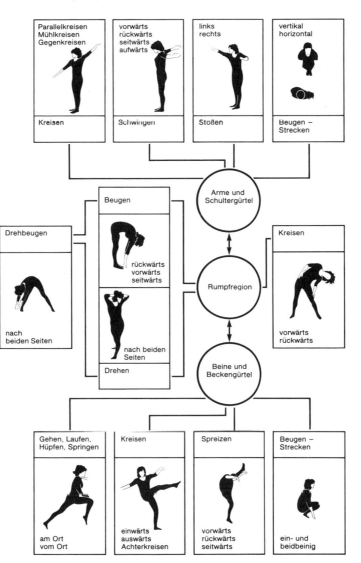

Gymnastik. Grundformen gymnastischer Bewegungen und die Körperregionen, auf die sie hauptsächlich wirken (nach Baumann/Zieschang)

Schülerduden Sport

Hören Sie jetzt die beiden Gymnastiksendungen und führen Sie die vorgeschlagenen Übungen gemeinsam aus.

Schauen Sie sich die Abbildungen auf dem Deckblatt der Lektion an.

1   Welche Sportarten kennen Sie? Welche gibt es bei Ihnen auch?
2   Sprechen Sie über typische Volkssportarten in Ihrer Heimat.
3   Welchen Sport betreiben Sie selbst? Wie wirken sich diese sportlichen Aktivitäten auf Ihr persönliches Wohlbefinden aus?

1 Teilen Sie ihn beim Lesen in Abschnitte.
2 Vergleichen Sie Ihre Ergebnisse und begründen Sie Ihre Entscheidung, indem Sie die Teilthemen benennen. Beziehen Sie die Informationen zur Textgliederung in Ihre Begründung mit ein (→ GT1 Textgrammatik, S. 125).

Neue Serie

Fitness-Experten geben Freizeitsportlern Tipps zur Steigerung der Kondition

Unsere neue Serie, die in den nächsten Wochen stets montags auf dieser Seite erscheinen und unter anderem noch Sportarten wie Fußball, Tennis, Volleyball, Inline-Skating behandeln wird, richtet sich in erster Linie an Menschen,
5 die entweder noch nie oder schon lange nicht mehr Sport getrieben haben. Sie finden heute zum Auftakt grundlegende Tipps zur Konditionssteigerung von Thomas Frobel, Diplom-Sportwissenschaftler aus Würzburg, der in seinem Institut für Leistungsdiagnostik und Fitness-Management
10 vor allem, aber eben nicht nur Hochleistungssportler wie beispielsweise Formel-1-Pilot Heinz-Harald Frentzen betreut. Die klassische Methode, wieder zu mehr Puste zu kommen, sagt Frobel, ist das Laufen. „Herz und Kreislauf werden angeregt; bei einem gesunden Verhältnis von Kör-
15 pergewicht und Muskelmasse ist auch die Belastung der Gelenke, Sehnen und Bänder relativ gering." Voraussetzung für ein optimales Training seien gute Laufschuhe. Beim Kauf sollten auch Fußform und mögliches Übergewicht berücksichtigt werden. Frobel rät deshalb, sich von
20 einem Fachmann beraten zu lassen, anstatt einfach zum billigsten Modell zu greifen. Von der Vorbereitung zur Praxis: „Wärmen Sie sich fünf Minuten lang durch Dehnübungen auf, laufen Sie anfangs 20 Minuten in einem lockeren Tempo und vergessen Sie nicht, sich nach der Be-
25 lastung auszudehnen", empfiehlt Frobel Einsteigern. Um den Herzschlag im Auge zu behalten, sei ein Pulsmessgerät sehr empfehlenswert, da unerfahrene Läufer sich sonst leicht überlasten würden. Fühle man sich mit der Zeit durch 20-minütiges Joggen nicht mehr herausgefordert,
30 solle man die Dosis langsam steigern. „Ab einer regelmäßigen Laufzeit von etwa einer Stunde stellt sich der Stoffwechsel um, der Körper stellt sich auf höhere Belastungen ein", sagt Frobel. Dabei komme es nicht auf das Tempo an; die Dauer der Belastung sei entscheidend. Für ältere oder
35 übergewichtige Menschen sei ein strammes Marschieren, neudeutsch auch „Walking" genannt, besonders geeignet. Beim Walking hat – im Gegensatz zum Jogging – immer ein Fuß Bodenkontakt, somit werden die Gelenke besonders geschont. „Wenn man ganz locker und unverkrampft mar-
40 schiert, stellt sich automatisch die richtige Schrittlänge ein. Bei jedem Schritt beugt man das Knie, hebt den Fuß schwungvoll vom Boden ab und rollt ihn beim Aufsetzen von der Ferse über den Ballen ab", so Frobel. Er empfiehlt, aufrecht zu gehen und mit den Armen im Rhythmus zu
45 schwingen. Wie beim Laufen mache es in der Gruppe natürlich am meisten Spaß. Eine weitere Alternative, wieder zu mehr Kondition zu kommen, ist laut Frobel das Radfahren. Welcher Drahtesel benutzt werde, sei zweitrangig; egal, ob Trekkingrad, Mountainbike oder Rennrad: „Auf die
50 richtige Sitzposition kommt es an." Lenker und Sattel sollten richtig eingestellt sein, um schmerzhafte Verspannungen im Nacken- und Rückenbereich zu vermeiden. Und: „Eine Radlerhose verhindert einen wund gescheuerten Hintern, ein eng anliegendes Trikot schützt die Nieren vor
55 dem zugigen Fahrtwind", sagt Frobel. Die Kniegelenke sind sehr kälteempfindlich, deshalb sollte man laut dem Sportwissenschaftler nur mit kurzer Hose fahren, wenn es über 20 Grad Celsius warm ist. Das Geheimnis des Erfolgs liege beim Radfahren – wie bei den meisten Ausdauersportarten
60 – im runden und rhythmischen Bewegungsablauf. „Die Beine leisten die Arbeit, der Oberkörper bleibt ruhig und entspannt." Gerade, wenn man längere Zeit nicht mehr sportlich aktiv war, „reichen 45 bis 60 Minuten zügiges Radeln schon aus", sagt Frobel. Im Laufe der Zeit sollte man
65 die Touren dann auf zwei bis vier Stunden ausdehnen, und ausgiebiges Dehnen im Anschluss sollte selbstverständlich sein. „Da der Sattel das Gewicht des Fahrers trägt, eignet sich diese Sportart übrigens besonders gut für Menschen, die Probleme im Gelenkbereich haben", sagt der Experte.
70 Für alle Wasserratten und solche, die es werden wollen, hat Simone Haberer, ehemalige Leistungsschwimmerin und Triathletin, die zurzeit das Schwimmtraining der Triathleten des SV Würzburg 05 betreut, noch ein paar Tipps auf Lager. Sie rät zu „Schwimmkleidung mit möglichst gerin-
75 gem Wasserwiderstand; die beliebten Boxershorts wirken wie ein Anker". Eine Schwimmbrille und ein Schaumstoffbrett für die Entwicklung der Arm- und Beinarbeit seien ebenfalls lohnende Anschaffungen. Zudem solle man neben dem Brustschwimmen auch Kraulen und Rücken-
80 schwimmen lernen. „Zum einen wird das Training abwechslungsreicher, zum anderen beugt dies Rückenproblemen vor". Sie empfiehlt gerade Anfängern, keine zu langen Strecken am Stück zurückzulegen, sondern kurze Abschnitte mit Pausen, beispielsweise sechs mal 50 Meter mit
85 jeweils 15 Sekunden „Rast" zwischen den Abschnitten, zu absolvieren.

Lesen Sie nächsten Montag: Trainingsmöglichkeiten und Gefahren bei Mannschaftsballsportarten.

(Oliver Kastner, www.mainpost.de)

A7 Lesen Sie den Text noch einmal (→ S3, S. 249).

1 Welche Tipps zu den verschiedenen Sportarten geben die Experten? Notieren Sie Stichpunkte (→ S4, S. 250) zu
   • Ausrüstung und
   • Vorgehensweise.

2 Welche positiven Auswirkungen auf Gesundheit und Kondition haben die verschiedenen Sportarten? Suchen Sie entsprechende Textstellen.

A8 Ergänzen Sie die folgenden Sätze. Fallen Ihnen noch andere ein?

Beispiel: Wer Sport treibt, *der tut etwas Gutes für die Gesundheit.*

(1) Wer regelmäßig joggt, der …
(2) Wer sich gesund ernährt, …
(3) Wer keine gute Kondition hat, …
(4) Wer zu wenig schläft, …
(5) Wer zu viel isst/arbeitet/liest/fernsieht, …

A9 Sprechen Sie (→ S8, S. 254) über die Vor- und Nachteile der im Text beschriebenen und anderer Sportarten.
Verwenden Sie dabei die folgenden Kommunikationsmittel.

Kommunikationsmittel: Vorteile/Nachteile nennen

Ein/Der Vorteil bei … ist …
Ein/Der Nachteil von … ist, dass …
Vorteilhaft/Nachteilig bei … ist … / wirkt sich … aus
Was für/gegen … spricht, ist, dass …
… hat den Vorteil/Nachteil, dass …
… ist besonders geeignet für/bei …

A10 Konnektoren: Finale Beziehungen (→ GT2, S. 127)

1 Was wird durch die unterstrichenen Teile in den folgenden Sätzen ausgedrückt?

   (1) Sie finden heute zum Auftakt grundlegende Tipps <u>zur</u> Konditionssteigerung.
   (2) <u>Um</u> den Herzschlag im Auge <u>zu</u> behalten, ist ein Pulsmessgerät empfehlenswert.
   (3) Lenker und Sattel sollten richtig eingestellt sein, <u>damit</u> Sie Verspannungen vermeiden.
   (4) Ein Sprudelbad ist ideal <u>für</u> die Entspannung nach einem arbeitsreichen Tag.

2 Formulieren Sie die Sätze aus 1 um. Verwenden Sie die jeweils angegebenen Konnektoren.

   (1) um … zu: *sie finden heute zum Auftakt grundlegende Tipps, um …*
   (2) damit:
   (3) zu:
   (4) um … zu:

3 Kennen Sie noch andere finale Konnektoren, die hier passen?

A11 Sehen Sie sich die Textstelle von „Für ältere … Menschen" (Z. 34) bis „über 20 Grad Celsius warm ist" (Z. 58) noch einmal an.

Welche Formen der Redewiedergabe finden Sie (→ Lektion 1, GT4, S. 41)?

Bereiten Sie auf der Basis der Informationen im Text und mit Hilfe anderer Quellen einen Kurzvortrag zum Thema „Gesund durch Sport" vor.

Notieren Sie Stichpunkte zu folgenden Fragen und gliedern Sie Ihren Vortrag (→ S9, S. 256) entsprechend.

(1) Was sind typische Zivilisationskrankheiten der modernen Industriegesellschaft und wodurch werden sie verursacht?

(2) Wie kann man sich dagegen schützen?

(3) Wie viel körperliche Aktivität ist notwendig, um eine Verbesserung des Gesundheitszustandes und der Lebenserwartung zu erreichen?

(4) Welche Sportarten bieten sich an?

(5) Ist es sinnvoll, im mittleren und höheren Lebensalter noch mit sportlichen Aktivitäten zu beginnen?

(6) Was kann man neben sportlichen Aktivitäten außerdem für einen gesunden Lebenswandel tun?

Sprechen Sie relativ frei (nur Stichpunkte als Vorlage) und gestalten Sie Ihren Vortrag überzeugend und lebendig. Verdeutlichen Sie den Beginn eines neuen Teilthemas durch entsprechende Kommunikationsmittel.

Vergessen Sie auch nicht Begrüßung und Einleitung sowie ein paar zusammenfassende Worte am Schluss.

Kommunikationsmittel: Vortrag gliedern/halten	
Vortrag einleiten:	*Thema meines Vortrages ist ...*
	Ich möchte über ... sprechen.
Teilthemen verdeutlichen:	*Zunächst möchte ich auf ... eingehen.*
	Als Nächstes komme ich zu ...
	Ein weiterer Punkt ist ...
	Ich komme nun zu ...
Gedanken hervorheben:	*Des Weiteren möchte ich darauf hinweisen, dass...*
	Man sollte zudem berücksichtigen ...
	Von besonderem Interesse ist ...
	Besonders zu beachten ist ...
	Folgende Aspekte sollten Sie beachten: ...
Zusammenfassen:	*Ich fasse zusammen: ...*
	Zusammenfassend möchte ich sagen, ...
	Festzuhalten bleibt also ...

B Im Krankheitsfall

B1   Schaubildbeschreibung

1   Ergänzen Sie bei der Schaubildbeschreibung die fehlenden Informationen.
2   Wie ist die Schaubildbeschreibung aufgeteilt? Geben Sie die Zeilen an.
   Thema: Z. ___ bis Z. ___
   Wichtige Daten: Z. ___ bis Z. ___
   Fazit: Z. ___ bis Z. ___

1   Das vorliegende Schaubild zeigt, welche Kosten auf Grund von Krankheiten in Deutschland entstehen
2   und wer diese Kosten trägt. Die Angaben in Milliarden Euro beziehen sich auf das Jahr 1998. Insgesamt
3   wurden in diesem Jahr _____ Milliarden Euro für das Gesundheitswesen ausgegeben. Den Hauptanteil
4   daran trägt die _____ _____ mit _____ Mrd. Euro. Einen großen Anteil zahlen
5   auch die _____ _____ mit _____ Mrd. Euro, die _____
6   _____ mit _____ Mrd. Euro und die _____ _____ mit _____ Mrd. Euro. Die
7   restlichen Kosten werden von der _____ _____, den _____ sowie
8   von _____ _____, der _____ _____ und der _____ _____
9   getragen. Wir können also feststellen, dass mehr als die Hälfte der Kosten im Gesundheitswesen in
10 Deutschland von der gesetzlichen Krankenversicherung bezahlt wird.

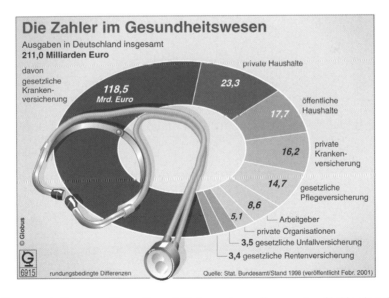

Die Zahler im Gesundheitswesen

Ausgaben in Deutschland insgesamt
211,0 Milliarden Euro

davon gesetzliche Krankenversicherung

118,5 Mrd. Euro

private Haushalte 23,3

öffentliche Haushalte 17,7

private Krankenversicherung 16,2

gesetzliche Pflegeversicherung 14,7

8,6 Arbeitgeber
5,1 private Organisationen
3,5 gesetzliche Unfallversicherung
3,4 gesetzliche Rentenversicherung

© Globus

6915   rundungsbedingte Differenzen

Quelle: Stat. Bundesamt/Stand 1998 (veröffentlicht Febr. 2001)

B2   Sicherlich bleiben noch Fragen offen, die geklärt werden müssen, damit Sie das Gesundheitswesen der Bundesrepublik Deutschland besser verstehen können.

Was möchten Sie wissen? Formulieren Sie Fragen. Hier zwei Beispiele:
Was ist der Unterschied zwischen gesetzlicher und privater Krankenversicherung?
Wie ist zu erklären, dass der Staat drittgrößter Zahler im Gesundheitswesen ist?
Verteilen Sie die Fragen auf Kleingruppen und beschaffen Sie sich dazu Informationen
(➜ S11, S. 257).

B3 **Beim Wählen einer bestimmten Nummer informiert Sie das Gesundheitstelefon über ein Gesund-heitsthema.**

Dieses Mal ist es das Thema „Schlafstörungen".

1 Was wissen Sie schon über das Thema „Schlafstörungen"? Sammeln Sie.

Warum schlafen Menschen schlecht?	Was kann man dagegen tun?

2 Hören Sie das Gesundheitstelefon. Markieren Sie in Ihrer Tabelle, welche der Punkte erwähnt werden, und notieren Sie, welche weiteren interessanten Informationen Sie bekommen.

3 Hören Sie die acht Tipps noch einmal und notieren Sie sie in Stichpunkten (→ S4, S. 250):

(1)
(2)
(3)
(4)
(5)
(6)
(7)
(8)

B4 **Sammeln Sie an der Tafel Eigenschaften, die zu einer guten Ärztin / einem guten Arzt gehören.**

B5 **In Deutschland kann man sich in den meisten Fällen seine Ärztin / seinen Arzt selbst aussuchen.**

Lesen Sie hierzu den folgenden Text.

1 Wählen Sie die Ihrer Meinung nach fünf wichtigsten Fragen zur Arztwahl aus und ordnen Sie sie mit den Ziffern 1 bis 5 in eine Rangfolge.

2 Vergleichen Sie Ihre Auswahl und die Rangfolge.

So finden Sie den richtigen Mediziner

Lauten die Antworten auf die folgen-
den Fragen vielfach „nein" oder
„schlecht", dann stellt sich die Fra-
ge nach einem Arztwechsel.

5 Zuerst die entscheidenden Punkte
beim Praxisbesuch:

- Nimmt sich der Doktor ausreichend
  Zeit für das Gespräch?
- Spricht er über seine Fortbildungs-
10 maßnahmen?
- Informiert der Arzt über seine
  Therapie?
- Wie reagiert er auf kritische Fragen?
- Weist er auch auf andere Behand-
15 lungsmöglichkeiten hin, mit Vor-
  teilen und Nachteilen?
- Nennt er gegebenenfalls weitere
  Informationsquellen wie Literatur
  und Anlaufstellen?
20 - Wenn er bei Behandlung der
  Krankheit keine Erfolge sieht, über-
  weist er zügig an Spezialisten?
- Wenn ein Klinikaufenthalt not-
  wendig wird: Gibt er Hilfestellung

25 bei der Wahl des Krankenhauses?
Ist er behilflich, ein Bett zu finden?
- Erinnert er seinerseits an wichtige
  Kontrolltermine?
- Informiert das Praxispersonal,
30 wenn sich die Wartezeit erheblich
  verlängert?
- Gibt es für Befundfragen (wie La-
  borwerte) Telefonsprechzeiten?
  Ruft der Arzt gegebenenfalls den
35 Patienten zurück?
- Macht er Hausbesuche?
- Hat er spezielle Sprechstunden für
  Berufstätige?

40 Schließlich die Schlüsselfragen, um
den richtigen Klinikarzt oder ambu-
lanten Operateur zu finden:
- Wie oft führt der Operateur den
  geplanten Eingriff im Jahr aus?
45 - Wie viele große Narkosen macht
  der Anästhesist jährlich?
- Wie viele Patienten sind nach dem
  Eingriff wieder arbeitsfähig?

- Wie lange dauert im Schnitt der
50 Klinikaufenthalt?

Scheuen Sie sich nicht, bei schwer-
wiegenden Diagnosen oder langwierigen und schwierigen Behandlungen ohne Besserung des Gesund-
55 heitszustandes selbst die Initiative zu
ergreifen und einen zweiten Arzt
aufzusuchen.

Gut informiert sind meist die Selbsthilfeorganisationen, wie die Rheu-
60 maliga, Telefon (0228) 766 70 80, und
auch Hilfsorganisationen wie die
Herzstiftung, Telefon (069) 9551280,
oder die Krebshilfe, Telefon (0228)
729900. Eine bundesweite Übersicht
65 aller Selbsthilfeorganisationen hat
die Informationsstelle zur Anregung
von Selbsthilfegruppen (Nakos) in
Berlin, Telefon (030) 31018960.
Eine regionale Übersicht verschafft
70 das Malteser-Hilfsdienst-Telefon
(0221) 9745450.

(Capital)

B6 Haben Sie das Gefühl, bei Ihrem Arzt „in guten Händen" zu sein, oder sind Sie unzufrieden und möchten den Arzt wechseln?

B7 Spielen Sie einen von vier Dialogen (→ S8, S. 254).

Entscheiden Sie sich für eine der folgenden Rollen. Danach erhalten Sie von Ihrer Kursleiterin / Ihrem Kursleiter eine Karte mit genaueren Informationen zu Ihrer eigenen Rolle. (Dafür gibt es eine Vorlage auf S. 278.) Über Ihre Gesprächspartnerin / Ihren Gesprächspartner wissen Sie aber nichts.

(1) Sprechstundenhilfe (am Telefon)   <u>oder</u>   Patientin/Patient
(2) Schwester/Pfleger im Krankenhaus   <u>oder</u>   Patientin/Patient
(3) Ärztin/Arzt   <u>oder</u>   Patientin/Patient
(4) Notärztin/Notarzt   <u>oder</u>   Nachbarin/Nachbar der/des Kranken
                                                         (am Telefon)

B8 Schreiben Sie eine Erzählung oder einen Bericht (→ S6, S. 252) zu einem der folgenden Themen.

(1) Ein Tag im Krankenhaus
(2) Ein unglücklicher Arztbesuch
(3) Der falsche Befund
(4) Die Nachricht

B9 Waren Sie schon einmal länger als drei Tage Patient im Krankenhaus?

Sprechen Sie über Ihre Erfahrungen (→ S8, S. 254).

Lesen Sie den folgenden Text von Maxie Wander, einer österreichischen Schriftstellerin, die in der DDR gelebt hat.

1 Was erfahren wir über die Briefschreiberin und über ihre Situation?
2 Welche anderen Personen werden genannt und in welchem Verhältnis könnten sie zur Briefschreiberin stehen?
3 Welche Gefühle und Gedanken hat die Krankheit bei ihr ausgelöst?

An Ernst R., Paris 5. Oktober 1976

Zu Hause – ich bin zu Hause, Ernst, verstehst du das? Zwischen zwei Kliniken. (Ich muss zu einer Nachbehandlung nach Buch, aber erst muss meine Wunde heilen, die Fred täglich verbindet. Er macht das sehr gut und mit liebevollen Händen!) Und ich genieße unseren Gar-
5 ten, leg eine Platte auf, bereite uns ein gutes Essen, schau mir Danis Aufgaben an. Alles ist fremd und wie verzaubert. Wir wissen nicht, was wir haben, erst wenn die Wände zittern und der Boden unter unseren Füßen wankt, wenn diese Welt einzustürzen droht, ahnen wir, was Leben bedeutet …
Ernst, du bist der Erste, der von mir einen maschinengeschriebenen Brief bekommt. Das
10 Schreiben ist sehr beschwerlich, denn der rechte Arm ist noch lahm, die Wunde [...] schmerzt und spannt, manchmal brennt der ganze Brustkorb, aber der Schmerz erinnert mich, lässt mich aufhorchen und mich besinnen!
Schöpferisch werden! So tun, als wär ich entkommen!
Lass einen Menschen drei Tage keine Schmerzen haben und er vergisst. Wir stumpfen rasch
15 ab. Sind in nichts beständig. Man denkt, wenn man dieses Wissen um die Einmaligkeit jeder Stunde erworben hat, dass es ewig in einem bleibt. Aber es bleibt nicht, wir lassen uns bemogeln, bemogeln uns selbst. Und schon segeln wir wieder im alten Fahrwasser der Gleichgültigkeit. Es ist vielleicht eine Erklärung dafür, warum Tragödien keine sichtbaren Spuren hinterlassen.
20 Ich möchte dir von den ganz kleinen Dingen erzählen, als wären es Sensationen: bei Tisch sitzen, Mozart hören und mit Fred eine Tasse Kaffee trinken, weißt du? Du kennst das alles und wirst mich auslachen! Das wirkliche Leben, sagt mir eine Stimme, das ist jetzt und jetzt, nimm es in Empfang, wie es sich darbietet, auch mit Schmerzen, mit Angst und gleichzeitig mit allen Entzückungen, die man sich nur denken kann!
25 Im Spital hab ich gedacht: Wenn ich rauskomm, will ich nur mehr im Freien leben! Häuser, Mauern, Betten bedrücken mich. Im Bett sterben die Leut, sagt man in Wien!
Aber wir haben große Fenster und einen Garten, ein Stück Wald, leben fast im Freien und wissen das zu schätzen. In all den Jahren haben wir nie aufgehört, unsere Privilegien zu genießen und uns gleichzeitig dadurch bedrückt zu fühlen. Und wenn ich die Menschen
30 sehe in den Straßen von Berlin, in ihrer blinden Hast. Was ist los mit ihnen, frag ich mich, haben sie nichts begriffen? Natürlich nicht, wie sollen sie … [...]

(Maxie Wander, Leben wär' eine prima Alternative)

Maxie Wander geht mit ihrem Kranksein sehr positiv um.

Stellen Sie sich vor, Ihre Freundin / Ihr Freund liegt mit einem gebrochenen Bein längere Zeit im Krankenhaus. Schreiben Sie ihr/ihm einen Brief (→ S6, S. 252), um sie/ihn aufzuheitern.

Alternative Heilverfahren

C1 Sprechen Sie über alternative Heilverfahren, die Sie kennen. Was können Sie darüber berichten?

C2 Eine alternative Heilmethode ist die „Kneipp-Kur".

Wissen Sie etwas über Sebastian Kneipp? Wenn nicht, dann lesen Sie dazu den folgenden Lexikoneintrag:

Kneipp, Sebastian, kath. Geistlicher und Naturheilkundler, * Stephansried (bei Ottobeuren) 17. 5. 1821, † Bad Wörishofen 17. 6. 1897; bis zum 21. Lebensjahr Weber, dann Theologiestudent in Dillingen a. d. Donau und München; wurde 1852 Priester und 1880 Stadtpfarrer in Bad Wörishofen. K. entwickelte nach und nach vielfältige (allerdings nur z.T. neue) Anwendungen kalten und warmen Wassers und gab darüber hinaus Anregungen zu naturgemäßer, gesunder Lebensweise, die er neben der Abhärtung als Hauptbedingung von Gesunderhaltung und Heilung ansah.

(Brockhaus)

C3 Sie hören einen Ausschnitt aus einer Radiosendung zum Thema „Naturheilverfahren".

1 Notieren Sie beim ersten Hören, auf welchen „5 Säulen" das Kneippverfahren beruht.
2 Ergänzen Sie beim zweiten Hören Detailinformationen zu diesen fünf Therapieformen.

Therapieform	Detailinformation
1.	Bei welchen Erkrankungen wird die Therapie eingesetzt?
	Was wird bei dieser Therapieform gemacht?
2.	Welche positiven Effekte hat diese Therapie?
3.	Welche Zivilisationskrankheiten sollen durch diese Therapieform bekämpft werden?
4.	Was versteht man unter dieser Therapieform?
5.	[Zu dieser Therapieform sagt der Sprecher in diesem Ausschnitt aus der Sendung nichts.]

C4 Was halten Sie von der Kneipp-Kur?

Äußern Sie Ihre Meinung und kommentieren Sie, was Sie gehört haben.

> **Kommunikationsmittel: Kommentieren/Bewerten**
>
> *Ich finde, dass ... / Ich halte ... für ...*
> *Meiner Meinung nach ...*
> *Sicher/Möglicherweise hilft ... bei ..., aber ...*
> *Es ist gut / kaum / absolut nicht vorstellbar, dass ...*
> *Wenn Sie mich fragen, ...*
> *Ich bin der Ansicht, ...*

C5 Welche deutschen Gewürznamen kennen Sie?

Wofür verwenden Sie diese Gewürze? Vielleicht können Sie besondere Gewürze aus Ihrer Heimat mitbringen.

C6 Lesen Sie den Text selektiv (→ S3, S. 249).

1 Beantworten Sie die folgenden Fragen zu Teil I (Z. 1–48).
Was haben Gewürze mit der Gesundheit zu tun?
Welchen Vorteil haben Gewürze gegenüber herkömmlichen Medikamenten?

2 Lesen Sie dann Teil II (ab Z. 49). Stellen Sie sich dabei vor, Sie haben
• Kopfschmerzen
• Magenbeschwerden
• Rheuma
• Husten
• „Schüchternheit"
• Karies
und suchen Sie ein Heilmittel dagegen. Welches Gewürz können Sie verwenden?

3 Kontrollieren Sie nach der Lektüre: Haben Sie ein Heilmittel gefunden? Wenn nicht, kennen Sie andere Gewürze bzw. Heilmittel, die dafür sorgen, dass es Ihnen besser geht?

GEWÜRZE – eine klasse Medizin

So routiniert, wie wir mit Salz und Pfeffer hantieren, geht man in Asien mit Chili, Kardamom oder Kreuzkümmel um. Und das nicht nur, weil's toll schmeckt: Gewürze, genauer gesagt ihre ätherischen Öle, Bitter- und Scharfstoffe, wirken auf die Nervenzellen ein, beruhigen oder stimulieren sie – und das schon oft in kleinsten Mengen. Chinesen, Inder und Ägypter wissen das seit vielen tausend Jahren. Jetzt versuchen die Wissenschaftler herauszufinden, was sich da im Einzelnen abspielt. So weiß man inzwischen, dass viele Gewürze Stoffe enthalten, die antibakteriell sind, zum Beispiel das Allicin im Knoblauch; andere Inhaltsstoffe wie Sulfide, Flavonoide, Carotine, Cumarine, Terpene wirken krebshemmend. Sie stecken zum Beispiel in Ingwer, Sellerie, Kurkuma und Pfeffer.

OHNE RISIKEN UND NEBENWIRKUNGEN

Die positiven Wirkungen von Gewürzen sind aber kaum einzelnen Stoffen zuzuschreiben, dazu sind es einfach zu viele – bis zu 300 pro Gewürz –, die man noch längst nicht alle untersucht hat. Erst das Zusammenspiel aller Substanzen macht's. So ist es auch beim Ingwer: Nur der Extrakt aus der ganzen Wurzel hat den stärksten Effekt, wie dänische Forscher kürzlich feststellten. Wissenschaftler gehen davon aus, dass solche alternativen, traditionellen Heilmittel in Zukunft immer mehr Bedeutung gewinnen werden. Sie haben schließlich so gut wie keine Nebenwirkungen. Um Krankheiten zu heilen, sind die Wirkstoffe aus den Gewürzen zwar in exakt berechneten Mengen nötig, die man so nicht unbedingt ins Essen gibt. Dennoch kann auch schon eine Prise etwas bewirken – zum Beispiel für schönere Haut sorgen (Anispfeffer) oder vor Karies schützen (Chili). Außerdem machen Gewürze Speisen (vor allem Fett) bekömmlicher, ihre Scharfstoffe aktivieren die Verdauungssäfte und ihre Bitterstoffe regen den Appetit an. Würzen Sie also öfter auch mal mit weniger bekannten Früchten, Rinden, Samen und Wurzeln. Hier sind die spannendsten:

INGWER

... hat eine fruchtige Schärfe und ist eines der wichtigsten Heilmittel der chinesichen Medizin. Ingwer entspannt, besänftigt einen nervösen Magen und hilft nachweislich gegen Reisekrankheit – ganz ohne Nebenwirkungen. Er hat aber auch eine entzündungshemmende und immunstärkende Wirkung. Neue Medikamente aus Ingwer werden gerade in den USA und In Dänemark gegen rheumatische Gelenkentzündungen erfolgreich erprobt. Ein Mittel soll es demnächst auch bei uns geben.

ROSMARIN

Die nadelförmigen immergrünen Blätter schmecken stark aromatisch, leicht beißend scharf. Mit Rosmarin sollte man sparsam würzen, weil sich der Geschmack beim Kochen noch verstärkt. In der Naturheilkunde gilt Rosmarin als Allheilmittel. Vor allem regt es die Durchblutung an, wirkt bei zu niedrigem Blutdruck und Kopfschmerzen, aber auch gegen Schuppen. Die Rosmarinsäure ist sehr gut magenverträglich. Neuere Studien zeigten, dass Rosmarin auch entzündungshemmend wirkt.

NELKEN

Die Knospen des Nelkenbaumes enthalten reichlich Öl, das einen intensiv würzigen, scharfen Geschmack hat. Nelkenöl desinfiziert und lindert Zahnfleischentzündungen (einfach eine Nelke kauen oder mit Wasser und etwas Nelkenöl den Mund spülen). Einige Hersteller von Sonnenschutzmitteln setzen Nelken wegen ihres intensiven Geruchs auch zur Abwehr von Mücken ein.

STERNANIS

... ist der wichtigste Teil der chinesischen „Fünf-Gewürze-Mischung". Die sternförmige Frucht schmeckt süßlich-würzig; ihr ätherisches Öl gilt in der chinesischen Medizin als das beste Mittel gegen Magenkrämpfe, Rheuma und Husten. Außerdem heißt es in China, Sternanis mache schüchterne Menschen selbstbewusster und kontaktfreudiger. Testen Sie's doch mal!

ZIMT

Als echter Zimt gilt nur der Stangenzimt (Kaneel) aus Sri Lanka; Zimtpulver ist nicht so hochwertig. Das süßlich schmeckende Gewürz stoppt Bakterien und Hefepilze – auch schon im Mund. Früher hat man mit Zimt Wasser keimfrei gemacht. Außerdem werden saure Speisen mit Zimt besser bekömmlich.

(Brigitte)

Wie schmeckt etwas?

1 Sammeln Sie aus dem Text die Adjektive, die einen Geschmack beschreiben.
Ergänzen Sie die Liste um weitere Adjektive, die Sie kennen.

2 Was schmeckt so? Ordnen Sie den Adjektiven Nahrungsmittel zu.

Suchen Sie im Text alle Verben und Adjektive, die benutzt werden, um Wirkungen zu beschreiben.

Verben: *sorgen für, ...*
Adjektive: *keimfrei (machen), magenverträglich (sein), ...*

Spiel: „Wo isst man das?"

Bringen Sie ein Rezept mit „gesunden" Gewürzen mit. Schreiben Sie auf ein extra Blatt die Zutaten (mit Mengenangaben) und die Zubereitung. Beschreiben Sie auch kurz die Wirkung der verschiedenen Gewürze.

Wofür oder wogegen ist Ihr Rezept? Notieren Sie als Titel das „Therapie-Ziel" und das wichtigste Gewürz auf der Rückseite Ihres Blattes, z.B. „Rezept gegen Liebeskummer – mit viel Knoblauch". Dann falten Sie das Blatt so zusammen, dass man nur den Titel sieht. Alle Rezepte werden eingesammelt und gemischt. Bilden Sie nun Rateteams (je drei bis vier Personen). Die Kursleiterin / Der Kursleiter zieht ein Blatt und liest einen Titel vor. Alle dürfen raten: Aus welchem Kontinent oder welcher Region kommt das Rezept (Variante Ausland: von welcher Person)? Wenn nicht richtig geraten wird, wird das Rezept ganz vorgelesen.

Beispiel: Titel: *Ziel = Liebeskummer bekämpfen + Hauptgewürz: Enzianwurzel*

           Rezept: *eine Kräutersuppe mit ...*   Lösung: *aus Bayern*

Die Gruppe, die zuerst richtig geraten hat, bekommt einen Punkt. Die Gruppe mit den meisten Punkten am Schluss darf sich aussuchen, welche Rezepte beim nächsten gemeinsamen Kochen ausprobiert werden sollen.

Sie können die Rezepte nach dem Spiel nach Kontinenten oder Regionen ordnen und ein Kurskochbuch herausgeben.

Lesen Sie den folgenden Textauszug.

Der Originaltext gibt Antworten auf 25 Fragen an die chinesische Medizin, von denen hier neun ausgewählt wurden.

1 Markieren Sie in jeder Antwort die Hauptinformation.

Haben Sie noch Fragen?

Noch nie war bei uns so viel von chinesischer Medizin die Rede wie heute. Trotzdem wissen viele nicht, was sich im Einzelnen damit verbindet. Die Fragen und Antworten bringen Sie auf den neuesten Stand.

---

2 Was machen chinesische Ärzte anders als westliche?

In der westlichen Spezialisten-Medizin werden Beschwerden und Krankheiten oft isoliert
5 betrachtet und untersucht. Die chinesische Heilkunde dagegen geht davon aus, dass es zwischen Organen, die nach unserem Verständnis von Anatomie und Physiologie nicht viel miteinander zu tun haben, Wechselbeziehungen
10 gibt. Solche ungewöhnlichen Paare sind zum Beispiel Herz und Nieren, Lunge und Dickdarm. Für die Praxis heißt das: Wenn an einem Organ Beschwerden auftreten, muss auch sein „Partner-Organ" untersucht und eventuell mitbe-
15 handelt werden. Insgesamt gibt es zwölf dieser „Organsysteme". Als sehr wichtig für Diagnose und Therapie gelten außerdem Faktoren wie Ernährung und Bewegung, Klima, Seelenzustand, Arbeitsbedingungen, Partnerschaft,
20 Familie und Lebensweise.

4 Wie stellen China-Ärzte fest, was den Patienten fehlt?

Haben Sie oft kalte Füße? Essen Sie gern Süßes? Solche Fragen stellen Ärzte für chinesische
25 Medizin im ersten Gespräch. Was Patienten selbst über ihr Befinden sagen, ist entscheidend für die Diagnose. Erst dann kommt der Befund, also das Feststellen von Krankheitssymptomen wie zum Beispiel Fieber. Die Ärzte achten aber
30 auch auf Merkmale, von denen einige nach westlichem Verständnis mit der körperlichen Gesundheit eines Menschen nur indirekt zu tun haben: Geht er aufrecht oder eher gebückt? Ist er schlank und muskulös oder leicht aufge-
35 schwemmt? Haben Patienten eine leise, belegte oder eine laute, durchdringende Stimme? Fühlt sich die Haut feucht oder trocken an? Daraus

können Ärzte auf den Zustand einzelner Organ-
40 systeme (siehe Frage 2), aber auch auf das Allgemeinbefinden schließen. Außerdem gehören zur Untersuchung die Puls- und die Zungendiagnose. Der Puls wird, anders als in der westlichen Schulmedizin, an beiden Handgelenken getastet, und zwar an je drei Stellen und jeweils mit ver-
45 schieden starkem Druck. Insgesamt gibt es 28 grundlegende „Pulsqualitäten". Ihre Untersuchung gibt Aufschluss über den Zustand der Organsysteme.

**8 Taugt die chinesische Medizin auch zur Vor-
50 beugung?**

Ja, das ist sogar ihr Hauptziel. Ursprünglich wurde sie eigens dafür entwickelt, Menschen gar nicht erst krank werden zu lassen. Auch heute kann man sie zur Stärkung des Immun-
55 systems nutzen. Wenn Sie zum Beispiel häufiger als drei- bis viermal pro Jahr erkältet sind oder immer wieder Blasenentzündungen haben, kann eine Kur mit einer immunstärkenden Heilkräuter-Mischung helfen. Manchmal emp-
60 fehlen Ärzte zusätzlich eine Behandlung zur Stärkung der Abwehrkräfte, zum Beispiel mit Akupunktur. Ist die Krankheit bereits ausgebrochen, helfen Kräuter und Nadeln dem Organismus, schneller damit fertig zu werden und
65 beim nächsten Mal die Erreger besser abzuwehren.

10 Heilt die chinesische Medizin alle Krankheiten?

Nein. Bei einem Blinddarmdurchbruch zum Beispiel ist die einzig wirksame Therapie eine
70 Operation: Auch ein chinesischer Arzt wird akute, lebensbedrohliche Krankheiten mit Antibiotika oder anderen Medikamenten der westlichen Schulmedizin behandeln und nicht

allein mit Akupunktur oder Kräutermedizin. Bei
75 chronischen Krankheiten wie zum Beispiel
Allergien, Migräne, Darmentzündungen oder
Rheuma dagegen helfen die Methoden der chinesischen Medizin oft sogar besser – und das
mit weniger Nebenwirkungen.

**⑭ Was geschieht im Körper durch die Aku-
punktur?**

Für chinesische Experten ist die Antwort einfach: Die gezielten Nadelstiche lösen Energieblockaden im Organismus und das Qi, die
85 Lebensenergie, kann dann wieder ungehindert
fließen. Westliche Forscher haben verschiedene
Theorien entwickelt. Eine davon besagt, dass
die Meridiane, auf denen die Akupunkturpunk-
te liegen, entlang bestimmter Nervenbahnen
90 verlaufen. Das würde erklären, warum sich
durch das Reizen bestimmter genau definierter
Punkte weit entfernte Körperregionen und
innere Organe beeinflussen lassen. Chinesische
Wissenschaftler wie Professor Wang Xuetai,
95 Vorsitzender der Internationalen Akupunktur-
gesellschaft, bezweifeln dies jedoch. Weitere
Erkenntnisse, zum Beispiel zur Wirkung bei
Kopfschmerzen, soll ein neues Forschungspro-
jekt in Oberhausen bringen, das vom Bundes-
100 ministerium für Forschung und Technologie
gefördert wird.

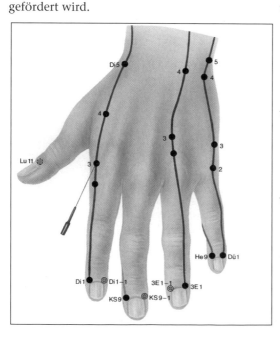

⑯ Kann Akupunktur weh tun?

Unter Umständen: ja. Viele spüren zumindest
bei den ersten Behandlungen einen dumpfen
105 Druckschmerz. Er hält aber meist nur kurz an
und danach fühlt man sich angenehm entspannt. Typisch ist auch das Gefühl, dass von
der Nadel „Energie ausstrahlt" („Deqi-Gefühl"). Ob
die Einstiche weh tun, hängt auch davon ab,
110 welche Punkte behandelt werden: Akupunktur
an den Händen zum Beispiel ist oft schmerzhaft, dagegen tun Einstiche in die Kopfhaut, so
paradox das klingt, weit weniger weh. Entscheidend ist außerdem, ob die Nadeln nur bis knapp
115 unter die Hautoberfläche oder tiefer eingestochen werden. Und bei einer akuten Bronchitis
tut der Einstich am „Schwerpunkt" bedeutend
mehr weh, als wenn die Krankheit im Abklin-
gen ist. Es kommt aber auch darauf an, wie
120 schmerzempfindlich jemand ist, ob er vor der
Behandlung innerlich ruhig oder sehr ange-
spannt ist und ob er vielleicht friert.

**㉑ Welche Rolle spielt die Ernährung in der
chinesischen Medizin?**

125 Sie gilt als sehr wichtig – ein Gedanke, der sich
ja auch bei uns immer mehr durchsetzt. In der
chinesischen Medizin geht man davon aus, dass
jedes Lebensmittel ein Potential an Wärme oder
Kälte besitzt. Ein weiteres Grundprinzip: Inner-
130 halb des Organismus, aber auch in jedem Organ-
system müssen Wärme und Kälte im Gleichgewicht sein. Wenn von einem Element zu wenig
vorhanden ist, lässt sich dieser Mangel durch die
Ernährung ausgleichen.

㉒ Was sind „heiße" und „kalte" Lebensmittel?

Das Gleichgewicht von Wärme und Kälte im

Organismus lässt sich durch die Ernährung unterstützen.

„Heiß" sind zum Beispiel gegrilltes Fleisch,
140 schwarzer Pfeffer, Ingwer, Zimt. „Warm" sind Huhn, Käse, Pfirsiche, Kaffee.

„Neutral" sind unter anderem Eier, Milch, Kartoffeln, Rindfleisch, Trauben, Nüsse.

„Kühl" sind zum Beispiel Salate, Reis, Sauerkraut,
145 Äpfel, Birnen, Kräutertee. „Kalt" sind u. a. Gurke, Tomate, Joghurt, Mineralwasser, grüner und schwarzer Tee. Erkältungssymptome, die im Körper Wärme erzeugen (zum Beispiel Fieber), lassen sich mit kühlen und kalten Speisen lindern,
150 gegen häufige Verspannungen hilft eine „neutrale" Ernährung. Wer Schlafprobleme hat, sollte zumindest abends eher etwas „Kühles" essen.

㉕ Was wird von den gesetzlichen Kassen bezahlt?

155 Für Akupunktur als Schmerzbehandlung erstatten die gesetzlichen Kassen bereits seit Jahren einen Teil der Kosten. Das geschah bisher aber nur, wenn die Verfahren der Schulmedizin, wie zum Beispiel die Behandlung mit Schmerzmitteln, ver-
160 sagt hatten. Diese Praxis soll jetzt geändert werden. Einige Kassen (BKK, IKK u. a.) zahlen neuerdings auch dann für eine Akupunkturbehandlung, wenn der Arzt es vorher nicht mit anderen Verfahren versucht hat. Diese Kassen akzeptieren
165 eine Akupunktur-Verordnung jetzt auch bei mehreren chronischen Krankheiten wie zum Beispiel Asthma oder Allergien. Einige Kassen (beispielsweise die AOK) bieten ihren Mitgliedern außerdem kostenlose Qigong-Kurse an. Für die anderen
170 Verfahren der chinesischen Medizin muss man oft selbst bezahlen, Ausnahmen sind jedoch möglich. Zum Beispiel zahlt die Technikerkrankenkasse meist ganz, wie auch einige Private (Continentale u. a.). Deshalb: Vor dem Beginn einer Be-
175 handlung unbedingt die Kostenfrage klären!

(Brigitte)

2   Ergänzen Sie den Lückentext. Formulieren Sie dabei (mit eigenen Worten) jeweils einen Satz pro Abschnitt, in dem die Hauptinformationen zum Ausdruck kommen.

zu ❷: *In der chinesischen Heilkunde wird angenommen, dass zwischen Organen Wechselbeziehungen bestehen (z.B. zwischen Herz und Nieren), so dass bei der Untersuchung eines Organs auch ein Partnerorgan mit untersucht und evtl. behandelt wird.*

zu ❹: Für die Diagnose ist zum einen _____ entscheidend, zum anderen aber auch

Merkmale wie _____

zu ❽: Das Hauptziel der chinesischen Heilkunde _____

_____

zu ❿: Besonders hilfreich ist die chinesische Heilkunde bei _____

_____

zu ⓮: Durch Akupunktur _____

zu ⓰: Dabei kann Akupunktur _____

zu ㉑: Die Ernährung _____

zu ㉒: Hierbei _____

zu ㉕: _____

Textgrammatik (→ GT1, S. 125)

Informieren Sie sich darüber, durch welche verschiedenen grammatischen Mittel im Text Zusammenhänge hergestellt werden, und sehen Sie sich dann einzelne Abschnitte des Textes noch einmal an.

1 Markieren Sie im ersten Abschnitt alle bestimmten, unbestimmten und Null-Artikel. Beispiel:
Was machen ⌀chinesische Ärzte anders als ⌀westliche? In der westlichen ...
Überlegen Sie nun: Wo trifft welche Regel zu?

> **bestimmter Artikel:** A etwas ist aus dem Kontext bekannt
> B etwas ist aus dem Weltwissen bekannt
> C etwas gibt es nur ein Mal

> **unbestimmter Artikel:** A etwas wird zum ersten Mal im Text erwähnt
> B etwas ist nicht durch das Weltwissen bekannt
> C etwas wird aus mehreren Elementen hervorgehoben

> **Nullartikel:** A bei unbestimmtem Artikel im Plural
> B bei bestimmten Nomengruppen, wenn sie zum ersten
> Mal erwähnt werden: Material, Abstrakta

Überprüfen Sie diese Regeln noch an einem anderen Absatz des Textes.

2 Worauf beziehen sich die folgenden Konnektoren und Proformen im Text?
Beispiel: dagegen (Z. 6) →
westliche Spezialisten-Medizin und ihre isolierte Untersuchung (Z. 3–5)

solche ... Paare (Z. 10)   daraus (Z. 37)
das (Z. 12)   dafür (Z. 52)
außerdem (Z. 17)   damit (Z. 64)

3 Suchen Sie im Abschnitt 16 „Kann Akupunktur weh tun?" nach weiteren Verweisformen und markieren Sie diese.

Konnektoren: Konditionale Beziehungen (→ GT3, S. 127)

1 Unterstreichen Sie in den folgenden Sätzen die Bedingung.
Beispiel: Wenn an einem Organ Beschwerden auftreten, muss auch sein „Partner-Organ"
untersucht werden.

(1) Falls Sie z.B. häufiger als drei- bis viermal pro Jahr erkältet sind, kann eine Kur mit einer immunstärkenden Heilkräutermischung helfen.
(2) Ist die Krankheit bereits ausgebrochen, helfen Kräuter und Nadeln dem Organismus, schneller damit fertig zu werden.
(3) Bei einem Blinddarmdurchbruch ist die einzig wirksame Therapie eine Operation.
(4) Bisher wurden Kosten für Akupunktur als Schmerzbehandlung nur unter der Bedingung erstattet, dass die Verfahren der Schulmedizin versagt hatten.
(5) Einige Kassen zahlen neuerdings auch dann, wenn der Arzt es vorher nicht mit anderen Verfahren versucht hat.

2 Durch welche Konnektoren wird die Bedingung signalisiert? Können Sie die Sätze umformen und dabei Konnektoren aus den anderen Sätzen verwenden?

VT1 Amparo Aymerich, eine Spanierin, möchte in Deutschland studieren und muss vor dem Fachstudium einen Deutschkurs an der Universität besuchen.

Um immatrikuliert zu werden, muss sie sich krankenversichern. Sie liest hierzu einige Informationsblätter durch. Dabei tauchen wichtige Begriffe auf, die sie nicht versteht. Deshalb legt sie einen Notizzettel an und geht damit in die Sprechstunde der zuständigen Referentin der Universität.

> Was heißt:
> - Gruppenversicherung?
> - Ersatzkassen?
> - private Krankenkassen?
> Welche brauche ich?

1 Hören Sie Teil 1 des Gesprächs zwischen der Studentin und der Sozialberaterin der Universität. Werden die Fragen beantwortet?
2 Hören Sie nun Teil 2 des Gesprächs und notieren Sie, welche Kosten die Gruppenversicherung erstattet.

VT2 Frau Aymerich möchte eine Gruppenversicherung für Studierende abschließen und liest daher das folgende Merkblatt für Versicherte.

1 Unterstreichen Sie alle Zeitangaben und erläutern Sie, welche zeitlichen Aspekte man beachten muss, damit ein Versicherungsschutz besteht.
2 Markieren Sie im Text Ausdrücke, die etwas mit Geld/Kosten/bezahlen zu tun haben, und erklären Sie diese Wörter.

MERKBLATT FÜR VERSICHERTE

1. Grundsatz

Versicherungsschutz besteht nur in den Monaten, in denen auch der Versicherungsbeitrag bezahlt wurde (wird über Einzugsermächtigung eingezogen). Das heißt: Wer seinen Versicherungsbeitrag nicht bezahlt, bekommt auch kein Geld, wenn er in dieser Zeit krank wird. Gehen Sie dieses Risiko also auf keinen Fall ein!

2. Beginn des Versicherungsschutzes

a) Krankheit in Deutschland

Nur bei Krankheiten, die entweder nach der Anmeldung zur Gruppenversicherung neu auftreten oder in dieser Zeit erstmals bemerkt werden, können die Behandlungskosten ersetzt werden. Die Kosten für eine Entbindung werden frühestens acht Monate nach Versicherungsbeginn übernommen.

b) Krankheit im Ausland

Wenn Sie in Ihrem Heimatland oder sonst im Ausland krank werden oder einen Unfall haben, wird die Behandlung nur bezahlt, wenn Sie vorher schon drei Monate bei der Gruppenversicherung angemeldet waren. Der Aufenthalt in Ihrem Heimatland oder im sonstigen Ausland darf insgesamt nicht länger als sechs Wochen im Kalenderjahr dauern. Beachten Sie: Bei einer Behandlung im Heimatland oder sonst im Ausland werden die in Deutschland erstattungsfähigen Beträge vorab um 25% reduziert.

3. Ärztliche Behandlung

Vor Behandlungsbeginn im Krankenhaus oder bei Ärzten ist dieses Informationsblatt dem behandelnden Arzt vorzulegen. Das ist wichtig, damit die Ärzte wissen, welche Leistungen von der Gruppenversicherung erstattet werden. Bei der Anmeldung im Krankenhaus oder beim Arzt müssen Sie unbedingt unsere Adresse angeben: Notgemeinschaft Studiendank e.V.

- Gruppenversicherung -

Situation: Abbiegen von Universitätsstr. im Auto nach links oder rechts möglich; dabei Berücksichtigung von Fußgängern und Radfahrern bei Linksabbiegen vorgeschrieben;
Ampeln in Koblenzer Straße stehen auf Rot, in der Universitätsstr. auf Grün.

Kollision/Unfall: Sie wollen auf Fahrradweg (linke Seite Universitätsstr.) Koblenzer Straße überqueren, werden von links abbiegendem Auto übersehen → Zusammenstoß bei geringem Tempo

Folgen:
– bei Ihnen: Verletzung Ihres rechten Fußes und Unterschenkels, erheblicher Schaden am Fahrrad (kaputtes Vorderrad, Lenker verbogen etc.)
– Schaden am gegnerischen Fahrzeug minimal: Delle (in Höhe der Beifahrertür), einige tiefe Kratzer im Lack.

Entscheiden Sie sich für eine der folgenden Textsorten (→ S6, S. 252):

1 Unfallbericht
Sie melden Ihrer Krankenversicherung den Unfall. Dafür müssen Sie ein Formular ausfüllen, das eine Schilderung des Unfallhergangs enthält:

Bei Verletzungen jeder Art geben Sie bitte eine Unfallschilderung bekannt (Unfall mit Beziehung zum Beruf? Wer trägt Ihrer Ansicht nach die Schuld an dem Unfall?).

Ich wollte, mit dem Rad von der Universitätsstraße kommend, die Koblenzer Straße überqueren.

Die Ampel ...

---

2 Privatbrief
Erzählen Sie einer Freundin / einem Freund in einem Brief von diesem Unfall. Tun Sie dies entweder aus Ihrer Perspektive oder aus der des Autofahrers.

Lieber Florian,
stell dir vor, mein Urlaub
ist geplatzt!!! Mich hat gestern
ein Auto angefahren ...

Hallo Julia,
du ahnst nicht, was mir gestern
schlimmes passiert ist. Ich fuhr
mit meinem neuen Auto von der
Uni nach Hause und da ...

3 Vergleichen Sie die beiden Textsorten Privatbrief und Unfallbericht.

1 Vorüberlegung: Kennen Sie die „Schwarzwaldklinik", „Schwester Stephanie" oder eine andere Arztserie? Welches Arzt-Bild wird vermittelt?
2 Betrachten Sie die Titelbilder der Arztromane. Welche Klischees können Sie erkennen?
3 Was ist typisch für solche Arztromane? Lesen Sie die Einleitungen und notieren Sie die Charakteristika (z.B. Vornamen, Eigenschaften).

Dr. Stefan Frank

Dr. Stefan Frank ist seit Jahren die beliebteste Arztroman-Reihe. Millionen Menschen nehmen regen Anteil an den ergreifenden Schicksalen der Patienten, die im Grünwalder Doktorhaus Rat und Hilfe suchen.

Schön, reich – und dem Tod geweiht
Dr. Frank und eine Patientin, für die ein Wunder wahr werden sollte.

Gertraud Bardenberg – eine bildschöne Frau, die wirkt, als hätte sie das Leben bisher nur verwöhnt. Sie ist von Luxus umgeben, wird umschwärmt und beneidet. Niemand ahnt etwas von der heimtückischen Krankheit, die ihre Zukunft bedroht [...]
Sybill Pfeifer – sie ist der einzige Mensch, der Gertraud retten könnte. Ihr Leben verlief bisher sehr traurig und trist. Doch darf man für ein Millionenvermögen seine Gesundheit riskieren?
Dr. Frank – der Grünwalder Arzt kennt die Lebensgeschichten dieser beiden so grundverschiedenen Frauen genau. Als sie ihn um Rat und Hilfe bitten, gerät er in schwere Gewissenskonflikte.

Dr. Thomas Bruckner

Ein Kind sucht seinen Vater
Wie sich ein Schicksal in der Bergmann-Klinik erfüllte.
Von Gerd Haffner

Peter White wurde vor zehn Jahren in den USA geboren. Nun kommt er mit der Frau, die er für seine Mutter hält, nach Deutschland. Er will hier auf eigene Faust das Dunkel um seinen Vater lichten.
Dagmar White vermisst ihren Jungen und erfährt entsetzt, dass er von einem Auto überfahren und schwer verletzt in die Bergmann-Klinik eingeliefert wurde.
Dr. Markus Schneider arbeitet noch nicht lange an der Bergmann-Klinik. Er leistet bei Peter Erste Hilfe. Die Erinnerung an seinen eigenen Sohn, den er nie sehen durfte, steigt in ihm auf.
Dr. Thomas Bruckner muss wieder einmal für zwei Menschen Schicksal spielen. Er erahnt Zusammenhänge, von denen die Beteiligten nichts wissen [...]

4 Analysieren Sie den folgenden Textausschnitt: Was sind Merkmale des Trivialstils?
Beispiel: Klischee Frau: *errötete, ...*

Die junge Frau errötete. „Es tut mir so Leid", sagte sie und schaute ein wenig hilflos Dr. Heidmann an, der sie interessiert betrachtete. „Ich wusste nicht, dass die Besuchszeiten so streng eingehalten werden müssen. Im Übrigen –", ein Lächeln glitt über ihr Gesicht und verschönte es, „glaube ich kaum, dass ich meinen Vater aufgeregt habe. Eher das Gegenteil ist der Fall! Als ich kam, war er noch wach. Er hat sich sehr gefreut, dass ich ihn besuchte. Ich musste seine Hand nehmen und darüber ist er eingeschlafen. Ich glaube, dass ich ein zusätzliches Beruhigungsmittel für Vater gewesen bin." Ihr lächelndes Gesicht war von einem seltsamen Liebreiz, wie Johann Heidmann feststellte.

(Bastei Roman)

5 Herzschmerz! Schreiben Sie an einem eigenen Arztroman (→ S6, S. 252):

– Suchen Sie sich in Ihrer Gruppe eine Geschichte aus. Wie könnte die Haupthandlung sein? Entwerfen Sie eine Skizze (ca. ein bis zwei Seiten) mit folgenden fünf Teilen oder Kapiteln: Ausgangssituation – Krise – Höhepunkt der Krise – Lösungswege – glückliches Ende. Bedienen Sie dabei möglichst viele Klischeevorstellungen von Liebe, Reichtum und Moral etc.

– Formulieren Sie eine Schlüsselszene (z.B. das „Happy End") detailliert aus, d.h. mit Rahmentext und Dialogen. Achten Sie dabei auf den typischen Trivialstil! Übertreiben Sie also ruhig!

– Wählen Sie eine Erzählerin / einen Erzähler und für jede Rolle der Schlüsselszene eine Schauspielerin / einen Schauspieler aus. Tragen Sie nun den Rahmenentwurf und die Szene im Plenum möglichst dramatisch vor.

VT5 Projekt: Fitness (mit „Feldforschung" im Fitness-Center)

❶ *Vorbereitung*
1 Sie brauchen die Erlaubnis eines Fitness-Centers, dass Sie dort „recherchieren" dürfen. Ihre Kursleiterin / Ihr Kursleiter sucht für Sie eine Einrichtung in Ihrer Stadt aus und ruft für Sie dort an.
2 Bilden Sie mehrere kleine Gruppen.
3 Kontakte: Mit wem wollen (oder dürfen) Sie sprechen (z.B. Frauen/Männer im Gymnastik- oder Kraftbereich, Trainer)?
4 Inhalte: Was wollen Sie über das Thema wissen? Warum z.B. gehen die Leute ins Studio? Was wird dort geboten? Gibt es Unterschiede zwischen Frauen und Männern? Welche Philosophie haben die verschiedenen Gruppen? Wie sieht es mit Ernährung, Körperproblemen etc. aus?
5 Organisation: Verteilen Sie die Arbeit und erstellen Sie Fragenkataloge (oder sogar Fragebögen) oder andere Interviewhilfen. Wer sucht welches Material? Wer interviewt wen? Welche Medien brauchen Sie? Etc.

❷ *Durchführung*
Gehen Sie zur Institution und sammeln Sie die Informationen (evtl. mit Kassettenrekorder, Kamera ...). Machen Sie Notizen. Fragen Sie, ob Sie z.B. Fotos machen oder ein Tonband verwenden dürfen.

❸ *Auswertung und Präsentation*
1 Vergleichen und sortieren Sie die Ergebnisse: Was ist wichtig? Was ist kulturell interessant? Welche (Fach-)Begriffe sind für die anderen Kursteilnehmerinnen/Kursteilnehmer wichtig?
2 Überlegen Sie, wie Sie die Ergebnisse präsentieren könnten. Stellen Sie die Ergebnisse im Plenum vor (ggf. auch mit Fotos, Folien, Statistiken etc.).

1   Informieren Sie sich mit der folgenden Übersicht über textgrammatische Mittel.

§ Textgrammatik

In Texten werden Zusammenhänge auch durch verschiedene grammatikalische Mittel hergestellt.
Dazu zählen:

❶ *Proformen*
In Texten werden Äußerungen durch verschiedene Arten von Proformen verbunden. Sie zeigen an, dass ein Element bereits bekannt ist.
- Verweis auf eine schon bekannte Person oder Sache:
  – in klaren Fällen und bei direktem Anschluss durch Personalpronomen *(eine Nachbarin ... sie)*
  – bei Wiederaufnahme nach längerer Zeit, bei unklarem Bezug und bei der Einführung neuer Aspekte durch Nomen mit bestimmtem oder Demonstrativ-Artikel *(eine Wohnung ... diese Wohnung ... die gemütliche Höhle)*
- Verweis auf eine bekannte Situation, einen Ort etc.:
  durch *da* und durch Adverbien *(da(r)* + Präposition wie *dadurch, davon, daraus)* und Präpositionalphrasen mit bestimmtem oder Demonstrativ-Artikel *(in diesem Moment)*
- Zusammenfassung eines größeren Texttcils: durch die Pronomen *dies/das* oder allgemeine Nomen wie *diese Angelegenheit, das Experiment*

❷ *Konnektoren*
Bestimmte Ausdrücke stellen eine Verbindung zwischen Aussagen im Text her. Dazu gehören
- Konjunktoren (wie *und, oder, denn)*
- Subjunktoren (wie *weshalb, weil)*
- Präpositionen (wie *infolge, ungeachtet)*
- Adverbien (wie *deshalb, trotzdem, außerdem)*
- Wendungen (wie *aus diesem Grund, im Gegensatz dazu)*

❸ *Satzaufbau*
Die Wortstellung hängt im Deutschen von pragmatischen Aspekten ab:
- Neue oder wichtige Information steht in einem Satz meist am Ende des Mittelfelds.
- Satzglieder, die einen Satz mit dem vorherigen Kontext verbinden, stehen oft im Vorfeld.

❹ *Textgliederung*
- Ankündigung eines neuen Themas:
  durch Einführung neuer Daten, Zahlen oder Namen sowie durch explizite Wendungen wie *im Folgenden, ein weiterer Aspekt ist*
- Rückkehr zu einem früherem Thema:
  mit *jedenfalls* oder Wendungen wie *wie schon gesagt*
- Abschnittsübergang:
  häufig markiert durch Zusammenfassungen, Fragen, Gegenüberstellungen, Expansionen zu einem Thema (Spezifizierungen, Beispiele, Zusatzinformationen etc.)
- Ankündigung des Textendes:
  durch Zusammenfassungen und explizite Wendungen wie *zuletzt* und *abschließend ist zu bemerken, dass ...*

2 Ergänzen Sie in den folgenden Sätzen den bestimmten, unbestimmten oder Nullartikel (und ggf. die richtige Endung):

(1) Gestern habe ich von einer neuen Therapie gehört. _____ Behandlung kostet aber sehr viel.
(2) Anis hat _____ ander___ Wirkung als Zimt.
(3) _____ best___ Mittel gegen Kreislaufprobleme ist Bewegung.
(4) Man sollte nicht täglich _____ Süßigkeiten und _____ Alkohol zu sich nehmen.
(5) Von vielen Heilpflanzen verwendet man nur _____ Blüten.
(6) Bei der Ernte der Pflanzen hat _____ Mond eine besondere Bedeutung: Bei Vollmond entfalten sie _____ höher___ Heilkraft.
(7) Bei manchen Therapien werden _____ Blüten in _____ Alkohol eingelegt.
(8) Man erkennt _____ Konditionsprobleme z.B. an häufiger Atemnot.
(9) Das neue Rad ist sehr gut, nur _____ Lenker muss ausgetauscht werden.
(10) Beim Joggen soll man sich i_____ Winter dick anziehen.

3 Welche Artikel sind falsch? Korrigieren Sie die Fehler!

> Vor einigen Tagen hat ein neues Fitness-Studio eröffnet. Dort gibt es einen neuesten Laufapparat und die Trainer sind anscheinend auch sehr gut ausgebildet. Man kann dort die verschiedenen Kurse belegen. Andere Möglichkeit ist, das individuelle Programm zusammenzustellen. Die verschiedenen Geräte haben die unterschiedlichen Funktionen, aber die Betreuer erklären einem alles. An der Theke kann man Mineraldrinks und eine Fitnesskleidung kaufen. Der Herr Sander, der Leiter des Studios, verdient damit auch ein Geld.

4 Unterstreichen Sie in dem folgenden Text alle Proformen für Sebastian Kneipp. Warum steht manchmal ein Nomen, manchmal ein Pronomen und warum wird einmal der Name wiederholt?

> Sebastian Kneipp wurde 1821 in Bayern geboren. Der katholische Priester hatte niemals Medizin studiert, dennoch entwickelte er eine eigene Therapieform. Er nutzte dabei v.a. die Wirkungen des Wassers und der Bewegung. Der Naturheilkundler wurde mit dieser Therapie in ganz Deutschland sehr bekannt.
> Kneipp hatte keineswegs nur Freunde: Viele Mediziner meinten, der ungewöhnliche Mann sei ein Scharlatan, er belüge seine Patienten. Doch der selbst ernannte Heiler hatte so große Erfolge, dass man ihn weiterhin praktizieren ließ.

Konnektoren 4: Finale Beziehungen (← A10, S. 107)

1 Ordnen Sie die folgenden Ausdrücke in die Tabelle ein. Nach welchem steht nicht der Zweck / das Ziel (Z), sondern das Mittel (M), das zu diesem Zweck führt?

▪ damit   ▪ um ... zu   ▪ zu   ▪ zu diesem Zweck
     ▪ zwecks   ▪ für   ▪ dazu   ▪ mit dem Ziel

Finale Ausdrücke	
Subjunktor	*damit (Z)*
Präposition	
Adverb	
Wendung	

2 Ergänzen Sie die Sätze. Verwenden Sie jeweils verschiedene Konnektoren.

(1) Der Body-Trainer ist ein effektives Fitness-System ...
(2) Nach einem arbeitsreichen Tag muss man sich entspannen ...
(3) Morgengymnastik nach dem Aufstehen ist wichtig ...
(4) Besonders im höheren Lebensalter und bei Übergewicht ...

3 Verbinden Sie die Aussagen und verwenden Sie *damit* und/oder *um ... zu*, um das Ziel / den Zweck zu verdeutlichen. Wo passt *damit*, wo passt *um ... zu*, wo passen beide? Finden Sie eine Regel?

(1) Franziska Hausmann bucht ein Fitness-Programm. Sie will auch im Urlaub etwas für ihre Gesundheit tun.
(2) Sie entscheidet sich, in die Berge zu fahren. Sie will dabei auch gesunde Höhenluft und die schöne Landschaft genießen.
(3) Vor der Reise geht sie noch zu ihrem Hausarzt. Er soll ihr ein paar Bäder und Massagen verschreiben.
(4) Der Arzt rät ihr, viel zu schwimmen und Rad zu fahren. Ihre Rückenbeschwerden sollen gelindert werden.
(5) Franziska nimmt sich außerdem vor, täglich an der Morgengymnastik teilzunehmen und zu joggen. Sie will ihre Kondition verbessern.
(6) Sie sucht lange in den Ferienkatalogen nach einem passenden Kur- und Sporthotel. Der Urlaub soll wirklich ein Erfolg werden.

Konnektoren 5: Konditionale Beziehungen (← C12, S. 120)

1 Ordnen Sie zunächst die folgenden Ausdrücke in die Tabelle ein und geben Sie mit B (Bedingung) oder F (Folge) an, ob nach dem konditionalen Konnektor Bedingung oder Folge steht.

▪ wenn   ▪ bei   ▪ im Falle   ▪ sofern   ▪ andernfalls

     ▪ sonst   ▪ falls   ▪ unter der Bedingung

Konditionale Ausdrücke	
Subjunktor	
Präposition	*bei (B)*
Adverb	
Wendung	

2 Formulieren Sie die folgenden Sätze um und verwenden Sie die Adverbien *sonst/andernfalls*.
Beispiel: Wenn man keinen Sport treibt, ist die Gefahr einer Herz-Kreislauf-Erkrankung
sehr groß. →

*Man muss/sollte Sport treiben, sonst/andernfalls ist die Gefahr einer Herz-Kreislauf-
Erkrankung sehr groß.*

(1) Wenn man sich vor dem Laufen nicht richtig durch Dehnübungen aufwärmt, kann man
sich verletzen.
(2) Wenn Lenker und Sattel am Rad nicht richtig eingestellt sind, kann es zu schmerzhaften
Verspannungen im Nacken- und Rückenbereich kommen.
(3) Bei schlechten Laufschuhen ist die Belastung der Gelenke und Bänder relativ hoch.
(4) Wenn der Arzt sich nicht genügend Zeit für ein Gespräch nimmt, sollte man über einen
Arztwechsel nachdenken.
(5) Bei mangelndem Versicherungsschutz kann ein Krankenhausaufenthalt sehr teuer werden.

3 Formulieren Sie Ratschläge für folgende Beschwerden.
Beispiele: *Im Falle starken Hustens sollte man es zunächst mit einem pflanzlichen Heilmittel wie
z.B. Sternanis versuchen.*
Man muss sich bei nasskaltem Wetter warm anziehen, sonst bekommt man eine Erkältung.

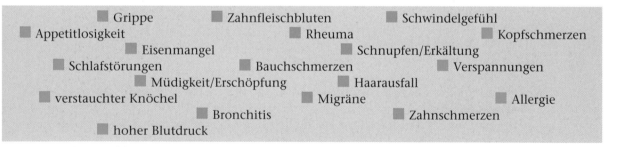

Grippe Zahnfleischbluten Schwindelgefühl
Appetitlosigkeit Rheuma Kopfschmerzen
Eisenmangel Schnupfen/Erkältung
Schlafstörungen Bauchschmerzen Verspannungen
Müdigkeit/Erschöpfung Haarausfall
verstauchter Knöchel Migräne Allergie
Bronchitis Zahnschmerzen
hoher Blutdruck

Emotionen

1: Otto Dix: *Bildnis des Malers Erich Heckel*

2: Alexej von Jawlensky: *Mädchen mit Pfingstrosen*

3: Marianne von Werefkin: *Selbstbildnis*

4: Hans Grundig: *Vinicio Salati*

5: Alexej von Jawlensky: *Bildnis des Tänzers Alexander Sacharoff*

6: Otto Dix: *Bildnis der Tänzerin Marianne Vogelsang*

7: Gabriele Münter: *Bildnis Marianne von Werefkin*

A1   Beschreiben Sie die Bilder. Welche Stimmung wird ausgedrückt?

A2   Welche Gefühle assoziieren Sie mit dem Stichwort „Frühling"?

Frühling

A3   In den 20er Jahren sangen die berühmten Comedian Harmonists ein Lied, das zum Schlager wurde: „Veronika, der Lenz ist da!"*

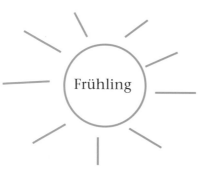

1   Versuchen Sie beim ersten Hören, die Gefühle, die das Lied vermittelt, zu beschreiben.
2   Hören Sie den Refrain noch einmal. Warum wurde dieses Lied wohl so populär?

*Lenz (veralt.) = Frühling

1 Klären Sie gemeinsam die Bedeutung dieses Titels und lesen Sie dann den Text global.
2 Sammeln Sie nun in Gruppen Aussagen aus dem Text, die Sie schon beim ersten Lesen verstanden haben.
3 Formulieren Sie in Ihrer Gruppe Fragen an den Text, die noch offen geblieben sind.
4 Bearbeiten Sie den Text Abschnitt für Abschnitt und sprechen Sie miteinander über die wichtigen Informationen. Notieren Sie diese Informationen jeweils in kurzen Sätzen.
5 Prüfen Sie: Konnten Sie Ihre Fragen beantworten?

Viel zitiert, aber unerforscht: Frühlingsgefühle

Hamburg (dpa) – Einige haben sie, andere hätten sie gerne, aber zumindest jeder spricht von ihnen: den aufregenden Frühlingsgefühlen. Im Internet findet der Surfer Hunderte von Einträgen über das inspirierende, stimmungshebende Kribbeln. Nur Mediziner und Wissenschaftler halten sich bei dem Thema bedeckt.

„Es gibt in Deutschland keine Studien, die Frühlingsgefühle untersucht haben", bringt es der Psychologieprofessor Alfons Hamm von der Universität Greifswald auf den Punkt. Dennoch bezweifelt niemand – auch kein Wissenschaftler – die Existenz des plötzlich bebenden Hochgefühls. Fachleute erklären sich das Phänomen Frühlingsgefühle mit verschiedenen Reizen, die im Frühjahr geballt auf den Menschen wirken. Stärkster Auslöser ist die Natur: Nachdem der Mensch seine Frühjahrsmüdigkeit und den Temperaturumschwung vom Winter zum Frühling verarbeitet hat, beginnt ab Mai die Hochstimmung, sagt der Leiter des Schlafmedizinischen Zentrums an der Universität Regensburg, Jürgen Zulley.

„Durch die längeren, helleren und wärmeren Tage wird der Antrieb des Menschen gesteigert", sagt Zulley. Frische, leuchtende Farben erhellen die Stimmung. „Vogelgezwitscher im Frühling zum Beispiel führt nach 250 Millisekunden zu einer Lächelreaktion beim Menschen", berichtet Hamm. An seinem Institut für Psychologie an der Uni Greifswald sind in den vergangenen zehn Jahren 600 emotionsauslösende Reize untersucht worden. Auch die sexuelle Aktivität wird offenbar im Frühling angeregt: „Es gibt Hinweise dafür, dass das männliche Geschlechtshormon Testosteron bei vermehrter Lichtstrahlung ansteigt", berichtet der Leiter der Psychologischen Uniklinik Hamburg, Prof. Dieter Naber. Leichtere Bekleidung wecke zudem einen sexuellen Trieb bei Mann und Frau.

Diese ganzen Reize Wärme, Licht, Farbe, Erotiksignale mixen im menschlichen Biohaushalt einen regelrechten Hormoncocktail. Unter anderem werden zwei Botenstoffe freigesetzt, berichtet Psychologieprofessor Hamm: Noradrenalin sorge für mehr Aktivität und Serotonin liefere das „glückliche Gefühl". Dieser Vorgang lasse sich im Extremfall bis zum Größenwahn bei Schizophrenen beobachten.

Sowohl Hamm als auch Zulley gehen davon aus, dass Frühlingsgefühle heute eine geringere Rolle als noch vor etwa 100 Jahren spielten. [...] „Durch unsere technisierte Welt sind wir immer weniger den Reizen der Natur ausgesetzt", erklärt Zulley. Nur derjenige bekomme Frühlingsgefühle, der sich viel im Freien aufhalte. An Industriearbeitern oder Bürohockern könne das Hochgefühl durchaus unbemerkt vorüberziehen.

A5 **Ebenso wie der Frühling kann sich auch der Herbst auf die Gefühle des Menschen auswirken.**

Suchen Sie zu den „Herbstgefühlen" im Kasten die entsprechenden gegenteiligen Ausdrücke für „Frühlingsgefühle" aus dem Text heraus, wie z.B. bei ❶.

❶ _emotionsauslösende Reize_

❷ _____

❸ _____

❹ _____

❺ _____

❻ _____

❼ _____

❽ _____

■ Reizarmut

■ Aktivitätsabnahme durch kürzere, dunklere und nasskalte Tage

■ verminderte Hormonproduktion bei Lichtmangel

■ sexuelle Antriebslosigkeit

■ düstere Stimmung durch graubraune Farbtöne

■ langsam erstarrende Gefühle

■ Depressivität

_1_ wenig stimulierende Eindrücke

A6 **In welchen Ländern gibt es wohl diese Frühlings- und Herbstgefühle intensiver, weniger oder gar nicht?**

A7 **Hören Sie nun das Lied „Sabine" der Gruppe TRIO. Diese Gruppe war in den 80er Jahren sehr berühmt und gehörte zur Neuen Deutschen Welle.**

1 Worum geht es in dem Stück? Was ist das Besondere an der Situation?

2 Hören Sie das Lied noch einmal in drei Teilen und ergänzen Sie die Lücken.

3 An welchen Stellen ändert sich die Stimmung des Mannes?

Trio: Sabine

Sabine Sabine Sabine
I love you I love you I love you I love you

Hallo, Sabine?
äh äh wie geht's na? pass mal auf
ja ja is is im Radio und äh die hatten diese Musik im Radio
5 und äh da musst ich natürlich _____
äh _____
ich soll ruhig wieder anrufen ne?
und doch doch, _____,
doch doch bestimmt bestimmt
10 und dann diese Musik weißt du
ja, und _____, _____
was? hallo hallo Sabine?
nee nee nee nee ich dachte nur dass du dann äh ma rumkommst
ja wie wie wie?
15 äh nee ach _____
ja, nee nee _____
nee _____
nee weißt du ... doch das ist doch jetzt
du und ich und äh weißt du doch wie letzt mal _____
20 wieso? _____
letztmal hast du ganz anders also ... was?
ja, genau genau und da hast du gesagt das wär alles dufte und
_____ und äh
was? ach hör doch ... _____!
25 ach mensch nee nee und und überhaupt das is
nee wenn das so is _____
was? nee nee nee nee nee
klar wär das dufte und wurd mich auch äh
ja oder doch wa?
30 nee weil _____, _____
Mensch hauptsache du und ich
und zusammen und wohlfühlen oder?
kutschie na
nix mit Kutschie hat sich ausgekutschiet
35 na denn ab dafür
okay jaja alles klar _____, _____
ja is klar du rufst dann wieder an
oder nee nee _____
is schon in Ordnung
40 okay okay mhm tschüss

In Dialogen werden vor allem am Anfang von Äußerungen oft Gesprächspartikeln wie *ach* oder *nee* verwendet.

1 Unterstreichen Sie die Partikeln in dem Liedtext. Welche stehen am Anfang, welche am Ende einer Äußerung? Welche kommen häufig vor?

2 Am Satzanfang steht oft *ja* mit einer anderen Partikel. Ergänzen Sie die Aussage:
Diese CD sollten wir kaufen. –
(1) Ja, aber _____
(2) Ja also _____
(3) Ja gut _____
(4) Ja nee _____

3 Setzen Sie die passende Partikel *ja, nee, ach, ne?* oder *doch* ein.
A: „Sag mal, dieses Lied hat Trio gesungen, _____"
B: „_____, aber die Musik war, glaub ich, vorher schon da."
A: „_____ _____, ich meinte auch nur den Text. War der nicht von denen?"
B: „_____, schon! Da gibt es ja noch ein Antwortlied von der Gruppe Dombrowski dazu.
   Kennst du das?"
A: „_____, hör bloß auf! Das ist ein schreckliches Stück!"

A9   In der gesprochenen Sprache finden Sie auch viele verkürzte Formen.

hammer ≈ *haben wir*   *wollnse* ≈ *wollen Sie*
bisde ≈ *bist du*   *anner* ≈ *an einer*

Suchen Sie solche Formen in dem Liedtext und machen Sie eine Liste. Wie lautet jeweils die schriftsprachliche Form?

A10   In dem Telefongespräch von TRIO hören Sie einen Mann.

1 Was sagt wohl die Gesprächspartnerin? Ergänzen Sie den Dialog schriftlich und verwenden Sie dabei möglichst viele Partikeln.

2 Proben Sie den Dialog zu zweit und achten Sie auch auf die Intonation. Setzen Sie sich dann Rücken an Rücken und spielen Sie das Telefonat vor.

A11   Beziehungen

Im Folgenden lesen Sie zwei kurze Romanausschnitte, in denen es um zwischenmenschliche Beziehungen geht. Der Autor des ersten Romans, „Amanda herzlos" (1992), ist Jurek Becker, ein Schriftsteller aus der ehemaligen DDR. Der Roman handelt vom Schicksal einer jungen Frau kurz nach der Wende.
Der zweite Roman, „Stiller" (1954), stammt von Max Frisch, einem Schweizer Schriftsteller. In dem Roman wird u.a. die Beziehung zwischen Stiller, einem Mann, der seine Vergangenheit leugnet, und seiner Frau Julika beschrieben.

1 Lesen Sie die Texte und unterstreichen Sie jeweils in zwei verschiedenen Farben alle Wörter, die mit dem Mann und der Frau assoziiert werden.
Vergleichen Sie: Was erfahren Sie über die einzelnen Personen? Wie ist ihre Beziehung zueinander?

14. Jan.

Sie trägt die Seidenbluse, mit der das Glück angefangen hat. Es gibt so viel an ihr zu sehen, dass ich kein Ende finde, den Hals, die Hände, die Ohren, die Augen, vor allem die vielen Augen. Sie erkundigt sich, ob mein Herz ihr wieder offen steht, und ich bin froh darüber und sage ja, es hat sich noch ein Nebeneingang gefunden. Auf meine Frage, was sie von Beruf ist, antwortet sie: Ich kann nichts. Es soll eine Warnung sein, mich zu verlieben, im Laufe des Abends folgt noch mehr davon: dass sie nicht zuverlässig sein kann, dass sie eine Parteisekretärin zur Mutter hat, dass sie schon vierunddreißig ist, fast fünfunddreißig. Als ob solche Nebensächlichkeiten mich schrecken könnten, ganz abgesehen davon, dass ich in alldem keinen Nachteil erkenne. Sie ist nicht geschminkt, wie jemand, der nichts zu verbergen hat, nur ihre Fingernägel sind dunkelrot lackiert.

Ohne gefragt zu sein, erzählt sie mir ihre Lebensgeschichte, es vergeht eine kostbare Stunde. Ich habe Mühe, konzentriert zuzuhören, aber ich zwinge mich, denn es ist von Einzelheiten die Rede, nach denen ich später nicht mehr fragen darf. Ich kann Leute nicht ausstehen, denen man alles zwei Mal erzählen muss. Vor ihrer Zeit mit Hetmann hört sie auf, mitten in einer Ehe, an die sie noch heute mit Grauen denkt, und sagt: Das muss fürs Erste reichen.

Als ich beim Kellner bezahlt habe, ist nichts geklärt, wir setzen uns in mein verbeultes Auto. Es ist kalt, ich wage es kaum, den Schlüssel ins Zündschloss zu stecken, ich weiß nicht, wohin ich fahren soll. Ich müsste fragen, ob sie nicht Lust hat, auf ein Glas Wein in meine Wohnung zu kommen, schon hundert Mal ist mir diese Frage leicht von den Lippen gegangen, immer wurde sie beantwortet, manchmal mit Ja, manchmal mit Nein. Zu Hause ist kein Tropfen Wein, das stimmt schon, aber es ist etwas anderes, was mich am Reden hindert: Meine Zunge ist gelähmt vor Liebe. Amanda lächelt die beschlagene Frontscheibe an, als würden meine Gedanken dort wie auf einem Bildschirm übertragen. Andererseits macht mich die Vorstellung krank, sie vor ihrer Tür abzusetzen und mich für den gelungenen Abend zu bedanken. Wie Recht mein Vater hatte, als er mich einen Zauderer nannte. Die Frau in meinen Träumen würde mir ein Stück entgegenkommen, sie würde irgendein Wort sagen, das Erleichterung bringt.

(Jurek Becker, Amanda herzlos)

Stiller musterte sie, als hätte er noch nie ein Weib gesehen. Verglich er sie mit der anderen? Stiller wirkte sehr verliebt, fand Julika, verliebt in sie, zugleich verzweifelt. Warum denn? Julika fragte: »Was ist denn?« Plötzlich (Julika muß heute noch, wenn ihre Erinnerung dahin kommt, ein klein wenig lächeln) packte Stiller sie wie ein Tarzan, was Stil-

5   ler nun, weiß Gott, nicht war, faßte ihr schmales Gesicht mit seinen etwas harten Bildhauerhänden, küßte sie mit unbegreiflicher Heftigkeit, die natürlich so ohne weiteres nicht zu erwidern war, und preßte dabei ihren damals geschwächten Körper an sich, als wollte er Julika zerquetschen. Tatsächlich tat er Julika sehr weh. Sie sagte es nicht sogleich. Warum starrte er sie so an? Eine Weile ließ sie es geschehen. Aber was sollte das denn?

10 Julika hütete sich, zu lächeln, aber schon dies, daß sie sich hütete, merkte Stiller. »– Du?« rief er, » – du!« Er rief wirklich, als läge Julika auf der anderen Talseite. Er riß ihr den wippenden Halm aus den Zähnen, der doch nur ein Requisit ihrer begreiflichen Verlegenheit war. Julika wußte nämlich gar nicht, daß sie diesen Halm noch immer zwischen den Zähnen hatte. Warum empörte ihn denn dieser unschuldige Halm? Seine Augen fingen tat-

15 sächlich zu glänzen an, wässerig zu werden, und da er merkte, daß ihm Tränen kamen, warf Stiller seinen Kopf in ihren Schoß, klammerte sich mit beiden Armen an Julika, die plötzlich, versteht sich, die freie Landschaft vor sich sah, das Sanatorium in einiger Entfernung, das bekannte Kirchlein von Davos-Dorf, das rote Bähnlein, das gerade aus dem Wald kam und pfiff. Was konnte Julika dafür, daß sie nun all dies erblickte?

(Max Frisch, Stiller)

2   Wie werden sich Ihrer Meinung nach die Beziehungen in den beiden Texten weiter entwickeln?

3   Lesen Sie die Texte noch einmal und belegen Sie an Textstellen, welche der beiden Personen jeweils sympathischer dargestellt wird. Was meinen Sie selbst dazu?

§ **A12** **Satzförmige Ergänzungen (→ GT1 Verbvalenz 2, S. 157)**

Im Text 1 stehen einige Sätze, in denen eine Ergänzung als Satz ausgedrückt wird.
Unterstreichen Sie in den folgenden Sätzen jeweils die satzförmige Ergänzung und prüfen Sie, ob es sich um eine E_{Subj}, eine E_{Akk} oder eine $E_{Präp}$ handelt.
Beispiel: Ich weiß nicht, wohin ich fahren soll. = E_{Akk}

(1) Ich müsste fragen, ob sie nicht Lust auf ein Glas Wein hat.
(2) Sie erkundigt sich, ob mein Herz wieder offen steht.
(3) Aber es ist etwas anderes, was mich am Reden hindert.

Aktionalergänzungen (→ GT1 Verbvalenz 2, S. 157)

In Text 2 finden sich mehrere Verben, die einen Infinitiv als Ergänzung haben (mit oder ohne *zu*). Bestimmen Sie, von welchen Verben die folgenden Ergänzungen abhängen.

geschehen (Z. 9)   *zu lächeln* (Z. 10)
zu glänzen (Z. 15)   *wässerig zu werden* (Z. 15)

Satzadverbien (→ GT3, S. 162)

Im Text 2 finden Sie einige Satzadverbien, durch welche die Meinung einer Person zu einer Aussage ausgedrückt wird.

1   Welcher Kommentar passt jeweils zum Text?
    Beispiel: Seine Augen fingen <u>tatsächlich</u> zu glänzen an. (Z. 14–15) →

„Das ist	❏ normal, ☒ verwunderlich, ❏ eine Tatsache,	dass die Augen glänzen."

(1) Er küsste sie mit unbeschreiblicher Heftigkeit, die <u>natürlich</u> so ohne weiteres nicht zu erwidern war. (Z. 6–7) →

„Es ist	❏ überraschend, ❏ kein Wunder, ❏ erfreulich,	dass man nicht ebenso reagiert."

(2) <u>Tatsächlich</u> tat er Julika sehr weh. (Z. 8) →

❏ „In Wirklichkeit ❏ „Ohne Zweifel ❏ „Genauer gesagt	war es so, dass er ihr weh tat."

(3) Er rief <u>wirklich</u>, als läge Julika auf der anderen Talseite. (Z. 11) →

„Die Art, wie er rief, war	❏ normal." ❏ unpassend." ❏ interessant."

2   Warum verwendet der Autor Max Frisch in diesem Textstück Satzadverbien?

Kulturschock

B1 **Der folgende Text von Wolf Wagner trägt den Titel „Kulturschock".**

1 Stellen Sie Vermutungen über den Textinhalt an.

2 Überfliegen Sie den Text und stellen Sie in ein bis zwei Sätzen die wichtigsten Informationen dar. Konzentrieren Sie sich dabei auf die Fragen: Wer? Wo? Was?

Kulturschock

Es hat lange gedauert, bis ich erfuhr, dass es ein Kulturschock war. Ich war damals sechzehn Jahre alt und vor ein paar Monaten mit einem Stipendium aus Schwaben in die USA gekommen, mit dem Schiff in
5 New York gelandet und dann im Bus tage- und nächtelang über schnurgerade Straßen bis zu einer winzig kleinen Kreisstadt im Mittelwesten gefahren. Dort gab es auf der Ebene unter dem riesigen Himmel nichts außer Mais, Rindern und außergewöhnlich freund-
10 lichen Menschen. Die Häuser und öffentlichen Gebäude des kleinen Ortes waren unter alten Bäumen in eine überall gleichmäßig kurz gehaltene Rasenfläche eingelagert wie in eine gemeinschaftsstiftende Grundsubstanz. Es gab viele Kirchen, und
15 auf der Hauptstraße, der Fernverkehrsstraße, einige Geschäfte, ein Kino und eine Bar.

Nach meiner Ankunft war ich euphorisch über meine neue Situation und aufgeregt stolz über mein Heldentum, sie zu bewältigen. Von den späteren Gefühlen
20 der Überforderung spürte ich anfangs nichts. Dabei verstand ich kaum etwas von dem, was die Leute um mich herum sagten. Mein Wortschatz war so begrenzt, dass ich eigentlich nur das verstand, was ich selbst sagte. In der Schule verpasste ich sechzig Wörter,
25 während ich ein Wort nachschlug. Und auch sonst rettete mich meine begrenzte Wahrnehmungsfähigkeit vor dem frühzeitigen Zusammenbruch. Von all den fremden und neuen Dingen bemerkte ich offensichtlich immer nur so viel, wie ich bewältigen konnte.

30 Doch nach etwa zwei Monaten fühlte ich mich plötzlich fremd. Ich merkte: Ich gehörte nicht dazu. Ich war anders als alle anderen und würde „es" nie schaffen. Es war wie eine Schwelle, über die ich in einen anderen Raum getreten war, von dem aus alles
35 anders aussah. Was vorher offen und lockend ausgesehen hatte, erschien nun plötzlich eng und verschlossen. Vielleicht lag es daran, dass ich mich nicht länger nur als Besuch, wie in den Ferien fühlte. Es kam mir langsam zu Bewusstsein, dass ich eine lange
40 Zeit bleiben würde. Jedenfalls spürte ich jetzt die

Überforderung durch all das Neue und erkannte, wie wenig ich von dem verstand, was um mich herum geschah und gesprochen wurde. Ich zog mich mehr und mehr aus der fremden Welt zurück, schrieb mehr
45 und mehr Briefe nach Hause, selbst an Klassenkameraden, mit denen ich daheim kaum ein Wort gewechselt hatte. Irgendwann wurde mir bewusst: Ich hatte Heimweh.

Elend und ausgesetzt kam ich mir vor, und alles
50 erschien mir unverständlich fremd und feindlich. Es begann bereits mit der gesalzenen Butter beim Frühstück, die mir als pure Barbarei wider den guten Geschmack erschien, und es endete abends im Bett, dessen jeden Tag stramm unter die Matratze geschla-
55 gene Bettdecke mir die Füße fesselte und mich zwang, wie auf Zehenspitzen in der Spitzfußstellung einer Ballerina zu schlafen. [...]

Bei meinem Amerikaaufenthalt als Sechzehnjähriger war es ein Traum, der die Wende brachte. Ich
60 wachte auf und merkte, dass ich auf Englisch geträumt hatte. Ich erzählte beim Frühstückstisch belustigt davon und erregte damit so viel Aufsehen, dass ich den ganzen Tag über bei jeder sich bietenden Gelegenheit davon erzählte. Die Leute lachten darü-
65 ber, weil sie nie gedacht hatten, dass es ein Problem sein könnte, in welcher Sprache man träumt. Wenn sie mich danach sahen, riefen sie mir manchmal über die Straße hinweg die Frage zu: „Wolf, in what language did you dream today?"[268] Von da an ging es mir
70 besser. Das hatte, denke ich, zwei Gründe: Zum einen zeigte ich meine Fremdheit, aber nicht als Anklage oder um Mitleid heischend, sondern als Annäherung in humorvoller Weise. Auf diese Weise konnte Unterschiedlichkeit und Distanz bei gleichzeitiger Beto-
75 nung der Verbundenheit geäußert und akzeptiert werden. Zum anderen merkte ich, dass die fremde Sprache nicht nur durch Kampf und Krampf zu erlernen war. Sie näherte sich mir offensichtlich von selbst.

(Wolf Wagner, Kulturschock Deutschland)

Suchen Sie aus dem Text Ausdrücke heraus, die Gefühle bzw. Stimmungen beschreiben.

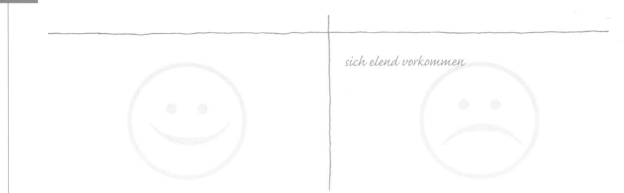

sich elend vorkommen

Wagner hat ein Modell zum Ablauf des Kulturschocks entwickelt, in dem er fünf Phasen unterscheidet.

1   Ordnen Sie die folgenden Kurzbeschreibungen dieser Phasen dem Schema zu und begründen Sie Ihre Zuordnung.

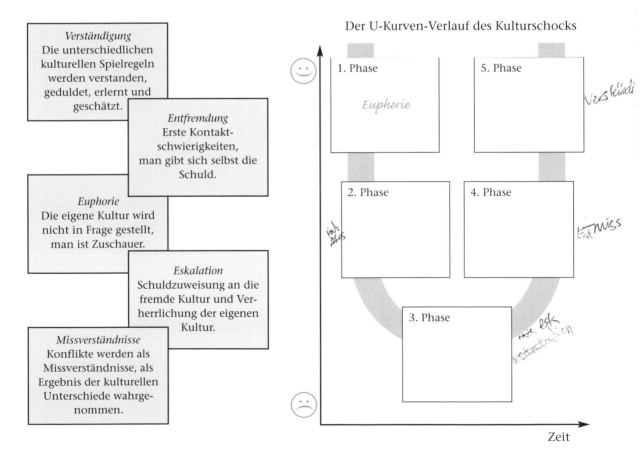

Verständigung
Die unterschiedlichen kulturellen Spielregeln werden verstanden, geduldet, erlernt und geschätzt.

Entfremdung
Erste Kontakt-schwierigkeiten, man gibt sich selbst die Schuld.

Euphorie
Die eigene Kultur wird nicht in Frage gestellt, man ist Zuschauer.

Eskalation
Schuldzuweisung an die fremde Kultur und Verherrlichung der eigenen Kultur.

Missverständnisse
Konflikte werden als Missverständnisse, als Ergebnis der kulturellen Unterschiede wahrgenommen.

Der U-Kurven-Verlauf des Kulturschocks

1. Phase — *Euphorie*
5. Phase
2. Phase
4. Phase
3. Phase

Zeit

2   Lesen Sie den Text B1 noch einmal und markieren Sie am Seitenrand die einzelnen Phasen. Bei welchem Abschnitt ist die Zuordnung nicht eindeutig?

B4 Welche Informationen gibt Ihrer Meinung nach die in Zeile 69 angekündigte Fußnote?

Welche generelle Funktion haben Fußnoten?

B5 Machen Sie Notizen zu den einzelnen Phasen und schreiben Sie eine Zusammenfassung (→ S7, S. 254) des Textes.

B6 Vergleiche (→ GT4, S. 165)

Schreiben Sie aus dem Text „Kulturschock" alle Ausdrücke mit *als* und *wie* heraus.
1 Präposition oder Subjunktor? Ordnen Sie die Ausdrücke in die Tabelle ein.
2 Ergänzen Sie die Tabelle mit eigenen Beispielen.

als/wie = Präposition	*als/wie* = Subjunktor
wie auf Zehenspitzen (Z. 56)	

B7 Satzförmige Ergänzungen (→ GT1 Verbvalenz 2, S. 157)

In dem Text „Kulturschock" kommen auch mehrere Beispiele vor, in denen eine Ergänzung (E_{Subj}, E_{Akk}, $E_{Präp}$) keine Nominalphrase ist, sondern als Satz formuliert ist.
Unterstreichen und klassifizieren Sie in den Sätzen die satzförmigen Ergänzungen.
Beispiel: *Es hat lange gedauert, <u>bis ich erfuhr, dass es ein Kulturschock war.</u>* = E_{Subj}

(1) Was vorher offen und verlockend ausgesehen hatte, erschien nun plötzlich eng und verschlossen.
(2) Vielleicht lag es daran, dass ich mich nicht länger nur als Besuch fühlte.
(3) Es kam mir langsam zu Bewusstsein, dass ich eine lange Zeit bleiben würde.
(4) Ich erkannte, wie wenig ich von dem verstand, was um mich herum geschah.
(5) Die Bettdecke zwang mich, wie auf Zehenspitzen in der Spitzfußstellung einer Ballerina zu schlafen.
(6) Ich merkte, dass ich auf Englisch geträumt hatte.
(7) Sie hätten nie gedacht, dass es ein Problem sein könnte, in welcher Sprache man träumt.
(8) Zum anderen merkte ich, dass die fremde Sprache nicht nur durch Kampf und Krampf zu erlernen war.

B8 Wortstellung (→ GT2, S. 160)

Ordnen Sie die folgenden Sätze in das Schema ein. Orientieren Sie sich an der Verbklammer: Was steht im Mittelfeld, was im Nachfeld? (Sie können auch Abkürzungen verwenden.)

Beispiel: Ich hatte mehr und mehr Briefe nach Hause geschrieben, selbst an Klassenkameraden, mit denen ich daheim kaum ein Wort gewechselt hatte.

(1) Es hat lange gedauert, bis ich erfuhr, dass es ein Kulturschock war.
(2) Die Häuser und öffentlichen Gebäude des kleinen Ortes waren unter alten Bäumen in eine überall gleichmäßig kurz gehaltene Rasenfläche eingelagert wie in eine gemeinschaftsstiftende Grundsubstanz.
(3) Von all den fremden und neuen Dingen hatte ich offensichtlich immer nur so viel bemerkt, wie ich bewältigen konnte.
(4) Zum einen hatte ich meine Fremdheit gezeigt, aber nicht als Anklage oder um Mitleid heischend, sondern als Annäherung in humorvoller Weise.

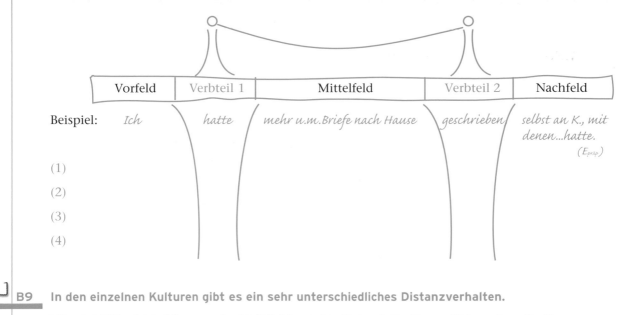

Vorfeld	Verbteil 1	Mittelfeld	Verbteil 2	Nachfeld
Beispiel: *Ich*	*hatte*	*mehr u.m.Briefe nach Hause*	*geschrieben*	*selbst an K., mit denen...hatte.* *(E_{präp})*

(1)

(2)

(3)

(4)

B9 In den einzelnen Kulturen gibt es ein sehr unterschiedliches Distanzverhalten.

Wie viel Nähe ist bei Ihnen erlaubt (Blickkontakt, Abstand, Berührung)? Sprechen Sie über verschiedene Situationen (U-Bahn, Straße etc.).

B10 Lesen Sie den folgenden Text von Wolf Wagner zu „Distanzregeln".

1 Ergänzen Sie dabei die Strukturskizze.

Distanzverhalten/Distanzierungsmittel

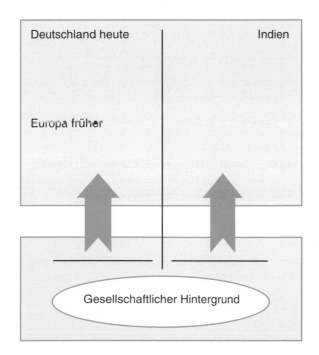

Distanzregeln

Einen weiteren Schock [...] erlebte ich jedesmal, wenn ich in einem indischen Überlandbus fuhr. In Europa hatte ich gelernt, dass es so etwas wie ein angeborenes Distanzbedürfnis gebe, ausgedrückt etwa in der Fluchtdistanz, die sich Löwenbändiger zunutze machen, wenn sie die Tiere in der Manege scheinbar heldenmütig durch den Käfig manövrieren, indem sie immer wieder sachte die Grenze der Fluchtdistanz verlet-
5   zen und die Tiere so zum Ausweichen bringen.

In Indien war von solchen Distanzregeln weder im Verhalten der Menschen untereinander noch erst recht mir gegenüber etwas zu bemerken. Die Menschen rückten mir überall auf den Leib, berührten mich, zupften an meinen Haaren, besonders an denen auf dem Arm, weil die dort niemand hat, und starrten mir minutenlang aus kürzester Entfernung direkt ins Gesicht. Manchmal war ich umlagert von solchen Menschen. In
10 Museen schauten die einheimischen Besucher nicht mehr auf die Ausstellungsstücke, sondern auf mich, wie ich die Ausstellungsstücke betrachtete. Dieser Mangel an Distanz löste bei mir starke Gefühle aus: Angst und ein Gefühl des Ausgeliefertseins, das schnell in Wut umschlug und sich bis zur Verzweiflung steigerte. Meine aggressiven Abwehrbewegungen bewirkten aber nur eines: Ich wurde noch interessanter. Dennoch reagierte ich mit weiteren Hassausbrüchen und erklärte mir mein Entsetzen mit der Zurückgebliebenheit Indiens.
15 Dann erinnerte ich mich aber, wie Norbert Elias auch diese Verhaltensweisen, die ich in Indien so unerträglich fand, für das frühe europäische Mittelalter beschrieben hat. Seither hat sich in Europa eine hochdifferenzierte Distanzkultur entwickelt, für die es in der Kastengesellschaft Indiens keine Notwendigkeit gab. Die höfischen Schichten Europas drückten ihre Überlegenheit eben nicht nur durch die Distanz zu körperlichen Funktionen aus, sondern umfassend durch allgemeine Distanz zueinander und zu den darunter liegenden
20 Schichten. Jene imitierten aber diese Distanzierungsmethoden. Wollten die oberen Schichten ihre Exklusivität bewahren, mussten sie immer neue Distanzierungsmittel erfinden: den abgespreizten kleinen Finger, die affektierte Sprache, das Fremdwort oder auch das distanzierte Kopfnicken statt des intimeren Händeschüttelns. Auch das wurde selbstverständlich von den anderen Schichten imitiert und verbreitete sich so über die ganze europäische Gesellschaft, wenn auch mit regionalen Unterschieden. In Deutschland entwickelte sich
25 eine besonders auf Distanz und den Schutz der Privatsphäre erpichte Kultur. Während es in den Ländern romanischer Sprache üblich ist, sich zu umarmen und die Wangen zu küssen, und auch wildfremde Menschen, wenn sie im Bus oder Aufzug eng zusammengesperrt sind, miteinander reden müssen, wenn sie höflich sein wollen, herrscht in Deutschland die Regel: Distanz, Schweigen, Distanz.

Meine Erwartungen an das Verhalten anderer Menschen waren offensichtlich durch und durch deutsch. Dis-
30 tanzregeln sind fester Bestandteil der »guten« Erziehung und werden den Kindern mit Geboten wie »Man starrt die Leute nicht so an!« eingebläut. So lernen die Kinder bei uns, immer dann, wenn es interessant wird, schamhaft wegzuschauen und ihre Neugier heimlich zu befriedigen. In Indien hingegen mussten solche Distanzierungsmethoden nicht entwickelt werden, weil die Distanz zwischen den Kasten definiert ist und durch noch so viel Imitation nicht überwunden werden kann. Das Neugierverhalten muss Kindern deshalb nicht
35 aberzogen werden. Es bleibt bis ins hohe Alter erhalten. Ich hatte nur das Pech oder Glück, besonders interessant zu sein. Mein Leiden unter der – für mich – unnatürlichen Aufdringlichkeit und Distanzlosigkeit der Inder lag also nicht an der Verrücktheit der Inder, sondern an der mir zur selbstverständlichen Gewohnheit gewordenen Isolierung durch meine eigenen deutschen Distanzregeln.

(Wolf Wagner, Kulturschock Deutschland)

2   Mit welchen Gefühlen reagiert Wagner auf das für ihn ungewöhnliche Verhalten in Indien? Kann man Wagners Reaktionen eher als aktiv oder eher als passiv beschreiben?

3   Welche der in seinem Modell (←B3, S. 139) beschriebenen Phasen können Sie erkennen?

4   Wie überwindet Wagner seinen Kulturschock? Können Sie daraus für sich persönlich einen Nutzen ziehen?

Schreiben Sie aus dem Text alle Wörter mit dem Wortbestandteil *Distanz*- heraus.

1 Versuchen Sie, die Bedeutung aus der Wortbildung zu erschließen.

2 Welche Wörter konnten Sie nicht aus der Wortbildung erklären? Versuchen Sie, die Bedeutung dieser Wörter aus dem Kontext zu erklären.

3 Prüfen Sie noch einmal die Bedeutung dieser Komposita im Kontext und suchen Sie sinnvolle Paraphrasen.

Sprechen Sie über interkulturelle Missverständnisse.

1 a) **D** **A** **CH** : Bilden Sie Kleingruppen und berichten Sie über Erlebnisse in Deutschland, Österreich, der Schweiz, die Sie irritiert oder schockiert haben oder die zu Missverständnissen führten.

   b) Heimatland: Kennen Sie Landsleute, die sich längere Zeit im Ausland aufgehalten haben und die Ihnen von ihren Erlebnissen erzählt haben? Berichten Sie.

2 Sprechen Sie auch über Strategien, wie man sich in den beschriebenen Situationen verhalten sollte, um Angst zu bewältigen, um Situationen distanzierter zu beobachten und zu bewerten und um adäquat zu handeln.

3 Stellen Sie die interessantesten Beispiele und Strategien im Plenum vor.

Schauen Sie sich noch einmal das Schema von Wagner zum „Kulturschockverlauf" an.

Schreiben Sie dann einen Bericht über Ihre bisherigen Erfahrungen und Erlebnisse in einem deutschsprachigen Land bzw. über ein Erlebnis der von Ihnen befragten Landsleute. Versuchen Sie dabei, auf das theoretische Modell von Wagner Bezug zu nehmen und auch den Wortschatz aus der Aufgabe B2, S. 139 anzuwenden.

C Gefühle erleben

C1 Lesen Sie die folgende Zeitungsnotiz und sprechen Sie über

– das Verhalten des jungen Mannes,
– das Verhalten der älteren Dame.

Verfolgungsjagd in Fußgängerzone
Angeblicher Räuber war das Opfer eines Irrtums

(kpk) Ein vermeintlicher Raubüberfall sorgte gestern in den Mittagsstunden für einige Aufregung in der Innenstadt. Nach Angaben der Polizei hatte ein Ausländer in der Heilig-Kreuz-Straße eine Frau angesprochen und ihr eine Frage stellen wollen. Die ältere Dame war darüber aus unerklärlichen Gründen so erschrocken, dass sie offenbar an einen Raubüberfall glaubte und laut um Hilfe schrie. Passanten versuchten daraufhin, der Frau zu Hilfe zu eilen. Angesichts der herannahenden „Retter" bekam es der junge Mann mit der Angst zu tun und rannte weg. Nach einer Verfolgungsjagd quer durch die Fußgängerzone rettete sich der vermeintliche Übeltäter am Moritzplatz in eine Straßenbahn. Dort wurde er von der inzwischen alarmierten Polizei mit einem Aufgebot von vier Streifenwagen und einem Zivilfahrzeug gestellt und herausgeholt. Zu seinem Glück stellte sich seine Unschuld aber bald heraus.

(Hinnenkamp, Interkulturelles Kommunikationstraining)

C2 Zu dem Thema „Angst in interkulturellen Begegnungen" haben wir Volker Hinnenkamp, Professor für Interkulturelle Pragmatik, befragt.

1   Hören Sie Teil I des Beitrags und notieren Sie:
    Wie kann man nach Meinung von Hinnenkamp interkulturellen Missverständnissen vorbeugen?
    Manchmal kommt man trotzdem in eine Problemsituation, wie sie oben beschrieben ist: Wie
    sollte man sich dann verhalten?

2   Hören Sie Teil II und notieren Sie:
    Welche Folgen hat Angst?
    Welche Ratschläge, mit Angst umzugehen, gibt Hinnenkamp?

C3 Präpositionalergänzung (→ Lektion 3, GT1 Verbvalenz 1, S. 97)

1   Suchen Sie im Text C1 Beispiele für Verben mit Präpositionalergänzung ($E_{Präp}$).

2   Ergänzen Sie in den folgenden Sätzen aus dem Interview mit Hinnenkamp die fehlenden
    Präpositionen.

    (1) Wir müssen viel tun, um uns _____ solche Situationen und auch _____ vorzubereiten,
        dass Unvorhergesehenes passiert.
    (2) Aber wir können nicht _____ ausgehen, dass all das, was unvorhergesehen ist, auch dramatisch ist.
    (3) Wir dürfen nicht mit Angst _____ solche Sachen herangehen.
    (4) Denn durch Angst sind wir nur _____ uns selbst beschäftigt.
    (5) Wir können einiges machen, um _____ unserer Angst umzugehen.

1   Machen Sie eine Liste: Gibt es Übersetzungen ins Deutsche?
                                     Benutzen Sie das Wörterbuch.

(1) _Happiness_ _____   _zufriedenheit / das Glück_
(2) _jealousy_ _____   _eiversüchig_
(3) _sadness_ _____   _traurigkeit_
(4) _depression_ _____   _deprimieren_
(5) _too horny_ _____   _geil_
(6) _stressed_ _____   _gestresst_
(7) _relaxed_ _____   _antspannend_
(8) _in love_ _____   _die Liebe_
(9) _Offended / cross_ __   _beleidigt_
(10) _optimistic_ _____   _optimistisch_
                                     langweile

2   Welche dieser Emotionen sind für Sie positiv, welche negativ?
    (z.B. in Deutschland: Scham = negativ)

3   Welche Gefühle darf man bei Ihnen nicht öffentlich zeigen? Welche soll oder darf man zeigen?

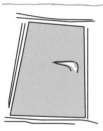 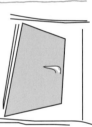

4   Wem darf man Gefühle zeigen?

	Ja	Nein
einer Freundin / einem Freund	❑	❑
Ihrer Freundin / Ihrem Freund	❑	❑
der Ehefrau / dem Ehemann	❑	❑
einer Kollegin / einem Kollegen	❑	❑
dem eigenen Kind	❑	❑
dem Vater	❑	❑
der Mutter	❑	❑
dem Chef	❑	❑
...		

5   Worüber ärgert man sich in Ⓓ Ⓐ ⒸⒽ, worüber bei Ihnen? Bitte vergleichen Sie:

In Ⓓ Ⓐ ⒸⒽ:	In _____:
Man ärgert sich über	
Man ist stolz auf _Noten, Leistung ..._	
Man schämt sich für/wegen	
Man ist dankbar für	
Man fürchtet sich vor	

Reagiert man in Ihrer Kultur in den folgenden Situationen mit einem bestimmten Gefühl?

Wenn ja, mit welchem? Oder gibt es diese Situation bei Ihnen nicht?

(1) Sie fahren U-Bahn. Sie wollen an der Haltestelle aussteigen, aber viele Leute wollen einsteigen. Diese drängen Sie zurück. *wütend*

(2) Sie gehen auf der Straße und treten in Hundekot. *verärgert*

(3) Sie haben sich sehr verliebt. Aber nun ruft die/der Angebetete nicht an, obwohl sie/er es versprochen hat. *deprimiert*

(4) Sie müssen sich bücken. Plötzlich platzt Ihnen der Reißverschluss. *Peinlichkeit*

(5) Sie fragen eine Freundin / einen Freund, ob sie/er Ihnen helfen kann. Sie/Er lehnt ohne Angabe von Gründen ab. *gleichgültig*

(6) Jemand sitzt neben Ihnen und hat Schnupfen. Sie/Er putzt sich wiederholt die Nase. *nicht gestört*

(handschriftliche Randnotizen: widrig / ekelhaft, eklig / unwohl / -un(be)komfortabel)

C6

Beschreiben Sie eine typische Situation in Ihrer Kultur für eine der Emotionen: Dankbarkeit, Scham/Peinlichkeit, Eifersucht, Liebe, Stolz, Ekel.

Vergleichen Sie Ihre Texte in kleinen Gruppen und wählen Sie eine interessante Situation aus. Lesen Sie den entsprechenden Text im Plenum vor.

C7

Was könnten die Wendungen bedeuten? Ordnen Sie die Emotionsausdrücke in Kategorien. Ein paar Wendungen kommen in zwei Kategorien vor.

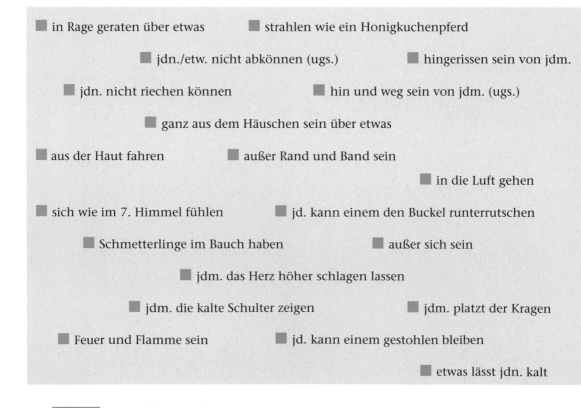

◼ in Rage geraten über etwas   ◼ strahlen wie ein Honigkuchenpferd

◼ jdn./etw. nicht abkönnen (ugs.)   ◼ hingerissen sein von jdm.

◼ jdn. nicht riechen können   ◼ hin und weg sein von jdm. (ugs.)

◼ ganz aus dem Häuschen sein über etwas

◼ aus der Haut fahren   ◼ außer Rand und Band sein

◼ in die Luft gehen

◼ sich wie im 7. Himmel fühlen   ◼ jd. kann einem den Buckel runterrutschen

◼ Schmetterlinge im Bauch haben   ◼ außer sich sein

◼ jdm. das Herz höher schlagen lassen

◼ jdm. die kalte Schulter zeigen   ◼ jdm. platzt der Kragen

◼ Feuer und Flamme sein   ◼ jd. kann einem gestohlen bleiben

◼ etwas lässt jdn. kalt

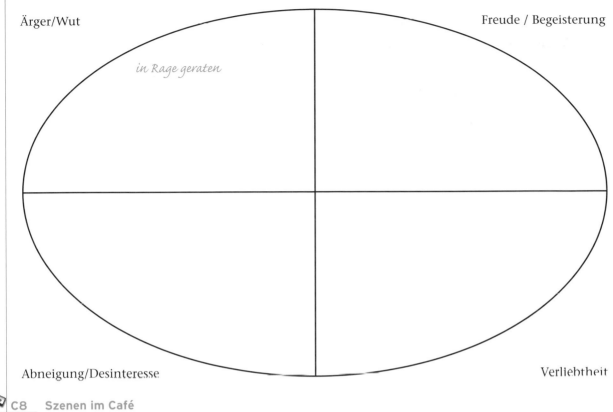

Ärger/Wut

in Rage geraten

Freude / Begeisterung

Abneigung/Desinteresse

Verliebtheit

Szenen im Café

Hören Sie die folgenden Szenen im Café und überlegen Sie, welche Geräuschkulisse zu welcher Szene gehören könnte.

❏ Szene 1

❏ Szene 2

❏ Szene 3

❏ Szene 4

Rollenspiel ohne Worte

Suchen Sie sich eine Partnerin / einen Partner. Denken Sie sich eine dramatische Situation aus und stellen Sie sie nur mit Körpersprache und Brummen oder Zischen dar. (Achten Sie dabei besonders auf Lautstärke/Intonation, Augen und Körperhaltung.)
Stellen Sie Ihre Szene dar. Die Zuschauerinnen und Zuschauer müssen raten, um welche Gefühle es geht. Wer zuerst richtig geraten hat, bekommt einen Punkt.

C10 **Sehen Sie sich noch einmal die Titelseite der Lektion an. Welches Bild ist für Sie am ausdrucksstärksten?**

Suchen Sie sich eines der Bilder aus.
1   Welche Emotion drückt die Malerin oder der Maler aus? Woran erkennen Sie das?
2   In welcher Situation könnte jemand so aussehen?
3   Schreiben Sie eine Geschichte, bei der dieses Bild am Anfang oder am Ende stehen könnte.

Vertiefungsteil

Bearbeiten Sie die Lesetexte.

Textauswahl:
Entscheiden Sie sich innerhalb von maximal zwei Minuten für einen der beiden Texte.
Wie haben Sie Ihre Entscheidung getroffen?

Text 1: Prüfungsangst

1   Haben Sie schon einmal bei einer Prüfung Angst gehabt? Schreiben Sie auf ein leeres Blatt
Papier, was Ihnen an Ängsten und Problemen einfällt, wenn Sie an die Prüfung und an die
Prüfungsvorbereitung denken, z.B. *Ich habe Angst, weil die Prüfung so wichtig ist.*
Versuchen Sie dann, für jedes dieser Probleme bzw. für jede Ihrer Ängste einen Ratschlag zu
formulieren: Gibt es z.B. eine Arbeitstechnik, die Ihnen hilft, das Problem zu lösen? Oder
haben Sie einen Tipp, wie man zu einer positiven emotionalen Einstellung gegenüber einer
Prüfung kommt?

2   Lesen Sie in Ihrer Gruppe den folgenden Text, der Ihnen Tipps zur Arbeitstechnik und zu positiver
geistiger Einstellung gibt. Welche Tipps finden Sie gut? Können Sie die Ratschläge noch ergänzen?

Text 1

- Leeren Sie vor dem Lernen Ihren Kopf: Unmittelbar nach einem üppigen Essen, Sport oder
  Aufregung lernt es sich schlecht. Bringen Sie sich mit einem kleinen Entspannungsritual in
  Stimmung.
- Teilen Sie neuen Stoff in kleine Portionen. Formulieren Sie Informationen zunächst als Schlag-
5 zeile.
- Finden Sie Pointen: Die Kernaussage soll nicht größer als sieben Sinneinheiten sein und sich in
  zehn Sekunden berichten lassen.
- Wiederholungen: Nehmen Sie sich die erste Kerninformation vor und wiederholen Sie sie im
  Laufe einer Stunde dreimal in jeweils fünf intensiven Lernminuten; die Intervalle dazwischen
10 betragen jeweils fünf, zehn und zwanzig Minuten.
- Lerncocktail mixen: Leichter Stoff wird in Fünfzehn-Minuten-Portionen verarbeitet, dann
  gehen Sie zu einem anderen Thema über, zum Beispiel von Biologie auf Geschichte, von
  Schreibmaschine zu Stenografie. Wiederholen Sie in Fünf-, Zehn- oder Zwanzig-Minuten-
  Schritten. Aber bleiben Sie nicht zu lange bei einer Sache hängen.
15 - Schöpferische Pausen einlegen: Nach jeder Lernportion schalten Sie für eine Minute ab.
  Je ungestörter die Pause verläuft, desto besser prägt sich der Stoff ein.
- Bauen Sie Eselsbrücken: Für das Lernen von Vokabeln, Jahreszahlen oder Nomenklaturen gibt
  es nichts Besseres als Eselsbrücken. Wer würde sich schon an die Schlacht zwischen Alexander
  dem Großen und Darios erinnern, ohne »3-3-3 bei Issos Keilerei«?
20 - Karteikästen sind klasse; das System einfach: Vorderes Fach täglich einmal durchgehen, hinteres
  Fach einmal in der Woche. Gemerktes nach hinten, Vergessenes nach vorne. Wenn vorne alles
  leer ist, können Sie zur Prüfung durchstarten.
- Finden Sie Ihr ganz persönliches Maß: Täglich eine halbe Stunde zu lernen bringt mehr, als
  zweimal im Monat acht, neun Stunden zu büffeln – beides braucht etwa tausend Minuten.
25 [...]

Gedanken für mehr Gelassenheit

- Machen Sie sich klar, dass unzählige andere vor Ihnen diese Prüfung auch schon geschafft haben – die waren auch nicht klüger als Sie.
- Wenn Sie Ihr Möglichstes getan haben, haben Sie Ihre moralische Verpflichtung, sich anzustrengen, erfüllt.
- Falls Sie die Prüfung nicht bestehen, sind Sie keineswegs am Ende einer Sackgasse angelangt. Es gibt immer zwei, drei Alternativen, man muss sie nur finden.
- Auf sich selbst können Sie sich noch am besten verlassen: Eine solide Vorbereitung gibt Sicherheit und Selbstvertrauen, verschafft Ihnen das Gefühl geistiger Bereicherung und lässt Sie Ihre eigene Stärke empfinden.
- Nehmen Sie es sportlich – die Prüfung als Herausforderung, den Prüfer als Menschen. Eine spannende Erfahrung wartet auf Sie!
- Auch wenn Sie durchfallen, wird es nicht den Kopf kosten: Sie haben weder Ihr gutes Aussehen noch Ihr Geld oder Ihre Gesundheit verloren, sondern lediglich eine klare Rückmeldung über die Mängel in Ihrer Vorbereitung erhalten.

(Gerlinde Unverzagt, Endlich geschafft)

3 Überlegen Sie in Ihrer Gruppe Ratschläge,
   – wie Sie sich zum Lernen motivieren können und
   – wie Sie sich körperlich entspannen können.
Diskutieren Sie dann Ihre Tipps mit den anderen Gruppen, die über dasselbe Thema arbeiten. Nehmen Sie die besten Tipps aus jeder Gruppe und erstellen Sie einen Ratgeber für die anderen Kursteilnehmerinnen und Kursteilnehmer.

4 Bereiten Sie dann alles so auf, dass Sie Ihren Mitlernenden, die Text 2 bearbeiten, Ratschläge geben können
   – zur geistigen Einstellung,
   – zur Lernmotivation,
   – zur Arbeitsorganisation und
   – zum Umgang mit der Nervosität.

Text 2: Emotionale Intelligenz

1 Was fällt Ihnen zu dem Begriff „Intelligenz" ein? Schreiben Sie auf einzelne Zettel alle Stichpunkte, die Ihnen zu diesem Thema einfallen.

2 Legen Sie die Zettel auf den Boden. Finden Sie Kriterien, nach denen Sie die Zettel ordnen.

3 Halten Sie sich eher für einen rationalen oder für einen emotionalen Menschen?

4 Lesen Sie nun den folgenden Text detailliert und beantworten Sie folgende Fragen:
   – Wie wird emotionale Intelligenz definiert?
   – Aus welchen Komponenten besteht sie?
   – Warum sollte man laut Autor die emotionale Intelligenz anstreben?
   – Sind Sie emotional intelligent? Beantworten Sie für sich zu Hause die Fragen am Ende des Textes.

Was ist „emotionale Intelligenz"?

Lange Zeit galt der Intelligenz-Quotient (IQ) als der Maßstab für Erfolg. Nach neuesten Erkenntnissen ist aber die emotionale Intelligenz – der EQ – eines Menschen viel ausschlaggebender für seinen persönlichen und beruflichen Erfolg als der IQ. Mit emotionaler Intelligenz werden eine ganze Reihe von Fähigkeiten und Kompetenzen beschrieben, wie z.B. Mitgefühl, Kommunikationsfähigkeit, Menschlichkeit, Takt, Höflichkeit u.ä. Johann Wolfgang von Goethe sprach von „Herzensbildung".

Emotionale Intelligenz betrifft den Umgang mit uns selbst und mit anderen

Das Besondere an der emotionalen Intelligenz ist, dass es dabei sowohl um den Umgang mit sich selbst geht, als auch um den mit anderen Menschen. Emotionale Intelligenz beschreibt also das Selbstmanagement und die Selbsterfahrung auf der einen Seite und Kompetenzen und Fähigkeiten im Umgang mit anderen Menschen auf der anderen.

Elemente der emotionalen Intelligenz

Für die emotionale Intelligenz sind vor allem folgende Kompetenzen entscheidend:

Selbstbewusstheit – Gemeint ist die realistische Einschätzung der eigenen Persönlichkeit, also das Erkennen und Verstehen der eigenen Gefühle, Bedürfnisse, Motive und Ziele, aber auch das Bewusstsein über die persönlichen Stärken und Schwächen. Es geht darum, sich selbst gut zu kennen, um einschätzen zu können, wie man selbst in bestimmten Situationen reagiert, was man braucht und wo man noch an sich selbst arbeiten muss.

Selbststeuerung – Als Selbststeuerung wird die Fähigkeit bezeichnet, die eigenen Gefühle und Stimmungen durch einen inneren Dialog zu beeinflussen und zu steuern. Mit dieser Fähigkeit sind wir unseren Gefühlen nicht mehr nur einfach ausgeliefert, sondern können sie konstruktiv beeinflussen. Ein Beispiel: Wenn uns etwas wütend macht, können wir uns durch unseren inneren Dialog selbst beruhigen und können dann viel angemessener reagieren, als wenn wir nicht in der Lage sind, uns selbst zu steuern.

Motivation – Sich selbst motivieren zu können heißt, immer wieder Leistungsbereitschaft und Begeisterungsfähigkeit aus sich selbst heraus entwickeln zu können. Diese Fähigkeit ist besonders hilfreich in Phasen, in denen ein Projekt schwierig wird oder wenn die Dinge anders laufen als geplant. Wer sich selbst motivieren kann, findet immer wieder Kraft zum Weitermachen und verfügt auch über eine höhere Frustrationstoleranz, also dem Vermögen, Frust auszuhalten und trotzdem weiterzumachen.

Empathie – Empathie heißt Einfühlungsvermögen. Gemeint ist damit das Vermögen, sich in die Gefühle und Sichtweisen anderer Menschen hineinversetzen zu können und angemessen darauf zu reagieren. Es geht darum, Mitmenschen in ihrem Sein wahrzunehmen und zu akzeptieren. Dabei heißt akzeptieren nicht automatisch gutheißen. Andere Menschen zu akzeptieren heißt, ihnen mit Respekt entgegenzutreten und Verständnis für ihr Tun und Denken zu haben.

Soziale Kompetenz – Unter sozialer Kompetenz versteht man z.B. die Fähigkeit, Kontakte und Beziehungen zu anderen Menschen zu knüpfen und solche Beziehungen auch dauerhaft aufrecht erhalten zu können. Gemeint ist also ein gutes Beziehungs- und Konfliktmanagement, aber auch Führungsqualitäten oder das Vermögen, funktionierende Teams zu bilden und zu leiten.

Kommunikationsfähigkeit – Eine gute Kommunikationsfähigkeit ist unerlässlich für die emotionale Intelligenz. Gemeint sind damit zwei Dinge: einerseits die Fähigkeit, sich klar und verständlich auszudrücken und somit sein Anliegen deutlich und transparent zu übermitteln; andererseits ist damit die Fähigkeit gemeint, anderen Menschen aktiv und aufmerksam zuhören zu können und das, was sie sagen, zu verstehen und einzuordnen.

Der Nutzen der emotionalen Intelligenz

45 Was bringt uns nun diese emotionale Intelligenz? Zu Beginn dieses Artikels wurde bereits auf den Zusammenhang von Erfolg und emotionaler Intelligenz hingewiesen. Erfolg meint hier sowohl beruflichen als auch persönlichen Erfolg. Menschen mit einer hohen emotionalen Intelligenz sind beruflich oft sehr erfolgreich, da sie gut mit Menschen umgehen können und über Führungsqualitäten verfügen. Eine emotionale Intelligenz im Alltag ermöglicht es Ihnen, gut mit Ihrem Partner und Familienmitglie-

50 dern klarzukommen, Konflikte konstruktiv zu meistern und mit sich selbst und anderen Menschen gut auszukommen. Emotional intelligente Menschen können aktiv zuhören und akzeptieren ihre Mitmenschen so, wie sie sind. Damit sind sie meist sehr beliebt und pflegen tief gehende Beziehungen und Freundschaften. Sie sorgen aber auch gut für sich selbst und sind deshalb meist zufrieden und ausgeglichen.

55 Und so finden Sie heraus, wie emotional intelligent Sie sind

Sie haben bis hierhin durch das Lesen sicher schon einen ersten Eindruck bekommen, inwieweit Sie selbst über die einzelnen Fähigkeiten, die zur emotionalen Intelligenz gehören, verfügen oder nicht. Wenn Sie gerne Psychotests machen, können Sie auch noch spielerisch überprüfen, wie emotional intelligent Sie sind: Zahlreiche Bücher bieten dazu Selbsttests an. Nehmen Sie solche Testergebnisse

60 als einen ersten Anhaltspunkt und fragen Sie sich dann selbstkritisch, wie weit es mit Ihrer emotionalen Intelligenz tatsächlich steht. Fragen Sie sich dazu z.B.:

- Wie gut kenne ich mich selbst? Weiß ich, wie ich in bestimmten Situationen reagiere und warum das so ist?

- Kann ich meine Stimmungen selbst beeinflussen oder bin ich meinen Emotionen ausgeliefert?

65 - Wie gut kann ich mit Aggressionen, Wut, Freude, Zuneigung und anderen Gefühlen umgehen – bei mir selbst und bei anderen?

- Wie ist es mit meiner Kommunikationsfähigkeit bestellt? Kann ich mich klar ausdrücken und mich verständlich machen? Bin ich in der Lage, anderen Menschen aufmerksam zuzuhören?

- Kann ich gut mit anderen Menschen umgehen? Kann ich andere motivieren? Macht es mir Spaß,
70 mit anderen Menschen zu arbeiten?

- Kann ich anderen Orientierung geben? Verfüge ich über Führungsqualitäten? Bin ich bei anderen Menschen beliebt? Sind andere gerne mit mir zusammen? Suchen sie Rat bei mir?

All diese Fragen sind nur als Denkanstoß gedacht. Wenn Sie wissen, was sich hinter der emotionalen Intelligenz verbirgt, wissen Sie auch, worauf es dabei ankommt, und Sie können sich dann selbst die
75 entscheidenden Fragen stellen, um herauszufinden, wo Sie vielleicht noch Defizite haben.

(http://www.zeitzuleben.de)

5 Stellen Sie sich vor, dass Sie für eine Zeitschrift schreiben. Machen Sie eine Liste von Tipps, wie man EQ erwerben kann und was man beachten muss.
Diskutieren Sie dann Ihre Tipps mit den anderen Gruppen, die über dasselbe Thema arbeiten.

6 Bereiten Sie dann alles so auf, dass Sie Ihren Mitlernenden, die Text 1 bearbeiten, Tipps geben können
– zur Verbesserung von Selbstbewusstheit und Selbststeuerung,
– zur Erhöhung der Motivation und
– zu besserem Empathie-Verhalten.

VT2 Hörspiel

Im Folgenden hören Sie einen Auszug aus dem Hörspiel „Dora is wech". Das Hörspiel bringt eine Episode aus dem Leben des Ehepaars Kurt und Dora Triebold. Dora packt eines Tages ihren Koffer und verlässt ihren Mann. Kurt ist zunächst beleidigt und verärgert, aber nach zwei Wochen Abwesenheit Doras wird er langsam ratlos.
Er kauft sich die Illustrierte „Herzblatt", die Dora immer liest, und geht in seine Stammkneipe. Dort liest er die Leserbriefe an Frau Dr. Barbara Dronnen. Wegen bestimmter Übereinstimmungen befürchtet er, dass einer der Briefe von seiner Frau sein könnte.

1 Hören Sie den Auszug so oft, wie Sie es für erforderlich halten, um zu folgenden Punkten kurze Statements abzugeben:
– Art der Illustrierten „Herzblatt"
– Gründe für die Ehekrise
– Beschreibung der Personen

2 Was glauben Sie: Kommt Dora zurück oder verlässt sie ihren Mann?

3 Beantworten Sie den Leserbrief aus der Perspektive von Frau Dr. Dronnen, der „Kummerkasten-Tante".

VT3 Projekt: Theateraufführung

❶ *Vorüberlegungen*
Suchen Sie sich einen der zwei folgenden Sketche von Loriot aus: Welcher gefällt Ihnen am besten, welcher ist für Sie der witzigste?
Bilden Sie dann je nach Interesse zwei Gruppen.

❷ *Vorbereitung der Präsentation*
1 Überlegen Sie, bei welcher Gelegenheit Sie die Sketche vorführen können bzw. wollen.
2 Diskutieren Sie, wer eine Rolle übernehmen soll, wer für die Regie, wer für Requisiten, wer für Proberaum und -zeit etc. zuständig ist. Jede/Jeder soll eine Aufgabe übernehmen.
3 Planen Sie, welche Requisiten Sie für die Aufführung brauchen. Woher bekommen Sie die Requisiten?
4 Gestalten Sie nun die Dialoge als kleine Theaterstücke. Überlegen Sie Regieanweisungen: Wie sollen die Schauspieler agieren (Mimik, Gestik, Blickkontakt, Bewegung im Raum), wie sprechen (Lautstärke, Betonung, Pausen)?
5 Versuchen Sie, schon für die Proben die Texte auswendig zu können, damit Sie nicht vom Buch bzw. vom Blatt ablesen müssen.

❸ *Präsentation*
Führen Sie Ihre Theatersketche bei einer passenden Gelegenheit (z.B. Kursabschlussfest, Sommerfest o.Ä.) auf.

Das Ei

Das Ehepaar sitzt am Frühstückstisch. Der Ehemann hat sein Ei geöffnet und beginnt nach einer längeren Denkpause das Gespräch.

ER   Berta!
SIE   Ja ...
5 ER   Das Ei ist hart!
SIE   Ich habe es gehört ...
ER   Wie lange hat das Ei denn gekocht ... ?
SIE   Zu viel Eier sind gar nicht gesund ...
ER   Ich meine, wie lange dieses Ei gekocht hat ... ?
10 SIE   Du willst es doch immer viereinhalb
        Minuten haben ...
ER   Das weiß ich ...
SIE   Was fragst du denn dann?
ER   Weil dieses Ei nicht viereinhalb Minuten
15   gekocht haben *kann!*
SIE   Ich koche es aber jeden Morgen viereinhalb
        Minuten!
ER   Wieso ist es dann mal zu hart und mal zu
        weich?
20 SIE   Ich weiß es nicht ... ich bin kein Huhn!
ER   Ach! ... Und woher weißt du, wann das Ei
        gut ist?
SIE   Ich nehme es nach viereinhalb Minuten her-
        aus, mein Gott!
25 ER   Nach der Uhr oder wie?
SIE   Nach Gefühl ... eine Hausfrau hat das im
        Gefühl ...
ER   Aber es ist zu hart ... vielleicht stimmt da mit
        deinem Gefühl was nicht ...

30 SIE   Mit meinem Gefühl stimmt was nicht?
        Ich stehe den ganzen Tag in der Küche,
        mache die Wäsche, bring deine Sachen
        in Ordnung, mache die Wohnung gemüt-
        lich, ärgere mich mit den Kindern rum,
35   und du sagst, mit meinem Gefühl stimmt
        was nicht?
ER   Jaja ... jaja ... jaja ... wenn ein Ei nach
        Gefühl kocht, dann kocht es eben nur
        zufällig genau viereinhalb Minuten!
40 SIE   Es kann dir doch ganz egal sein, ob das
        Ei *zufällig* viereinhalb Minuten kocht ...
        Hauptsache es *kocht* viereinhalb Minu-
        ten!
ER   Ich hätte nur gern ein weiches Ei und
45   nicht ein *zufällig* weiches Ei! Es ist mir
        egal, wie lange es kocht!
SIE   Aha! Das ist dir egal ... es ist dir also egal,
        ob ich viereinhalb Minuten in der Küche
        schufte!
50 ER   Nein-nein ...
SIE   Aber es ist *nicht egal* ... das Ei *muß*
        nämlich viereinhalb Minuten kochen ...
ER   Das habe ich doch gesagt ...
SIE   Aber eben hast du doch gesagt, es ist dir
55   egal!
ER   Ich hätte nur gern ein weiches Ei ...
SIE   Gott, was sind Männer primitiv!
ER   *(düster vor sich hin)* Ich bringe sie um
        ... morgen bringe ich sie um ...

(Loriot, Szenen einer Ehe in Wort und Bild)

Feierabend

Bürgerliches Wohnzimmer. Der Hausherr sitzt im Sessel, hat das Jackett ausgezogen, trägt Hausschuhe und döst vor sich hin. Hinter ihm ist die Tür zur Küche einen Spalt breit geöffnet. Dort geht die Hausfrau emsiger Hausarbeit nach. Ihre Absätze verursachen ein lebhaftes Geräusch auf dem Fliesenboden.

	SIE	Hermann ...
5	ER	Ja ...
	SIE	Was machst du da?
	ER	Nichts ...
	SIE	Nichts? Wieso nichts?
	ER	Ich mache nichts ...
10	SIE	Gar nichts?
	ER	Nein ...
		(Pause)
	SIE	Überhaupt nichts?
	ER	Nein ... ich *sitze* hier ...
15	SIE	Du *sitzt* da?
	ER	Ja ...
	SIE	Aber irgendwas *machst* du doch?
	ER	Nein ...
		(Pause)
20	SIE	*Denkst* du irgendwas?
	ER	Nichts besonderes ...
	SIE	Es könnte ja nicht schaden, wenn du mal etwas spazierengingest ...
	ER	Nein-nein ...
25	SIE	Ich bringe dir deinen Mantel ...
	ER	Nein danke ...
	SIE	Aber es ist zu kalt ohne Mantel ...
	ER	Ich gehe ja nicht spazieren ...
	SIE	Aber eben wolltest du doch noch ...
30	ER	Nein, *du* wolltest, dass ich spazierengehe ...
	SIE	Ich? *Mir* ist doch völlig egal, ob *du spazierengehst* ...
	ER	Gut ...
	SIE	Ich meine nur, es könnte dir nicht schaden,
35		wenn du mal spazierengehen würdest ...
	ER	Nein, *schaden* könnte es nicht ...
	SIE	Also was willst du denn nun?
	ER	Ich möchte hier sitzen ...
	SIE	Du kannst einen ja wahnsinnig machen!
40	ER	Ach ...
	SIE	Erst willst du spazierengehen ... dann wieder nicht ... dann soll ich deinen Mantel holen ... dann wieder nicht ... was denn nun?
	ER	Ich möchte hier sitzen ...

45	SIE	Und jetzt möchtest du plötzlich da sitzen ...
	ER	Gar nicht plötzlich ... ich wollte immer nur hier sitzen ... und mich entspannen ...
	SIE	Wenn du dich wirklich *entspannen* wolltest, würdest du nicht dauernd auf mich *einreden* ...
50	ER	Ich sag ja nichts mehr ...
		(Pause)
	SIE	Jetzt hättest du doch mal Zeit, irgendwas zu tun, was dir Spaß macht ...
55	ER	Ja ...
	SIE	Liest du was?
	ER	Im Moment nicht ...
	SIE	Dann lies doch mal was ...
	ER	Nachher, nachher vielleicht ...
60	SIE	Hol dir doch die Illustrierten ...
	ER	Ich möchte erst noch etwas hier sitzen ...
	SIE	Soll *ich* sie dir holen?
	ER	Nein-nein, vielen Dank ...
	SIE	Will der Herr sich auch noch bedienen
65		lassen, was?
	ER	Nein, wirklich nicht ...
	SIE	Ich renne den *ganzen* Tag hin und her ... Du könntest doch wohl *einmal* aufstehen und dir die Illustrierten holen ...
70	ER	Ich möchte jetzt nicht lesen ...
	SIE	Dann quengle doch nicht so rum ...
	ER	*(schweigt)*
	SIE	Hermann!
	ER	*(schweigt)*
75	SIE	Bist du taub?
	ER	Nein-nein ...
	SIE	Du tust eben *nicht*, was dir Spaß macht ... statt dessen *sitzt* du da!
	ER	Ich sitze hier, *weil* es mir Spaß macht ...
80	SIE	Sei doch nicht gleich so aggressiv!
	ER	Ich bin doch nicht aggressiv ...
	SIE	Warum schreist du mich dann so an?
	ER	*(schreit)* ... Ich schreie dich nicht an!!

(Loriot, Szenen einer Ehe in Wort und Bild)

In den Sketchen kommen sehr viele Partikeln vor, vor allem *ja, denn, doch, mal* und *eben*. Analysieren Sie die folgenden Sätze. Vergleichen Sie den Satz mit und ohne Partikel: Wie wirkt er? Welche der unten aufgeführten Bedeutungen passt im jeweiligen Kontext?

(1) Wie lange hat das Ei denn gekocht? (Sketch 1, Z. 7)

(2) Was fragst du denn dann? (Sketch 1, Z. 13)

(3) Wenn ein Ei nach Gefühl kocht, dann kocht es eben nur zufällig genau viereinhalb Minuten. (Sketch 1, Z. 38–39)

(4) Das habe ich doch gesagt ... (Sketch 1, Z. 53)

(5) Es könnte ja nicht schaden, wenn du mal etwas spazierengingest. (Sketch 2, Z. 22)

(6) Ich gehe ja nicht spazieren. (Sketch 2, Z. 28)

(7) Aber eben wolltest du doch noch ... (Sketch 2, Z. 29)

(8) Mir ist doch völlig egal, ob du spazierengehst. (Sketch 2, Z. 31)

(9) Ich meine nur, es könnte dir nicht schaden, wenn du mal spazierengehen würdest. (Sketch 2, Z. 34)

(10) Also was willst du denn nun? (Sketch 2, Z. 37)

(11) Ich sag ja nichts mehr. (Sketch 2, Z. 51)

(12) Dann lies doch mal was ... (Sketch 2, Z. 58)

(13) Du tust eben nicht, was dir Spaß macht. (Sketch 2, Z. 77)

■ Abschwächung ■ Vorwurf ■ Offensichtlichkeit (Evidenz)

■ Bekanntheit ■ (an Kontext) anschließende Frage

GT1 Verbvalenz 2 (←A12, S. 136, A13, S. 137, B7, S. 140)

1 Sehen Sie sich den zweiten Teil der Übersicht zur Valenz an (←Verbvalenz 1, Lektion 3, GT1, S. 97).

§ Verbvalenz 2

① *Weitere Valenzen beim Verb*

Neben den in Lektion 3 behandelten elf Ergänzungsklassen gibt es noch zwei weitere:

E_{Akt} – Aktional-Ergänzung:	bei Verben, durch die zu einer **Handlung** angeregt oder durch die eine Handlung verhindert werden soll (wie *raten, verbieten*). In einer Konstruktion mit Infinitiv (meist mit *zu*) wird die Handlung genannt: *Die Psychologin empfiehlt ihm, seine Aggressionen abzubauen.*
E_{Komp} – Komparativ-Ergänzung:	selten und nur bei Verben, mit denen ein **Vergleich** oder eine **Gleichsetzung** ausgedrückt wird (wie *sich verhalten wie, jemanden ansehen als*): *Ich betrachte ihn als besten Freund.*

② *Satzförmige Ergänzungen*

Die Ergänzungen können auch als (Neben-)Sätze vorkommen. Besonders häufig ist das der Fall bei E_{Subj}, E_{Akk} und $E_{Präp}$. Bei der $E_{Präp}$ steht meist im Hauptsatz ein Pronominaladverb (*da(r)-*) + Präposition).

• *Dass*-Sätze sind ausschließlich Ergänzungen:
 ⌐*Dass sie träumt*¬ E_{Subj}, *ist ein gutes Zeichen.*
 Sie kann nun verstehen, ⌐*dass sie ihr Leben ändern muss*¬ E_{Akk}.
 Deshalb achtet sie jetzt darauf, ⌐*dass Kritik sie nicht mehr so belastet*¬ $E_{Präp}$.

• Indirekte Fragesätze mit *ob* (immer Ergänzung) oder einem *w*-Wort kommen v.a. als E_{Akk} vor:
 Ich frage mich, ⌐*ob/warum er sie verlassen hat*¬ E_{Akk}.

• Abhängige Hauptsätze kommen nur als E_{Akk} bei indirekter Rede vor:
 Er behauptet, ⌐*er hat/habe den Streit nicht gewollt*¬ E_{Akk}.

• Infinitivkonstruktionen kommen als E_{Subj}, E_{Akk} *und* $E_{Präp}$ *vor.* Als E_{Akk} und $E_{Präp}$ stehen sie an Stelle eines *dass*-Satzes, wenn das Subjekt das gleiche wäre:
 Sie bemüht sich ⌐*(darum), ihre Probleme zu lösen*¬ $E_{Präp}$.
 Sie lernt, ⌐*ihre Gefühle besser auszudrücken*¬ E_{Akk}.

Nebensätze mit *w*-Wörtern oder mit anderen Subjunktoren sind wesentlich seltener Ergänzungen.
Sie stehen v.a. für die anderen Ergänzungsklassen:
Ich helfe, ⌐*wem ich kann*¬ E_{Dat}.
Dafür gehe ich, ⌐*wohin man mich ruft*¬ E_{Dir}.
Meine Aufgabe beginnt, ⌐*nachdem alle anderen ins Bett gegangen sind*¬ E_{Temp}.

2 Ordnen Sie die folgenden Verben mit Aktionalergänzungen in eine der Gruppen ein.

■ raten   ■ aufhören   ■ empfehlen   ■ sich daranmachen
■ veranlassen   ■ verbieten   ■ fortfahren   ■ sich anschicken

Gruppe 1: Zeit	Gruppe 2: Rat
beginnen,	*erlauben,*

Wählen Sie nun je zwei Verben aus jeder Gruppe und bilden Sie Sätze mit Aktionalergänzungen: Wer führt die Handlung aus, die in der Aktionalergänzung beschrieben wird?

3 Einige Verben fordern Aktionalergänzungen ohne *zu*: *lassen, lehren, hören* und *sehen*. Verbinden Sie jeweils zwei Sätze zu einem. Achten Sie dabei auf das Pronomen.
Beispiel: Er kommt die Straße herauf. Ich beobachte das. ➔ *Ich sehe ihn die Straße herauf kommen.*

(1) Sie musste operiert werden. Der Arzt veranlasste das. ➔ *Der Arzt ließ ...*
(2) Er konnte nicht gut Englisch sprechen. Sie war Lehrerin. ➔ *Sie ...*
(3) Er wollte schlafen, aber sie schluchzte die ganze Zeit. ➔ *Er konnte nicht schlafen, weil er ...*
(4) Er wollte Julika besuchen. Die Schwestern erlaubten das. ➔ *Die Schwestern ...*
(5) Er ahnte es: Das Problem der Trennung kam auf sie zu. ➔ *Er sah ...*

4 Manche Verben fordern Komparativergänzungen mit *als* und *wie*. Ergänzen Sie die Sätze und entscheiden Sie, ob das Nomen im Nominativ oder im Akkusativ stehen muss.
Beispiel: Er empfand das Verhalten als *Barbarei. (Akk.)*

(1) Menschen aus seinem Land gelten als _____.
(2) Daher behandelt man ihn in der Fremde als _____.
(3) Doch er erweist sich als _____.
(4) Er verhält sich wie_____.
(5) Seine Freunde kennen ihn als _____.
(6) Sie bezeichnen ihn als _____.
(7) Sie meinen: „Diese Menschen führen sich auf wie_____."

Bei fast allen Verben (Ausnahmen: *behandeln als, sich aufführen wie, sich verhalten wie*) könnten Sie auch ein Adjektiv einsetzen. Formulieren Sie die Sätze 1, 3, 5 und 6 um.
Beispiel: Er empfand das Verhalten als *barbarisch.*

5 Ersetzen Sie in den folgenden Sätzen das unterstrichene Pronomen durch eine satzförmige Ergänzung. Verwenden Sie verschiedene Nebensatztypen und variieren Sie die Stellung.
Beispiel: <u>Das</u> gefällt mir.   ➔ *Dass du immer pünktlich kommst, gefällt mir.*
                                    ➔ *Es gefällt mir, wie offen du bist.*
(1) Er wollte <u>das</u> gar nicht wissen. *(wann/ob)*
(2) <u>Das</u> hat ihn sehr gewundert. *(dass/wie)*
(3) Er hat <u>es</u> nicht bereut. *(Infinitiv + zu / dass)*
(4) Eines Tages begriff er <u>es</u>. *(wem/warum)*
(5) <u>Das</u> war ihm sehr schnell klar geworden. *(wer/worauf)*
(6) Er hatte <u>das</u> gar nicht erkannt. *(wo/wozu)*
(7) <u>Das</u> ist sehr schwierig. *(Infinitiv + zu / was)*
(8) Er kann sich <u>das</u> gut vorstellen. *(Infinitiv + zu / dass)*

6 Welche Präpositionen gehören zu welchem Verb? Ergänzen Sie die Präpositionen *mit, über* oder *vor*.

Seit Laura _____ Martin verheiratet war, stritt sie fast jede Woche _____ ihm. Sie ängstigte sich _____ seinen Wutausbrüchen, während sie sich früher _____ sein Temperament gefreut hatte. Früher hatte er sie _____ allen Gefahren schützen wollen, heute musste sie _____ ihm und seinen Aggressionen fliehen. Ihre Träume stimmten nicht mehr _____ der Realität überein. Nachdem sie lange _____ ihre Situation nachgedacht hatte, reichte sie die Scheidung ein. Danach sprachen sie nie mehr _____einander.

7 Bestimmen Sie, mit welcher der oben genannten Präpositionen die folgenden Verben verwendet werden.

■ warnen   ■ uneins sein   ■ erschrecken   ■ auskommen

■ sich verstecken   ■ kämpfen   ■ sich aufregen   ■ auf der Hut sein

■ sich anlegen   ■ sich beschweren   ■ staunen

8 Wählen Sie eine Präposition: *an, auf* oder *für*. Bilden Sie Gruppen und suchen Sie Verben mit dieser Präposition. Sie haben drei Minuten Zeit.
Die Gruppe mit der längsten Verb-Liste hat gewonnen.

9 Manche Verben können verschiedene Präpositionalergänzungen haben, z.B.

machine

machen ⟨

↗ *aus*: Aus Trauben macht man Wein. (≈ produzieren)

↘ *zu*: Man machte ihn schon in jungen Jahren zum König. (≈ ernennen)

Bestimmen Sie bei den folgenden Verben die verschiedenen Präpositionalergänzungen und sprechen Sie über die Bedeutungsunterschiede: *sprechen, sich freuen, schreiben, klagen, halten, teilen, leiden.*

10 Ergänzen Sie bei den Infinitiven die Präposition. Bilden Sie dann Sätze mit einer satzförmigen Präpositionalergänzung. Denken Sie an das Pronominaladverb (*da(r)*+Präp.) im Hauptsatz.
Beispiel: *sich erinnern + an:* Wann war er das erste Mal in den USA gewesen? ➔
Er konnte sich nicht mehr daran erinnern, wann er das erste Mal in den USA gewesen war.

(1) *sich freuen +* _____: Er ging für ein Jahr als Austauschschüler in die USA.
(2) *nicht achten +* _____: Die neuen Mitschüler waren zunächst sehr zurückhaltend.
(3) *sich beschweren +* ____: Die Butter war gesalzen.
(4) *denken +* _____: Wie wird es den alten Freunden in Deutschland gehen?
(5) *staunen +* _____: In den USA ist alles so leer und weit.
(6) *sprechen +* _____: Die erste Zeit war sehr schwierig für ihn.
(7) *sich entschuldigen +* _____: Sein Englisch war nicht sehr gut.
(8) *sich ärgern +* ____: Er lernt nur langsam neue Leute kennen.
(9) *sich fürchten +* _____: Er versteht nichts, weil sein Englisch noch mangelhaft ist.
(10) *sich gewöhnen +* _____: Er konnte im Unterricht nicht alles verstehen.

11 Im Text B1 finden Sie einige Präpositionalergänzungen, die mit einem Adverb ausgedrückt werden.
Beispiel: *Ich erzählte beim Frühstückstisch belustigt* **davon**. (Z. 61–62) = von dem englischen Traum

Finden Sie weitere Beispiele in den Zeilen 17–48. Worauf bezieht sich das Pronominaladverb jeweils?

1 Sehen Sie sich den zweiten Teil der Übersicht zur Wortstellung an (→ Wortstellung 1, Lektion 3, GT2, S. 100):

§ Wortstellung 2

Durch die Verbklammer werden im Deutschen vier Hauptpositionen gegeben: Position 0 (außerhalb des Satzes), das Vorfeld vor dem finiten Verb, das Mittelfeld innerhalb der Verbklammer und das Nachfeld nach dem zweiten Verbteil.

❶ *Mittelfeld*

Die Stellung der Ausdrücke im Mittelfeld hängt v.a. von drei Faktoren ab:
• Ergänzungen stehen eher links oder rechts, Angaben meist in der Mitte.
• Lange Elemente stehen eher hinten, kurze (wie Pronomen) eher vorne.
• Neue oder wichtige Information steht eher hinten, bekannte eher vorne.

Ergänzungen: – meist links im Mittelfeld: E_{Subj}, E_{Dat}
– E_{Akk} links oder rechts, aber nur als Pronomen vor der E_{Dat}
– Rest: meist rechts

Angaben: Hier hängt die Position zum Teil von der Bedeutung ab: Angaben können in vier Gruppen unterteilt werden:
– Textuelle Angaben *(aus diesem Grund, schließlich, glücklicherweise etc.)* sind auf die gesamte Äußerung oder den Kontext bezogen. Sie stehen eher vorne.
– Satzbezogene Angaben geben Informationen zu Raum (lokal, direktional), Zeit (temporal) und anderen Situationsbedingungen (konditional, final etc.). Sie stehen meist vor Negation und modalen bzw. instrumentalen Angaben.
– Negationsangaben (wie *nicht* oder *keinesfalls*) stehen meist in der Mitte der Angaben.
– Modale *(wie?)* oder instrumentale *(womit?/wodurch?)* Angaben wie z.B. *ohne lange nachzudenken, mit einem großen Messer* stehen am Schluss.

Grundsätzlich gilt als Tendenz: Je text- oder kontextbezogener eine Angabe ist, desto weiter links steht sie; je konkreter sie ist, desto weiter rechts steht sie.

❷ *Nachfeld*

Im Nachfeld, also nach V2, stehen normalerweise Subjunktorsätze, Relativsätze, lange Satzglieder (z.B. Listen), satzförmige Ergänzungen und Vergleiche.

Variationen: Die Regeln erfassen nur Tendenzen. Durch Variationen kann man eine bestimmte Wirkung erzielen, z.B. eine Hervorhebung oder einen Kontrast.

2 Setzen Sie in die folgenden Sätze eine Temporalangabe (z.B. *heute*) ein (ohne Kontrast oder Hervorhebung!):
Beispiel: Er hatte sie *damals* mehr als sein Leben geliebt.

(1) Er schrieb ihr viele Briefe in das Sanatorium.
(2) Er wollte sich eigentlich nur bei ihr für sein Benehmen entschuldigen.
(3) Aber die Briefe wurden leider ungeöffnet an ihn zurückgeschickt.
(4) Anscheinend hatte sich seine Frau endgültig von ihm abgewandt.
(5) Diese Tatsache brachte Stiller allmählich wirklich um den Verstand.

3 Bekannte oder neue/wichtige Information: Achten Sie auf den Kontext vor oder nach dem Satz: Welche Wortstellung passt zum Kontext?
Finden Sie für den anderen Satz dann auch einen entsprechenden Kontext.

Beispiel: a) Er traf vor einem Jahr auf einem Klassentreffen seine früheren Schulfreunde wieder.
         b) Er traf seine früheren Schulfreunde vor einem Jahr auf einem Klassentreffen wieder.
         Kontext: [Er erkannte die meisten nicht mehr.]

Lösung: Hier passt a), denn für den Kontext wichtige Information (hier: seine Schulfreunde) steht rechts. Möglicher Kontext für b) wäre: [Es war das erste Treffen seit 10 Jahren.]

(1) [Er hatte nicht mehr viel Zeit:]
     a) Er wollte seiner Frau das Geschenk an ihrem Geburtstag geben.
     b) Er wollte seiner Frau an ihrem Geburtstag das Geschenk geben.

(2) a) Sie hatten sich an einem wunderschönen Morgen im Park bei einem Spaziergang kennen gelernt.
     b) Sie hatten sich bei einem Spaziergang im Park an einem wunderschönen Morgen kennen gelernt.
     [Damals schien die Sonne und sie glaubten, es wäre für immer.]

(3) a) Sie wollten in ihrer Beziehung nicht wieder durch Streit neue Probleme hervorrufen.
     b) Sie wollten in ihrer Beziehung nicht wieder neue Probleme durch Streit hervorrufen.
     [Aber sie konnten einfach nicht friedlich miteinander reden.]

(4) [Ihr taten die Füße weh.]
     a) Sie war mit Sandalen einen langen Weg gegangen.
     b) Sie war einen langen Weg mit Sandalen gegangen.

(5) a) Sie hatten in den letzten Jahren in der Stadt gute Kontakte aufgebaut.
     b) Sie hatten in den letzten Jahren gute Kontakte in der Stadt aufgebaut.
     [Trotzdem wollten sie doch lieber wieder aufs Land ziehen.]

1   Sehen Sie sich den zweiten Teil der Übersicht über Partikeln an (← auch Partikeln 1,
    Lektion 2, GT1, S. 64):

§   Satzadverbien und Modalpartikeln

Außer den Grad- und Gesprächspartikeln (← Lektion 2, GT1, S. 64) gibt es Satzadverbien und
Modalpartikeln.

❶ *Satzadverbien*
  • Funktion: Sie beziehen sich auf den ganzen Satz und drücken die Meinung zu etwas aus.
                Manchmal signalisieren sie eine emotionale Bewertung zu einer Aussage
                (z.B. *hoffentlich, unbedingt, traurigerweise, überraschenderweise*).
                Oft zeigen sie an, wie wahrscheinlich eine Aussage ist.
                (wie *selbstverständlich, sicher, bestimmt, anscheinend, natürlich, vermutlich, angeblich,*
                möglicherweise, vielleicht).
  • Position: Ihre Stellung ist frei, sie stehen aber oft im Vorfeld (vor dem finiten Verb):
                <u>*Offensichtlich*</u> *hat er die Beziehung nicht so wichtig genommen. Aber er hat*
                <u>*leider*</u> *vergessen, dass man nicht immer allein sein kann.*

❷ *Modalpartikeln*
  • Funktion: Diese Partikeln werden vor allem in der gesprochenen Sprache verwendet.
                Sie signalisieren dem Gesprächspartner, die Äußerung in einer bestimmten
                Weise zu interpretieren. Je nach Kontext und Situation können Modalpartikeln
                (wie *denn, eigentlich, mal, ruhig, bloß/nur, auch, schon*) ganz unterschiedliche Ein-
                stellungen, Erwartungen und Meinungen ausdrücken. Etwas kann als bekannt
                (*ja, doch*), offensichtlich (*eben, halt*) oder überraschend (*aber, vielleicht*) gekenn-
                zeichnet werden.
  • Position: Modalpartikeln können nur im Mittelfeld (nach dem finiten Verb) stehen und
                sind nicht betonbar (außer in Aufforderungen *ja, nur/bloß* und *ruhig*).
                Komm <u>*ruhig mal*</u> *her. Wie viel Uhr ist es* <u>*denn*</u>*? Du kommst* <u>*aber*</u> *ganz schön spät!*

2   Beenden Sie die folgenden Sätze: Was denkt Julika?
    Beispiel: Stiller ist sehr traurig, <u>vermutlich</u> ... *weiß er, dass ich weggehen werde.*

    (1) Stiller liebt mich, auch wenn er anscheinend ...
    (2) Ich werde freundlich zu ihm sein, vielleicht ...
    (3) Aber ich mache ihm keine Hoffnungen, denn natürlich ...
    (4) Stiller ist nicht zurückhaltend, tatsächlich ...
    (5) Die Leute können uns sehen, wahrscheinlich ...
    (6) Ich werde ins Sanatorium zurückgehen, sicher ...

3   Setzen Sie die Satzadverbien *wahrscheinlich, anscheinend, vermutlich, angeblich, leider, vielleicht*
    ein und vergleichen Sie Ihre Ergebnisse.

    Julika dachte nach: Sie wusste _____ nicht, warum Stiller sich so verhielt.
    _____ war er krank? Nein, er hatte _____ nur schlechte Laune. Er war ja
    _____ schon lange nicht mehr deprimiert gewesen, aber _____
    belog er sie. Er hatte sie ja immer belogen und _____ hatte er sich nicht geändert.

4 Setzen Sie die Partikeln *ja, denn, doch, mal* und *eben* in den folgenden Dialog ein:

(Er läuft seit 10 Minuten suchend durch die Wohnung und öffnet immer wieder das Brillenetui und die Kommodenschublade. Sie ist etwas genervt.)

Er: (murmelt) Wo ist sie *denn* nur?

Sie: Was suchst du _____ schon wieder, hm?

Er: Ach, meine Brille. Ich kann sie einfach nicht finden. Hilf mir _____ _____ suchen! Wo könnte sie _____ bloß sein?

Sie: Na, wo schon? Die lässt du _____ immer auf dem Fernseher liegen.

Er: Da liegt sie aber nicht.

Sie: Dann ist sie _____ woanders. Ich hab dir _____ schon 1000 Mal gesagt, dass du sie ins Etui legen sollst.

Er: Ja, aber du siehst _____, das Etui ist leer.

Sie: Es muss _____ leer sein, wenn du die Brille nicht reinlegst!

Er: Dann musst du sie _____ ins Etui legen, damit ich sie finde.

Sie: Aber ich weiß _____ auch nicht, wo deine dumme Brille ist. Denk _____ nach: Vielleicht warst du _____ mal wieder damit im Bad.

5 Was bewirken die Modalpartikeln in Fragen? Vergleichen Sie die Partikeln *denn, eigentlich, etwa* und *übrigens* in den folgenden Kontexten.
Versuchen Sie anhand der Beispiele zu erkennen, welche Bedeutung die Partikeln in den Fragen haben.

denn : anschließende Frage   _____ : Vorwurf
_____ : neue Frage zum Thema   _____ : Themenwechsel

(1) Bist du aber ein netter Junge. Wie heißt du <u>denn</u>?
Ich habe leider vorhin deinen Namen nicht gehört. Wie heißt du <u>eigentlich</u>?
Oh, bevor ich es vergesse: Wie heißt du <u>übrigens</u>?

(2) Ich wollte doch noch kochen. Hast du <u>etwa</u> den Herd abgeschaltet?
So, der Kühlschrank ist repariert. Hast du <u>übrigens</u> den Herd abgeschaltet?
Es ist irgendwie sehr warm hier drin. Hast du <u>denn</u> den Herd abgeschaltet?

(3) Was ich dich noch fragen wollte: Kennst du <u>eigentlich</u> meine Freundin schon?
Ach, da fällt mir noch was ein: Kennst du <u>übrigens</u> meine Freundin schon?
So, du weißt schon Bescheid? Kennst du <u>denn</u> meine Freundin schon?

(4) Willst du <u>etwa</u> heute zu Hause bleiben? Ich habe aber gar nichts zu Essen da und außerdem habe ich wirklich zu arbeiten!
Willst du <u>übrigens</u> heute zu Hause bleiben? Ich wollte vorhin schon fragen, aber dann kam der Anruf dazwischen.
Willst du <u>eigentlich</u> heute zu Hause bleiben? Dann müssten wir nämlich jetzt schnell noch einkaufen.

6   Modalpartikeln machen Aufforderungen schwächer (*mal* und *ruhig*) oder stärker (*ja*, *nur/bloß*). Die verstärkenden Partikeln sind betont.

Kennen Sie die Unterschiede?   Was ist gemeint?

Mach **mal** *den Fernseher an.*   Ich warne dich, das zu tun!

Mach **ruhig** *den Fernseher an.*   Könntest du das bitte tun?

Mach **ja** *den Fernseher wieder an!*   Ich rate dir davon ab, das zu tun.

Mach **bloß** *nicht /* **ja** *nicht den Fernseher an.*   Ich rate dir dringend, das zu tun!

Mach **nur/bloß** *den Fernseher an!*   Du darfst das gerne tun.

Was soll ausgedrückt werden?
Beispiel: Gib mir mal das Fernsehprogramm rüber. ➜ *Würdest du das bitte tun?*

(1) Komm mir ja/bloß nicht zu nahe!
(2) Ruf mal wieder an.
(3) Nimm dir ruhig noch ein Stück Kuchen.
(4) Iss nur weiter so viel Fett!
(5) Komm ja heute früh nach Hause!

7   Ergänzen Sie die passenden Partikeln und vergleichen Sie dann Ihre Ergebnisse.

Partikel	Axel:	Bernd:
ja, mal, eigentlich, doch, mal	Sag _____, kannst du _____ nicht auch _____ putzen?	Ach nee, das macht _____ überhaupt keinen Spaß. Außerdem weißt du _____, dass ich zwei linke Hände habe.
bloß, denn, etwa, ja, eigentlich, übrigens	Reiß dich _____ zusammen und erzähl _____ nicht wieder so einen Blödsinn. Kannst du _____ nie ernst sein? Weißt du _____, dass wir diesen Monat auch noch Putzdienst im Hausflur haben?	Soll ich _____ jetzt auch noch den Dreck fremder Leute wegputzen? Nee danke! Ach, könntest du mir _____ etwas Geld leihen? Ich bin total pleite.
doch, etwa, ruhig, ja, mal, ja, doch	Komm mir _____ nicht wieder mit deinen Geldsorgen! Willst du mir _____ erzählen, dass du die Miete schon wieder nicht zahlen kannst? Das darf _____ wohl nicht wahr sein!	Sei _____ _____ etwas netter zu mir. Ich werde _____ noch krank, wenn du immer so aggressiv bist. Ich habe _____ so einen empfindlichen Magen.

8   Verfassen Sie mit einer anderen Lernerin oder einem anderen Lerner einen kleinen Beziehungsdialog oder schreiben Sie diesen Dialog weiter. Verwenden Sie dabei die Modalpartikeln und andere Partikeln.

GT4   Vergleiche (← B6, S. 140)

Im Deutschen werden Vergleiche mit *als* und *wie* gebildet.

1   Ergänzen Sie die Lücken mit *als* bzw. *wie*.

Er bewegte sich so langsam _____ eine Schildkröte. Sie war auch nicht viel temperamentvoller _____ er. Die beiden passten so gut zusammen, _____ alle gehofft hatten. Früher _____ man es erwartet hatte, heirateten sie. Und schneller _____ der Wind waren sie in die Flitterwochen verschwunden. Doch sie kamen früher zurück, _____ sie geplant hatten: Das Essen war nicht so gut _____ zu Hause. Das Wetter war heißer, _____ sie gedacht hatten. Der Strand war viel weiter weg _____ im Reiseprogramm beschrieben. Außerdem war es im Hotel lauter _____ auf einer Baustelle. Alles in allem war es nicht so schön, _____ ihre Freunde es ihnen prophezeit hatten. So schnell _____ möglich buchten sie einen Rückflug. Endlich wieder zu Hause sagten sie sich: Es ist nirgendwo schöner _____ daheim.

Sehen Sie sich die Beispiele noch einmal an. Leiten Sie eine Regel ab, wann Sie bei Vergleichen *wie* und wann *als* benutzen müssen.

2   Der Subjunktor *als* (auch *als ob*) wird häufig für irreale Vergleiche mit dem Konjunktiv II verwendet.
Beispiel: *Sie lief so schnell, als wäre der Teufel hinter ihr her / als ob der Teufel hinter ihr her wäre.*

Führen Sie die folgenden Sätze mit irrealen Vergleichen fort:

(1) Er fühlte sich, _____

(2) Sie tut so, _____

(3) Er schrie so laut, _____

(4) Sie benehmen sich, _____

(5) Er reagierte so, _____

(6) Sie ist so schweigsam, _____

3   Suchen Sie aus den Texten 1 und 2 in A11, S. 135/136, alle Vergleiche heraus. Warum finden Sie in literarischen Texten häufig Vergleiche?

In den folgenden Texten gibt es viele Fehler (unter anderem Valenz- und Wortstellungsfehler).
1   Entscheiden Sie sich für einen der Texte und schreiben Sie die Sätze richtig.

Liebe

Für manche vorkommt einmal auf Lebenzeit. Für die andere dreimal, zweimal oder mehr, und für viele Leute jeden Freitag abend. Aber ist nicht leicht
in der Welt zu lieben. Heute ist nicht leicht, an anderen Mensch zu trauen
und zu mitteilen. Wirklich, die Leute, die ohne Probleme leben will, muss am
besten allein sein. Man kann, was man will, machen, aber ist man auch
allein. Wenn man nicht allein sein will, man mit die andere Leute leben
muss, die ist nicht, was man will. _
Wie weiß man eigentlich, dass man ist verliebt? Ja ist eine schwere Frage
das. Ich würde am liebsten eine Schülerin heiraten. Hoffentlich finde schnell
ich sie.

(Lerner: Mexikaner, Grundstufe 2)

Die kleine Meerjungfrau

Es war einmal eine kleine Meerjungfrau, die tief unter der Meer lebte. Sie
hatte sechs wunderschönen Schwestern, die mit ihrem Vater und ihre Großmutter in einem Großen Königschloß lebten. Die kleinste Schwester wünschte,
dass sie Menschen und die Welt über dem Meer sehen könnte. Eines Tages
schwam die kleine Meerjungfrau oben und sah ein Schiffunfall. Ein schöner
Prinz wurde fast ertrunken, aber die kleine Meerjungfrau half ihn. Sie lag
der schöne Prinz auf dem Weißen Küste des Meers. Die kleine Meerjungfrau
liebte den Prinz so sehr, dass sie ihre Wunderschönen Stimme zu der Hexe
verkauft um Beine zu bekommen. Leider der Prinz eine andere heiratete
und die kleine Meerjungfrau musste werden Schaum. Als sie sich selbst im
Meer warf, fühlte sie warm und leicht. Freundliche Gesichter waren da, und
sie sagten: „Wir sind die Töchter der Luft. Wir helfen Leute und Tiere und
nach 500 jahren bekommen wir Seele wie die Menschen. Du warst so nett, du
kannst helfen und Seele bekommen.

(Lernerin: US-Amerikanerin, Mittelstufe 1)

2   Welche Fehler sind in jedem Text besonders schlimm für Sie? Sind das auch Ihre
Fehler? Wie kann man diese Fehler vermeiden?

Universitäten und Weiterbildung

Kurz-Kommunikation mit den Eltern
Ein Student telegrafiert an seine Eltern: „Wo bleibt das Geld?" – Die kurze Antwort: „Hier!"

Bücher und Geld
Zwei Studenten treffen sich. „Was ist denn mit dir los, warum bist du so gereizt?" – „Ach, ich hab' meinen Alten um Geld für wichtige Bücher gebeten." – „Na und?" „Er hat mir die Bücher geschickt."

Andere Studienfächer – andere Fragen
Auf der Wartebank vor dem Sprechzimmer des Professors sitzen ein Biologie-, ein Philosophie-, ein BWL- und ein Medizin-Student. Der Professor erscheint mit einem Telefonbuch und sagt: „Wenn ihr dieses Telefonbuch auswendig lernt, habt ihr die Prüfung bestanden." Darauf der Biologe: „Warum? Das ist mir zu blöd!", und geht.
Der Philosoph: „Welchen Sinn macht das?"
Der BWLer: „Was kriege ich sonst noch dafür?"
Und der Mediziner: „Bis wann?"

A Studieren in Deutschland

A1 **Schauen Sie sich die Fotos auf dem Titelblatt an.**

1 An welcher Universität würden Sie gerne studieren? In welcher Bibliothek würden Sie gerne arbeiten? Warum? Warum nicht in der anderen? Finden Sie charakteristische Adjektive für beide.

2 Lesen Sie die drei Studenten-Witze. Welche Meinungen über Studentinnen und Studenten kommen in den drei Witzen zum Ausdruck?

A2 **Wie in anderen Ländern gibt es auch in Deutschland ganz unterschiedliche Möglichkeiten für ein Studium.**

1 In den folgenden Texten sind manche Formulierungen umgangssprachlich. Überlegen Sie vor dem Lesen, was sie bedeuten könnten:

Und wenn Sie's auf einen Doktortitel abgesehen haben, ... (Text 1, Z. 18–19)
Oder sind Sie ein Großstadt-Fan? (Text 2, Z. 3–4)
[Das] ist weitgehend Geschmackssache. (Text 2, Z. 10–11)
Bildung gegen Bares. (Text 3, Titel)
Nicht immer das Gelbe vom Ei. (Text 4, Titel)
eine Handvoll Unis (Text 4, Z. 1)

2 Lesen Sie die folgenden vier Titel. Welche Meinungen können Sie den Titeln entnehmen?

❶ **Fachhochschulen: Die Praxis hat Vorrang**
❷ **Kleinstadt-Unis: Oft ist die Betreuung besser**
❸ **Privat-Unis: Bildung gegen Bares**
❹ **Hochschul-Rankings: Nicht immer das Gelbe vom Ei**

3 Überprüfen Sie Ihre Vermutungen.

❶
Fachhochschulen: Die Praxis hat Vorrang

Viele Fächer, zum Beispiel Betriebswirtschaft oder Architektur, können Sie sowohl an einer Hochschule als auch an einer Fachhochschule studieren. Dann kommt's darauf an, was Sie
5 eigentlich vom Studium erwarten. Wissenschaftliche Freiheit, neue Erkenntnisse? Oder in erster Linie eine zielgerichtete Ausbildung? Ist Ihnen die Forschung nicht so wichtig, wohl aber die Berufspraxis, ist eine Fachhochschule
10 wahrscheinlich das Richtige für Sie. Dort sind Praxissemester in Betrieben ins Studium integriert, außerdem dauert die Ausbildung nicht so lange wie an der Universität. Allerdings: Es gibt immer noch Firmen, denen ein Hochschul-
15 Diplom lieber ist als das einer Fachhochschule. Erkundigen Sie sich nach den Aufstiegs- und Karrierechancen bei potentiellen Arbeitgebern. Und wenn Sie's auf einen Doktortitel abgesehen haben, bekommen Sie den ohne Umwege
20 sowieso nur an der Universität.

❷
Kleinstadt-Unis: Oft ist die Betreuung besser

Bei Ihrer Wahl spielen aber auch persönlichere Fragen eine wichtige Rolle: Mögen Sie die Atmosphäre und die kurzen Wege der Kleinstadt? Oder sind Sie ein Großstadt-Fan? Was denken Sie bei der Vorstel-
5 lung, in der wichtigsten Vorlesung des Grundstudiums auf fünfhundert oder noch mehr Kommilitonen zu treffen: „Da werd' ich mich schon durchsetzen!"? Oder: „Hier brauch' ich mir ja gar nicht erst einen Platz zu suchen!"? Auch die Frage, ob's besser eine
10 alte oder neue Universität sein soll, ist weitgehend Geschmackssache. Alte Unis sind meist im Stadtzentrum und haben mehr Flair. Neuere Unis liegen dagegen oft relativ isoliert am Stadtrand, dafür haben sie oft einen übersichtlichen Campus und als
15 Studentin kommen Sie auch schneller mit den Dozenten ins Gespräch. Zugegeben: Manche Firmenchefs denken gern an ihre eigene Studienzeit, wenn Absolventen aus München oder Köln vor ihnen stehen. Doch viele wissen: Neue Unis, besonders in
20 kleinen Städten wie zum Beispiel Passau, bilden mit kreativen Konzepten und in kleinen Kursen mindestens ebenso gut aus.

❸

Privat-Unis: Bildung gegen Bares

In diversen Rankings stehen private Hochschulen oft ziemlich weit oben. Kürzere Studienzeiten, persönliche Betreuung durch den Prof und
gute Firmenkontakte – die Bedingungen sind
5   hervorragend, aber es werden in jeder Hinsicht
auch ebensolche Leistungen erwartet: Schon
die Aufnahmetests haben es in sich – und das
exklusive Studium kostet viel Geld, nämlich
zwischen 3000 und 8500 Euro im Jahr. Bis zu 20
10 Prozent der Studierenden können jedoch auf
ein Stipendium hoffen. Es lohnt sich also, sich
nach den Vergabekriterien zu erkundigen.
Auch vom Studienangebot her sind Grenzen
gesetzt: Bis auf Witten-Herdecke, wo auch
15 Medizin und Naturwissenschaften gelehrt werden, bieten Privat-Unis bisher nur Wirtschaftswissenschaften an. Was Sie außerdem bedenken sollten: Die privaten Hochschulen liegen oft
in abgeschiedenen Kleinstädten wie Oestrich-
20 Winkel oder Vallendar.

❹

Hochschul-Rankings: Nicht immer das Gelbe vom Ei

Sie haben immer noch eine Handvoll Unis zur Auswahl? Es ist Ihnen ziemlich egal, an welcher Universität Sie studieren – solange es nur die beste ist?
Kein Wunder, dass immer neue Anläufe unternom-
5   men werden, Universitäts-Rankings zu erstellen. Für
diese Ranglisten gelten ganz unterschiedliche Kriterien. So werden etwa Professoren, Studenten oder
Top-Manager nach ihrem Urteil gefragt, von „Wo
würden Sie Ihren Sohn oder Ihre Tochter hinschi-
10 cken?" bis zu „An welcher Uni haben die Profs am
meisten Zeit für ihre Studenten?".
Bei einer Rangliste sollten Sie also nicht nur darauf
achten, auf welchem Platz eine Uni liegt, sondern
auch die Kriterien prüfen, die zu dieser Einstufung
15 führten. Denn: Eine kurze Studiendauer zum Beispiel ist im Prinzip wünschenswert. Aber vielleicht
brauchen Studenten des gleichen Fachs an einer
anderen Uni einfach deshalb länger, weil ihnen dort
schon während des Studiums karrierefördernde
20 Praktika angeboten werden?

4   Lesen Sie die Texte ❶, ❷ und ❸ selektiv. Wenn Sie in den Texten Informationen zu den folgenden sechs Punkten finden, dann notieren Sie diese in Stichpunkten.

	Betreuung	Studiendauer	Lage der Hochschule
❶			
❷			
❸			

	Praktika	Aufnahmetests	spätere Berufschancen
❶			
❷			
❸			

5   Lesen Sie noch einmal Text ❹. Welche Kriterien für Ranglisten nennt der Text? Welche Kriterien fehlen Ihrer Meinung nach?

A3 **Gibt es in Ihrem Heimatland neben staatlichen Universitäten auch private Hochschulen?**

Worin unterscheiden sie sich?

A4 **Hören Sie vier Ausschnitte aus einer Radiosendung zum Thema „Privathochschulen in Deutschland".**

1 Hören Sie zunächst den Anfang der Sendung (Teil 1) und machen Sie dabei Notizen zu den folgenden Fragen:
   – Warum gibt es nach Professor Erhard jetzt zahlreiche Privathochschulgründungen?
   – Welches Vorbild für die Gründung von Privathochschulen wird genannnt?
   – Wie steht Professor Landfried diesem „Gründungsfieber" gegenüber?
   eher zustimmend ❑   eher skeptisch ❑

2 In der Fortsetzung der Sendung (Teil 2) hören Sie Meinungen von Studierenden der Universität Mannheim über Vor- und Nachteile von Privathochschulen.
   Notieren Sie in Stichpunkten einige der Argumente und vergleichen Sie dann Ihre Ergebnisse.

Vorteile	Nachteile

3 Konrad Schily, ehemaliger Rektor der etablierten Privathochschule Witten-Herdecke, nennt die Motive, die zur Gründung dieser Hochschule führten. Notieren Sie Stichpunkte (Teil 3).

4 Notieren Sie, welche Veränderungen und Besonderheiten gegenüber staatlichen Universitäten genannt werden (Teil 4).

A5 **Bilden Sie drei Gruppen.**

1 Sammeln Sie Argumente (Für) und Gegenargumente (Wider) zu folgenden Themen:
   – Für und wider ein Studium an einer Kleinstadt-Uni.
   – Für und wider ein Studium an einer Fachhochschule.
   – Für und wider ein Studium an einer Privatuniversität.

2 Planen Sie kurze „Streitgespräche" (→ Kommunikationsmittel Lektion 1, B14, S. 23). Jede Teilnehmerin / Jeder Teilnehmer sollte mindestens drei Kommunikationsmittel verwenden. Vergessen Sie nicht, eine Diskussionsleiterin / einen Diskussionsleiter zu wählen (→ Kommunikationsmittel Lektion 3, A9, S. 77).

3 Führen Sie vor dem Plenum die Streitgespräche.

A6 **Stellen Sie sich vor, Sie wollen sich über das Studium in Deutschland informieren.**

Schreiben Sie einen offiziellen Brief an eine deutsche Universität. Bitten Sie um Informationen über diese Universität, besonders über das Fach, das Sie studieren wollen. Erkundigen Sie sich nach der Dauer des Studiums. Erbitten Sie Bewerbungsunterlagen. Fragen Sie nach Terminen und nach Kosten. Erkundigen Sie sich auch, ob Sie eine Sprachprüfung ablegen müssen.
Denken Sie an die formale Struktur des Briefes.

A7 Wenn Sie in Deutschland sind und schon über mehr Vorinformationen über das Studium in Deutschland verfügen, könnten Sie zur Klärung weiterer Fragen in die Sprechstunde des Akademischen Auslandsamtes der Universität gehen.

1 Notieren Sie Punkte, nach denen Sie sich erkundigen würden.
  – Universität oder Fachhochschule
  – Stipendium
  – ...

2 Andreas Karachalios möchte Jura studieren. Die Hochschulzugangsberechtigung hat er in Griechenland erworben und dort auch schon zwei Jahre lang Jura studiert. Bevor er den Antrag auf Zulassung abgibt, geht er zum Akademischen Auslandsamt, um Klarheit über einige Punkte zu bekommen.
  Hören Sie das Gespräch, das dort geführt wurde, zwei Mal. Notieren Sie während des ersten Hörens, nach welchen Punkten er sich erkundigt.
  Wenn Sie das Gespräch ein zweites Mal hören, achten Sie besonders auf die Antworten, die Beate Hörr gibt, und notieren Sie diese in Stichpunkten in der Tabelle.

Frage	Antwort
1. *Zulassungsbeschränktes Fach?*	
2. ...	
3. ...	
...	

3 Welche der Punkte, nach denen Sie sich erkundigt hätten, sind durch das Gespräch, das Sie gehört haben, geklärt worden?

A8 Sammeln Sie aus den gelesenen und gehörten Texten Wörter zum Thema „Studieren in Deutschland".

Vervollständigen Sie diese Sammlung im Laufe der Lektion. Nach welchen Kriterien könnte man die Wörter ordnen?

A9 Betrachten Sie das Schaubild.

1 Beschreiben Sie:
  – Welche Informationen sind dargestellt?
  – Welche Details sind wichtig?
  – Welche Schlüsse kann man daraus ziehen?

2 Nennen Sie einige Fächer, die zu den vier Fächergruppen gehören.

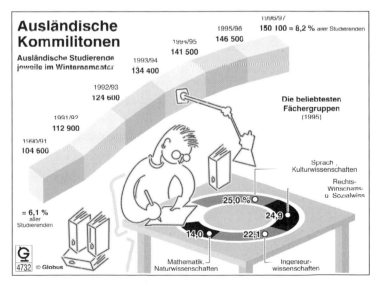

Ausländische Kommilitonen

Ausländische Studierende jeweils im Wintersemester

1990/91 104 600
1991/92 112 900
1992/93 124 600
1993/94 134 400
1994/95 141 500
1995/96 146 500
1996/97 150 100 = 8,2 % aller Studierenden

= 6,1 % aller Studierenden

Die beliebtesten Fächergruppen (1995)

Sprach-, Kulturwissenschaften 25,0 %
Rechts-, Wirtschafts- u. Sozialwiss 24,9
Mathematik, Naturwissenschaften 14,0
Ingenieurwissenschaften 22,1

4732 © Globus

3 Im folgenden Lückentext fehlen wichtige Verben und ggf. Präpositionen. Bitte ergänzen Sie und benutzen Sie dafür die Kommunikationsmittel im Kasten.

Beim vorliegenden Schaubild geht es um ausländische Studierende an deutschen Hochschulen. Der linke Teil enthält statistische Angaben über die Gesamtzahl ausländischer Studierender an deutschen Hochschulen. Die Zahl ist _____ 104600 im Jahr 1990/91 _____ 150100 im Jahr 1996/97 _____. Dies _____ einem Anstieg der ausländischen Studierenden in Deutschland _____ 6,1 % _____ 8,2 %. Der rechte Teil des Schaubilds informiert über die bei den ausländischen Studierenden beliebtesten Fächergruppen. An erster Stelle _____ 1995 die Sprach- oder Kulturwissenschaften mit 25 % aller Studierenden. Rechts- und Wirtschaftswissenschaften _____ mit 24,9 % Platz 2 _____. Ingenieurwissenschaften _____ mit 22,1 % den dritten Platz. Der Anteil der ausländischen Studierenden, die sich mit Mathematik oder Naturwissenschaften beschäftigen, _____ _____ _____ ___ 14 %. Es lässt sich also insgesamt eine starke Zunahme der ausländischen Studierenden an deutschen Hochschulen feststellen.

Kommunikationsmittel: Schaubild/Tabelle/Diagramm beschreiben 1 (→ GT1, S. 195)

- „sein"   Rangfolge:
  betragen   *einnehmen* (Platz)
  entsprechen   *liegen an* (Stelle) / *auf* (Platz)
  liegen bei (Zahl)   *belegen* (Platz/Stelle)
  sich belaufen auf   *kommen / landen an* (Stelle) / *auf* (Platz)

- „größer/kleiner werden":
  (an)steigen   *sinken*
  zunehmen   *abnehmen*
  wachsen   *zurückgehen*   *von ... auf ...*
  sich erhöhen   *sich verringern*   *um ...(Differenz)*
  sich vergrößern   *sich verkleinern*
  sich verdoppeln/verdreifachen ... *sich halbieren*
  eine steigende Tendenz aufweisen   *eine sinkende Tendenz aufweisen*

- „gleich bleiben"
  stagnieren   *unverändert bleiben*

4 Machen Sie eine solche Statistik der Studienfächer in Ihrer Lernergruppe. Vergleichen Sie die Verteilung mit den Angaben des Schaubilds.

Der Schriftsteller Dietrich Schwanitz beschreibt in seinem Roman „Der Campus" (1995) das Leben an einer deutschen Universität.

1 Lesen Sie den folgenden Textausschnitt über eine typische Situation in diesem Universitäts-
alltag und suchen Sie Antworten auf die folgenden Fragen:
– Wer ist Martin?
– Was macht er?
– Welche Probleme ergeben sich dabei? Durch welche Textstellen wird das verdeutlicht?

Martin starrte auf das leere Blatt. Er hätte es gegen ein anderes leeres Blatt austauschen können. Er hatte noch Hunderte von der gleichen Sorte in einem Stoß direkt
daneben liegen. Aber das hätte nichts geändert. All diese Blätter warteten noch darauf, von Martins Hand mit einer Magisterarbeit über das Thema »Sinn und Bedeu-
5 tung: Zur Rolle der phänomenalistischen Semantik in der Kunsttheorie von Nelson
Goodman« beschrieben zu werden. Aber dazu musste Martin erstmal das erste
Blatt beschreiben. Er musste die gleichförmige Fahlheit dieser Wüste entschlossen
mit einer grafischen Spur markieren. Er musste diese bleierne Stille mit einem
ersten ursprünglichen Laut zerteilen und so eine Form schaffen, die weiterwachsen
10 konnte. Doch dazu brauchte Martin einen kleinen Hinweis, der ihm einen Grund
gab, wenigstens die Spur eines Grundes, es so zu machen und nicht anders. Wo war
dieser Grund? Er schaute intensiv auf das Blatt. War da vielleicht nicht doch ein
Wasserzeichen? Nein, es war nur die grobe Maserung des Papiers. Welcher Dämon
hatte ihn auch nur dazu getrieben, seine Magisterarbeit bei Hahn zu schreiben?
15 Jeder wusste doch, dass das ein scharfer Hund von einem Theoretiker war. Und als
er ihm auf seinem fleckigen Besuchersofa in seinem Büro gegenübergesessen hatte, warum hatte er da nicht protestiert, als ihm Hahn mit funkelnden Brillengläsern
dieses wahnsinnige Thema aufs Auge drückte? Ganz unten am Grunde der Schutthalde seines Ichs wusste Martin, warum: Er wollte zu den theoretischen Assen
20 gehören, die sich um Hahn sammelten.

2 Welche Ratschläge würden Sie Martin geben?

3 Stellen Sie in Kleingruppen Vermutungen darüber an, wie die Geschichte weitergeht.
Vergleichen Sie Ihre Vermutungen im Plenum.

4 Lesen Sie die Fortsetzung der Geschichte. Vergleichen Sie sie mit Ihren Vermutungen.

Die kleine, erlesene Mannschaft in Hahns Oberseminar war bereits vollzählig versammelt. Lonitz, das Alpha-Tier, und Beate, seine Partnerin in Theoriekenntnis,
nickten ihm freundlich zu. Sie hatten den zentralen Platz an der Tür genau gegenüber Hahn freigelassen, wo die Referenten immer saßen. Martin stellte seine
25 Tasche neben den Stuhl, setzte sich und packte den großen Berg Papierbögen mit
dem fertigen Deckblatt vor sich auf den Tisch. „Donnerwetter, das ist aber ein Mag-
num Opus!" entfuhr es Lonitz, als er die ziegelsteindicke Masse Papier bemerkte.
Und dann kam Hahn hereingetrottet, bebrillt und mit einer Frisur wie eine Mütze,

blickte sich um, bemerkte, dass Martin den Stuhl des Referenten besetzt hatte,
30 lächelte und setzte sich. [...]
Martin fühlte, wie sich ein irrsinniges Grinsen auf sein Gesicht stahl und dort fest-
setzte. In seinem Hirn herrschte dichtes Schneegestöber. Von Weitem hörte er sich
sagen:
„Wir sprechen von Semantik. Semantik ist die Lehre von der Bedeutung. Niemand
35 weiß, was das ist."
Alle lächelten aufmunternd: So war's. Das durfte man im logischen Empirismus
nicht wissen. Das Schneegestöber in Martins Hirn wurde dichter.
„Deshalb mach ich jetzt eine Performance."
Seine Nerven waren wie Feuerdrähte. Er hatte keine Ahnung, was er vorhatte. Auf
40 den Gesichtern der Zuhörer spiegelte sich gespannte Aufmerksamkeit. Der Teu-
felskerl! Eine Performance! Welch eine originelle Idee für ein Referat über Semantik.
In Martins Schädel löste sich donnernd eine Lawine.
Er stand auf, auf seinen Schultern lastete das Gewicht eines Kleiderschranks. Er
packte den Stoß Papier mit der einen Hand und blätterte mit der anderen vor aller
45 Augen die leeren Seiten auf. Auf der letzten stand in Großbuchstaben:
ALLES IST NICHTS. Er hatte ganz vergessen, dass er das dort hingekritzelt hatte!
Aber jetzt stand es da in seiner tiefen metaphysischen Rätselhaftigkeit, wie ein
Menetekel. Er sah, wie sich die Gesichter um ihn herum mit Bestürzung bezogen.
Da begrub ihn die Lawine unter sich. Er dachte nur noch, dass er jetzt tot war und
50 dass jetzt gar nichts mehr zählte.
„Es tut mir Leid, Herr Hahn, ich habe keine Arbeit über Nelson Goodman. Alles,
was ich fertig gebracht habe, ist das hier."
In tödlichem Schweigen nahm er seine Tasche vom Boden, drehte sich um und ging
hinaus. Auf dem Flur packte ihn die Übelkeit mit der Gewalt einer Sturmböe. Er
55 rannte den Gang hinunter zur Toilette und schaffte es gerade noch in die Kabine.

(Dietrich Schwanitz, Der Campus)

5   Was erfahren Sie über die Atmosphäre in diesem Oberseminar? Was passiert dort? Warum ist
    Martin nach seinem Auftritt im Oberseminar übel? Welche Bedeutung hat dieser Auftritt für
    sein weiteres Studium?

6   Der Autor verwendet in beiden Textausschnitten viele Bilder, z.B. *„die gleichförmige Fahlheit
    dieser Wüste"* (Z. 7).
    Suchen Sie solche Bilder. Können Sie sie interpretieren?

B1 Ergänzen Sie in Kleingruppen das Assoziogramm zum Thema „Auslandsstudium".

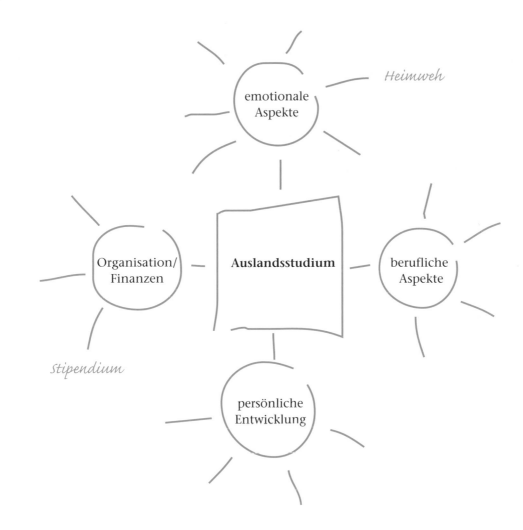

Vergleichen Sie Ihre Ergebnisse und sprechen Sie dann darüber, was es bedeutet, das Studium / einen Teil des Studiums im Ausland zu verbringen.

B2 Lesen Sie, was eine Politikerin und drei Politiker im Jahr 1998 über ihr Auslandsstudium gesagt haben.

Vergleichen Sie die Aussagen zu „wichtigste Erfahrung" und „Vorteile für den Beruf" mit den Ergebnissen von B1.

„Ein Jahr im Ausland ist wichtiger als eine Supernote"

UNICUM-Blitz-Umfrage: Wie war Ihr Studium im Ausland?

Dr. Friedbert Pflüger (42) CDU-Bundestagsabgeordneter, ehem. Pressesprecher des Bundespräsidenten v. Weizsäcker

Anke Brunn (55) NRW-Wirtschaftsministerin, SPD

Rupert von Plottnitz (56) Bündnis 90/Grüne, hessischer Justiz- und Europaminister, stellvertretender Ministerpräsident

Ottmar Schreiner (51) Sozialexperte, Vizevorsitzender der SPD-Bundestagsfraktion

Wann, wo und wie lange haben Sie im Ausland studiert?

1980/81. Ich war eineinhalb Jahre in Harvard, USA.

Ich war 1963/64 ein gutes Jahr in Paris.

Knapp ein Jahr in Grenoble, das war 1961/62.

Ich war im Sommersemester 1970 in Lausanne.

Welches Fach (welche Fächer)?

„Internationale Beziehungen" als Forschungen für meine Dissertation.

Sozialpsychologie und Soziologie.

Französische Sprache und Literatur.

Deutsches Recht und Sprachkurs Französisch.

Wie haben Sie sich Ihr Studium im Ausland finanziert?

Über ein Stipendium der Konrad-Adenauer-Stiftung.

Ich hatte ein Stipendium der VW-Stiftung.

Durch einen Unterhaltszuschuss meiner Eltern.

Neben dem Stipendium der Friedrich-Ebert-Stiftung habe ich zwei Monate als Fahrer einer Getränkefirma gearbeitet.

Was war Ihre wichtigste Erfahrung, die Sie in dieser Zeit gesammelt haben?

Vieles ist wichtig: Sprache, internationales Umfeld, Eliten aus allen Teilen der Welt, Weltoffenheit, Toleranz und die Erkenntnis der „Einen Welt".

Für mich war die wichtigste Erfahrung, mich in eine fremde Kultur, in einen fremden Alltag einzuleben. Dies erscheint mir heute als große Bereicherung und ein bleibender Gewinn.

Land und Sprache kennen gelernt zu haben.

Ich habe junge Menschen aus anderen Ländern kennen gelernt und gute französische Sprachkenntnisse erworben.

Im Rückblick: Worin sehen Sie die Vorteile für Ihren Beruf?

Das wertvollste Jahr meines Studiums – mit Abstand: Ich lernte das Handwerkszeug für die Auswärtige Politik.

Es gibt viele gute Gründe, ein oder mehrere Semester im Ausland zu verbringen; Sprachkenntnisse sind auf jeden Fall ein großer Vorteil. Doch die persönliche Erfahrung auf internationalem Parkett, die Erweiterung des Horizonts sehe ich als das größte Plus an – ganz gleich, welchen Beruf man ausübt.

Sprachkenntnisse und – für mich als Europaminister wichtig – größere Vertrautheit mit den gesellschaftlichen und politischen Verhältnissen in Frankreich erworben zu haben, was auch wegen der Partnerschaft Hessens mit der französischen Region Aquitaine von Vorteil ist.

In der Offenheit und Unvoreingenommenheit gegenüber anderen Menschen und Ländern.

Was raten Sie heute Studierenden in Bezug auf ein Auslandsstudium?

Unbedingt ein Jahr ins Ausland, das ist wichtiger als eine Supernote im Examen – am besten aber ist beides!

Das ist eine Erfahrung, die man unbedingt machen sollte. Ich kann nur alle Studierenden auffordern: Seien Sie offen und neugierig, bewegen Sie sich, gehen Sie ins Ausland. Der Einsatz dafür wird sich lohnen.

Nicht zuletzt auch wegen der Berufsaussichten auf dem europäischen Arbeitsmarkt alle sich bietenden Chancen für ein Auslandsstudium zu nutzen.

Auf jeden Fall ein bis zwei Semester ins Ausland gehen; besonders wichtig sind Kontakte zu anderen ausländischen Studenten.

(UNICUM)

B3 **Stellen Sie sich vor, Sie blicken in zehn Jahren auf Ihr Auslandsstudium zurück.**

Schreiben Sie einen Text über Ihre Erfahrungen und benutzen Sie dabei folgende Kommunikationsmittel.

> **Kommunikationsmittel: Über Erfahrungen berichten**
>
> *Ich verbrachte einen Teil meines Studiums ...*
> *Von ... bis ... studierte ich in ... das Fach / die Fächer ...*
> *Ich finanzierte ...*
> *Die wichtigste Erfahrung in dieser Zeit ...*
> *Beruflich war das für mich von Vorteil, weil ...*
> *Heute Studierenden würde ich raten ...*

1 Welche Überschrift (a–g) passt zu welchem Abschnitt?
   a) **Sprachliche Verständigung während des Aufenthalts**
   b) **Ein Deutscher in Afrika und ein Afrikaner in Deutschland**
   c) **Bedeutung des Auslandsstudiums für das Berufsleben**
   d) **Zu Forschungszwecken nach Addis Abeba**
   e) **Ziel der Austauschprojekte Darmstadt – Addis Abeba**
   f) **Leben in Äthiopien**
   g) **Hochschulaustausch – Nutzen für beide Partner**

2 Bringen Sie die Abschnitte in die richtige Reihenfolge. Achten Sie auf Wörter und Wortgruppen am Anfang der Abschnitte, die eine Verbindung zu dem vorangehenden Abschnitt herstellen (→ Lektion 4, GT1, S. 125). Markieren Sie diese Wörter und Wortgruppen.

Auslandserfahrung in Äthiopien

Reger Hochschulaustausch bei den Hydrologen zwischen Addis Abeba und Darmstadt

Manfred Ostrowski kennt Äthiopien aus erster Hand. In den Jahren 1988 bis 1991 lehrte er an der Addis Abeba University (AAU). Seitdem gibt es einen intensiven Austausch zwischen seinem Darmstädter Institut und der Sektion Wasserwesen des Department of Civil Engineering der AAU. „Im Gegensatz zu vielen anderen Beispielen ist der deutsche Partner in gleicher Weise Nutznießer dieser Kooperation wie das Entwicklungsland", kommentiert Manfred Ostrowski. „Seit 1992 haben sechs deutsche Studierende eine Studien- oder Diplomarbeit in Äthiopien angefertigt und zwei ein Praktikum absolviert."

Und dieses Kennenlernen kultureller Unterschiede ist nicht nur im Ausland, sondern auch für das Berufsleben im eigenen Land von Bedeutung. „An jedem Arbeitsplatz muss sich der Mensch heute auf fremde Kulturen einstellen", meint Thomas Winter. „Und dafür ist es gut, die Leute im eigenen Land kennen zu lernen. Es geht nicht nur um konkrete Arbeitsmethoden, sondern auch um manchmal entscheidende Faktoren wie etwa Zeit." So ist eine Kaffeepause in Äthiopien kein Fünf-Minuten-Talk vor dem Automaten, sondern eine mindestens einstündige Zeremonie – vom Rösten der Bohnen auf der Glut bis hin zu Weihrauch und Blütenblättern für die richtige Atmosphäre.

1
d

„Ich dachte, ich stehe im Odenwald", erinnert sich Thomas Winter an den Augenblick, als er zum ersten Mal die äthiopische Bergwelt erblickte. Ein schmeichelhafter Vergleich für das deutsche Mittelgebirge. Schließlich liegt mehr als die Hälfte Äthiopiens über 2000 Meter. Der Bauingenieurstudent der TU Darmstadt ging für zwei Monate an die Universität von Addis Abeba. Im Rahmen seiner Diplomarbeit wirkte der 27-Jährige an einem Projekt des Geographischen Instituts Bern und des äthiopischen Landwirtschaftsministeriums mit. „Durch die extremen Niederschläge und die starke Abholzung hat das Land Probleme mit der Bodenerosion", erklärt Thomas Winter. Bei einer Vortragsreihe über Äthiopien hatte er davon erfahren. Er wandte sich an Manfred Ostrowski, Professor für Ingenieurhydrologie und Wasserbewirtschaftung an der TU Darmstadt, der ihm nicht nur ein konkretes Diplomarbeitsthema vorschlug, sondern ihn auch gleich nach Äthiopien schickte.

4

Für den Darmstädter Studenten Thomas Winter hieß es bei seiner Ankunft in Addis Abeba, sich erst einmal mit dem Leben auf dem afrikanischen Kontinent vertraut zu machen. Sowohl beruflich als auch privat kam er mit Englisch zurecht. „Ich war sehr überrascht, wie gut das klappte." Aber auch die Amtssprache Amharisch wollte er lernen und nahm sich kurzerhand einen Privatlehrer. „Ich hatte auf der Straße einen Jugendlichen kennen gelernt, der Deutsch lernen wollte und mir im Gegenzug Amharisch beigebracht hat."

Thomas Winter wohnte in einem Gästehaus, um das sich der Projektträger gekümmert hatte. Die Lebenshaltungskosten in Äthiopien sind für afrikanische Verhältnisse hoch, im Vergleich zu Deutschland jedoch erschwinglich. Befürchtungen, dass die Umstellung auf das Klima Schwierigkeiten machen würde, bestätigten sich nicht. Im Gegenteil: Bei durchschnittlich 25 Grad Celsius war ein angenehmes Arbeiten möglich. Und auch vom Essen weiß der Darmstädter nur Positives zu berichten. „Spitzenmäßig, obwohl ich bei den zahlreichen Einladungen in so manchen Fettnapf getreten bin." So erhielt der Linkshänder eine Lektion über Hygiene: Mit der rechten Hand wird gegessen und mit der linken wischt man sich den Allerwertesten.

Der afrikanische Kontinent hat den gebürtigen Hessen nicht mehr losgelassen. Anfang des Jahres ging Thomas Winter für zwei Jahre nach Namibia. Im Auftrag eines Frankfurter Büros arbeitet er jetzt an verschiedenen Entwicklungshilfeprojekten. „Thomas hat mir geschrieben, dass er jetzt an drei Projekten arbeitet. Eine Aufgabe beschäftigt sich mit der Trinkwasserversorgung einer kleinen Stadt", berichtet Hailu Dereje von der TU Darmstadt, der schon zahlreiche E-Mails aus Namibia erhalten hat. Der Äthiopier ist Absolvent der Addis Abeba University und kam über Vermittlung von Manfred Ostrowski nach Deutschland. Hier schreibt er im Rahmen eines Stipendiums des Deutschen Akademischen Austauschdienstes an seiner Doktorarbeit.

Im Rahmen der Austauschprojekte beschäftigen sich die Studierenden beispielsweise mit der Nutzung von Wasserkraft oder urbaner Wasserwirtschaft. „Das wesentliche Ziel ist eine bessere Vorbereitung deutscher Bauingenieure und Bauingenieurinnen auf das internationale Beratungsgeschäft", erklärt Manfred Ostrowski. „Erfreulicherweise trägt dieser Austausch Früchte. Vier der kürzlich Diplomierten konnten in eine Beratertätigkeit einsteigen."

(Beate Beering, Süddeutsche Zeitung)

3   Bearbeiten Sie folgende Fragen zum Text:
    – Wie kam es zu der Zusammenarbeit zwischen der TU Darmstadt und der Addis Abeba University?
    – Was unterscheidet diese Projekte von anderen Projekten zwischen Industrie- und Entwicklungsländern?
    – Welchen Vorteil für das spätere Berufsleben sieht Thomas Winter in einem solchen Auslandsaufenthalt?

4   „… obwohl ich bei den zahlreichen Einladungen in so manchen Fettnapf getreten bin."
    Was meint Thomas Winter mit dieser Aussage?

Nomen sind im Deutschen oft von Verben oder Adjektiven abgeleitet.

1 Suchen Sie in dem Text solche Nomen (manche Nomen sind Teile von Komposita) und ordnen Sie diese in das Schema ein.
Beispiel: das <u>Kennenlernen</u> kultureller Unterschiede ← von *kennen lernen*

2 Bilden Sie aus Verben und Adjektiven, die Sie im Text finden, Nomen und ergänzen Sie das Schema mit eigenen Beispielen.

Nomen aus Verben und Adjektiven

Infinitiv	*das Kennenlernen, ...*
Verbstamm **(+/– Veränderung)**	*der Austausch, der (Gegen)satz, ...*
Verbstamm + Endung + *ung* + _____ + _____ + *t* + ...	... *der Nutznießer, ...* *die Lage, ...* *die Ankunft, ...*
reduzierter Verbstamm **+ Endung** + *(at)ion* + _____	*die Erosion, ...* *der Student, ...*
Adjektiv + Endung + *keit* + _____ + _____	... *die Vertrautheit, ...* *die Stärke, ...*
Partizip	*der/die Studierende, ...*

1 Vergleichen Sie den Inhalt der beiden folgenden Sätze. Was ist der Unterschied? Wodurch wird dieser Unterschied bewirkt?

(1) Der Student ging für Monate an die Universität.

(2) Der Bauingenieurstudent der TU Darmstadt ging für zwei Monate an die Universität von Addis Abeba.

2   Was für ein Student? Ergänzen Sie links und rechts vom Nomen sinnvolle Attribute.

▪ ältere(r)   ▪ seine Diplomarbeit vorbereitende(r)   ▪ ein Mann von 27 Jahren
       ▪ an der TU Darmstadt eingeschriebene(r)   ▪ Thomas Winter
▪ mit Auslandserfahrung   ▪ dort   ▪ der Rechtswissenschaft
              ▪ der an der TU Darmstadt eingeschrieben ist

der/ein	_ältere(r)_	**Student**
der/ein	_____	**Student**
der/ein	_____	**Student**
	der/ein **Student**	_____
	der/ein **Student**	_____
	der/ein **Student**	_____
	der/ein **Student**	_____
	der/ein **Student**	_____
	der/ein **Student**	_____

3   Welche unterschiedlichen Arten von Attributen haben Sie ergänzt? Ordnen Sie zu.

▪ (erweitertes) Adjektiv   ▪ (erweitertes) Partizip   ▪ Satz

▪ Apposition   ▪ Genitiv   ▪ Adverb   ▪ Präpositionalphrase

B7   Unterstreichen Sie in den folgenden Nominal- und Präpositionalphrasen aus dem Text B4, S. 178/179, jeweils das Hauptnomen und
bestimmen Sie die Attribute.

NP / PP	Adjektiv	Genitiv	Präpositionalphrase	Satz	Apposition
die äthiopische Bergwelt					
ein schmeichelhafter <u>Vergleich</u> für das deutsche Mittelgebirge	X		X		
im Rahmen seiner Diplomarbeit					
ein Projekt des Geographischen Instituts Bern					
bei einer Vortragsreihe über Äthiopien					
Manfred Ostrowski, Professor für Ingenieurhydrologie und Wasserbewirtschaftung an der TU Darmstadt					
im Gegensatz zu vielen anderen Beispielen					
für den Darmstädter <u>Studenten</u> Thomas Winter	X				X
in einem Gästehaus, um das sich der Projektträger gekümmert hatte					
Befürchtungen, dass die Umstellung auf das Klima Schwierigkeiten machen würde					
dieses Kennenlernen kultureller Unterschiede					
an den Augenblick, als er zum ersten Mal die äthiopische Bergwelt erblickte					

Welche Attributsätze haben Sie in B7 gefunden?

Bitte schreiben Sie sie in das Schema. Ordnen Sie nun auch die folgenden beiden Beispielsätze ein.

(1) das Ziel, deutsche Bauingenieure und Bauingenieurinnen besser auf das internationale Beratungsgeschäft vorzubereiten

(2) die Frage, wie man sich am besten auf fremde Kulturen einstellt

Attributsätze*

Relativsatz	
dass-Satz	
Nebensatz mit anderem Subjunktor	
indirekter Fragesatz	
Infinitiv mit *zu*	

*Attributsätze = Nebensätze als Attribute

Definieren Sie die folgenden Begriffe aus den Texten in A und B.

Verwenden Sie dazu die Kommunikationsmittel aus Lektion 3, A5, S. 75.
Achten Sie darauf, dass Sie in der Definition zuerst einen Oberbegriff und dann spezielle Merkmale, Eigenschaften oder Funktionen nennen.

Beispiele:

Begriff	**Oberbegriff**	**spez. Merkmale/Eigenschaften/Funktionen**
Wasser ist	*eine Flüssigkeit,*	*die farb-, geruch- und geschmacklos ist.*
Unter „Semantik" versteht man	*die Wissenschaft*	*von der Bedeutung der sprachlichen Zeichen.*
Papier ist	*ein Produkt*	*aus Holz- und Pflanzenfasern, auf dem man schreiben kann.*

▪ Sprache   ▪ Studium   ▪ Stipendium   ▪ Institut

▪ Dozent   ▪ Examen   ▪ Kommilitone

▪ Mensa   ▪ Praktikum   ▪ Hochschul-Ranking

▪ Toleranz   ▪ Campus

Wer findet die richtige Definition für ein unbekanntes Wort? Raten Sie!

1 Vergleichen Sie zuerst die vier Definitionen für das unbekannte Wort Mysore: Welche erscheint Ihnen richtig? Warum? Diskutieren Sie! (Die Lösung finden Sie im Lösungsschlüssel.)

Definition 1:
Mysore ist eine Pilzkrankheit, die v.a. halbimmergrüne Nadelbäume befällt und durch toxische Stoffe aus zerfallenden Baumrinden verursacht wird.

Definition 2:
Als Mysore bezeichnet man ein Werkzeug aus Metall, mit dem man Rundmesser schleifen kann.

Definition 3:
Unter Mysore versteht man ein so genanntes „unreines" Versmaß, das im Unterschied zu den klassischen griechischen Versmaßen (Jambus, Trochäus) aus einem unregelmäßigen Reim mit zwei Hebungen, drei Senkungen und einer Hebung besteht.

Definition 4:
Mysore heißt ein exotisches Gewürz, das zur Linderung von Erkältungserscheinungen auch als Tee eingesetzt werden kann.

2 Spielregeln:
Bilden Sie drei bis fünf Gruppen oder Paare. Das Spiel hat 15 Durchgänge. Bei jedem Durchgang sollen Sie eine Definition zu einem der folgenden Begriffe erfinden.

Asteriskus, Conjunktiva, dekantieren, Dilwara, Olm, Rübsen, Schattenwickler, Schmuckkörbchen, Seeteufel, Sternleeren, Sternmullc, Taumesser, vertikulieren, Yokuts, Zwiefache

Ihre Kursleiterin / Ihr Kursleiter verteilt Zettel gleichmäßig auf die Gruppen, so dass jede Gruppe drei bis fünf richtige Definitionen in Stichpunkten erhält.
Beispiel: Wenn bei dem ersten Durchgang das Wort *Mutung* definiert werden müsste, dann könnte auf dem Zettel stehen:

schriftlicher Antrag beim Bergbauamt: Rechte für Bergwerk (=Mine) sollen verliehen werden

Außerdem bekommt jede Gruppe noch 10 bis 12 Zettel, auf denen nichts steht.
Die Kursleiterin / der Kursleiter entscheidet die Reihenfolge, in der die Begriffe definiert werden müssen. Wenn Sie den Zettel mit den Stichpunkten gezogen haben, machen Sie daraus eine möglichst authentische Definition. Wenn nicht, dann erfinden Sie auf einem der leeren Zettel zu dem Begriff eine möglichst originelle, aber mögliche Definition.

Dann werden die Zettel für einen Durchgang eingesammelt. Ihre Kursleiterin / Ihr Kursleiter liest alle Zettel vor und schreibt jeweils die Hauptidee an die Tafel, also z.B.

Mutung   Def. 1 = Emotion
*   Def. 2 – Antrag*
*   Def. 3 = philosoph. Betrachtung*
*   ...*

3 Alle Gruppen oder Paare außer der mit der richtigen Lösung müssen raten, welche Definition stimmt. Belohnt wird richtiges Raten, aber auch eine gute (aber falsche) Definition:
– richtiges Raten (1 Punkt für jede Gruppe mit der richtigen Antwort)
– gute aber falsche Lösung (1 Punkt für jede Stimme von den anderen Gruppen)

Die Gruppe, die am Schluss des ganzen Spiels insgesamt die meisten Punkte hat, hat gewonnen.

C   Weiterbildung

C1   Viele Menschen haben nicht den Studienabschluss oder die Ausbildung gemacht, die sie sich eigentlich wünschen. Oder sie mussten aus verschiedenen Gründen ihre Ausbildung abbrechen.

1   Haben diese Leute auch später noch eine Chance? Können sie das Versäumte nachholen?

2   Wie ist das in Ihrem Land? Gibt es Möglichkeiten dafür?

C2   In Deutschland gibt es mehrere Möglichkeiten der Weiterbildung.

Eine davon ist die Volkshochschule (VHS). Sie hören einen Vortrag zu diesem Thema in drei Teilen.

1   Hören Sie den ersten Teil und notieren Sie wichtige Stichpunkte zu den Anfängen der VHS und zum Weiterbildungsgesetz.

2   Hören Sie den zweiten Teil und vervollständigen Sie die Angaben über das Kursangebot der Volkshochschule:

Kursangebot

Alphabetisierungskurse

_____

_____

Sprachkurse: hauptsächlich: _____   aber auch: _____

                                     _____   _____

                                     Französisch

                                     _____

Gesundheitskurse: _____

                                _____

Kreativkurse: _____

                         _____

Besondere Kurse: _____

                              _____

                              _____

3   Hören Sie den dritten Teil und notieren Sie für diesen Abschnitt nur die Informationen, für die Sie sich persönlich interessieren oder über die Sie noch sprechen wollen.

4   Wie haben Sie die einzelnen Abschnitte gehört: global, selektiv, detailliert (→ S2 / S3, S. 249)?

5   Hören Sie den ganzen Vortrag noch einmal. Achten Sie dabei besonders auf die Entwicklung der Volkshochschule seit 1946 und notieren Sie für jeden Zeitabschnitt einen wichtigen Stichpunkt.

     1946:   _____

     1975:   _____

     in den 70er Jahren: _____

     seit 1985: _____

     relativ neu: _____

C3   Formulieren Sie anhand Ihrer Notizen eine kurze Zusammenfassung (→ S7, S. 254) des Vortrags. Die Stichpunkte aus C2 helfen Ihnen beim Aufbau des Textes.

Beschreiben Sie das Schaubild zur Entwicklung der Volkshochschulen.

Schreiben Sie einen kurzen Text und benutzen Sie dabei die Kommunikationsmittel aus A9 und die unten stehenden Kommunikationsmittel.

Achten Sie auf einen klaren Aufbau: Einleitung/Thema – wichtige Daten – Fazit

Zulauf bei den Volkshochschulen

bis 1990 nur Westdeutschland

Anzahl der Kurse in 1 000

Aufteilung der Kurse 1995 in %

501
416
335
301
196
110

1970 '75 '80 '85 '90 1995

Belegungen in Millionen

6,4
5,6
4,8
4,6
3,8
2,2

Quelle: Deutscher Volkshochschul-Verband/DIE

%	Bereich
29,1	Sprachen
22,5	Gesundheitsbildung
19,4	Künstlerisches und handwerkliches Gestalten, Kunst
8,0	Mathematik, Naturwissenschaft, Technik
6,3	Verwaltung, kaufmänn. Praxis
5,5	Hauswirtschaft
4,2	Erziehung, Psychologie, Philosophie
5,0	andere Gebiete

© Globus

4019

Hilfestellung:

Einleitung/Thema:
· Entwicklung der Volkshochschulen in Deutschland

Wichtige Daten:
· linke Seite – Anzahl der Kurse und Teilnehmerzahlen 1970–1995
· rechte Seite – Aufteilung der Kurse 1995

Fazit:
· Anzahl der Kurse ↗ x 5
· Teilnehmerzahlen ↗ x 3
· Schwerpunkte Sprachen und Gesundheit

Kommunikationsmittel: Schaubild/Tabelle/Diagramm beschreiben 2

Einleitung/Thema
Das Schaubild enthält statistische Angaben über ...
Das Schaubild informiert über ... / zeigt ...
In dem vorliegenden Schaubild ist ... zu sehen.
Beim vorliegenden Schaubild geht es um ...

Wichtige Daten
Aufteilung
Der linke/rechte/obere/untere Teil des Schaubildes zeigt ...
Auf der linken/rechten Seite des Schaubildes ist ... dargestellt.
Im linken/rechten/oberen/unteren Teil des Schaubildes erkennt man ...
Zeitraum
Die Angaben beziehen sich auf den Zeitraum von ... bis ...
Einheiten
Die Angaben erfolgen in Prozent/Millionen ...
Zahlen/Entwicklung (s. KM zu A9, S. 172)

Fazit
Wir können also feststellen, dass ...
Es lässt sich zusammenfassend festhalten, dass ...
Dem Schaubild ist also zu entnehmen, dass ...
Das Schaubild zeigt, dass ... / wie ...

Dort werden folgende Themen behandelt:
- Nachteile eines bisherigen Fernstudiums
- Vorteile durch Fernstudiengänge per Internet
- Fernunterricht für die Weiterbildung: Vorteile, Möglichkeiten

1   Notieren Sie in Stichpunkten, was Sie zu diesen Themen aus dem Text erfahren.

Fit per Klick

Online-Kurse erleichtern die Weiterbildung. Jetzt steigen auch Hochschulen in das lukrative Geschäft ein

Sie führt den Haushalt, versorgt Ehemann und Tochter und jobbt halbtags in der Datenverarbeitung eines Gartenholzherstellers. Die Mehrfachbelastung hält Marianne Schröder nicht davon ab, ihre Karriere voranzutreiben. Wann immer die 34-Jährige eine freie Stunde dazwischen schieben kann, widmet sie sich ihrem Studium der Informatik an der Fernuniversität Hagen. Ihr Ziel hat sie klar vor Augen: „Wenn meine Tochter groß genug ist und nicht mehr so viel Betreuung braucht, will ich beruflich vorankommen."

Bisher ist ein Fernstudium ziemlich beschwerlich. Das abgekapselte Lernen am heimischen Schreibtisch verlangt ein hohes Maß an Selbstdisziplin. Vielen Berufstätigen bereitet es zudem Probleme, genügend Zeit für die Teilnahme an den vorgeschriebenen Präsenzseminaren in Hagen oder in einem der über die ganze Bundesrepublik verstreuten Studienzentren freizuschaufeln. Stress und Isolation führen zu hohen Abbrecherquoten.

Seit die Hagener im vergangenen Wintersemester die Möglichkeit geschaffen haben, erste Studiengänge weitgehend über das Internet zu absolvieren, geht manches leichter. Für das Studium an der virtuellen Universität genügen ein gängiger Personalcomputer und ein ISDN-Anschluss. Unterrichtsstoff und Übungsaufgaben werden über das Datennetz verschickt. Die Lernenden haben über ihren Computer Zugang zu einer Bibliothek, in der sie Bücher bestellen und in über 1700 Zeitschriften recherchieren können.

Lustvoll lernen. Wer sozialen Kontakt sucht, klickt sich in die virtuelle Cafeteria ein, um Nachrichten auszutauschen. Damit ist so etwas wie ein Campusleben für die Online-Schüler entstanden.

Das Wichtigste aber: Es ist für sie zum Beispiel kein Problem mehr, sich via Netz mit anderen Studenten auf Prüfungen vorzubereiten. Marianne Schröder, die im sauerländischen Finnentrop wohnt, fand auf diesem Weg einen Mitstreiter in Luxemburg.

Sie ist begeistert: „Selbst wenn man abgelegen auf dem Land wohnt, steht man plötzlich nicht mehr allein da." Wer rund 100 Euro für Videokamera und Mikrofon erübrigen kann, arbeitet mit Kommilitonen auch in Bild und Ton zusammen. Die Online-Gruppenarbeit verkürzt die vorgeschriebenen Präsenzphasen in Seminaren von rund zwei bis drei Wochen um mindestens eine Woche.

Die Resonanz auf die virtuelle Universität sei „außerordentlich positiv", berichtet Birgit Feldmann-Pempe, eine der Projektinitiatorinnen. Bereits 4000 von rund 56000 Eingeschriebenen nutzen das Angebot – Tendenz stark steigend. Die ersten Erfahrungen stimmen sie zuversichtlich: „Die verbesserte Kommunikation sorgt dafür, dass weniger Leute abspringen und die Lernmotivation deutlich steigt."

Wissen auf Abruf. Was die etablierten Hagener Fernunterrichtsexperten vormachen, entdecken jetzt immer mehr traditionelle Universitäten als Chance. Virtuelles Lernen, wann und wo

man will, gewinnt nicht nur für Erststudierende an Attraktivität. Der unkomplizierte Zugriff aufs
100 Wissen per Datenleitung ist vor allem für die Weiterbildung ideal: Es ist jederzeit verfügbar, Wissenslücken lassen sich schnell schließen, das Fernlernen ist billi-
105 ger, unter anderem, weil die Beschäftigten dafür nicht einmal die Arbeitszeit verpassen müssen.

In einem Großprojekt, das das Bundesforschungsministerium
110 in den kommenden fünf Jahren mit knapp 22 Millionen Euro unterstützt, wollen 13 Fachhochschulen und Universitätsinstitute ihr Lehrangebot auch Unterneh-
115 men und Weiterbildungswilligen öffnen. Die derzeit im Aufbau befindlichen Studiengänge Informatik und Wirtschaftsingenieurwesen setzen sich aus Lern-
120 modulen zusammen, die sich per Mausklick auch für einzelne Qualifizierungsmaßnahmen abrufen lassen – gegen Geld natürlich.

125 „Ein Unternehmen, das zum Beispiel seine Verkäufer in Sachen Marketing auf den neuesten Stand bringen will, kauft das Lehrmaterial einfach bei uns",
130 erläutert Rolf Granow von der federführenden Fachhochschule Lübeck. „Wir verschicken es via Datennetz, helfen bei Problemen mit Online-Beratung und bestä-
135 tigen den Lernerfolg mit einem Zertifikat."

(Wirtschaftswoche)

2   Formulieren Sie aus den Detailinformationen des Textes zu jedem Abschnitt verallgemeinerte und abstraktere Aussagen. Orientieren Sie sich an den Beispielen.

Beispiele: Abschnitt 1:
Trotz Mehrfachbelastung durch Familie und Beruf studiert eine junge Frau zielstrebig an einer Fernuniversität.
Abschnitt 2:
Die Schwierigkeiten beim Fernstudium, isoliertes Lernen und Teilnahme an Präsenzseminaren führen zu häufigem Studienabbruch.

C6   Finden Sie für (1)-(6) andere Formulierungen im Text.

Beispiel: sie geht den halben Tag arbeiten   *sie jobbt halbtags (Z. 3)*
(1) ein bisschen freie Zeit haben   _____
(2) ein Studium hauptsächlich per
      Computer durchführen   _____
(3) Anwesenheitspflicht in Seminaren   _____
(4) bequeme Möglichkeit, an Informa-
      tionen und Lerninhalte zu gelangen   _____
(5) immer bereit   _____
(6) berufliche Kenntnisse durch Prüfung
      dokumentieren   _____

C7   Ergänzen Sie die Wortschatzsammlung in A8, S. 171, um neue Wörter aus diesem Text.

C8   Nehmen Sie persönlich Stellung.

Können Sie sich vorstellen, über Internet ein Studium oder eine Weiterbildung durchzuführen? Begründen Sie Ihre Meinung, sprechen Sie über Vor- und Nachteile.

§   C9   Partizipialattribute (→ GT3 Attribution, S. 195)

Unterstreichen Sie in dem Text C5 die Partizipialattribute und formulieren Sie dann Hauptsätze wie im Beispiel.
Beispiel: an den vorgeschriebenen Präsenzseminaren →
Die Präsenzseminare sind vorgeschrieben.

1   Analysieren Sie die folgenden Sätze wie im Beispiel.
     Beispiel: Die Online-Gruppenarbeit verkürzt die vorgeschriebenen Präsenzphasen in Semina-
     ren von zwei bis drei Wochen um mindestens eine Woche.

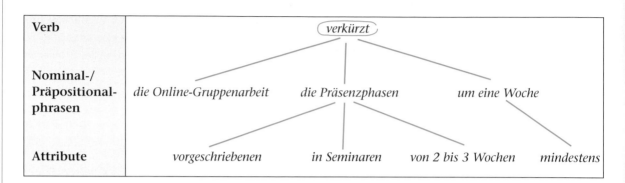

(1) Birgit Feldmann-Pempe, eine der Projektinitiatorinnen, berichtet von einer außerordent-
    lich positiven Resonanz auf die virtuelle Universität.
(2) Mit steigender Tendenz haben bereits 4000 von rund 56000 Eingeschriebenen das Angebot
    genutzt.
(3) Die verbesserte Kommunikation sorgt für eine deutlich steigende Lernmotivation.
(4) Virtuelles Lernen, wann und wo man will, gewinnt nicht nur für Erststudierende an
    Attraktivität.
(5) Die derzeit im Aufbau befindlichen Studiengänge Informatik und Wirtschaftsingenieurwe-
    sen setzen sich aus Lernmodulen zusammen, die sich per Mausklick auch für einzelne
    Qualifizierungsmaßnahmen abrufen lassen.

2   Klassifizieren Sie die Attribute (vgl. B6–B8, S. 180–182).

1   Worauf wird im Text C5 mit *damit* (Z. 53) Bezug genommen?

2   Unterstreichen Sie in den folgenden Sätzen das „Werkzeug"/„Instrument":
     (1) Es ist für sie kein Problem mehr, sich via Netz mit anderen Studenten auf Prüfungen
         vorzubereiten.
     (2) ..., die sich per Mausklick auch für einzelne Qualifizierungsmaßnahmen abrufen lassen.

3   Kennen Sie andere Ausdrücke, die instrumentale Beziehungen kennzeichnen?

VT1 Lesen Sie die Texte im Vertiefungsteil.

1 Treffen Sie möglichst schnell eine Textauswahl.
2 Bearbeiten Sie dann die Texte wie gewohnt. Beachten Sie sowohl den Inhalt (Hauptaussagen, Stichpunkte, wichtiger Wortschatz) als auch den Textaufbau (Einleitung, Hauptteil, Beispiele etc.). Überlegen Sie sich eine entsprechende Präsentation.

Text 1

Grau ist alle Theorie ...

Praktika sind wichtig und manchmal sogar gut bezahlt

„Unter Praktikanten gibt es die unterschiedlichsten Typen", sagt Marco Finetti, Zeitschriftenredakteur in Bonn, „manche sind total phlegmatisch und müssen die ganze Zeit ans Händchen genommen werden, andere dagegen präsentieren schon am ersten Tag grundlegende Verbesserungsvorschläge für die Arbeit eines Teams und decken die Versäumnisse der letzten 30 Jahre auf."

Beide Extreme sind bei Arbeitgebern nicht gern gesehen: Wer keinerlei Eigeninitiative mitbringt, verbucht genauso Minuspunkte wie der forschvorlaute Typ ohne jede Rücksichtnahme und Anpassungsfähigkeit. Kein Zweifel: Ein Mittelweg ist gefragt, wenn es ums Hineinschnuppern in mögliche Berufsfelder geht.

Aber nicht nur Praktikanten, auch Praktikumsgeber sollten gewisse Anforderungen erfüllen, damit die Zusammenarbeit auf Probe für beide Seiten ein Gewinn ist. Denn schließlich geht es nicht nur um den Studenten, der ein Unternehmen kennen lernen will – auch die Firma präsentiert sich als möglicher Arbeitgeber für qualifizierten Nachwuchs. Dabei tauchen für Praktikanten im Vorfeld wichtige Fragen auf: Von der ersten Kontaktaufnahme über die richtige Bewerbung bis zur Bezahlung muss manches geklärt werden.

Die Düsseldorfer SoWi-Studentin Gesa etwa absolvierte ein Praktikum beim nordrhein-westfälischen Landessportbund (LSB): „Gehalt gab es nicht, aber mittags konnte ich kostenlos in der Kantine essen", erinnert sie sich an die geringen materiellen Anreize. „Ich wollte aber gerne in eine Sportorganisation, deshalb habe ich diese Bedingungen akzeptiert."

Die Entscheidung erwies sich nicht nur in fachlicher Hinsicht als weitsichtig: Zur Olympiade in Atlanta 1996 verpflichtete der LSB seine ehemalige Praktikantin als Betreuerin eines Jugendcamps. „Flug, Unterkunft und Verpflegung habe ich bekommen, außerdem eine Menge Spaß und Erfahrungen", so Gesa, die bis heute „immer mal wieder" vom LSB als Referentin engagiert wird.

Um gute und schlechte Erfahrungen sammeln, auswerten und dokumentieren zu können, gehen immer mehr Universitäten dazu über, zentrale Praktikumsbüros für Studierende einzurichten. So ist das neue „Akademische Zentrum für Studium und Beruf" (Ak-Zent) an der Gesamthochschule Duisburg nicht nur ein Career-Center für Absolventen, sondern auch Beratungs- und Vermittlungsinstanz für Praktika.

Um die Qualität eines Praktikums vor dem Start beurteilen und im Idealfall beeinflussen zu können, raten Experten zu einem ausführlichen „Zielvereinbarungs-Gespräch". Dabei sollten die äußeren Bedingungen (Dauer, Arbeitszeiten, Arbeitsplatz) und die inhaltlichen Ansprüche geklärt werden, auch die Benennung einer Betreuungsperson gehört dazu.

Dass Praktikanten für ihre Arbeit kein Gehalt bekommen, ist im öffentlichen Dienst und im Kulturbereich „eher die Regel als die Ausnahme", hat Maria-Anna Worth festgestellt. Das kann Tanja, 28, bestätigen: „Seit Juni hospitiere ich beim Kölner Schauspielhaus ohne Honorar." Für die Französisch- und Germanistik-Absolventin ist das der einzig mögliche Einstieg in ihren Traumberuf: „Ich will Dramaturgie-Assistentin werden und der Weg dahin führt auch für Absolventen über ein Praktikum."

Nach der Devise „learning by doing" arbeitet Tanja an Produktionen mit und ist dabei „hundertprozentig eingebunden". Ihre Erfahrungen mit Kollegen und Schauspielern in Köln sind so gut, „dass ich den unbezahlten Weg auch anderen weiterempfehlen würde".

Gute Erfahrungen mit seinem Praktikum hat auch Volker gemacht. An der FH Gummersbach belegte er nach seinem E-Technik-Studium ein Zusatzstudium zum Wirtschaftsingenieur. Controlling, betriebs- und volkswirtschaftliches Wissen sowie Personalführung und Marketing standen auf dem Stundenplan. In einem achtwöchigen, wirtschaftswissenschaftlich orientierten Praktikum schnupperte er „Berufsluft". Volker assistierte in dieser Zeit dem Umweltschutzbeauftragten der Wuppertaler Firma „Vorwerk Elektrowerke". Daraus resultierte die Aufgabenstellung für seine Diplomarbeit: Für eine der Vorwerk-Produktionsstätten schrieb der 28-Jährige die Umweltbilanz – ein anspruchsvoller Beweis für die erworbene Berufsqualifikation und für die Qualität des Praktikums.

(UNICUM)

Text 2

Welcome to Campus Germany

In Stuttgart zeigt ein Pilotprojekt von Studentenwerk und Akademischem Auslandsamt, wie gut Gastfreundschaft an einer deutschen Uni sein kann

Ein bisschen aufgeregt ist Barbara Maninetti natürlich. In wenigen Minuten wird ihr Flugzeug im fernen Stuttgart landen. Aber Angst vor der Fremde hat die 23-jährige Austauschstudentin aus Italien eigentlich nicht. Sie weiß, dass sie sich gleich im Terminal nicht allein durchfragen muss. Denn Martin Braun, ein Student aus der Neckarstadt, wird sie abholen und ihr bei den ersten Fragen zur Seite stehen. Noch kennen sich die beiden allerdings nicht. Arrangiert hat das „Rendez-Vous" das Akademische Auslandsamt, das im September vergangenen Jahres zusammen mit dem Stuttgarter Studentenwerk ein „Patenprogramm für internationale Studierende" ins Leben gerufen hat. Dabei unterstützen einheimische Studierende die neu immatrikulierten ausländischen Kommilitonen bei allem, was besonders in der Anfangszeit eines Auslandsaufenthaltes schwierig ist.

Und schwierig ist zunächst vor allem der Umgang in der fremden Sprache. „Ich war froh zu wissen, dass Martin gut Italienisch spricht", erzählt Barbara Maninetti. Wahrscheinlich hat sie die anfänglichen Stolpersteine nur mit Hilfe ihres „Paten" gemeistert. Schon die vielen Behördengänge waren ein abenteuerliches Kapitel für sich. Nicht nur, dass Einwohnermeldeamt und Ausländerbehörde erst einmal gefunden werden mussten. Spätestens das Ausfüllen der Formulare wäre wohl ohne Martins Hilfe unmöglich gewesen.

Auch die 23-jährige Pia Andersson aus Schweden hat von dem Stuttgarter Patenschaftsprogramm schon kräftig profitiert. „Es war ein gutes Gefühl zu wissen: Ich komme ins Ausland und es ist jemand da, es gibt eine Person, mit der ich in den ersten Tagen reden, die ich anrufen kann", erinnert sich Pia Andersson. Auch sie betont aber die Wichtigkeit des Organisatorischen. Wenn die Frage der richtigen Studiengestaltung nicht schnell geklärt ist, können ausländische Studierende leicht ins Hintertreffen geraten. Darum achtet das Akademische Auslandsamt darauf, dass die Paten hinsichtlich ihres Studienfachs zu ihren Schützlingen „passen". Man läuft sich einfach häufiger über den Weg, wenn man das Gleiche studiert.

Auch Martin Braun hat einmal eine Zeit lang im Ausland studiert. Daher weiß er aus eigener Erfahrung: Organisations- und Orientierungsprobleme gibt es in einem fremden Land reichlich. Trotzdem hat ihn das Akademische Auslandsamt für die Behördengänge hierzulande vorbereitet: Wo sind die wichtigsten Anlaufstellen für ausländische Studierende? Wo könnten eventuell Probleme auftauchen? Wenn die „Hilfseinsätze" gelaufen sind – monatlich sind etwa fünf „Einzelstunden" dafür vorgesehen –, wird Rücksprache gehalten: Hat alles geklappt oder gab es Schwierigkeiten? Oft wird auch die Frage diskutiert, wie weit man bei der Unterstützung der „Patenkinder" eigentlich gehen sollte. Martin Braun bringt es auf die Formel: „Wir geben Anleitungen zur Selbsthilfe."

Letztlich ist der Aufbau von persönlichen Kontakten das Wichtigste. Nur so kann eine Integration in das studentische Leben gelingen. Mit zum Patenprogramm gehören daher monatlich fünf „Gruppenstunden", die der Freizeitgestaltung gewidmet sind. Auch die Stuttgarter Cafés und Kneipen wollen ja kennen gelernt sein.

Mittlerweile können sich Pia und Barbara sogar vorstellen, länger als ein Jahr in Deutschland zu bleiben. „Alle sind sehr freundlich hier", hat Barbara festgestellt. Sie musste sogar ihr Klischee vom kühlen Deutschen ablegen. Auch Pia fühlt sich wohl in Stuttgart. „Aber wenn ich wieder zu Hause in Schweden bin", kündigt sie schon an, „möchte ich auch mal Patin für deutsche Studierende sein." Das ist ja auch ein Aspekt des Stuttgarter Patenschaftsprogramms: Die guten Erfahrungen eines Studienaufenthaltes in Deutschland sollen zurück ins Heimatland getragen werden. Bei Barbara und Pia ist dieses Konzept wohl aufgegangen.

(Andreas Köster, academix)

Feindliche Übernahme

Die Fachhochschulen machen den Universitäten Konkurrenz. Praxisnähe, familiäre Atmosphäre und straffe Lehrpläne locken die Studenten

Als der Professor an der Fachhochschule sie das erste Mal mit Namen ansprach, wunderte sich Julia Schormann: Der Mann schien sie tatsächlich zu kennen. Zudem gab er sich erstaunliche Mühe, sich verständlich zu machen. „Ständig wurden wir aufgefordert, Fragen zu stellen", sagt die 23-Jährige. Und hatte jemand das mit dem Schuldrecht nicht begriffen, dann ließ er es sich nach der Veranstaltung vom Professor eben noch einmal erklären.

Während ihrer beiden Semester Jura an der Universität Göttingen war Julia Schormann so etwas niemals passiert. 400 Studenten drängten sich im Vorlesungssaal und mussten zuhören, „wie vorne einer ein Buch vorlas". Stellte der Professor einmal eine Frage, hieß es: „Die Dame da oben, neben dem Herrn im roten Pullover, was sagen Sie dazu?" Auf einen Termin beim Professor wartete man wochenlang.

Eine Zeit lang dachte Julia Schormann, ein Studium muss wohl so sein: anonym, praxisfern, langweilig. Seit sie zum Studium des Wirtschaftsjuristen an die Fachhochschule Lüneburg gewechselt ist, weiß sie, dass es auch anders geht. Den Unifrust hätte sie sich also sparen können. Doch niemand hatte Julia Schormann während ihrer Schulzeit auf die nützliche Alternative zum Universitätsstudium hingewiesen. Denn noch immer gelten die mehr als 140 Fachhochschulen in Deutschland als Studienstätten zweiter Klasse. Für Studenten, die das richtige Abitur nicht geschafft haben, und Professoren, die statt zu forschen Schulbuchwissen verbreiten. Das Image der akademischen Dünnbrettbohrer galt einmal zu Recht – vor rund 30 Jahren, als die FHs aus den Fachschulen für Ingenieure, Betriebswirte oder Sozialpädagogen entstanden waren. Die Studenten, viele aus Arbeiterfamilien, gelangten über den zweiten Bildungsweg zur Fachhochschulreife. Einige Dozenten hatten nicht einmal einen Doktor vor dem Namen.

Fachhochschulen setzen auf Internationalität

Heute hat jeder FH-Professor mindestens promoviert. Die Studentenschaft setzt sich mehrheitlich aus Abiturienten zusammen, darunter „zunehmend Einser-Gymnasiasten", beobachtet Hans-Ulrich Nauls von der Studienstiftung des Deutschen Volkes. Die wichtigste deutsche Einrichtung für die Begabtenförderung hat vor drei Jahren Fachhochschüler in ihr Stipendienprogramm aufgenommen und will die Zahl der FH-Stipendien jetzt verdoppeln. Zu den Stipendiaten gehört Vladimir Kreck. Wenn er aus dem Fenster seines Zimmers schaut, blickt er nach Polen. Oft fährt er über die Grenze nach Zgorzelec, um beim Einkaufen oder in der Kneipe seine Vokabelkenntnisse zu testen. Wer an der Fachhochschule Görlitz Kultur und Management studiert, muss eine osteuropäische Sprache lernen – neben Englisch, versteht sich. Der Modellstudiengang ist vollständig international ausgerichtet. Mindestens drei der sechs Praktika müssen die Studenten im Ausland machen. Kreck hat in Salzburg an einem Marketingkonzept für ein Theater mitgearbeitet, in Ungarn an einer Studie über den so genannten Non-Profit-Sektor.

Ein Drittel der Studenten in Görlitz stammt selbst aus einem osteuropäischen Land. Zusammen mit ihren deutschen Kommilitonen absolvieren sie ein straffes Programm: Vorlesungen in Marketing und Rechnungswesen, Seminare über europäische Kunst und Kultur. Daneben immer wieder Workshops und Projekte, in denen die Studenten selbst Kunst schaffen. Das Studentenleben beginnt morgens um acht mit der ersten Veranstaltung, Ferien gibt es vier Wochen im Sommer und zwei Wochen zu Weihnachten. „Ein Eilstudium" eben, wie Gründungsprofessor Matthias Theodor Vogt ohne Bescheidenheit propagiert.

Ob in der Provinz oder in der Großstadt – „viele Fachhochschulen sind dabei, ihr Studium konsequent zu internationalisieren", lobt Ekkehard Winter vom Stifterverband für die Deutsche Wissenschaft. An der Hochschule Bremen, dem Trendsetter in Sachen Internationalität, verbringen die Studenten in 21 von 33 Studiengängen mindestens ein Semester im Ausland, in Spanien, den USA oder China. Keine Universität in Deutschland kann da mithalten. [...]

(Martin Spiwak, Die ZEIT)

Wer studiert das Gleiche wie Sie und kann Sie informieren? Wie sind die Studiengänge in einzelnen Fächern/Fächergruppen in deutschsprachigen Ländern aufgebaut? Wie verläuft das Studium? Wie sind die Universitäten? Ermitteln Sie über Studierende oder Hochschulabsolventinnen/Hochschulabsolventen möglichst viele Informationen zum Thema „Studium in Ⓓ Ⓐ ⒸⒽ".

Projekt 1: Ⓓ Ⓐ ⒸⒽ
Befragen Sie Studierende oder Hochschulabsolventinnen/Hochschulabsolventen in Ihrem Bekanntenkreis zu Themen wie Fächerwahl, Dauer und Ablauf des Studiums, Betreuung während des Studiums, Praxisbezug/Verwendbarkeit der Studieninhalte im Hinblick auf die zukünftige/aktuelle Tätigkeit.

Projekt 2: Ⓓ Ⓐ ⒸⒽ und Heimatland (Netzprojekt)
Nehmen Sie über Internet Kontakt zu Mitgliedern von Fachschaften auf. In Fachschaften sind Studierende eines Faches / einer Fächergruppe organisiert; sie helfen z.B. den Studienanfängerinnen/Studienanfängern bei der Organisation ihres Studiums. Versuchen Sie, möglichst viele Informationen zu den in Projekt 1 genannten Punkten zu bekommen.

❶ *Vorüberlegungen*
Entscheiden Sie zunächst, über welches Fach / welchen Studiengang Sie Informationen haben möchten. Erstellen Sie einen Katalog von Fragen. Dabei sollten Sie folgende Punkte berücksichtigen:
• Zulassungsbedingungen: evtl. Auswirkung von Zulassungsbeschränkungen
• Studienorganisation: Dauer, Aufbau, Arten von Lehrveranstaltungen, Abschlüsse
• Betreuung: Kontakte zu Dozentinnen/Dozenten, Studienberatung, Tutorien etc.
• Praxisbezug: Praktika, Verwendbarkeit der Studieninhalte bei zukünftiger/aktueller Tätigkeit
• Bewertung der Universität (in Ranking-Listen etc.)

❷ *Durchführung*
Projekt 1: Nehmen Sie, eventuell über Freunde und Bekannte, Kontakte zu Studierenden oder zu Menschen auf, die ihr Studium schon abgeschlossen haben, und befragen Sie sie.
Projekt 2: Benutzen Sie die Seite http://www.dino-online.de/seiten/go02st.htm zum Studium in Deutschland. Dort klicken Sie den Link zu „Fachschaften" an und suchen die Fächer und Unis, die Sie interessieren.
Sie können auch anders suchen: Gehen Sie zu einer Universität, die Ihr Studienfach anbietet (http://www.dino-online.de/seiten/go02u.htm). Auf der Leitseite (Homepage) der Universität finden Sie die Fachbereiche, Fächer und Institute. Dort finden Sie oft eine Studienordnung. Und von da aus kommen Sie auch zu den Fachschaften.

❸ *Vorbereitung und Präsentation*
Werten Sie die Informationen aus Ihrer Recherche aus und stellen Sie sie in Stichpunkten geordnet auf einer Seite zusammen.

❹ *Präsentation*
Alle Fächer, zu denen es Informationen gibt, werden, geordnet nach Fächergruppen, an die Tafel geschrieben. Die Kursteilnehmenden wählen aus jeder Fächergruppe einen Studiengang aus, der in Form eines Kurzreferats präsentiert wird. Zu den anderen Fächern können bei Interesse Kopien der Informationsblätter gemacht werden.

Wählen Sie eines der vier folgenden Schaubilder aus.

Sehen Sie es sich etwa fünf Minuten an und machen Sie sich Notizen zu Thema, wichtigen Daten und Fazit. Beschreiben Sie das Schaubild mündlich und arbeiten Sie diese Beschreibung zu Hause schriftlich aus.

❶

Studieren in Deutschland

	Zahl der Studierenden im Wintersemester 1999/2000	mittlere Studiendauer* (Hochschulsemester)
Rechts-, Wirtschafts- und Sozialwissenschaften	561 804	12,3
Sprach- und Kulturwissenschaften	400 957	14,6
Ingenieurwissenschaften	297 115	13,6
Mathematik, Naturwissenschaften	272 119	13,6
Humanmedizin	94 553	14,4
Kunst, Kunstwissenschaft	78 549	15,8
Agrar-, Forst- und Ernährungswissenschaften	35 971	13,0
Sport	27 256	14,7
Veterinärmedizin	7 897	12,2
sonstige Fächer	1 573	

*Diplomabschluss deutscher Erstabsolventen, Stand 1998
Quelle: Statistisches Bundesamt

© Globus 6536

❷

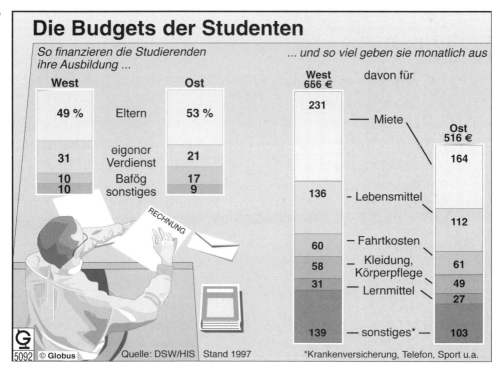

Die Budgets der Studenten

So finanzieren die Studierenden ihre Ausbildung ...

... und so viel geben sie monatlich aus

	West	Ost
Eltern	49 %	53 %
eigener Verdienst	31	21
Bafög	10	17
sonstiges	10	9

davon für

West 656 €

	West	Ost
Miete	231	164
Lebensmittel	136	112
Fahrtkosten	60	
Kleidung, Körperpflege	58	61
Lernmittel	31	49
		27
sonstiges*	139	103

Ost 516 €

5092 © Globus Quelle: DSW/HIS | Stand 1997 *Krankenversicherung, Telefon, Sport u.a.

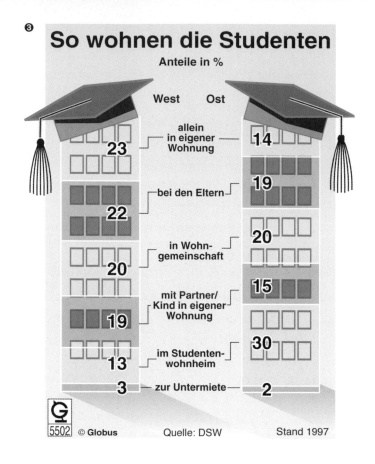

So wohnen die Studenten

Anteile in %

	West		Ost
allein in eigener Wohnung	23		14
bei den Eltern	22		19
in Wohngemeinschaft	20		20
mit Partner/Kind in eigener Wohnung	19		15
im Studentenwohnheim	13		30
zur Untermiete	3		2

5502 © Globus   Quelle: DSW   Stand 1997

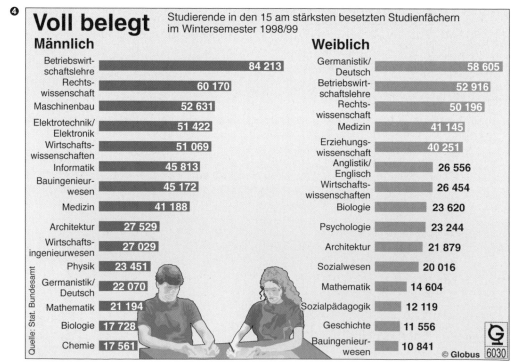

Voll belegt — Studierende in den 15 am stärksten besetzten Studienfächern im Wintersemester 1998/99

Männlich

Betriebswirtschaftslehre	84 213
Rechtswissenschaft	60 170
Maschinenbau	52 631
Elektrotechnik/Elektronik	51 422
Wirtschaftswissenschaften	51 069
Informatik	45 813
Bauingenieurwesen	45 172
Medizin	41 188
Architektur	27 529
Wirtschaftsingenieurwesen	27 029
Physik	23 451
Germanistik/Deutsch	22 070
Mathematik	21 194
Biologie	17 728
Chemie	17 561

Quelle: Stat. Bundesamt

Weiblich

Germanistik/Deutsch	58 605
Betriebswirtschaftslehre	52 916
Rechtswissenschaft	50 196
Medizin	41 145
Erziehungswissenschaft	40 251
Anglistik/Englisch	26 556
Wirtschaftswissenschaften	26 454
Biologie	23 620
Psychologie	23 244
Architektur	21 879
Sozialwesen	20 016
Mathematik	14 604
Sozialpädagogik	12 119
Geschichte	11 556
Bauingenieurwesen	10 841

© Globus 6030

Perfekt/Präteritum von Verben zur Beschreibung eines Schaubilds (← A9, S. 171)

Bilden Sie aus den Angaben Sätze mit den entsprechenden Verben im Perfekt und Präteritum. Verwenden Sie auch die passenden Präpositionen.

„sein":
(1) Anteil der ausländischen Studierenden in Deutschland: 8,2%
(2) Anteil davon in Sprach- und Kulturwissenschaften: 25%

„größer werden":
(3) Anteil der Studierenden, die für ein bis zwei Semester im Ausland studieren: 30% ↗ 35%
(4) Zahl der in einem Online-Studium eingeschriebenen Studierenden: + 3%

„kleiner werden":
(5) Preise für Lebensmittel infolge niedriger Inflationsrate: - 2%
(6) Ausgaben des Staates für Bildung und Forschung: 12% ↘ 10%

„unverändert bleiben":
(7) Mieten für Zimmer in Studentenwohnheimen in den letzten 3 Jahren
(8) Zahl der in den Wirtschaftswissenschaften eingeschriebenen Studierenden

Wortbildung 3: Nomen aus Verben und Adjektiven (← B5, S. 180)

1   Die folgenden Nomen sind jeweils vom gleichen Verb abgeleitet. Was ist der Unterschied in der Bedeutung?
    Beispiel: Verhalten – Verhältnis: *Verhalten = „Benehmen", Verhältnis = „Beziehung"*

    (1) Produkt – Produktion – Produzieren
    (2) Verstehen – Verständnis – Verstand
    (3) Lesen – Lesung – Lese
    (4) Denken – Gedanke – Gedächtnis
    (5) Sprache – Sprechen – Spruch
    (6) Erkennen – Erkenntnis
    (7) Beziehung – Bezug
    (8) Unterschied – Unterscheidung
    (9) Vorgehen – Vorgang

2   Spiel: Bilden Sie vier Gruppen. Welche Gruppe findet die meisten abgeleiteten oder zusammengesetzten Wörter mit *bilden, lernen* oder *schreiben*?

Attribution (← B6, S. 180)

1   Bilden Sie komplexe Nominalphrasen, indem Sie die Informationen aus den Sätzen als Attribute formulieren. Verwenden Sie möglichst unterschiedliche Arten von Attributen. Unterstreichen Sie jeweils das Hauptnomen.
    Beispiel: Thomas Winter ist 27 Jahre alt. Er ist Absolvent der TU Darmstadt. Er arbeitet jetzt an verschiedenen Entwicklungshilfeprojekten in Namibia. →

    a) der jetzt an verschiedenen Entwicklungshilfeprojekten in Namibia arbeitende 27-jährige <u>Thomas Winter</u>, Absolvent der TU Darmstadt
    b) der 27-jährige <u>Absolvent</u> der TU Darmstadt, Thomas Winter, der jetzt an verschiedenen Entwicklungshilfeprojekten in Namibia arbeitet

(1) Die Universität Witten-Herdecke ist die erste deutsche Privatuniversität. Sie wurde 1983 gegründet. 900 Studenten studieren dort.

(2) Ein Ingenieurstudium wird an einer Fachhochschule absolviert. Es dauert vier Jahre. Zu dem Ingenieurstudium gehören zwei Praxissemester in einem Betrieb.

(3) Manche Studierenden bevorzugen Kleinstadt-Unis. Sie sind oft in der Betreuung besser und haben kleine Kurse und kreative Konzepte.

(4) Online-Kurse erleichtern die Weiterbildung. Sie werden über das Internet absolviert.

2 Formen Sie Relativsätze in Partizipialattribute um. Entscheiden Sie, ob Sie Partizip I oder Partizip II verwenden müssen.

Beispiel: Das Studium, das er vor fünf Jahren begonnen hatte, war interessant.

→ *Das vor fünf Jahren begonnene Studium war interessant.*

(1) Die Studentin, die an einer Hausarbeit arbeitete, recherchierte viel im Internet.

(2) Das Seminar, das sie belegt hatte, fiel aus.

(3) Sie wird ihr Studium, das voraussichtlich neun Semester dauern wird, erfolgreich abschließen.

(4) Ein Referat, das man frei vorträgt, findet mehr Aufmerksamkeit beim Publikum.

(5) Die Leihfrist, die letzte Woche abgelaufen ist, wurde nicht verlängert.

(6) Hoffentlich erhalten sie die Noten, die sie erhofft haben.

(7) Sie ging oft in die Ringvorlesung, die alle 2 Wochen stattfindet.

(8) Den Inhalt von Büchern, die man selbst exzerpiert hat, behält man besser.

Ergänzen Sie nun die folgenden Regeln zum Partizipialattribut:

Ist die Handlung **gleichzeitig** oder **vergangen**?
Ist beides möglich?

Hat das Partizip **aktive** oder **passive** Bedeutung?

Partizip I:
• Die Handlung ist immer _____ .
• Das Partizip hat immer eine _____ Bedeutung.

Partizip II:
• Die Handlung ist bei transitiven Verben _____ oder _____ , bei intransitiven Verben ist sie _____ .
• Das Partizip hat bei transitiven Verben eine _____ Bedeutung, bei intransitiven eine _____ .

3 Sehen Sie sich die folgenden Beispiele an: Worauf bezieht sich das unterstrichene Attribut?

Beispiel: das Studium an der Privatuniversität in Witten-Herdecke ...

(1) Thorstens Seminar über Strafrecht, ein wichtiges Prüfungsthema, ist ...

(2) eine bereits im Studium erworbene Auslandserfahrung im angestrebten Beruf, die später durch Mobilitätsprogramme vertieft werden kann, ...

(3) die praxisorientierte Ausbildung Hannas zur Systemadministratorin an einer Fachhochschule ...

(4) ein Praktikum europäischer Jugendlicher im benachbarten Ausland, durch das wichtige Kontakte für später geknüpft werden können ...

(5) die vom Ministerium geförderten Pläne der Universität mit dem Ziel, neue Forschungszentren einzurichten, ...

4 Tragen Sie die Attribute zum Hauptnomen in das Schema ein. (Sie können Wörter abkürzen.)

(1) eine bereits im Studium erworbene Auslandserfahrung im angestrebten Beruf, die später durch Mobilitätsprogramme vertieft werden kann, ...

(2) die praxisorientierte Ausbildung Hannas zur Systemadministratorin an einer Fachhochschule ...

(3) ein Praktikum europäischer Jugendlicher im benachbarten Ausland, durch das wichtige Kontakte für später geknüpft werden können ...

(4) die vom Ministerium geförderten Pläne der Universität mit dem Ziel, neue Forschungszentren einzurichten, ...

(5) das Thema Gentechnik, das sehr kontrovers diskutiert wird, ...

(6) Deutschlands wichtigste und weithin bekannte Forschungseinrichtung, das MPI, wo Forschung von internationalem Rang betrieben wird, ...

(7) viele besonders interessante, noch ungelöste Probleme der Wissenschaft im Bereich der Angewandten Biophysik ...

(8) die äußerst befruchtende Zusammenarbeit zweier Partneruniversitäten in parallelen Forschungsprojekten ...

(9) viel versprechende Methoden im Bereich der chemischen Partikelfusion (kurz: PF), vor allem in den USA bekannt, ...

	Artikel Genitiv	Adjektiv/ Partizip	Nomen	Genitiv Apposition	Präpositionalphrase	AttributSatz
(1)	eine	bereits im Studium erworbene	Auslandserfahrung		im angestrebten Beruf,	die ...kann
(2)						
(3)						
(4)						
(5)						
(6)						
(7)						
(8)						
(9)						

1 Ordnen Sie folgende instrumentale Ausdrücke in die nachfolgende Tabelle ein.

■ dadurch, dass   ■ mittels   ■ mit Hilfe

■ damit   ■ durch

■ mit   ■ indem   ■ dadurch

Subjunktor	
Präposition	
Adverb	
Wendung	

2 Kombinieren Sie die folgenden Satzpaare so, dass instrumentale Beziehungen ausgedrückt werden.
Beispiel: Viele Studenten verfügen über Video und Mikrofon. Sie können mit Kommilitonen in Bild und Ton zusammenarbeiten. →

Mit Hilfe von Video und Mikrofon können viele Studenten mit Kommilitonen in Bild und Ton zusammenarbeiten.

(1) Die Studierenden können Nachrichten austauschen.
Die Studierenden klicken sich in die virtuelle Cafeteria ein.
(2) Die Kommunikation unter den Online-Studenten wurde verbessert.
Die Lernmotivation stieg deutlich an.
(3) Informationen werden per Datenleitung transportiert.
Informationen sind jederzeit verfügbar.
(4) Die Studierenden besitzen einen PC und einen ISDN-Anschluss.
Die Studierenden haben Zugang zu einer umfangreichen Bibliothek.
(5) Eine virtuelle Cafeteria wurde eingerichtet.
Es entstand eine Art Campusleben für die Online-Studenten.
(6) Stress und Isolation wurden abgebaut.
Weniger Studierende brechen ihr Studium ab.

3 Formulieren Sie die folgenden Sätze um: Ersetzen Sie die Präpositionalphrasen mit *durch, mit, mittels* durch Nebensätze mit Subjunktor.
Beispiel: Mit der Gründung der ersten Volkshochschulen wurde ein wichtiger Schritt in Richtung „Bildung für alle" gemacht. →

Indem die ersten Volkshochschulen gegründet wurden, wurde ein wichtiger Schritt in Richtung „Bildung für alle" gemacht.

(1) Mit der Einrichtung von Volkshochschulen wurde ein Bildungsangebot auch für die Menschen geschaffen, die keinen Zugang zur Universität haben.
(2) Mittels eines differenzierten Finanzierungsmodells konnten die Teilnahmegebühren niedrig gehalten werden.
(3) Durch den Besuch entsprechender Kurse können die Teilnehmer wichtige Schulabschlüsse wie z.B. das Abitur nachholen.
(4) Durch den gezielten Ausbau des Kursangebots leisten die Volkshochschulen einen wichtigen Beitrag zur Weiterbildungspolitik der Regierung.

Wege zur Kunst

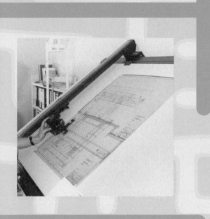

Das Wandern

A1 Hören Sie das Lied „Das Wandern" in zwei verschiedenen Vertonungen: als Volkslied und als Kunstlied in der Vertonung von Franz Schubert.

1 Welche Unterschiede sind Ihnen aufgefallen? Wer singt? Zu welchem Anlass und wo?

2 Das Wandern wird in jeder Strophe durch ein Bild dargestellt. Welche Bilder sind das?

A2 Vergleichen Sie die von Ihnen gefundenen Merkmale mit den Kurztexten: Welche Vertonung war das Volkslied, welche das Kunstlied?

Franz Schubert (1797–1828), Schöpfer des Kunstliedes

Kunstlied

Beim Kunstlied handelt es sich meistens um ein vertontes lyrisches Gedicht oder eine Ballade. Dichter und Komponist sind bekannt und in Liederbüchern namentlich genannt. Das Kunstlied zeichnet sich durch kompositorische Komplexität aus. Die an die Wiedergabe oft hohe Ansprüche stellende Begleitung hat die Aufgabe, das textliche Geschehen zu verdeutlichen. Dem gleichen Ziel dienen auch Vorspiele, Zwischenspiele und Nachspiele. Die Begleitung kann der Melodie untergeordnet, gleichberechtigt oder übergeordnet sein. Das Kunstlied kennt drei verschiedene Formen: das strophische Lied (Melodie und Begleitung sind in allen Strophen gleich), das variierte Strophenlied (Melodie und Begleitung weisen in einzelnen Strophen Veränderungen auf in Melodie und/oder Begleitung) und das durchkomponierte Lied, bei dem jede Strophe ihre eigene Vertonung erfährt. Ein Kunstlied wird von einer Sängerin oder einem Sänger vorgetragen.

Volkslied

Einfache und leicht verständliche Lieder, die volkstümliche Themen wie Natur, Liebe, Sehnsucht, Tanz behandeln und somit Menschen aus allen Volksschichten ansprechen können. Die Melodie ist leicht zu singen; alle Strophen haben die gleiche Melodie. Das Volkslied kann einstimmig oder mehrstimmig, mit und ohne Begleitung gesungen werden. Volkslieder wurden lange Zeit mündlich überliefert, die Verfasser von Text und Melodie sind oft unbekannt.

Beschreiben Sie das Bild „Wanderschaft" von Ludwig Richter.

Die folgenden Fragen sollen Ihnen dabei helfen:
– Was haben Sie zuerst wahrgenommen?
– Wie ist das Bild aufgebaut: Was sehen Sie im Vordergrund, was im Hintergrund?
– Welche landschaftlichen Details können Sie erkennen?
– Welchen Eindruck machen die drei Personen auf Sie?
– Welche Stimmung geht von dem Bild aus?
– In welcher Beziehung steht die Miniatur unter dem Holzschnitt zu dem Bild?

Ludwig Richter (1803–1884), Landschaftsmaler, Figurenzeichner, Buchillustrator von Märchen und literarischen Werken

Wanderschaft
Holzschnitt aus „Fürs Haus" (1859)

1   Haben Sie ein Volkslied oder ein Kunstlied gehört?
    Begründen Sie Ihre Antwort.

2   Was verbindet dieses Lied mit dem vorher gehörten Lied?

A5 Der Liedtext steht als Gedicht im ersten Kapitel der Novelle
    „Aus dem Leben eines Taugenichts" von Joseph Freiherr von
    Eichendorff.

1   Lesen Sie den Text und achten Sie auf die Schauplätze und
    die handelnden Personen.

*Joseph Freiherr von Eichendorff
(1788–1857), bedeutender Dichter der
Spätromantik*

as Rad an meines Vaters Mühle brauste und rauschte schon wieder recht lustig, der
Schnee tröpfelte emsig vom Dache, die Sperlinge zwitscherten und tummelten sich
dazwischen; ich saß auf der Türschwelle und wischte mir den Schlaf aus den Augen;
mir war so recht wohl in dem warmen Sonnenscheine. Da trat der Vater aus dem
5   Hause; er hatte schon seit Tagesanbruch in der Mühle rumort und die Schlafmütze
schief auf dem Kopfe, der sagte zu mir: „Du Taugenichts! Da sonnst du dich schon wieder und dehnst
und reckst dir die Knochen müde und lässt mich alle Arbeit allein tun. Ich kann dich hier nicht länger
füttern. Der Frühling ist vor der Tür, geh auch einmal hinaus in die Welt und erwirb dir selber dein Brot."
– „Nun", sagte ich, „wenn ich ein Taugenichts bin, so ist's gut, so will ich in die Welt gehen und mein
10 Glück machen." Und eigentlich war mir das recht lieb, denn es war mir kurz vorher selber eingefallen,
auf Reisen zu gehen, da ich die Goldammer, welche im Herbst und Winter immer betrübt an unserem
Fenster sang: „Bauer, miet mich, Bauer, miet mich!", nun in der schönen Frühlingszeit wieder ganz stolz
und lustig vom Baume rufen hörte: „Bauer, behalt deinen Dienst!" – Ich ging also in das Haus hinein
und holte meine Geige, die ich recht artig spielte, von der Wand, mein Vater gab mir noch einige Gro-
15 schen Geld mit auf den Weg und so schlenderte ich durch das lange Dorf hinaus. Ich hatte recht meine
heimliche Freude, als ich da alle meine alten Bekannten und Kameraden rechts und links, wie gestern
und vorgestern und immerdar, zur Arbeit hinausziehen, graben und pflügen sah, während ich so in die
freie Welt hinausstrich. Ich rief den armen Leuten nach allen Seiten recht stolz und zufrieden Adieus zu,
aber es kümmerte sich eben keiner sehr darum. Mir war es wie ein ewiger Sonntag im Gemüte. Und als
20 ich endlich ins freie Feld hinauskam, da nahm ich meine liebe Geige vor und spielte und sang auf der
Landstraße fortgehend:

> Wem Gott will rechte Gunst erweisen,
> Den schickt er in die weite Welt,
> Dem will er seine Wunder weisen
> In Berg und Wald und Strom und Feld.
>
> Die Trägen, die zu Hause liegen,
> Erquicket nicht das Morgenrot,
> Sie wissen nur vom Kinderwiegen,
> Von Sorgen, Last und Not um Brot.
>
> Die Bächlein von den Bergen springen,
> Die Lerchen schwirren hoch vor Lust,
> Was sollt' ich nicht mit ihnen singen
> Aus voller Kehl' und frischer Brust?
>
> Den lieben Gott lass ich nur walten:
> Der Bächlein, Lerchen, Wald und Feld
> Und Erd' und Himmel will erhalten,
> Hat auch mein' Sach' aufs Best' bestellt!

Indem, wie ich mich so umsehe, kommt ein köstlicher Reisewagen ganz nahe an mich heran, der mochte wohl schon einige Zeit hinter mir drein gefahren sein, ohne dass ich es merkte, weil mein Herz so voller Klang war, denn es ging ganz langsam, und zwei vornehme Damen steckten die Köpfe aus dem Wagen und hörten mir zu. Die eine war besonders schön und jünger als die andere, aber eigentlich gefielen sie mir alle beide. Als ich nun aufhörte zu singen, ließ die ältere stillhalten und redete mich holdselig an: „Ei, lustiger Gesell, Er weiß ja recht hübsche Lieder zu singen." Ich nicht zu faul dagegen: „Euer Gnaden aufzuwarten, wüsst' ich noch viel schönere." Darauf fragte sie mich wieder: „Wohin wandert
45 Er denn schon so am frühen Morgen?" Da schämte ich mich, dass ich das selber nicht wusste, und sagte dreist: „Nach Wien"; nun sprachen beide miteinander in einer fremden Sprache, die ich nicht verstand. Die Jüngere schüttelte einigemale mit dem Kopfe, die andere lachte aber in einem fort und rief mir endlich zu: „Spring Er nur hinten mit auf, wir fahren auch nach Wien." Wer war froher als ich! Ich machte eine Reverenz und war mit einem Sprunge hinter dem Wagen; der Kutscher knallte und wir flogen über die glänzende Straße fort, dass mir der Wind am Hute pfiff.
50 Hinter mir gingen nun Dorf, Gärten und Kirchtürme unter, vor mir neue Dörfer, Schlösser und Berge auf, unter mir Saaten, Büsche und Wiesen bunt vorüberfliegend, über mir unzählige Lerchen in der klaren blauen Luft – ich schämte mich, laut zu schreien, aber innerlichst jauchzte ich und strampelte und tanzte auf dem Wagentritt herum, dass ich bald meine Geige verloren hätte, die ich unterm Arme hielt.
55 Wie aber dann die Sonne immer höher stieg, rings am Horizont schwere weiße Mittagswolken aufstiegen und alles in der Luft und auf der weiten Fläche so leer und schwül und still wurde über den leise wogenden Kornfeldern, da fiel mir erst wieder mein Dorf ein und mein Vater und unsere Mühle, wie es da so heimlich kühl war an dem schattigen Weiher, und dass nun alles so weit, weit hinter mir lag. Mir war dabei so kurios zumute, als müsst' ich wieder umkehren; ich steckte meine Geige zwischen Rock
60 und Weste, setzte mich voller Gedanken auf den Wagentritt hin und schlief ein.

(Joseph von Eichendorff: Aus dem Leben eines Taugenichts)

2   Interpretieren Sie den Text.

Z. 1–8:
Beschreiben Sie das Verhältnis Vater – Sohn. Wie verstehen Sie den Namen „Taugenichts"?
Spielen Sie die Szene mit eigenen Worten.

Z. 9–21:
Warum war ihm „wie ein ewiger Sonntag zu Gemüte"?

Z. 38–60:
Was könnten die beiden Damen in der Kutsche gesprochen haben? Überlegen Sie und spielen Sie die Szene. Welche Eindrücke und Empfindungen hat der Taugenichts während der Fahrt?

3   Wie könnte die Geschichte weitergehen?

A6   **Der Text enthält Elemente eines altertümlich-literarischen Stils. Wie würden wir heute sagen?**

Beispiel: Der Schnee tröpfelte emsig vom Dache. ➔
            Der Schnee taute und das Wasser tropfte vom Dach.

(1) … und holte meine Geige, die ich recht artig spielte, von der Wand … (Z. 14)
(2) Mir war es wie ein ewiger Sonntag im Gemüte. (Z. 19)
(3) Indem (…) kommt ein köstlicher Reisewagen ganz nahe an mich heran … (Z. 38)
(4) … und redete mich holdselig an … (Z. 42–43)
(5) „Ei, lustiger Gesell, Er weiß ja recht hübsche Lieder zu singen." (Z. 43)
(6) „Euer Gnaden aufzuwarten, wüsst' ich noch viel schönere." (Z. 43–44.)
(7) Da schämte ich mich (…) und sagte dreist: „Nach Wien" (Z. 45–46.)
(8) „Spring Er nur hinten mit auf …" (Z. 48)
(9) Ich machte eine Reverenz und war mit einem Sprunge hinter dem Wagen; (Z. 48–49)
(10) … und wir flogen über die glänzende Straße fort … (Z. 49–50)
(11) Mir war dabei so kurios zumute, als müsst' ich wieder umkehren; (Z. 58–59)

1   Erschließen Sie die Bedeutung des Textes durch semantische Netze: Suchen Sie im Text Wörter, die zu einer der folgenden Gruppen passen. Konzentrieren Sie sich mit Ihrer Partnerin / Ihrem Partner auf zwei Gruppen.

gut gelaunt	*lustig (Z. 1), wohl (Z. 4), ... singen (Z. 20) ...*
Musik/Geräusche	*brausen, rauschen (Z. 1), Geige (Z. 14) ...*
Arbeit	*Mühle (Z. 1), emsig (Z. 2), ... Feld (Z. 20)*
Bewegung	*Rad (Z. 1), tröpfeln (Z. 2), ...*
Stillstand	*sitzen (Z. 3) ...*

2   Vergleichen Sie Ihre Ergebnisse und ergänzen Sie alle Gruppen.

3   Welche Gruppen sind besonders groß? Welche Gruppe ist für die Interpretation des Textes besonders wichtig? Warum?

4   Markieren Sie die Wörter jeder Gruppe im Text mit einer anderen Farbe. Wo gibt es viele Wörter einer Farbe? Wo kommen verschiedene Farben zusammen? Was könnte das bedeuten?

A8   Interessiert es Sie, wie die Geschichte vom Taugenichts zu Ende geht?

Jemand aus Ihrer Gruppe kann z.B. in einem Literaturführer nachlesen und die anderen in einem Kurzreferat (→ S9, S. 256) darüber informieren.

A9   Lesen Sie nun den Kurztext über die Merkmale der Romantik.

Der Dichter Novalis (1772–1801) charakterisiert diese Epoche wie folgt:
„Romantisieren heißt, dem Gemeinen einen hohen Sinn, dem Gewöhnlichen ein geheimnisvolles Aussehen, dem Bekannten die Würde des Unbekannten, dem Endlichen einen unendlichen Schein zu geben."
In Deutschland entfaltet sich die Romantik in einer Zeit nationaler Ohnmacht und Zerrissenheit. Dies spiegelt sich auch in Merkmalen wider, die manchmal widersprüchlich sein können:

- Ein Hin- und Hergerissensein zwischen Fernweh und Heimweh,
- Ruhelosigkeit und ein Verlangen nach Ruhe,
- Auseinandersetzung mit dem Zeitgeist und Rückwendung in die Vergangenheit,
- ein Vermischen von Wirklichkeit und Traum,
- eine Bevorzugung des Abenteuerlichen, Fantastischen und Märchenhaften gegenüber der harten Wirklichkeit,
- ein Hang zum Gefühlsbetonten,
- eine enge Verbindung mit der Natur,
- die Sehnsucht nach dem Besseren und Unendlichen.

1   Wie spiegelt sich das Lebensgefühl der Romantik in den Liedern, im Bild, in den Texten wider? Arbeiten Sie in Gruppen.
2   Kannte man oder kennt man in Ihrem Heimatland das Prinzip „Lernen durch Wanderschaft"?

B1 **Lesen Sie den folgenden Text aus dem Jahr 1940.**

1 Schreiben Sie zu den Stationen von Goethes Leben die passenden Jahreszahlen.

2 Unterstreichen Sie die Titel seiner Werke.

3 Was waren Goethes Hauptinteressen?

4 Beschreiben Sie die Beziehung Goethes zu den im Text genannten Personen.

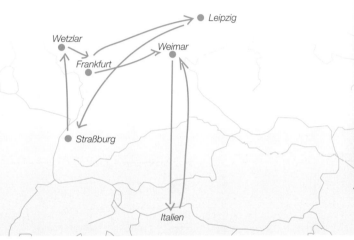

Johann Wolfgang von Goethe (1749–1832)

Goethe, Johann Wolfgang v., Deutschlands größter Dichter, * Frankfurt am Main 28. August 1749, † Weimar 22. März 1832, Sohn des kaiserlichen Rats *Johann Kaspar G.* und der *Katarina Elisabeth G.*, geborene *Textor* („Frau Aja" oder „Frau Rat"). Er studierte 1765–68 in Leipzig , 1770 in Straßburg, wo der Einfluss *Herders* ihm den Blick für das Echte und Große in der Dichtung öffnete. Seine Liebe zu *Friederike Brion*, der Pfarrerstochter von Sesenheim, gab ihm einige seiner schönsten Gedichte ein. Nach beendeten Studien war G. 1772 am Reichskammergericht in Wetzlar tätig; dort lernte er *Charlotte Buff* kennen, die das Urbild abgab für die Lotte in seinem Briefroman „Die Leiden des jungen Werther". Das Buch erschien 1774 und machte G. mit einem Schlage berühmt. 1773 hatte er sein erstes Schauspiel vollendet: „Götz von Berlichingen". 1774 „Clavigo". In Frankfurt war G. vorübergehend mit *Lili Schönemann* verlobt. 1774 und 1775 machte er verschiedene Reisen (eine in die Schweiz). 1775 folgte er einer Einladung des jungen Herzogs *Karl August von Sachsen* nach Weimar, das er dann nie mehr dauernd verlassen hat. G. wurde der mäßigende Freund des Herzogs, hoher weimarischer Staatsbeamter, später erblich geadelt. Er nahm seine Ämter sehr ernst, der Dichter trat lange fast ganz hinter dem Staatsmann zurück. Große geistige Anregung und Vertiefung gab ihm die Liebe zu Frau *Charlotte von Stein*. Gleichzeitig erwachte der Naturforscher in ihm, 1784 entdeckte er den Zwischenkieferknochen beim Menschen. Um den Künstler in sich zu retten, reiste G. 1786–1788 nach Italien, wo er den „Egmont" vollendete und sich dort ganz zu der „edlen Einfalt und stillen Größe" der alten Kunst bekehrte. Diese klassische Einstellung äußert sich in den Schauspielen „Iphigenie" und „Torquato Tasso". Nach Weimar zurückgekehrt, zog G. sich von den Amtsgeschäften zurück. Er schloss einen freien Liebesbund mit *Christiane Vulpius*, die ihm seinen Sohn *August* schenkte; nach 18 Jahren ließ er sich mit ihr trauen. 1791–1817 hatte er die Leitung des Weimarer Hoftheaters, 1792 begleitete er den Herzog auf dem Feldzug gegen Frankreich, 1793 bei der Belagerung von Mainz. Dichterisch war er in diesen Jahren wenig fruchtbar („Reineke Fuchs"), erst die Freundschaft mit *Friedrich Schiller*, seit 1794, schuf Wandel. Zahlreiche Gedichte entstanden, ferner die

„Xenien", der große Bildungsroman: „Wilhelm Meisters Lehrjahre" (1795–96), das epische Gedicht „Hermann und Dorothea" (1797). Der Stoff zum „Faust", der ihn seit Jahren beschäftigte, wurde wieder aufgenommen, 1808 erschien „Faust", I. Teil. Seine Kunst weitete sich in der Zeit des Alters zur weisheitsvollen Weltbetrachtung aus; so in dem Roman „Wahlverwandtschaften" (1809), der Gedichtsammlung „Westöstlicher Divan" (1819), der Lebensbeschreibung „Aus meinem Leben. Dichtung und Wahrheit". In seinen Greisenjahren galt G.s Anteilnahme im starken Maße der Naturwissenschaft, der er sich schon seit Jahren gewidmet hatte („Metamorphose der Pflanzen", 1790, „Farbenlehre", 1810). Sein dichterisches Vermächtnis sind der Roman „Wilhelm Meisters Wanderjahre" (1829) und der zweite Teil des „Faust" (1832). In den letzten Lebensjahren fand G. einen willigen Helfer in dem jungen *Eckermann*, der der Nachwelt die „Gespräche mit Goethe" hinterließ. G.s Dichtung ist Bekenntnisdichtung im höchsten Sinn; in seinen Werken sind die Erlebnisse, Begegnungen und Erfahrungen seines Daseins zu ewig menschlicher, gleichnishafter Bedeutung erhoben. Bücher über G.: Bielschowsky-Linden, Chamberlain, Kühnemann, Witkop. G.s Wohnhaus am Frauenplan in Weimar ist seit 1885 Goethe-Nationalmuseum.

5   Woher stammt dieser Text? Was sind typische Merkmale dieser Textsorte?

B2   Wählen Sie sich eines der beiden kleinen Goethe-Gedichte aus und bilden Sie dann zur weiteren Bearbeitung entsprechende Gruppen.

BEHERZIGUNG

Ach, was soll der Mensch verlangen?
Ist es besser, ruhig bleiben?
Klammernd fest sich anzuhangen?
Ist es besser, sich zu treiben?
Soll er sich ein Häuschen bauen?
Soll er unter Zelten leben?
Soll er auf die Felsen trauen?
Selbst die festen Felsen beben.

Eines schickt sich nicht für alle.
Sehe jeder, wie er's treibe,
Sehe jeder, wo er bleibe,
Und, wer steht, dass er nicht falle.
1777

ERINNERUNG

Willst du immer weiter schweifen?
Sieh, das Gute liegt so nah.
Lerne nur das Glück ergreifen,
Denn das Glück ist immer da.

1777/78

1   Interpretieren Sie Ihr Gedicht. Orientieren Sie sich an den folgenden Interpretationshilfen.

BEHERZIGUNG	ERINNERUNG
– Welche Gegensätze/Gegenüberstellungen finden Sie in der ersten Strophe? – Erklären Sie „Eines schickt sich nicht für alle" in diesem Zusammenhang. – Wer stellt die Fragen? – An wen sind diese Fragen gerichtet? – Gibt es Antworten?	*schweifen* (meist *herumschweifen*) = sich ziellos bewegen – Was meint Goethe mit „immer weiter schweifen"? – Was meint er mit dem so nahe liegenden Guten? – Was bedeutet „das Glück ergreifen"?

2   Tragen Sie Ihre Interpretationen im Plenum vor und vergleichen Sie dann die beiden Gedichte in Bezug auf Thematik und Inhalt.

Franz Schubert hat das Goethe-Gedicht „Mignon" vertont.

Mignon ist ein geheimnisvolles Mädchen in Goethes Roman „Wilhelm Meisters Lehrjahre". Sie singt ein Lied voll Sehnsucht nach einem fremden Land, aus dem sie vor langer Zeit gekommen ist.

1   Ordnen Sie die folgenden Wörter aus dem Lied nach drei Themen.

		1.	2.	3.
▪ Dach ▪ Laub ▪ Weg				
▪ Myrte ▪ Lorbeer ▪ Steg				
▪ Höhlen ▪ Marmorbilder				
▪ Säulen ▪ Nebel ▪ Berg				
▪ Haus ▪ Gemach ▪ Fels				
▪ Drachen ▪ Orangen				
▪ Saal ▪ Zitronen				

2   Hören Sie jetzt das Lied und stellen Sie dabei fest, wie diese Wörter im Lied geordnet sind. Haben Sie die gleiche oder eine andere Ordnung gefunden?

3   Hören Sie das Lied ein zweites Mal und lesen Sie beim Hören den Liedtext mit.

> *Kennst du das Land, wo die Zitronen blühn,*
> *Im dunkeln Laub die Goldorangen glühn,*
> *Ein sanfter Wind vom blauen Himmel weht,*
> *Die Myrte still und hoch der Lorbeer steht,*
> *Kennst du es wohl?*
> > *Dahin! Dahin*
> *Möcht' ich mit dir, o mein Geliebter, ziehn!*
>
> *Kennst du das Haus? Auf Säulen ruht sein Dach,*
> *Es glänzt der Saal, es schimmert das Gemach,*
> *Und Marmorbilder stehn und sehn mich an:*
> *Was hat man dir, du armes Kind, getan?*
> *Kennst du es wohl?*
> > *Dahin! Dahin*
> *Möcht' ich mit dir, o mein Beschützer, ziehn!*
>
> *Kennst du den Berg und seinen Wolkensteg?*
> *Das Maultier sucht im Nebel seinen Weg,*
> *In Höhlen wohnt der Drachen alte Brut,*
> *Es stürzt der Fels und über ihn die Flut:*
> *Kennst du ihn wohl?*
> > *Dahin! Dahin*
> *Geht unser Weg; o Vater, lass uns ziehn!*

4   Geben Sie jeder der drei Strophen eine Überschrift.

5   Wie heißt wohl dieses Land der Sehnsucht?

6   Haben Sie ein Volkslied oder ein Kunstlied gehört? Begründen Sie Ihre Antwort.

Goethes „Faust"

An „Faust" hat Goethe 60 Jahre seines Lebens hindurch gearbeitet. Die ersten Szenen entstanden schon 1774, aber erst 1831 wurde das Werk vollendet. Eine einheitliche, fortschreitende Handlung hat es nicht. Es geht hier um die Entwicklung eines vielgestaltigen Lebens zu einem sinnvollen Ziel.

1 Jemand aus Ihrem Kurs, der sich darauf vorbereitet hat, erzählt nun kurz den Inhalt von Goethes „Faust I".

2 Sie hören einen Ausschnitt aus Fausts Anfangsmonolog, einem der berühmtesten Texte der deutschen Literatur. Hören Sie zunächst den ganzen Ausschnitt. Achten Sie vor allem auf den Klang der Stimme, Sprechtempo und Sprechmelodie: In welcher Stimmung ist Faust?

3 Sie hören den Monolog nochmal in drei Teilen. Lesen Sie vor jedem Teil die Fragen bzw. Aufgaben. Beachten Sie auch die Worterklärungen.

Teil 1: Was für eine Person ist Faust?
Machen Sie Notizen zu
– seinen Forschungsbereichen,
– seinen Titeln,
– seiner jetzigen Tätigkeit.

Worterklärungen:	
Tor	ein Dummer
jemanden an der Nase herumziehen	jemanden in die Irre führen
gescheit	klug
Laffen	eingebildete Leute
Skrupel	Bedenken, Gewissensbisse
sich etwas einbilden	etwas annehmen, glauben
kramen	suchen

Teil 2: Faust betrachtet sein bisheriges Leben.
Zu welchen Ergebnissen kommt er?
Notieren Sie Stichpunkte zu den Bereichen
– Wissen: _____
– Weitergabe von Wissen: _____
– Persönliche Erfolge: _____
– Wie lautet sein Fazit? _____

Teil 3: Faust gibt seinem Leben eine andere Wendung.
– Wodurch versucht er, sein Leben zu verändern?
– Was will er damit erreichen?

4 Beschreiben Sie das Lebensgefühl Fausts.

Faust ist an einer entscheidenden Station seines Lebens angelangt.

Welchen Spruch würden Sie ihm an dieser Stelle mit auf den Weg geben? Wählen Sie ein Zitat aus und erklären Sie die Bedeutung mit Umschreibungen, Beispielen etc.

„Der Weg zur Hölle ist mit guten Vorsätzen gepflastert." (unbekannt)

„Der gerade Weg ist der kürzeste, aber es dauert meist am längsten, bis man auf ihm zum Ziele gelangt." (Lichtenberg)

„Jeder Weg zum rechten Zwecke ist auch recht in jeder Strecke." (Goethe)

Schreiben Sie einen kurzen Sachtext, in den Sie alle Informationen über Faust, die Sie aus dem Monolog erhalten haben, aufnehmen.

„Faust ist ein Wissenschaftler, der ...

Erklären Sie auch, welchen Spruch Sie für Faust am passendsten finden und warum.

Was ist eine Künstlerin / ein Künstler?

1 Schlagen Sie den Begriff „Künstler" in einem deutschsprachigen Wörterbuch nach und notieren Sie die verschiedenen Bedeutungen.

2 Was macht Ihrer Ansicht nach eine Künstlerin / einen Künstler aus?

B8 Lesen Sie den folgenden Text von 1832 aus den Aufzeichnungen von Goethes Assistenten Eckermann „Gespräche mit Goethe", in denen er Goethes Meinung zu verschiedenen Themen dokumentierte.

1 Prüfen Sie die folgenden Aussagen. Stehen sie sinngemäß im Text? Wenn ja, markieren Sie die entsprechenden Textstellen und geben Sie die Zeilen an.

Wer meint, alles ohne Vorbild aus sich selbst heraus zu können, irrt sich.	*ja: Z. . . .*
Die Menschen lernen von anderen Menschen, die gleichzeitig mit ihnen leben.	
Für einen Künstler kommt es nur darauf an, das eigene Genie in sich selbst zu beobachten.	
Die Menschen lernen von den Menschen, die vor ihnen gelebt haben.	
Goethe sieht die Künstler, die ihre Werke völlig unbeeindruckt von anderen Künstlern schaffen, als geniale Menschen an.	

Im Grunde aber sind wir alle kollektive Wesen, wir mögen uns stellen wie wir wollen. Denn wie Weniges haben und sind wir, das wir im reinsten Sinne unser Eigentum nennen! Wir müssen alle empfangen und lernen, sowohl von denen, die vor uns waren, als von denen, die mit uns sind. Selbst das größte Genie würde nicht weit kommen, wenn es alles seinem eigenen Innern verdanken wollte. Das begreifen aber
5 *viele sehr gute Menschen nicht und tappen mit ihren Träumen von Originalität ein halbes Leben im Dunkeln. Ich habe Künstler gekannt, die sich rühmten, keinem Meister gefolgt zu sein, vielmehr alles ihrem eigenen Genie zu danken zu haben. Die Narren! Als ob das überall anginge! Und als ob sich die Welt ihnen nicht bei jedem Schritte aufdränge und aus ihnen trotz ihrer eigenen Dummheit etwas machte! Ja, ich behaupte, wenn ein solcher Künstler nur an den Wänden dieses Zimmers vorüberginge und auf die*
10 *Handzeichnungen einiger großen Meister, womit ich sie behängt habe, nur flüchtige Blicke würfe, er müsste, wenn er überall einiges Genie hätte, als ein Anderer und Höherer von hier gehen.*
Und was ist denn überhaupt Gutes an uns, wenn es nicht die Kraft und Neigung ist, die Mittel der äußern Welt an uns heranzuziehen und unsern höhern Zwecken dienstbar zu machen? Ich darf wohl von mir selber reden und bescheiden sagen, wie ich fühle. Es ist wahr, ich habe in meinem langen Leben mancher-
15 *lei getan und zustande gebracht, dessen ich mich allenfalls rühmen könnte. Was hatte ich aber, wenn wir ehrlich sein wollten, das eigentlich mein war, als die Fähigkeit und Neigung, zu sehen und zu hören, zu unterscheiden und zu wählen und das Gesehene und Gehörte mit einigem Geist zu beleben und mit einiger Geschicklichkeit wiederzugeben. Ich verdanke meine Werte keineswegs meiner eigenen Weisheit allein, sondern Tausenden von Dingen und Personen außer mir, die mir dazu das Material boten. Es*
20 *kamen Narren und Weise, helle Köpfe und borniertе, Kindheit und Jugend wie das reife Alter: Alle sagten mir, wie es ihnen zu Sinne sei, was sie dachten, wie sie lebten und wirkten und welche Erfahrungen sie sich gesammelt und ich hatte weiter nichts zu tun, als zuzugreifen und das zu ernten, was andere für mich gesäet hatten.*
Es ist im Grunde auch alles Torheit, ob einer etwas aus sich habe oder ob er es von andern habe; ob einer
25 *durch sich wirke oder ob er durch andere wirke: die Hauptsache ist, dass man ein großes Wollen habe und Geschick und Beharrlichkeit besitze, es auszuführen; alles Übrige ist gleichgültig.*

(Johann Peter Eckermann, Gespräche mit Goethe)

2 Der Text kreist um eine einzige Kernaussage über das Künstlertum:
„Der Künstler und sein Werk sind durch die Umgebung beeinflusst."
Suchen Sie Textstellen, die diese Aussage immer wieder variieren.

3 Im Text taucht der Begriff „Genie" drei Mal auf. Welche Bedeutung hat er jeweils?
– ein Mensch mit ganz außergewöhnlicher Begabung
– geniale Fähigkeiten haben

B9 Sehen Sie sich das Titelblatt der Lektion an.

– Welche Künste werden durch die Gegenstände dargestellt?
– Was symbolisiert das Labyrinth?
– Was ist für Sie Kunst?
– Welche Funktion hat Kunst?

B10 Schreiben Sie einen Aufsatz zu einem der folgenden Themen.

– Was ist ein Künstler? Stellen Sie verschiedene Meinungen dar und nehmen Sie persönlich Stellung. (Sie können Ihre Ansicht auch an einem konkreten Beispiel darstellen.)
– J. W. von Goethe, Stationen seines Lebens. Eine Kurzbiografie.
– Die Gedichte „Beherzigung" und „Erinnerung" von J. W. von Goethe. Interpretation und Vergleich.
– Mein liebstes Kunstwerk (Bild, Musikstück, Buch, Film etc.)

B11 Konjunktiv II (→ GT1, S. 223)

Unterstreichen Sie alle Konjunktiv-II-Formen im ersten Abschnitt des Textes. Bestimmen Sie die jeweilige Verwendung. Überlegen Sie dann, welche dieser Formen heute nicht mehr verwendet würden.
Informieren Sie sich zuvor, falls nötig, über Formen und Verwendung des Konjunktiv II.

C   Architektur-Weg durch eine Stadt

C1 **Sehen Sie sich die Fotos (a–g) von bekannten Gebäuden in der Stadt Frankfurt am Main an.**

1 Welche Gebäude sind älter, welche sind moderner? Legen Sie eine chronologische Reihenfolge fest:

f						e

2 Stellen Sie Vermutungen an, aus welcher Zeit / welchem Jahrhundert die Gebäude stammen. Kennen Sie einzelne Baustile?

3 Orientieren Sie sich auf dem Stadtplan: Können Sie einige dieser Gebäude finden?

a) Frankfurter Vorort

b) Das Rathaus „Römer": Im Kaisersaal verhandelten die Fürsten die Kaiserwahl, danach fanden hier die Krönungsbankette statt.

c) Die Hauptwache ist einer der zentralen Plätze der Innenstadt.

d) Die Alte Oper

e) Blick auf „Bankfurt"

f) Der Saalhof: Im Mittelalter Schauplatz wichtiger Ereignisse

g) Der Dom

Die Frankfurter Innenstadt

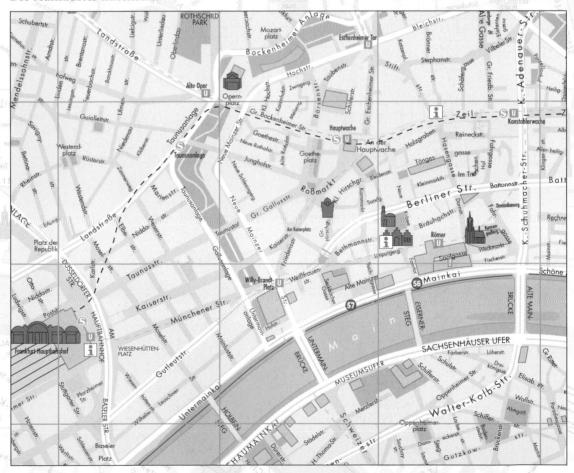

1   Die Kulturkundlerin Hildegard Frieß-Reimann skizziert zu Beginn ihres Vortrags die Anfänge
    der Stadt Frankfurt bzw. von Städten/Stadtanlagen allgemein.
    Hören Sie den ersten Teil des Vortrags und vervollständigen Sie folgendes Schema:
    – Was stand im Mittelpunkt einer Stadt?
    – Was entstand um dieses Zentrum herum?

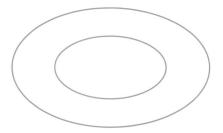

2   Welche zusätzlichen Informationen zu den Anfängen der Stadt und ihrer konzentrischen Aus-
    dehnung erhalten Sie aus dem folgenden Auszug zur Stadtbaugeschichte aus einem Reiseführer
    über Frankfurt? (Alle geografischen Namen und Personennamen sind im Text kursiv gedruckt.)
    Legen Sie eine Chronologie in Stichpunkten an:

> 794   erste urkundliche Erwähnung der Stadt Frankfurt
> 10./11. Jahrhundert
> ...

STADTBAUGESCHICHTE

Die heutige Stadt *Frankfurt* wuchs über einem alten Siedlungsplatz, der sich durch seine günstige Lage in
einem durch Gebirge und Wald geschützten Flusstal, am weitgehend hochwasserfreien Nordufer des Mains
auszeichnete. Auf prähistorische Siedlungsplätze folgten römische Villen und alemannisch-fränkische Höfe.
Als *Frankfurt* erstmals urkundlich erwähnt wurde – im Jahr 794 – war es hauptsächlich von Händlern und
5 Handwerkern bewohnt. Die ältesten Häuser gruppierten sich um die fränkische Königspfalz auf einer
Anhöhe in unmittelbarer Nähe des Flusses. Zusammen mit dem später errichteten Dom bildete die Pfalz
bis weit in die Neuzeit hinein das Zentrum der Stadt, die sich von hier aus in konzentrischen Ringen immer
weiter ausdehnte.

Im 10. Jh. war die spätere *Braubachstraße* die Nordgrenze von *Frankfurt*, nach Süden begrenzte bis ins 11. Jh.
10 der *Main* die Stadt. Mit dem Bau des ersten festen Fußübergangs in der Achse der *Alten Brücke* und der Ausbildung eines Brückenkopfes auf der gegenüberliegenden Uferseite, aus dem sich später *Sachsenhausen* entwickelte, begann die Ausdehnung der Stadt nach Süden. Die Staufer ließen eine romanische Wehrmauer um
die Stadt ziehen und errichteten am Ufer des *Mains* eine neue Kaiserpfalz, von der Teile eines Wohntrakts,
eines Turms und der Pfalzkapelle erhalten sind *(Saalhof)*. Im 14. Jh. wurde die staufische Mauer durch eine
15 stattliche, von 60 Türmen bewehrte Befestigung ersetzt (davon heute noch vier erhalten). Einen größeren
Ring um die Stadt schloss dann die ab etwa 1400 errichtete Landwehr. Von ihren fünf Warten stehen heute noch die *Galluswarte*, die *Bockenheimer*, die *Sachsenhäuser* und die *Friedberger Warte*.

Frankfurt besaß im Mittelalter eine Reihe von Kirchen und Klöstern, von denen viele trotz zum Teil schwerer Kriegsschäden bis heute erhalten sind. Im ältesten Teil der Stadt, nur wenig östlich des Marktes, wurde
20 ab dem 13. Jh. über den baufälligen Mauern einer karolingischen *Salvatorkirche* der Domneubau hochgezogen. Er ist neben dem 1280 vollendeten Gotteshaus der Dominikaner eine der frühesten Hallenkirchen im Mittelrheingebiet. Im 14. Jh. wurde dem Dom ein neuer hochgotischer Chor und ein langes Querschiff hinzugefügt. Der nach Plänen von Dombaumeister *Madern Gerthener* 1415 begonnene Westturm überragt das Kirchenschiff um etwa das Doppelte und ist mit seiner gewaltigen Höhe ähnlich wie die Turmbauten in *Ulm*
25 oder *Freiburg* nicht auf die Proportionen des Kirchenschiffs abgestimmt, sondern als weithin sichtbarer Point-de-Vue im Stadtbild konzipiert. Ungewöhnlich für die deutsche Gotik ist dagegen der Turmabschluss, der nicht den maßwerkdurchbrochenen Spitzhelm, sondern eine Steilkuppel aufweist.

Bis weit ins 18. Jh. hinein prägten Wohnhäuser in Fachwerkbauweise das Bild der Stadt. Ein massiv ausgeführtes Erdgeschoss ließ auf einen wohlhabenden Besitzer schließen, reine Steingebäude waren die Ausnahme
30 me und blieben meist den Patrizierwohnsitzen vorbehalten. Im heutigen Stadtbild ist von der mittelalterlichen und frühneuzeitlichen Bebauung nur noch wenig greifbar, da fast die gesamte Altstadt *Frankfurts* den Bombardierungen des Zweiten Weltkriegs zum Opfer fiel. Allein die weitgehend rekonstruierte Bebauung des *Römerbergs*, der einstige Mittelpunkt der Stadt, vermittelt noch einen Eindruck dieser Epoche.

3 Hören Sie die Fortsetzung des Vortrags und notieren Sie dabei Stichpunkte zur städtebaulichen Entwicklung Frankfurts im 18., 19. und 20. Jahrhundert.

4 Vervollständigen Sie Ihre Notizen durch zusätzliche Informationen aus dem Reiseführer.

Infolge der umwälzenden Veränderungen im Bereich der Kriegsführung durch die Einführung der Feuer-
35 waffen boten die gotischen Wehrmauern den Stadtbewohnern im 17. Jh. nicht mehr genügend Schutz. Auch die *Frankfurter* Bürgerschaft ersetzte ab 1635 die gotische Stadtmauer durch eine barocke Befestigungsanlage mit Wall und Graben. Ihr sternförmiger Grundriss mit den vorspringenden Bastionen lässt sich heute noch am Zickzackverlauf der Wallanlagen bzw. der Ringstraßen um *Frankfurts* Innenstadt ablesen. Im 18. Jh. waren Dom und *Römerberg* immer noch wichtige Fixpunkte im Stadtgefüge, aber die neu errichtete *Haupt-*
40 *wache* und die ständig weiter ausgebaute *Zeil* übernahmen mehr und mehr die Rolle als Zentrum für Handel und öffentliches Leben. [...]

Frankfurts Entwicklung zu einer Großstadt, die vor allem von Handel und Geldwirtschaft geprägt war, vollzog sich in der zweiten Hälfte des 19. Jahrhunderts. Durch die Eingemeindung der Vorstädte, von denen *Bornheim* und *Bockenheim* (1877 und 1895) den Anfang machten, vervielfachte sich innerhalb weniger Jahr-
45 zehnte die Einwohnerzahl. Die Innenstadt erhielt durch neu angelegte Straßenzüge und eine planmäßig verdichtete Bebauung ein neues Gesicht. Allein von 1850 bis 1905 wurden zwischen den Wallanlagen und dem *Main* 15 neue breitere Straßen durch die alten Viertel geschlagen und mit vier- bis fünfstöckigen Wohn- und Geschäftshäusern bebaut. Nahezu alle wichtigen Brücken über den Main entstanden in den letzten Jahrzehnten des 19. Jahrhunderts. Mit dem Opernhaus an der *Bockenheimer Anlage* (1872–1880)
50 schufen sich Adel und wohlhabendes Bürgertum den adäquaten architektonischen Rahmen für gesellschaftliche Begegnungen. [...]

Der Erste Weltkrieg brachte auch in *Frankfurt* die gesamte Bauwirtschaft zum Stillstand. Wie überall in deutschen Großstädten mangelte es in den zwanziger Jahren vor allem an Wohnraum. Doch es fehlte nicht nur an Wohnungen, sondern auch an neuen städtebaulichen und architektonischen Konzepten. Dass *Frank-*
55 *furt* in den zwanziger Jahren den Anschluss an die architektonische Avantgarde fand, verdankte es vor allem der Tätigkeit seines Baudezernenten *Ernst May*, der 1925 von dem liberalen Bürgermeister *Landmann* auf diesen Posten berufen wurde. *May* suchte die Lösung des Wohnungsproblems nicht in einer weiteren Verdichtung und unkontrollierten Ausdehnung des Stadtraums, sondern in einer Dezentralisierung der Stadterweiterung durch überschaubare, mit allen notwendigen Einrichtungen ausgestattete Trabantensiedlungen,

60 die durch einen Grüngürtel von der Stadt getrennt sein sollten. [...] Keine hohen Mietskasernen mit schattigen Hinterhöfen beherrschten in diesen Siedlungen das Bild, sondern zwei- bis dreigeschossige Häuserzeilen mit hellen, möglichst nach Süden ausgerichteten Wohnungen, die über einen Garten, eine Dachterrasse oder gemeinschaftlich nutzbare Grünflächen verfügten. Ein separates Bad, eine eingebaute Küche, Heizungs- und Warmwasserversorgung im ganzen Haus gehörten zum selbstverständlichen Wohnkomfort.

65 [...]

Nach den schweren Bombenangriffen im März 1944 lag die Altstadt von *Frankfurt* in Schutt und Asche. Am Ende des Zweiten Weltkriegs war fast die gesamte historische Bausubstanz im Zentrum zerstört, ein Großteil der angrenzenden Stadtteile schwer beschädigt. Der Wiederaufbau der Innenstadt beschränkte sich zunächst auf hochrangige Kulturdenkmäler von nationaler Bedeutung wie den Dom, die *Paulskirche*

70 (beide ab 1948) sowie das Goethehaus (1946–1951), wohingegen die einstige Mitte *Frankfurts*, die Altstadt zwischen Dom und *Römer*, erst in den achtziger Jahren mit der Neuerrichtung der Ostzeile und dem Bau der *Schirn* wieder an Kontur gewann. Das neue, überwiegend moderne Gesicht der Stadt prägte sich in den sechziger und siebziger Jahren aus, als *Frankfurt* seine Stellung als Metropole der Kreditwirtschaft wieder einnahm. Der Bedarf an Büroflächen für die Geldinstitute und Verwaltungssitze internationaler Unter-

75 nehmen zwang zu baulichen Verdichtungen im historischen Bankenviertel und ließ hier und entlang der Wallanlagen die ersten Bürohochhäuser heranwachsen.

(Baedeker, Frankfurt am Main)

C3 Ordnen Sie den Abschnitten des Lesetextes, wo möglich, Fotos aus C1 zu: War Ihre zeitliche Einordnung richtig?

C4 Halten Sie mit Hilfe Ihrer Notizen einen kurzen Vortrag (→ S9, S. 256) über die Entwicklung der Stadt Frankfurt.

§ C5 Partizipialattribute (→ Lektion 6, GT3, S. 195)

Unterstreichen Sie in den folgenden Sätzen die (erweiterten) Partizipialattribute und ersetzen Sie sie durch einen Relativsatz.

Beispiel: Einen größeren Ring um die Stadt schloss dann die ab etwa 1400 errichtete Landwehr. →
Einen größeren Ring um die Stadt schloss dann die Landwehr, die ab etwa 1400 errichtet wurde.

(1) Der Siedlungsplatz zeichnete sich durch seine günstige Lage in einem durch Gebirge und Wald geschützten Flusstal aus.

(2) Mit der Ausbildung eines Brückenkopfes auf der gegenüberliegenden Uferseite begann die Ausdehnung der Stadt nach Süden.

(3) Der Dom ist neben dem 1280 vollendeten Gotteshaus der Dominikaner eine der frühesten Hallenkirchen im Mittelrheingebiet.

(4) Der nach den Plänen von Dombaumeister Madern Gerthener 1415 begonnene Westturm überragt das Kirchenschiff um etwa das Doppelte.

(5) Allein die weitgehend rekonstruierte Bebauung des Römerbergs vermittelt noch einen Eindruck dieser Epoche.

(6) Im 18. Jahrhundert übernahmen die neu errichtete Hauptwache und die ständig weiter ausgebaute Zeil die Rolle als Zentrum für Handel und öffentliches Leben.

(7) Die Innenstadt erhielt durch neu angelegte Straßenzüge und eine planmäßig verdichtete Bebauung ein neues Gesicht.

(8) Nach den schweren Bombenangriffen im März 1944 war auch ein Großteil der an das Zentrum angrenzenden Stadtteile schwer beschädigt.

Suchen Sie im Lesetext Wörter zum Thema Stadtarchitektur und ordnen Sie sie in das unten stehende Schema ein. Ergänzen Sie es um weitere Kategorien.

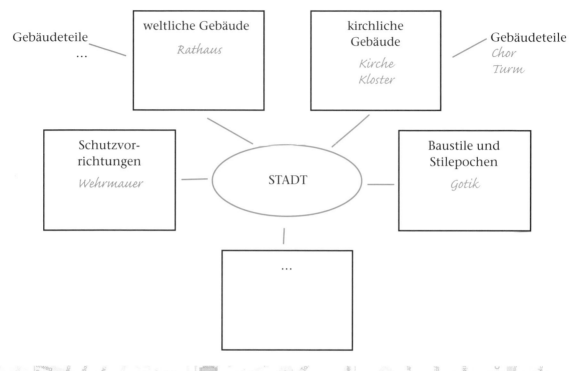

Gebäudeteile
...

weltliche Gebäude
Rathaus

kirchliche Gebäude
Kirche
Kloster

Gebäudeteile
Chor
Turm

Schutzvor-richtungen
Wehrmauer

STADT

Baustile und Stilepochen
Gotik

...

C7   Spiel „Stadtrallye"

Bereiten Sie eine Fußgängerrallye durch Ihre Kursstadt vor. Dabei sollen die Mitspielenden eine bestimmte Strecke laufen und dabei Aufgaben/Fragen zur Architektur und Baugeschichte der Stadt bearbeiten.

a) **D A CH**: Bereiten Sie eine Rallye für die anderen Teilnehmer in Ihrem Kurs vor.

b) **Heimatland:** Bereiten Sie eine Rallye für Deutschsprachige in Ihrer Kursstadt vor.

1   Bestimmen Sie den Weg durch die Stadt, der gelaufen werden soll, und achten Sie darauf, dass er an den wichtigsten Baudenkmälern vorbeiführt.
Formulieren Sie Fragen und Aufgaben zu einzelnen Stationen des Wegs. Dabei müssen Sie darauf achten, dass die Mitspielenden an den entsprechenden Stellen die Antworten/Lösungen finden können (z.B. auf Schrifttafeln, durch Befragung von Passanten etc.). Die Fragen/Aufgaben sollten nicht zu leicht sein und können auch witzig formuliert sein.
Beispiele: Aus welchem Material wurde das Gebäude X erbaut?
Welche Ausstellung findet derzeit im Museum Y statt?
Was sieht man, wenn man vom Rathaus aus nach links blickt?

2   Die Rallye-Teilnehmer bilden Gruppen zu vier bis fünf Personen. Die Gruppen starten zeitversetzt (also im Abstand von etwa 15 Minuten). Die Gruppe, die im kürzesten Zeitraum die meisten Aufgaben richtig gelöst hat, ist Siegerin und erhält von den anderen eine Belohnung.

VT1   **Goethes Roman „Die Leiden des jungen Werther" findet eine Parallele in Ulrich Plenzdorfs „Die neuen Leiden des jungen W.".**

Goethes Roman spielt im Jahr 1772, Plenzdorfs genau 200 Jahre später.
Die Inhalte beider Romane gleichen einander: Es geht um Liebe und Eifersucht, beide Ich-Erzähler lieben eine Frau, die verlobt, später verheiratet ist. Im Roman Plenzdorfs verwendet der Ich-Erzähler Teile aus Goethes Roman.

1   Lesen Sie den Text von Goethe. Werther beschreibt in einem Brief an seinen Freund Wilhelm, wie er Lotte kennen gelernt hat. Achten Sie beim Lesen auf die unterstrichenen Ausdrücke und versuchen Sie, diese aus dem Kontext zu verstehen.

Warum ich dir nicht schreibe? – Fragst du das und bist doch auch der Gelehrten einer. Du solltest raten, dass ich mich wohl befinde, und zwar – Kurz und gut, ich habe eine Bekanntschaft gemacht, die mein Herz näher angeht. Ich habe – ich weiß nicht.
Dir in der Ordnung zu erzählen, wie's zugegangen ist, dass ich eins der liebenswürdigsten Geschöpfe habe
5 kennen lernen, wird schwer halten. Ich bin vergnügt und glücklich und also kein guter Historienschreiber. Einen Engel! – Pfui!, das sagt jeder von der Seinigen, nicht wahr? Und doch bin ich nicht im Stande, dir zu sagen, wie sie vollkommen ist, warum sie vollkommen ist; genug, sie hat allen meinen Sinn gefangen genommen.
So viel Einfalt bei so viel Verstand, so viel Güte bei so viel Festigkeit und die Ruhe der Seele bei dem wah-
10 ren Leben und der Tätigkeit. –
Das ist alles garstiges Gewäsch, was ich da von ihr sage, leidige Abstraktionen, die nicht einen Zug ihres Selbst ausdrücken. Ein andermal – nein, nicht ein andermal, jetzt gleich will ich dir's erzählen. Tu' ich's jetzt nicht, so geschäh' es niemals. Denn, unter uns, seit ich angefangen habe zu schreiben, war ich schon dreimal im Begriffe, die Feder niederzulegen, mein Pferd satteln zu lassen und hinauszureiten. Und doch
15 schwur ich mir heute früh, nicht hinauszureiten, und gehe doch alle Augenblick' ans Fenster zu sehen, wie hoch die Sonne noch steht.
[...]
Ich war ausgestiegen und eine Magd, die ans Tor kam, bat uns, einen Augenblick zu verziehen, Mamsell Lottchen würde gleich kommen. Ich ging durch den Hof nach dem wohlgebauten Hause und da ich die
20 vorliegenden Treppen hinaufgestiegen war und in die Tür trat, fiel mir das reizendste Schauspiel in die Augen, das ich je gesehen habe. In dem Vorsaale wimmelten sechs Kinder von elf zu zwei Jahren um ein Mädchen von schöner Gestalt, mittlerer Größe, die ein simples weißes Kleid mit blassroten Schleifen an Arm und Brust, anhatte. Sie hielt ein schwarzes Brot und schnitt ihren Kleinen rings herum jedem sein Stück nach Proportion ihres Alters und Appetits ab, gab's jedem mit solcher Freundlichkeit und jedes rief
25 so ungekünstelt sein „Danke!", indem es mit den kleinen Händchen lange in die Höhe gereicht hatte, ehe es noch abgeschnitten war, und nun mit seinem Abendbrote vergnügt entweder wegsprang oder nach seinem stillern Charakter gelassen davonging nach dem Hoftore zu, um die Fremden und die Kutsche zu sehen, darin ihre Lotte wegfahren sollte. – „Ich bitte um Vergebung," sagte sie „dass ich Sie hereinbemühe und die Frauenzimmer warten lasse. Über dem Anziehen und allerlei Bestellungen fürs Haus in meiner
30 Abwesenheit habe ich vergessen, meinen Kindern ihr Vesperbrot zu geben, und sie wollen von niemanden Brot geschnitten haben als von mir." – Ich machte ihr ein unbedeutendes Kompliment, meine ganze Seele ruhte auf der Gestalt, dem Tone, dem Betragen, und ich hatte eben Zeit, mich von der Überraschung zu erholen, als sie in die Stube lief, ihre Handschuhe und den Fächer zu holen. Die Kleinen sahen mich in einiger Entfernung so von der Seite an und ich ging auf das jüngste los, das ein Kind von der glücklichs-

35 <u>ten Gesichtsbildung</u> war. Es zog sich zurück, als eben Lotte zur Türe herauskam und sagte: „Louis, gib dem Herrn Vetter eine Hand." – Das tat der Knabe sehr freimütig und ich konnte mich nicht enthalten, ihn, ungeachtet seines kleinen Rotznäschens, herzlich zu küssen. – „Vetter?", sagte ich, indem ich ihr die Hand reichte, „glauben Sie, dass ich des Glücks wert sei, mit Ihnen verwandt zu sein?" – „O," sagte sie mit einem leichtfertigen Lächeln, „<u>unsere Vetterschaft ist sehr weitläufig</u> und es wäre mir leid, wenn Sie

40 der Schlimmste drunter sein sollten." – Im Gehen gab sie Sophien, der ältesten Schwester nach ihr, einem Mädchen von ungefähr elf Jahren, den Auftrag, wohl auf die Kinder acht zu haben und den Papa zu grüßen, wenn er vom Spazierritte nach Hause käme. Den Kleinen sagte sie, sie sollten ihrer Schwester Sophie folgen, als wenn sie's selber wäre, das denn auch einige ausdrücklich versprachen. Eine kleine naseweise Blondine aber, von ungefähr sechs Jahren, sagte: „Du bist's doch nicht, Lottchen, wir haben dich doch lie-

45 ber." – Die zwei ältesten Knaben waren hinten auf die Kutsche geklettert und auf mein Vorbitten erlaubte sie ihnen, bis vor den Wald mitzufahren, wenn sie versprächen, sich nicht zu necken und sich recht festzuhalten.

(Johann Wolfgang von Goethe, Die Leiden des jungen Werther)

2 Wie würde man heute sagen?
Ordnen Sie den unterstrichenen Ausdrücken folgende Umschreibungen zu:

■ entfernt verwandt sein   ■ bei ihrem Anblick fühlte ich, dass ich sie liebte
■ oberflächliches Gerede   ■ ich muss immer an sie denken   ■ warten
■ da spielte sich vor mir eine schöne Szene ab
■ hübsch   ■ ich bin in sie verliebt

3 Lesen Sie den Text von Plenzdorf. Edgar beschreibt hier die erste Begegnung mit Charlie (Charlotte). In diese Beschreibung eingeschoben sind kurze Teile eines Gesprächs zwischen Charlie und Edgars Vater über diese erste Begegnung. Achten Sie beim Lesen auf die unterstrichenen Ausdrücke und versuchen Sie, diese aus dem Kontext zu verstehen.

„Das war Edgar?"
„Das war Edgar. Ich verbot den Kindern sofort, wieder auf das Grundstück zu gehen. Aber wie sie so sind - fünf Minuten später waren sie alle weg. Ich rief sie und dann sah ich: Sie waren drüben, bei Edgar. Edgar saß hinter seiner Laube mit Malzeug und sie hinter ihm, völlig still."

5 Das stimmt. Ich war zwar nie ein großer Kinderfreund. Ich hatte nichts gegen Kinder, aber ich war nie ein großer Kinderfreund. Sie konnten einen <u>anöden</u> auf die Dauer, jedenfalls mich, oder Männer überhaupt. Oder hat schon mal einer was von einem Kindergärtner gehört? Bloß <u>es stank mich immer fast gar nicht an</u>, wenn einer gleich ein Wüstling oder Sittenstrolch sein sollte, weil er lange Haare hatte, keine Bügelfalten, nicht schon um fünf aufstand und sich nicht gleich mit Pumpenwasser kalt abseifte und nicht wuss-

10 te, in welcher Lohngruppe er mit fünfzig sein würde. Folglich fischte ich mir mein Malzeug und <u>fläzte mich hinter meine Laube</u> und fing an, mit dem Bleistift allerhand Abstände anzupeilen, wie Maler das angeblich machen. Und fünf Minuten später waren Charlies Gören vollzählig hinter mir versammelt.

„Was malte er?"
„Eigentlich nichts. Striche. Die Kinder wollten das auch wissen.

15 Edgar sagte: Mal sehn. Vielleicht 'n Baum?
Da kam sofort: Wieso vielleicht? Weißt du denn nicht, was du malst?
Und Edgar: Es kommt ganz drauf an, was heute morgen hier so drin ist. Kann man's wissen? Ein Maler

muss sich erst locker machen, sonst wird der Baum zu steif, den er gerade malen will.
Sie amüsierten sich. Edgar konnte mit Kindern umgehen, aber zeichnen konnte er nicht, das sah ich
20 sofort. Ich interessiere mich ein bisschen dafür."

Stopp mal, Charlie! Sie amüsierten sich, aber dieser Witz mit dem Baum war von dir. Ich dachte noch: So
ist es immer. Einer amüsiert sich und dann kommen diese Kindergärtnerinnen und geben eine ernste
Erklärung. Dann drehte ich mich um und sah dich an. Ich dachte, mich streift ein Bus. Ich hatte dich unter-
schätzt. Da war glatt Ironie dabei! – Ich glaube, in dem Moment hat das Ganze angefangen, dieses Tauzie-
25 hen oder was es war. Jeder wollte den anderen über den Strich ziehen. Charlie wollte mir beweisen, dass
ich kein Stück malen konnte, sondern dass ich bloß ein großes Kind war, nicht so leben konnte und dass
mir folglich geholfen werden musste. Und ich wollte ihr das Gegenteil beweisen. Dass ich ein verkanntes
Genie war, dass ich sehr gut so leben konnte, dass mir keiner zu helfen brauchte, und vor allem, dass ich
alles andere als ein Kind war. Außerdem wollte ich sie von Anfang an haben. Rumkriegen sowieso, aber
30 auch haben. Ich weiß nicht, ob mich einer versteht, Leute.

„Sie meinen, er konnte nicht nach der Natur zeichnen? Nicht abzeichnen?"
„Er konnte überhaupt nicht zeichnen. Warum er so tat, war auch klar: man sollte ihn für ein verkanntes Genie halten. Bloß warum das, das hab ich nie begriffen. Das war wie eine fixe Idee von ihm. Ich
kam auf den Gedanken, ihn in unseren Kindergarten zu bringen und ihn dort eine Wand bemalen zu
35 lassen. Zu verderben war nichts daran. Unser Haus stand auf Abriss. Meine Chefin hatte nichts dagegen. Ich dachte, Edgar würde sich drücken. Er kam aber. Bloß, er war ja so gerissen! Entschuldigen Sie,
aber er war wirklich gerissen! Er drückte den Kindern einfach in die Hand, was an Pinseln da war, und
ließ sie mit ihm zusammen malen, wozu sie Lust hatten. Ich wusste sofort, was kam. In einer halben
Stunde hatten wir das schönste Fresko an der Wand. Und Edgar hatte nicht einen Strich gemacht,
40 jedenfalls so gut wie."

Das Ding lief großartig, ich wusste das. Ich wusste, dass kaum was passieren konnte. Kinder können einen
ungeheuer anöden, aber malen können sie, dass man kaputtgeht. Wenn ich mir schon Bilder ansah, dann
bin ich lieber in einen Kindergarten gegangen als in ein olles Museum. Außerdem schmieren sie sowieso
gern Wände voll.
45 Die Kindertanten waren ganz weg. Sie fanden einfach herrlich, was ihre Kinderchen da gemacht hatten.
Mir gefiel es übrigens auch. Kinder können wirklich malen, dass man kaputtgeht. Und Charlie konnte
nichts machen. Die anderen delegierten sie, mir Mittagessen vorzusetzen. Wahrscheinlich hatten sie
gemerkt, dass Charlie mir was sein konnte. Sie hätten auch blöd sein müssen. Ich himmelte sie nicht an
mit Augenaufschlag und so. Das nicht, Leute. Ich hatte auch keine besonders umwerfenden Sehorgane in
50 meinem ollen Hugenottenschädel. Richtige Schweinsritzen gegen Charlies Scheinwerfer. Aber braun.
Braun poppt, im Ernst.
Wieder auf meiner Kolchose, hatte ich vielleicht die beste Idee zeitlebens. Jedenfalls hat sie eine Masse
Jux eingebracht. Sie hat echt gepoppt. Ich kriegte wieder dieses Buch in die Klauen, dieses Heft. Ich fing
automatisch an zu lesen. Ich hatte Zeit und da hatte ich die Idee. Ich schoss in die Bude, warf den Rekor-
55 der an und diktierte an Willi:
Das hatte ich direkt aus dem Buch, auch den Wilhelm. Kurz und gut, Wilhelm, ich habe eine Bekanntschaft
gemacht, die mein Herz näher angeht ... Einen Engel ... Und doch bin ich nicht im Stande, dir zu sagen, wie
sie vollkommen ist, genug, sie hat allen meinen Sinn gefangengenommen. Ende.
Dadurch war ich erst auf die Idee gekommen. Ich schaffte das Band sofort zur Post. Eine Nachricht war
60 ich Willi sowieso schuldig. Schade war bloß, dass ich nicht sehen konnte, wie Old Willi umfiel. Der fiel
bestimmt um. Der kriegte Krämpfe. Der verdrehte die Augen und fiel vom Stuhl.

(Ulrich Plenzdorf, Die neuen Leiden des jungen W.)

4 Wie würde man in der Standardsprache sagen?
  Ordnen Sie den unterstrichenen Ausdrücken folgende Umschreibungen zu:

■ ich war völlig überrascht ■ langweilen ■ Charlie bedeutete mir etwas

■ ich flirtete nicht mit ihr ■ große strahlende Augen

■ es störte mich meistens nicht ■ das ist toll ■ sich lässig hinsetzen

■ man glaubt es nicht ■ in die Hände ■ kleine häßliche Augen

5 Welchen der beiden Texte fanden Sie sprachlich leichter und warum?

6 Was erfahren Sie über die Personen?
  – Wie wird Lotte beschrieben? Wie wird Charlie beschrieben? Vergleichen Sie die beiden Frauen.
  – Wie werden Werther und Edgar beschrieben? Vergleichen Sie nun die Männer.
  – Vergleichen Sie die Beziehung der beiden Paare.

7 Beschreiben Sie die Parallelen in der Darstellung dieser beiden Szenen.

8 Welchen der beiden Romane würden Sie jetzt lieber lesen und warum?

VT2 Redewendungen

1 Zu welcher der folgenden Zeichnungen finden Sie eine passende Redewendung?

jdm. im Weg sein/stehen

etw. auf den Weg bringen

den Weg alles Irdischen gehen

Mittel und Wege finden, um ... zu

jdm. nicht über den Weg trauen

jdm. aus dem Weg gehen

jdm. den Weg bereiten

jdm. den Weg abschneiden

seiner/ihrer ... Wege gehen

auf dem besten Weg sein zu etwas

auf halbem Weg umkehren

jdn. aus dem Weg räumen

jdn. vom rechten Weg abbringen

vom rechten Weg abkommen

2 Klären Sie die Bedeutung der Redewendungen. Übersetzen Sie auch in Ihre Muttersprache.

3 Schreiben Sie eine kurze Geschichte, in der Sie mindestens drei der Redewendungen sinnvoll
  einsetzen.

Welche Stadt in Ⓓ Ⓐ Ⓒ𝐇, in Ihrem Heimatland oder irgendwo auf der Welt scheint Ihnen architektonisch und städtebaulich interessant und vielseitig? Am Beispiel welcher Stadt kann man die Geschichte/Entwicklung eines Landes / einer Ländergruppe / eines Kontinents besonders gut verdeutlichen? Bereiten Sie in Gruppen den Weg durch (die Baugeschichte) eine(r) Stadt vor.

❶ *Vorüberlegungen/Vorarbeiten*
Einigen Sie sich in Gruppen auf die Stadt, die Sie vorstellen möchten.

❷ *Durchführung*
1 Verteilen Sie die Arbeit zur Materialbeschaffung. Jede Person in Ihrer Gruppe versucht auf anderem Weg, an Informationen über Ihre Stadt zu kommen: Bibliothek, Reisebüro, Internet, Verkehrsamt der Stadt, direkter Besuch etc.
2 Ordnen Sie das Material. Wählen Sie Bauwerke aus, die repräsentativ für eine bestimmte historische Epoche bzw. einen Baustil sind. Achten Sie darauf, dass möglichst jede Epoche durch ein typisches Bauobjekt vertreten ist.
3 Recherchieren Sie auch über die sozialen Hintergründe: Wie haben die Menschen in der jeweiligen Epoche gelebt? Was sind die Gründe dafür, dass sich die Stadt gerade so entwickelt hat? Welche wirtschaftlichen, politischen, sozialen Veränderungen führten zu Veränderungen des Stadtbilds?

❸ *Vorbereitung und Präsentation*
Überlegen Sie, in welcher Form Sie Ihre Ergebnisse präsentieren wollen, z.B.
– als Vortrag, unterstützt durch Fotos, Dias,
– als Dossier mit Texten, Bildern, Hintergrundinformationen,
– als fiktiven Spaziergang durch die Stadt oder
– als Videofilm.

❹ *Präsentation*
Pro Unterrichtstag sollte maximal eine Stadt vorgestellt werden. Die „Fachleute" sollten in der Lage sein, anschließend auf Fragen der anderen Kursteilnehmenden zu antworten und weitere Informationen zu geben. Sollte eine Stadt in der Nähe des Kursortes ausgewählt worden sein, könnte die Präsentation während einer Exkursion dorthin stattfinden.

GT1 Konjunktiv II (← B11, S. 210)

1 Sehen Sie sich die folgende Übersicht über Verwendung und Bildung des Konjunktiv II an.

§ Konjunktiv II

❶ *Funktion*
- zum Ausdruck besonderer Höflichkeit: *Wären Sie so nett, mir den Weg zu zeigen? Würden Sie mir das noch einmal erklären?*
- zum Ausdruck von hypothetischen oder irrealen
  - Wünschen: *Ach, wenn ich doch mehr Zeit hätte! Hätte ich das doch früher gewusst!*
  - Bedingungen: *Wenn er Zeit gehabt hätte, hätte er das Buch lesen können.*
    Würde er mit dem Bus fahren, käme er pünktlich.
  - Vergleichen: *Er läuft so schnell, als wäre der Teufel hinter ihm her. Sie sieht aus, als ob sie Angst hätte.*
- in der indirekten Rede (→ Lektion 1, GT4, S. 41)

❷ *Bildung*
- Der Konjunktiv II wird bei den starken Verben vom Präteritumstamm des Verbs abgeleitet mit Umlaut bei den Vokalen *a, o, u*. Der Konjunktiv II hat dieselben Endungen wie der Konjunktiv I (*-e, -est, -e, -en, -et, -en*).
- Bei den schwachen Verben fallen die Formen von Präteritum und Konjunktiv II zusammen, daher wird stattdessen *würde* + Infinitiv verwendet.

❸ *Verwendete Formen*
- *würde* + Infinitiv
  - bei allen schwachen Verben wegen formaler Identität mit Präteritum: *Wenn er mehr verdienen würde, würde er Mephisto wegschicken. Würde er fleißiger studieren, würde er sich nicht so viele Gedanken machen.*
  - auch bei den meisten starken Verben gebräuchlich, wo der Konjunktiv II vom Präteritum oft als veraltet empfunden wird (z.B. *hülfe* von *helfen* oder *verböte* von *verbieten*): *Wenn der Vater ihm helfen würde / (hülfe), würde der Taugenichts die Stadt nicht verlassen.*
- Konjunktiv II vom Präteritum
  - bei sehr häufigen starken und gemischten Verben: *ihr wüsstet, sie gingen, wir kämen, sie bräuchte, ich fände, er nähme, sie ließe, er gäbe;*
  - bei den Hilfsverben *haben, sein, werden* und den Modalverben *dürfen, können, mögen, müssen* (ohne Umlaut: *sollen* und *wollen*) ausschließlich gebräuchlich: *Wenn ich wollte, könnte ich auch nach Italien fahren. Ach, hätte ich doch Zeit, dann könnte ich den „Taugenichts" lesen! Dürfte ich das einmal sehen?*

❹ *Zeitstufen bei Konjunktiv II*
Der Konjunktiv II hat nur zwei Zeitstufen:
- Gegenwart/Zukunft (hypothetische Sachverhalte)
  Ich würde ihm gern helfen, wenn ich könnte.
  Wäre das Leben nur nicht so kurz!
  Ich wüsste gerne, ob er kommt oder nicht.
- Vergangenheit (irreale Sachverhalte)
  Wenn er doch gefragt hätte, dann hätte ich ihm sicher helfen können.
  Es sieht nicht so aus, als wäre Faust glücklich gewesen!

2 Faust möchte erkennen, „was die Welt im Innersten zusammenhält". Formulieren Sie hypothetische Wünsche.

Beispiel: das Geheimnis des Lebens kennen ➔
> *Wenn ich doch das Geheimnis des Lebens kennen würde.*

(1) die Menschen verstehen   (3) ein Magier sein

(2) die Wahrheit erkennen   (4) Macht haben

3 Formulieren Sie irreale Bedingungen wie im Beispiel.

Beispiel: Faust war mit seinem bisherigen Leben unzufrieden.
– nicht so viele Fächer studieren ➔
> *Vielleicht wäre er zufriedener gewesen, wenn er nicht so viele Fächer studiert hätte.*

(1) nicht so klug sein   (4) weniger wissen

(2) keine Schüler unterrichten müssen   (5) viel Geld verdienen

(3) nichts wissen wollen   (6) mehr lachen

4 Bilden Sie irreale Vergleiche mit *als ob* und *als* (beide Varianten).

Beispiel: Er schreit, …: *Er schreit, als ob man ihn ermorden würde / als würde man ihn ermorden.*

(1) Sie singt, …   (4) Wir streiten, …

(2) Du malst, …   (5) Es regnete, …

(3) Sie haben getanzt, …   (6) Er verhielt sich, …

5 Spiel: Was würde die Person tun, wenn …

Bilden Sie zwei Gruppen. Sehen Sie sich die fünf Fragen an.

> 1 Was würde die Person tun, wenn sie sich das erste Mal mit jemandem trifft, die/der ihr sehr wichtig ist?
>
> 2 Mit wem würde die Person lieber essen gehen, mit … oder … (z.B. Richard Gere / John Wayne / Ghandi / Fidel Castro)?
>
> 3 Wie würde die Person reagieren, wenn man sie auf der Straße berauben wollte? (Weglaufen? Schreien? Schlagen? Diskutieren? …)
>
> 4 Welche drei Dinge würde die Person mitnehmen, wenn sie alleine einen Monat auf einem Berg leben müsste?
>
> 5 Was für ein Tier wäre die Person?

Schreiben Sie weitere (fünf oder mehr) Fragen auf, mit denen man die Persönlichkeit eines Menschen beschreiben könnte. Bestimmen Sie eine Person aus Ihrer Gruppe, die Sie alle relativ gut kennen und die von der anderen Gruppe erraten werden muss.

Spielverlauf: Die Gruppen stellen ihre Fragen abwechselnd. Jede Gruppe darf immer nur eine einzige Frage auf einmal stellen und sie bekommt darauf nur eine Antwort von einer einzigen Person. Dann wird gewechselt. Nach der dritten Antwort darf zum ersten Mal geraten werden – aber auch nur einmal!

Die Gruppe, die zuerst die gesuchte Person ermittelt hat, hat gewonnen.
(Jedes Gruppenmitglied – auch die beiden gesuchten Personen – sollte mindestens einmal fragen bzw. antworten. Die Reihenfolge der Fragen ist egal.)

6 Schreiben Sie einen Text zum Thema „Wie würden sich Kinder ihre Stadt bauen?".

> *Für Kinder wären ganz andere Dinge wichtig als für Erwachsene. Zum Beispiel wollen Kinder spielen, also würden sie …*

D.A.CH in Europa

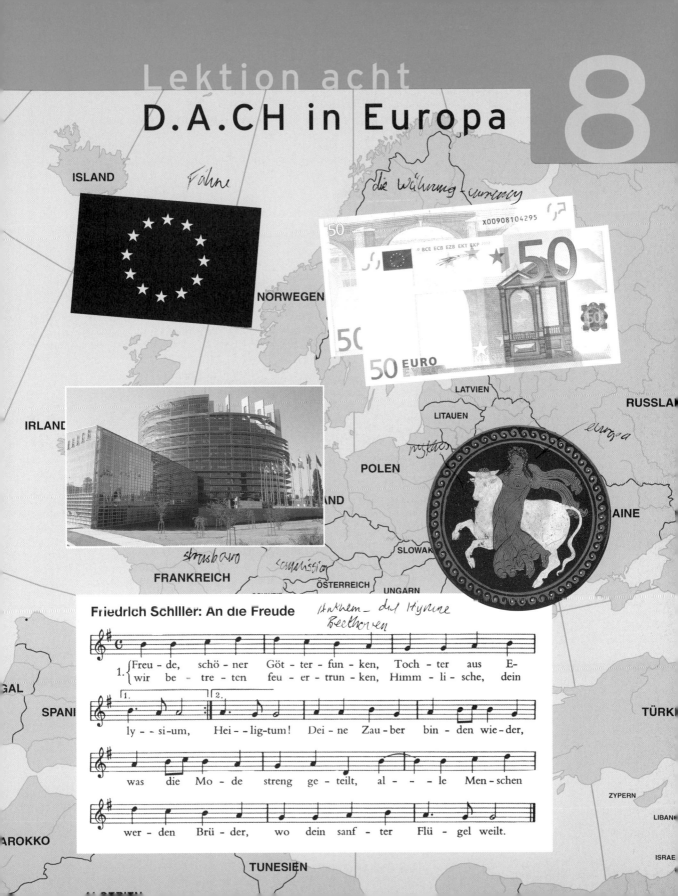

Friedrich Schiller: An die Freude

1. Freu-de, schö-ner Göt-ter-fun-ken, Toch-ter aus E-
   wir be-tre-ten feu-er-trun-ken, Himm-li-sche, dein

ly--si-um, Hei--lig-tum! Dei-ne Zau-ber bin-den wie-der,

was die Mo-de streng ge-teilt, al--le Men-schen

wer-den Brü-der, wo dein sanf-ter Flü-gel weilt.

A

Der Weg zur Europäischen Union

A1 **Sehen Sie sich das Titelblatt an.**

1 Welche der abgebildeten Gegenstände kennen Sie? Was haben die Gegenstände mit Europa zu tun?

2 Sind die Ⓓ Ⓐ ⒸⒽ-Länder Mitglieder der Europäischen Union? Welche anderen Länder gehören zur EU?

12

A2 **Lesen Sie die folgenden Textausschnitte.**

Alle Texte beziehen sich auf die Anfänge eines gemeinsamen Europa. Welche sind eher positiv, welche eher negativ?

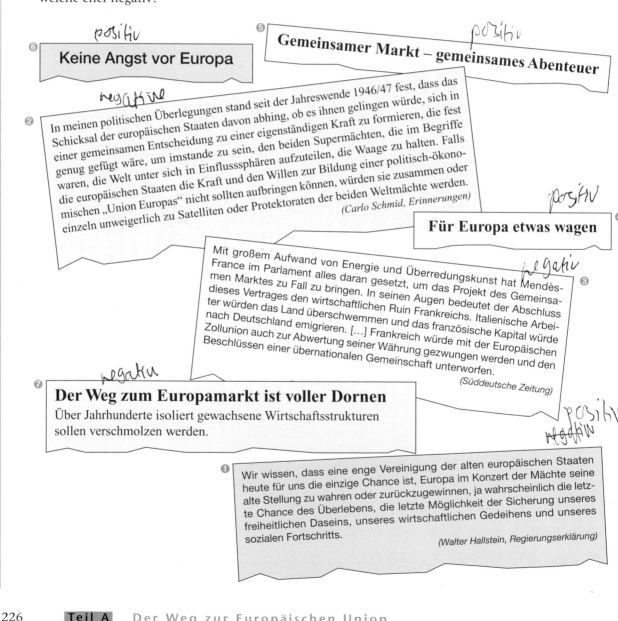

positiv

❻ **Keine Angst vor Europa**

❺ *positiv*

Gemeinsamer Markt – gemeinsames Abenteuer

negativ

❷ In meinen politischen Überlegungen stand seit der Jahreswende 1946/47 fest, dass das Schicksal der europäischen Staaten davon abhing, ob es ihnen gelingen würde, sich in einer gemeinsamen Entscheidung zu einer eigenständigen Kraft zu formieren, die fest genug gefügt wäre, um imstande zu sein, den beiden Supermächten, die im Begriffe waren, die Welt unter sich in Einflusssphären aufzuteilen, die Waage zu halten. Falls die europäischen Staaten die Kraft und den Willen zur Bildung einer politisch-ökono-mischen „Union Europas" nicht sollten aufbringen können, würden sie zusammen oder einzeln unweigerlich zu Satelliten oder Protektoraten der beiden Weltmächte werden.

(Carlo Schmid, Erinnerungen)

positiv

❹ **Für Europa etwas wagen**

negativ

❸ Mit großem Aufwand von Energie und Überredungskunst hat Mendès-France im Parlament alles daran gesetzt, um das Projekt des Gemeinsa-men Marktes zu Fall zu bringen. In seinen Augen bedeutet der Abschluss dieses Vertrages den wirtschaftlichen Ruin Frankreichs. Italienische Arbei-ter würden das Land überschwemmen und das französische Kapital würde nach Deutschland emigrieren. [...] Frankreich würde mit der Europäischen Zollunion auch zur Abwertung seiner Währung gezwungen werden und den Beschlüssen einer übernationalen Gemeinschaft unterworfen.

(Süddeutsche Zeitung)

negativ

❼ **Der Weg zum Europamarkt ist voller Dornen**
Über Jahrhunderte isoliert gewachsene Wirtschaftsstrukturen sollen verschmolzen werden.

positiv
negativ

❶ Wir wissen, dass eine enge Vereinigung der alten europäischen Staaten heute für uns die einzige Chance ist, Europa im Konzert der Mächte seine alte Stellung zu wahren oder zurückzugewinnen, ja wahrscheinlich die letz-te Chance des Überlebens, die letzte Möglichkeit der Sicherung unseres freiheitlichen Daseins, unseres wirtschaftlichen Gedeihens und unseres sozialen Fortschritts.

(Walter Hallstein, Regierungserklärung)

1951: Gründung der EGKS — *Text 3*

1957: Gründung der EWG — *Text 8*

1972: Weitere Politik-felder — *Text 8*

1973: Erster Beitritt — *Text 2*

1975: Vertrag mit AKP-Staaten — *Text 12*

1979: Erste Direktwahl des EP — *Text 11*

1981: 10 Mitglied-staaten — *Text 9*

1986: 12 Staaten / EEA — *Text 1*

1992: Maastrichter Vertrag — *Text 4*

1993: Binnenmarkt; EU — *Text 7*

1995: 15 Mitgliedstaaten — *Text 13*

1997: Regierungskonfe-renz zur Reform der Verträge — *Text 10*

1999: Europäische Währungsunion; Amsterdamer Vertrag — *Text 5*

1) Die Anzahl der Mitgliedstaaten erhöht sich auf zwölf: Portugal und Spanien treten bei. Im gleichen Jahr beschließen die Regierungen der Mitgliedstaaten eine erste umfassende Änderung der Gründungsverträge (die „Einheitliche Europäische Akte", EEA) und setzen ein neues Datum für die Vollendung der Binnenmarktvorbereitungen: Ende 1992.

2) Dänemark, Irland und das Vereinigte Königreich von Großbritannien und Nordirland treten bei.

3) Sechs Staaten gründen in Paris („Pariser Verträge") die Europäische Gemeinschaft für Kohle und Stahl, kurz EGKS. Es sind: Belgien, die Bundesrepublik Deutschland, Frankreich, Italien, Luxemburg, die Niederlande. Im Gründungsvertrag der EGKS heißt es, die sechs Staaten seien entschlossen, „durch die Errichtung einer wirtschaftlichen Gemeinschaft den ersten Grundstein für eine weitere und vertiefte Gemeinschaft unter Völkern zu legen, die lange Zeit durch blutige Auseinandersetzungen entzweit waren".

4) Die Regierungen unterzeichnen in Maastricht den „Vertrag über die Europäische Union" („Maastrichter Vertrag"). Sie erweitern damit die Bereiche der Politik, in denen sie zusammenarbeiten; hinzu kommen jetzt: Bildung, Kultur, Gesundheitswesen, Verbraucherschutz, Industrie, Entwicklungshilfe, Außen- und Sicherheitspolitik, Justiz, Inneres.

5) Am 1. Januar 1999 beginnt die Europäische Währungsunion. Am 1. Mai 1999 tritt der Amsterdamer Vertrag in Kraft.

6) Die Regierungen der EWG-Staaten beschließen, dass sie auf weiteren Gebieten der Politik zusammenarbeiten werden: Energiepolitik, Regionalpolitik, Umweltpolitik.

7) Der Binnenmarkt ist seit 1. Januar 1993 verwirklicht.

8) Die sechs EGKS-Staaten gründen in Rom („Römische Verträge") die Europäische Wirtschaftsgemeinschaft (EWG) und die Europäische Atomgemeinschaft (EURATOM). In der EWG wird die gemeinsame Politik vom Bereich Kohle und Stahl auf weitere Bereiche der Wirtschaft ausgedehnt, z.B. auf die Landwirtschaft, die Fischerei, das Verkehrswesen, das Wettbewerbsrecht, den Außenhandel. Die EWG will innerhalb von 12 Jahren einen Gemeinsamen Markt bilden, also einen Binnenmarkt. Das dauerte dann doch etwas länger, aber Anfang 1993 war es soweit: Der Binnenmarkt wurde „eröffnet".

9) Griechenland tritt bei.

10) Auf der Regierungskonferenz in Amsterdam am 16. Juni 1997 einigen sich die 15 Mitgliedstaaten auf eine Reform der Verträge, um die EU auf die kommenden Erweiterungsrunden vorzubereiten.

11) Zum ersten Mal werden die Abgeordneten des Europäischen Parlaments direkt gewählt.

12) Unterzeichnung des Lomé-Vertrages zwischen EWG und Entwicklungsländern in Afrika, der Karibik und dem Pazifik (AKP-Staaten), die ehemals Kolonien von EWG-Staaten waren.

13) Drei weitere Staaten treten der EU bei: Finnland, Österreich und Schweden.

(http://www.europarl.de/union/zeit.htm)

1 Vergleichen Sie:

Sechs Staaten gründen in Paris die Europäische Gemeinschaft für Kohle und Stahl.
Die gemeinsame Politik wird vom Bereich Kohle und Stahl auf weitere Bereiche der Wirtschaft ausgedehnt.

Warum steht der erste Satz im Aktiv, der zweite im Passiv?

2 Warum kann man die Sätze in den Abschnitten 5, 9, 10 und 12 von Text A3 nicht ins Passiv setzen?

3 Um welche Struktur handelt es sich bei dem folgenden Satz? Warum wird sie hier benutzt?
Der Binnenmarkt ist seit 1. Januar 1993 verwirklicht.

A5 **Aus der Europäischen Wirtschaftsgemeinschaft (EWG) von 1957 und anderen europäischen Institutionen entwickelte sich die Europäische Gemeinschaft (EG).**

Ein wichtiger Schritt auf dem Weg zu einem vereinten Europa war der „Vertrag über die Europäische Union" (EU, Maastricht 1993). Lesen Sie den folgenden Text selektiv und schauen Sie die Grafik an.

1 Im Abschnitt „Ziele der Union" werden vier Globalziele genannt. Unterstreichen Sie diese.

2 Ordnen Sie diese Globalziele den drei Säulen der Grafik zu.

3 Welche weiteren Ziele werden in der Grafik dargestellt?

Der Maastrichter Vertrag über die Europäische Union

Mit der Gipfelkonferenz in Maastricht 1991 sind die Vorstellungen einer Europäischen Union in einem neuen Vertrag konkretisiert worden, der am 1. November 1993 in Kraft trat. Die europäische Geschichte der Nachkriegszeit ist damit um ein Datum reicher geworden. »Maastricht« wird für eine Wegmarke im Integrationsprozess stehen, deren unmittelbare und weiter reichende Bedeutung kontrovers disku-
5 tiert wird.
Der vom → Europäischen Rat verabschiedete Text ist zunächst eine schwierig nachzuvollziehende Zusammenstellung mehrerer Bestandteile unterschiedlicher rechtlicher Natur, die zum besseren Verständnis mit einem Tempel verglichen wird.

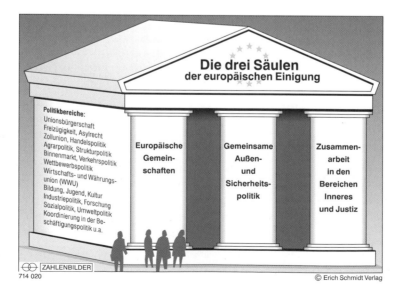

[...]

¹⁰ **Ziele der Union**

Aus den Globalzielen der Union wird die Spannbreite der Themen deutlich, die in dem beschriebenen einheitlichen institutionellen Rahmen behandelt werden sollen: So geht es um die »Förderung eines ausgewogenen und dauerhaften wirtschaftlichen und sozialen Fortschritts, insbesondere durch Schaffung eines Raumes ohne Binnengrenzen, durch Verstärkung des wirtschaftlichen und sozialen Zusammen-
¹⁵ haltes und durch Errichtung einer Wirtschafts- und Währungsunion, die auf längere Sicht auch eine einheitliche Währung umfasst« (Art. B EUV). Zweites wesentliches Ziel der Union ist die Behauptung ihrer Identität auf internationaler Ebene, insbesondere durch eine Gemeinsame Außen- und Sicherheitspolitik (Art. B und J EUV), wozu auf längere Sicht auch die Festlegung einer Verteidigungspolitik gehört. Zum dritten wurde eine Stärkung des Schutzes der Rechte und Interessen der Angehörigen ihrer Mitglied-
²⁰ staaten durch Einführung einer Unionsbürgerschaft vereinbart (Art. B EUV). Viertens streben die Mitgliedstaaten die Entwicklung einer engen Zusammenarbeit in den Bereichen Justiz und Inneres an (Art. B und K EUV).

(Werner Weidenfels/Wolfgang Wessels, Europa von A–Z)

§ | A6 **Passiv und Passiversatzformen (→ GT1/2, S. 243)**

1 Welche Relativsätze geben den Inhalt des unterstrichenen Attributs wieder?
Der Vertragstext von Maastricht ist eine <u>schwer nachzuvollziehende</u> Zusammenstellung mehrerer Bestandteile.

- ❏ eine Zusammenstellung, die schwer nachvollzogen wird
- ❏ eine Zusammenstellung, die schwer nachvollziehbar ist
- ❏ eine Zusammenstellung, die schwer nachvollzogen werden muss
- ❏ eine Zusammenstellung, die sich schwer nachvollziehen lässt
- ❏ eine Zusammenstellung, die man schwer nachvollziehen kann
- ❏ eine Zusammenstellung, die schwer nachzuvollziehen ist
- ❏ eine Zusammenstellung, die schwer nachvollzogen werden kann

2 Formulieren Sie die im Text A5 genannten Globalziele jeweils in einem kompletten Satz mit Passiv und Modalverben.
1. Globalziel: Ein ausgewogener und dauerhafter wirtschaftlicher und sozialer Fortschritt soll ...

A7 **Sprechen Sie über die Konsequenzen dieses Vertrages für die Länder innerhalb und außerhalb Europas.**

A8 **Wie denken Jugendliche in Deutschland über Europa und seine Zukunft?**

1 Hören Sie die Stellungnahmen und notieren Sie Stichpunkte.

Katja:	Stefan:
Laura:	Christian:

2 Hören Sie einen Ausschnitt aus einem Kabarettprogramm „Euromarketing" der Gruppe „Die Scheinheiligen". Achten Sie beim ersten Hören darauf, wer mit wem worüber spricht und welche Beziehung die Personen zueinander haben.

3 Notieren Sie beim zweiten Hören in Stichpunkten, was über die Einstellung der Jugendlichen zu Europa gesagt wird. Vergleichen Sie: Stimmen diese Aussagen mit denen in 1 überein?

4 Was würden Jugendliche in Ihrer Heimat wohl zu solchen politischen, wirtschaftlichen und sozialen Veränderungen sagen?

B1 Sehen Sie sich die folgende Überblicksgrafik an.

Welche Institutionen der EU kennen Sie schon? Welche Funktionen haben sie?

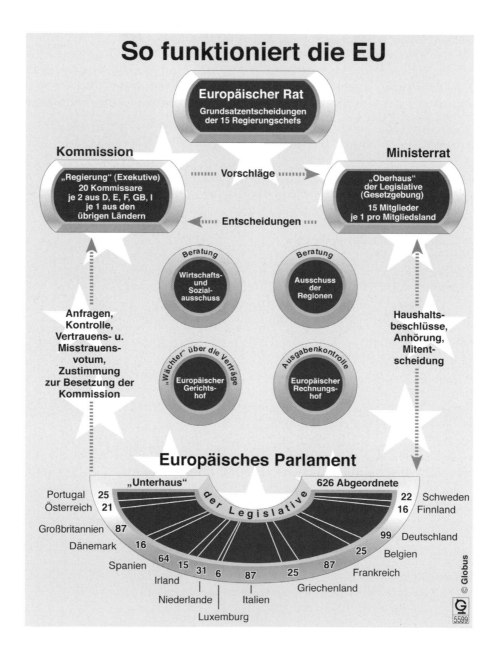

Die Aufgaben innerhalb der EU sind auf verschiedene Institutionen verteilt.

Die wichtigsten sind:

Europäischer Rat – 5 ✓
Europäische Kommission – 2
Europäisches Parlament – 3 ✓
Europäischer Gerichtshof – 4 ✓
Europäischer Rechnungshof – 4

Ordnen Sie diese Institutionen den folgenden Aufgabenbereichen zu.

❶ _____

Diese Institution prüft die Haushaltsführung der EU. Sie kontrolliert z.B., ob alle Zahlungsaktivitäten in der EU rechtmäßig und ordentlich durchgeführt wurden.

❷ _____

Diese Institution schlägt neue Gesetze und Regelungen vor. Sie trifft alle wichtigen Entscheidungen in der EU und ist auch zuständig dafür, dass Beschlüsse der einzelnen EU-Gremien realisiert werden.

❸ _____ *carsall*

Diese Institution repräsentiert die Wähler in den Mitgliedsländern. Sie berät und kontrolliert die Europäische Kommission. Außerdem ist sie zuständig für die Bewilligung des EU-Haushalts und die Umsetzung des Haushaltplanes. Sie entscheidet über Beitritts- und Assoziierungsabkommen.

❹ _____

Diese Institution klärt die Rechte und Pflichten der Mitgliedstaaten. Sie entscheidet v.a. Klagen von Mitgliedstaaten oder europäischen Organen. Aber auch einzelne Bürger können sich juristisch an sie wenden.

❺ _____

Diese Institution gibt in erster Linie politische und wirtschaftliche Impulse: Sie legt die Leitlinien der europäischen Politik fest. Sie handelt Kompromisse zwischen den Mitgliedern aus und entscheidet in finanziellen und politischen Fragen. Sie kann jedoch nur Beschlüsse fassen, wenn Vorschläge aus der Europäischen Kommission vorliegen.

Tipp:

Aktuelle Informationen finden Sie unter http://www.europarl.de/.

In diesem Zusammenhang kam es zu einem Prozess um ein (nationales) Gesetz, das Bayerische Reinheitsgebot, das die Produktion von Bier in Deutschland regelt.
Der Bayerische Brauerbund hat dazu einen Informationstext publiziert. Fritz Ludwig Schmucker, früherer Hauptgeschäftsführer des Verbandes, hat uns ein ergänzendes Interview gegeben. Lesen und hören Sie abwechselnd.

1   Lesen Sie den ersten Textteil und notieren Sie Stichpunkte zu Geschichte und kultureller Bedeutung des Gebots.

Das Reinheitsgebot

Fast 500 Jahre Verbraucherschutz in Bayern

„Ganz besonders wollen wir, dass forthin allenthalben in unseren Städten und Märkten und auf dem Lande zu keinem Bier mehr Stücke als allein Gersten, Hopfen und Wasser verwendet und gebraucht werden sollen." So lautet – in neuhochdeutscher Textfassung – das
5 Bayerische Reinheitsgebot von 1516.
Es stellt die weltweit älteste bis heute gültige lebensmittelrechtliche Bestimmung dar. Doch ungeachtet des Alters der Vorschrift hat sie nichts an ihrer Aktualität verloren: Der Gedanke des Verbraucherschutzes war Herzog Wilhelm IV. seinerzeit Antrieb, das Reinheitsge-
10 bot zu erlassen. Und neben seiner kultur- und wirtschaftshistorischen Bedeutung ist es diese Idee des Verbraucherschutzes, die Bayerns Brauer bis heute für die Beibehaltung ihres Reinheitsgebotes eintre-
ten lässt.

2   Hören Sie nun einen Ausschnitt aus dem Interview mit Fritz Ludwig Schmucker und notieren Sie Stichpunkte.
– Warum halten die deutschen Bierbrauer bis heute am Reinheitsgebot fest?
– Was hat eine Umfrage unter Verbrauchern ergeben?

3   Lesen Sie jetzt wieder einen Ausschnitt aus dem Text und machen Sie sich Notizen zu der Auseinandersetzung zwischen der EG und Deutschland in Bezug auf das Reinheitsgebot.

Das Reinheitsgebot hatte bis 1987 sowohl eine Innen- als auch eine Außenwirkung: Einerseits war es deut-
15 schen Brauern verboten, abweichend von den strengen Vorschriften des Reinheitsgebotes Bier herzustel-
len, andererseits aber durften auch ausländische Produkte auf dem deutschen Markt nicht unter der Bezeichnung „Bier" veräußert werden, wenn sie den strengen Reinheitsgebotsvorschriften nicht entspra-
chen. Es bedurfte erst des „Engagements" der Europäischen Union, um nach über 450-jähriger unverän-
derter Gültigkeit des Bayerischen Reinheitsgebotes die Aufweichung dieses ehernen Grundsatzes der Bier-
20 produktion für Bayern zu betreiben.

Schon in den 70er Jahren entwickelte die EG-Kommission erste Initiativen, im Zuge der „Harmonisierung" der Herstellungsvorschriften für Bier diese auf niedrigstem Niveau zu vereinheitlichen und die Zulassung von Zusatzstoffen EU-weit zu betreiben. Da keine Einigkeit zwischen den Mitgliedstaaten zu erzielen war, musste das Vorhaben jedoch 1976 zunächst wieder zu den Akten gelegt werden.

25 Mit Schreiben vom 12.2.1982 eröffnete die EG-Kommission dann in Sachen „Anwendung des Reinheitsgebotes für importierte Biere" ein sog. „Vertragsverletzungsverfahren" gegen die Bundesrepublik Deutschland, gestützt auf Art. 30 des EWG-Vertrages, der eine „Behinderung des freien Warenverkehrs" innerhalb
der EU untersagt.

Der Grundsatz: In einem Mitgliedstaat der EU rechtmäßig hergestellte und in den Verkehr gebrachte
30 Erzeugnisse – gleich welcher Art – können grundsätzlich auch in den anderen Mitgliedstaaten in Verkehr
gebracht werden. Dieses Inverkehrbringen darf durch nationale Gesetze – wie in Deutschland unter Beru-
fung auf das Reinheitsgebot – nicht behindert werden. Durch die Anwendung des Reinheitsgebots auch auf
Importbiere verstoße die Bundesrepublik – so der Vorwurf – gegen Art. 30 des EWG-Vertrages.

Zwar hat die Bundesrepublik sich seinerzeit auf das Argument des vorbeugenden Gesundheitsschutzes
35 berufen, um ihre Haltung zu untermauern, der Europäische Gerichtshof jedoch ist dieser Auffassung nicht
gefolgt.

Nach einer über 3-jährigen Auseinandersetzung vor dem Europäischen Gerichtshof (die EG-Kommission
hatte den Beschluss der Klageerhebung gegen die Bundesrepublik Deutschland bereits am 21.12.1983
beschlossen) fällte der Europäische Gerichtshof am 12. März 1987 sein „Reinheitsgebotsurteil". Biere, die
40 in anderen Mitgliedsländern der EU rechtmäßig hergestellt oder verkehrsfähig waren, erlangen diese Ver-
kehrsfähigkeit auch auf dem deutschen Markt – unabhängig davon, ob sie entsprechend den strengen Vorschriften des Reinheitsgebotes hergestellt werden oder nicht. Einziges Zugeständnis: Bei Abweichungen
vom Reinheitsgebot müssen alle dem Reinheitsgebot fremden Stoffe im Zutatenverzeichnis deutlich
erkennbar auf dem Etikett angegeben werden. [...]

4 Welche Ausdrücke im Text entsprechen den folgenden Paraphrasen?
Beispiel: durften nicht verkauft werden = *durften ... nicht ... veräußert werden* (Z. 16–17)

(1) es war nötig
(2) die Lockerung
(3) dieses strenge Prinzip
(4) man konnte sich nicht einigen
(5) der Plan wurde für einige Zeit aufgegeben
(6) einen Prozess beginnen
(7) verboten
(8) Produkte
(9) ihre Position zu bekräftigen
(10) hat diese Ansicht nicht geteilt

5 Hören und notieren Sie, welche Konsequenzen
das Gerichtsurteil des EuGH für Hersteller und
Verbraucher von deutschem Bier hatte.

6 Im letzten Textteil geht es um „traditionelle
Lebensmittel" allgemein.
– Welche Besonderheit muss ein solches Lebens-
mittel haben?
– Wozu dient dieses Gütezeichen?

45 Dass auch die Europäische Union Tradition und Stellenwert des Bayerischen Reinheitsgebotes sehr wohl zu schätzen weiß, hat sie 1996 unter Beweis gestellt. Um getreu traditionellen Rezepturen oder Verfahren hergestellte Lebensmittel vor billigen Imitaten zu schützen, schuf die EU das „Traditionelle Lebensmittel" und erstellte eine Liste ausgewählter Lebensmittel (europaweit 15!), deren Herstellungsverfahren und Rezeptur zwingend eingehalten werden muss, soll das Lebensmittel unter der geschützten Bezeichnung
50 auch zukünftig vermarktet werden.

Als einziges deutsches Lebensmittel wurde deutsches Bier, gebraut nach dem Reinheitsgebot, in die Liste dieser geschützten „Traditionellen Lebensmittel" aufgenommen. Will heißen: Wer sein Bier mit dem Hinweis etikettiert, es sei nach dem Reinheitsgebot gebraut, muss sich auch daran halten! Es bleibt also alles beim Alten!

55 Das Bayerische Reinheitsgebot von 1516 bleibt als Gütezeichen gesetzlich anerkannt und wird in der EU besonders geschützt.

(Bayrischer Brauerbund http://www.stmelf.bayern.de/bbb/rein10.htm *ff.)*

7 Nennen Sie fünf Lebensmittel, die Ihrer Meinung nach als „Traditionelle Lebensmittel" eingestuft werden sollten, und begründen Sie Ihre Auswahl.

B4 Schreiben Sie nun auf der Basis Ihrer Notizen eine Zusammenfassung (→ S7, S. 254) zum Thema „Reinheitsgebot".

B5 Passiv und Passiversatzformen (→ GT1/2, S. 243)

1 Suchen Sie im zweiten Textausschnitt (Z. 14–44) Passivformen. Welche sind Beispiele für Vorgangspassiv, welche für Zustandspassiv?
Beispiel: Biere, die in anderen Mitgliedsländern der EU hergestellt waren (Z. 40)
= Zustandspassiv (Vergangenheit)

2 Formulieren Sie die folgenden Sätze um. Verwenden Sie Ersatzformen für das Passiv mit Modalverben.
Beispiel: ... andererseits aber durften auch ausländische Produkte auf dem deutschen Markt nicht unter der Bezeichnung „Bier" veräußert werden. (Z. 16) →
... andererseits aber waren auch ausländische Produkte auf dem deutschen Markt nicht unter der Bezeichnung „Bier" veräußerbar / zu veräußern.

(1) In einem Mitgliedstaat der EU rechtmäßig hergestellte Erzeugnisse können grundsätzlich auch in den anderen Mitgliedstaaten in Verkehr gebracht werden.
(2) Dieses Inverkehrbringen darf durch nationale Gesetze nicht behindert werden.
(3) Bei Abweichung vom Reinheitsgebot müssen alle dem Reinheitsgebot fremden Stoffe deutlich erkennbar auf dem Etikett angegeben werden.
(4) Die EU schuf eine Liste ausgewählter Lebensmittel, deren Herstellungsverfahren und Rezeptur zwingend eingehalten werden muss.

C Die Schweiz und Europa

C1 Peter Schneider, Professor für Öffentliches Recht, hat einen Kurzvortrag zum Thema „Die Schweiz und Europa" gehalten.

1 Hören Sie den ganzen Vortrag konzentriert an, ohne mitzuschreiben.

2 Notieren Sie nach dem Hören einige wichtige Informationen, die Sie im Gedächtnis behalten haben, und vergleichen Sie dann Ihre Notizen untereinander.

3 Hören Sie den Kurzvortrag ein zweites Mal und ergänzen Sie Ihre Notizen.

4 Woran haben Sie erkannt, dass Peter Schneider Schweizer ist?

C2 Die folgenden Texte haben bilaterale, d.h. zweiseitige Verhandlungen zwischen der Schweiz und der EU zum Thema.

1 Welche Entwicklung spiegeln die Überschriften wieder?

2 Suchen Sie in den Texten nach Informationen zu folgenden Punkten:
   – Beitrittsverhandlungen zur EU
   – Volksinitiative „Ja zu Europa"
   – Freihandelsabkommen (EFTA) und Europäischer Wirtschaftsraum (EWR)
   – Bilaterale Verhandlungen und Abkommen mit der EU
     Position der EU gegenüber der Schweiz

Text 1

Die bilateralen Abkommen mit der EU

EIN SCHÖPFERISCHER LERNPROZESS

Neue Qualität in den Beziehungen Schweiz – EU

Die bilateralen Verhandlungen zwischen der Schweiz und der EU sind nach ziemlich genau vier Jahren auf politischer Ebene zu Ende geführt worden. Der erfolgreiche Abschluss stellt für boide Seiten keine Selbstverständlichkeit dar, zumal neben erheblichen materiellen Differenzen auch gewisse psychologische Barrieren beseitigt werden mussten. Die jahrelange Ausmarchung* für insgesamt sieben Sektoralabkommen kommt einem Lernprozess sowohl für die Schweiz als auch für die EU gleich.

Nach dem Ncin von Volk und Ständen am 6. Dezember 1992 zum Abkommen über den Europäischen Wirtschaftsraum (EWR), der zwischen der Schweiz und der EU zu binnenmarktähnlichen Verhältnissen geführt hätte, ging es für den Bundesrat um Schadensbegrenzung. Relativ rasch entschied sich die Landesregierung dafür, in Brüssel um bilaterale Verhandlungen in Bereichen nachzusuchen, in denen die tatsächliche oder potentielle Diskriminierung der schweizerischen Wirtschaft am ausgeprägtesten ist.

* schweizer. für *Ausgrenzung*

Text 2

Ja zu Europa – aber alles zu seiner Zeit

Gegenvorschlag zur Volksinitiative und Integrationsbericht

Der Bundesrat hält am strategischen Ziel eines EU-Beitritts fest, erachtet aber Beitrittsverhandlungen als verfrüht. Deshalb empfiehlt er die Ablehnung der Volksinitiative »Ja zu Europa« und will sich mit einem Gegenvorschlag auf den Weg in die EU verpflichten, den Zeitplan dafür aber offenlassen.
5 Zunächst sollen die bilateralen Verträge unter Dach gebracht werden. Dann will der Bundesrat eine breit angelegte Integrationsdebatte führen.

Text 3

Grundsatzfragen zum Ausbau des Bilateralismus

Papier der Kommission zur Integration der Schweiz

Nach dem erfolgreichen Abschluss der bilateralen Verhandlungen stellt man auch in Brüssel die Frage, wie die Schweiz weiter an die EU herangeführt werden könnte. Die Fortsetzung des bilateralen Weges wird nicht grundsätzlich ausgeschlossen, hätte aber ihren Preis. In einem Positionspapier
5 kommt zudem zum Ausdruck, dass jedes weitere Abkommen mit Bern den Beitrittswillen der Schweiz untergraben könnte.
Das Papier bringt damit einen Konflikt zum Ausdruck, der auch in Bern mehr oder weniger offen ausgetragen wird: Offiziell drängt die Schweiz zwar auf weitere Abkommen. Aber so wünschbar immer engere Beziehungen mit der EU auch sein mögen, je mehr diese Annäherung über bilaterale Verträge erfolgt,
10 um so stärker wird den Beitrittsbefürwortern in der Schweiz das Wasser abgegraben. So sehen es auch die Beamten in der Kommission. Und weil die Schweiz – zusammen mit Norwegen – gar vor der Osterweiterung in der EU hochwillkommen wäre, stellt man sich in Brüssel die Frage, ob mit einem weiteren bilateralen Paket wirklich das richtige Signal gesetzt würde. Könnte mit anderen Worten die Beitrittsdynamik in der Schweiz nicht etwas verstärkt werden, indem man den Eidgenossen klar zu erkennen
15 gibt, dass der Preis für weitere bilaterale Abkommen relativ hoch ist?

Text 4

Die bilateralen Abkommen mit der EU

Der Abschluss der bilateralen Verhandlungen mit der Europäischen Union Ende 1998 hat die Beziehungen der Schweiz zu Europa auf eine neue Grundlage gestellt. Mit den abgeschlossenen sieben Verträgen wird die Periode des Freihandelsabkommens abgelöst. Der schwierige Weg, auf den das Volk die Schweiz 1992 mit dem abgelehnten Beitritt zum Europäischen Wirtschaftsraum geschickt hatte, findet
5 ein Ende. Es gilt nun das Vertragspaket innerstaatlich zu genehmigen und dabei insbesondere die Forderungen nach flankierenden Maßnahmen im Personen- und Landverkehr aufzunehmen.

Können Sie den unbekannten Wortschatz verstehen?

Probieren Sie für jedes Wort eine Strategie aus (Wortbildung, Kontext etc.) und ordnen Sie dann die Wörter der Strategie zu, mit der Sie jeweils Erfolg hatten (→ S10, S. 256). Vergleichen Sie Ihre Ergebnisse.

das Wasser abgraben innerstaatlich Stände
Beitrittsverhandlung
Positionspapier Eidgenossen Osterweiterung
Paket Sektoralabkommen
bilateral Integrationsdebatte
Diskriminierung ausgeschlossen
Beitrittsbefürworter binnenmarktähnlich

C4 **Lesen Sie den folgenden Text, der auf ein Sektoralabkommen zwischen der Schweiz und der EU aus dem Jahr 1998 näher eingeht.**

1 Im Titel ist von einem „freien Personenverkehr" die Rede.
Was verstehen Sie darunter? Überprüfen Sie Ihre Erklärung im Text.

Schweiz und EU vereinbaren freien Personenverkehr

Am Rande des EU-Gipfels in Wien gaben am 11. Dezember 1998 der damalige österreichische EU-Ratsvorsitzende Wolfgang Schüssel und der scheidende schweizerische Bundespräsident Flavio Cotti den Abschluss der Verhandlungen über ein bilaterales Abkommen zwischen der Schweiz und der Europäischen Union bekannt. Die Verträge sehen u.a. die Einbeziehung der Schweiz in den freien Per-
5 sonenverkehr und eine intensivere Zusammenarbeit in der Migrations- und Asylpolitik vor. Vier Jahre nach Beginn der Verhandlungen erlangt die Schweiz nun einen ähnlichen Status wie die Mitgliedstaaten des Europäischen Wirtschaftsraumes (EWR).

Strittig war bis zuletzt die Öffnung der schweizerischen Grenzen für EU-Bürger. Diese Forderung hatte noch 1992 zu einem vorläufigen Stopp der Annäherung der Schweiz an Europa geführt, als die
10 Schweizer Bürger sich in einem Referendum gegen den Beitritt ihres Landes zum EWR aussprachen. Das nun erzielte Abkommen sieht eine stufenweise Einführung des freien Personenverkehrs vor. Während einer ersten Phase werden die Aufenthalts- und Arbeitsbedingungen für EU-Bürger in der Schweiz verbessert. Die Bevorzugung einheimischer Arbeitskräfte und die Kontrollen von Arbeitsverträgen mit EU-Ausländern werden nach zwei Jahren abgeschafft. Gleichzeitig garantiert das Abkom-
15 men allen EU-Bürgern, die länger als sechs Monate in der Schweiz Sozialbeiträge geleistet haben, die Teilhabe am schweizerischen Sozialversicherungssystem. EU-Bürgern wird eine feste Quote von 15.000 Aufenthaltsbewilligungen pro Jahr eingeräumt.

Nach einer Übergangszeit von fünf Jahren soll zwischen der Schweiz und der EU probeweise die Freizügigkeit im Personenverkehr eingeführt werden. Die Praxis der Festlegung jährlicher Höchstzahlen
20 soll dann entfallen. Die Schweiz behält aber während weiterer sieben Jahre die Kontrolle über die Wanderungsentwicklung. Sollte die Zuwanderung massiv ansteigen (mehr als 10% über dem Durchschnitt der vorangehenden drei Jahre) kann die Schweiz einseitig für die zwei folgenden Jahre wieder Kontingente einführen. Erst zwölf Jahre nach Inkrafttreten des Vertrages wird der freie Personenverkehr endgültig verwirklicht. [...]

2 Unterstreichen Sie im Text zunächst alle Zeitangaben. Ergänzen Sie dann die folgende Zeittafel mit den wichtigsten Informationen.

1992	
1994	
1998	*Erlangung eines ähnlichen Status wie ein EWR-Mitgliedsland*
2000	
2003	
2010	*freier Personenverkehr verwirklicht*

3 Beschreiben Sie nun anhand des Schemas die stufenweise Einführung des freien Personenverkehrs.

C5 Was glauben Sie: Wie könnten die Schweizer auf die Öffnung ihres Landes reagieren?

C6 Hören Sie das Lied „Schweizer sein" des Schweizer Kabarettisten Franz Hohler, der seinen eigenen Landsleuten und ihrer Meinung zu Europa sehr kritisch gegenübersteht.

1 Hören Sie das Lied einmal ganz. Was haben Sie verstanden?

2 Hören Sie nun ein zweites Mal und ergänzen Sie die Lücken im Refrain.

Refrain 1/2:

Schweizer sein, _____ ,
gut gefahren _____
als _____
_____ Europas.

Refrain 3:

Schweizer sein, _____ ,
Wir trotzen der Gefahr _____
mit fest entschlossenem Schritt
_____!

Vergleichen Sie die Unterschiede in den Refrains: Was könnten sie bedeuten?

3 Was kritisiert Hohler an der Schweizer Mentalität?

Die folgende Sage „Europa und der Stier" erklärt, wie Europa zu seinem Namen kam.

1   Lesen Sie den Text und unterstreichen Sie die Namen.
2   Können Sie etwas über diese Personen erzählen? Wenn nicht, schlagen Sie in einem Lexikon nach.
3   Welche List wendet Zeus an?
4   Erzählen Sie nach dem Lesen den Text nach.

Europa und der Stier

In Phönizien* wuchs Europa, die Tochter des Königs Agenor, in der Stille des väterlichen Palastes heran. Diese hatte einst einen seltsamen 35 Traum. Es war ihr, als stritten zwei Erdteile in Frauengestalt um ihren Besitz. Die eine der Frauen, die das Aussehen einer Einheimischen hatte, war Asien; sie wollte ihre geliebte Tochter Europa nicht hergeben. Das andere, fremde Weib aber umfasste sie und zog sie mit sich fort. „Komm nur", sprach sie, „ich trage dich dem Zeus entgegen!"

Mit klopfendem Herzen erwachte Europa. Aber als am Morgen ihre Altersgenossinnen kamen und sie zu fröhlichen Spielen ans Meer holten, war der Traum bald wieder vergessen. Die Mädchen pflückten Blumen auf den herrlichen Wiesen und setzten sich dann zusammen, um Kränze zu flechten. Europa in ihrer Mitte war die Schönste von allen. Da griff das Schicksal ein.

Zeus war von einem Pfeil des Eros getroffen worden; die Schönheit der jungen Europa hatte ihn ergriffen. Weil er aber den Zorn der Hera fürchtete, sann er auf eine List.

In Gestalt eines herrlichen schneeweißen Stieres näherte er sich Europa und ihren Gespielinnen. Die Mädchen staunten über das schöne Tier und sein friedliches Wesen. Sie schlangen ihre Blumenkränze um seine Hörner und als er sich vor Europa auf die Knie niederließ, sie zum Aufsitzen einladend, wagte sie es und setzte sich ihm lächelnd auf den Rücken.

Der Stier erhob sich und schritt langsam dem Strande zu, doch dann setzte er sich plötzlich in eiligen Lauf und ehe sich's Europa versah, schwamm er mit ihr durch die Fluten. Umsonst rief sie ihren Freundinnen zu; wie ein Schiff trug der Stier sie dahin, so sicher, dass kein Tropfen sie benetzte. Bald war das Ufer verschwunden, die Sonne ging unter und im Halbdunkel sah die Unglückliche nichts mehr um sich als die Wogen und über sich die Gestirne.

So ging es fort, die ganze Nacht und den ganzen folgenden Tag. Endlich erreichten sie ein fernes Ufer, die Insel Kreta. Hier stieg der Stier ans Land. Er ließ das Mädchen sanft von seinem Rücken gleiten und verwandelte sich dann plötzlich in einen herrlichen, göttergleichen Mann. Zeus bat Europa, seine Gemahlin zu werden, und sie willigte ein. Mit ihr zeugte er drei Söhne, den Minos, der später König von Kreta und nach dem Tode, wegen seiner gerechten Gesetzgebung, Richter der Unterwelt wurde, den Rhadamantys, der mit seinem Bruder Totenrichter im Hades wurde, und den Sarpedon. Der Erdteil aber, an den der Göttervater Europa getragen hatte, erhielt von nun an ihren Namen.

(Gustav Schwab, Die schönsten Sagen des Altertums)

* Phönizien = im heutigen Syrien, identisch mit Kanaan

5 Kennen Sie ähnliche Sagen, z.B. zur Entstehung Ihrer Heimat, eines Kontinents oder der Welt? Erzählen Sie!

6 Schreiben Sie Ihre Sage auf. Legen Sie dann im Kurs eine Sagensammlung an.

VT2 Die Zukunft Europas

Sehen Sie sich zunächst den folgenden Textausschnitt von einer ungarischen Deutschlernerin über das Nachbarland Österreich an.

1 Wie beurteilt die Autorin im Jahr 2000 die Beziehungen zwischen den beiden Ländern? Verstehen Sie, von welcher gemeinsamen Vergangenheit sie spricht?

Österreich und Europa

Als Ungarin (glaube ich) ist es nicht so schwierig, Österreich mit den Augen eines Ausländers zu beurteilen. Andererseits fühlt man noch irgendwie in Ungarn, dass die beiden Länder einmal eine gemeinsame Geschichte hatten. Wir Ungarn betrachten Österreich meistens als die „freundlichen westlichen" Nachbarn. Vor allem vor ein paar Jahren war es typisch für Ungarn, nach Österreich zu fahren, wenn sie „ein Stück Westen" sehen wollten.
Damit ist nicht nur die wirtschaftliche Entwicklungssstufe gemeint, das allgemeine Lebensniveau, sondern auch die Kultur. [...]
[Trotz einiger Kritikpunkte] habe ich eine sehr positive Meinung über Österreich und ich denke, der EU-Anschluss Ungarns kann erfolgreich werden, wenn wir dem österreichischen Modell folgen.
[...]

2 Schreiben Sie nun einen fiktiven Text über das Jahr 2050. Wie geht es weiter auf der Welt? Suchen Sie sich selbst ein Thema oder wählen Sie eines der folgenden Themen.

– Wien als Hauptstadt Europas
– Europa: eine Provinz von Afrika/Asien/Amerika
– Die neue Weltordnung

Wählen Sie eines der folgenden Projekte aus.

Projekt 1: Städtepartnerschaften
(für Lernende in (D) (A) (CH))

❶ *Vorüberlegungen*

Informieren Sie Ihre Kolleginnen und Kollegen über Partnerschaften, die Ihr Kursort (oder einer der Vororte Ihres Kursortes) mit Orten in Nachbarländern eingegangen ist.

Arbeiten Sie in Gruppen. Jede Gruppe beschäftigt sich mit einer anderen Partnerstadt. Überlegen Sie sich,

– wie Sie die Namen der Partnerstädte erfahren können (z.B. an die Stadtgrenze fahren und die Namen der Partnerstädte, die dort auf Schildern angebracht sind, notieren / das Wappen fotografieren oder im Rathaus nachfragen).

– mit wem Sie sprechen und wie Sie sich informieren können, z.B. Ämter und Personen, die für den Austausch zuständig sind (Kulturamt, Amt für Öffentlichkeitsarbeit, Partnerschaftsbeauftragte, Bürgermeisterin/Bürgermeister etc.).

– wo Sie am besten Materialien finden (z.B. Archive von Zeitungen und Ämtern, Dokumentationsabteilung im Rathaus etc.).

❷ *Durchführung*

1 Erkunden Sie, wo Ihre Partnerstadt liegt und was es Besonderes dort zu sehen gibt.

2 Informieren Sie sich darüber, an welchen Aktivitäten Ihr Kursort und die Partnerstadt gemeinsam beteiligt sind (letzte gemeinsame Veranstaltung?).

3 Wie häufig finden Treffen zwischen den beiden Städten statt?

4 Welche Menschen sind dabei besonders engagiert? Nehmen Sie Kontakt mit Mitbürgerinnen und Mitbürgern auf, die schon häufig an Partnerschaftstreffen aktiv teilgenommen haben (z.B. Mitglieder von Vereinen, Gemeinderat, Kirchen etc.) und interviewen Sie sie.

5 Lassen Sie sich Anschauungsmaterial (z.B. persönliche Fotos etc.) geben und suchen Sie für die Präsentation weiteres Material.

❸ *Vorbereitung und Präsentation*

1 Gestalten Sie für jede Partnerstadt eine Collage mit Informationen und Bildern.

2 Wenn Sie Interviews aufnehmen konnten, beziehen Sie diese in die Präsentation mit ein. Oder überlegen Sie, ob Sie einen Vertreter der Partnerschaft (z.B. aus einem Verein) zur Präsentation einladen möchten.

❹ *Präsentation*

Jede Gruppe stellt ihre Partnerstadt vor. Das Plenum entscheidet gemeinsam, mit welcher der Städte Ihr Kursort die interessanteste und intensivste Beziehung unterhält.

Projekt 2: Internationale Zusammenschlüsse
(für Lernende in (D) (A) (CH) und im Heimatland (Netzprojekt))

❶ Vorüberlegungen

Deutschland ist in der EU. Und Ihr Land? Wissen Sie, mit welchen Ländern Ihr Heimatland enger zusammenarbeitet, in welche Freihandelsabkommen es eingebunden ist (wie z.B. AKP-Abkommen von Lomé, Mercosur, Nafta)?

Überlegen Sie zunächst, welche Informationen Sie am meisten interessieren.

Orientieren Sie sich an folgendem Fragenkatalog:

– Welche sind die wichtigen Nachbar- oder Partnerländer Ihres Heimatlandes?

– Welche bi- oder multinationalen Abkommen hat Ihr Land geschlossen?
  Mit welchen Ländern und seit wann?

– Wie hat sich das Abkommen auf die wirtschaftliche Entwicklung ausgewirkt (Export, Firmenneugründungen etc.)?

– Welche Auswirkungen hatte das Abkommen auf die Bevölkerung (Arbeitsplatzsituation, Mindestlohn, Warenangebot etc.)?

– Bestehen andere Vereinbarungen als nur wirtschaftliche?

– Wie wird das Abkommen in der Politik, in der Wirtschaft, in der Bevölkerung etc. bewertet? Wer profitiert davon?

❷ Durchführung

1 Informieren Sie sich im Internet über wichtige Partnerländer. Benutzen Sie dafür internationale Suchmaschinen (z.B. *http://www.google.com* , *http://www.altavista.com* oder *http://www.yahoo.com*). Wenn Sie nicht wissen, ob es ein Abkommen gibt, geben Sie als Suchbegriffe den Namen Ihres Landes und „Freihandelsabkommen", „free trade" etc. ein. Wenn Sie das Abkommen schon kennen, reicht der Name des Abkommens.

2 Nehmen Sie mit einer der aufgeführten Organisationen Kontakt auf und lassen Sie sich Material schicken.

❸ Vorbereitung und Präsentation

1 Werten Sie die Informationen aus Ihrer Recherche aus. Übersetzen Sie gegebenenfalls für die Präsentation wichtige Textausschnitte ins Deutsche.

2 Stellen Sie Ihre Ergebnisse in Stichpunkten geordnet nach den Begriffen „Partnerländer, Abkommen, wirtschaftliche und soziale Auswirkungen, Art der Beziehungen, Bewertung" (vgl. ❶) auf einer Seite zusammen.

3 Stellen Sie das Abkommen grafisch dar (mit einer Landkarte, auf der die Partnerländer markiert sind, mit Statistiken über die Entwicklungen etc.).

❹ Präsentation

Präsentieren Sie die verschiedenen Abkommen und diskutieren Sie anschließend über die Folgen der Globalisierung für Ihr Land.

1   Sehen Sie sich zur Erinnerung die Übersicht über das Passiv an.

§ Passiv

Das Passiv dient dazu, die Handlung zu betonen. Oft wird der Urheber der Handlung gar nicht genannt. Wenn er wichtig ist, wird er in einer Präpositionalphrase mit *von* (eher bei Menschen, die etwas bewusst tun) oder *durch* (eher bei Sachen/Institutionen/Hilfsmitteln) genannt. Allerdings können nicht alle Verben ein Passiv bilden.

---

❶ *Vorgangspassiv (werden + Partizip II)*
Diese Passivform wird am häufigsten verwendet. Sie drückt ein Geschehen / einen Vorgang aus: *Der Binnenmarkt wird/wurde eröffnet / ist/war eröffnet worden.*
• Bei transitiven Verben wird die E$_{Akk}$ des Aktivsatzes Subjekt des Passivsatzes:
Sechs Staaten gründen in Paris <u>die Europäische Gemeinschaft für Kohle und Stahl</u>. →
<u>Die Europäische Gemeinschaft für Kohle und Stahl</u> wird (von sechs Staaten) in Paris gegründet.
• Bei vielen Verben ist ein unpersönliches Passiv mit *es* oder ohne Subjekt möglich. Hier wird die Handlung besonders stark hervorgehoben:
Es wird an eine Vereinheitlichung der Normen gedacht. Über das Reinheitsgebot ist heftig diskutiert worden. Dem EU-Bürger wurde durch diese Regelung geholfen.
• Nur in gesprochener Sprache: Bei Verben mit Dativergänzung kann die E$_{Dat}$ Subjekt des Passivsatzes werden. Dadurch erhält das von der Handlung betroffene Subjekt ein stärkeres Gewicht. Statt *werden* verwendet man *bekommen* oder, seltener, *kriegen*:
Der EU-Bürger bekam das Formular zugesandt.

---

❷ *Zustandspassiv (sein + Partizip II)*
Diese Passivform drückt aus, dass ein Vorgang abgeschlossen ist, d.h. sie betont das Resultat/Ergebnis oder den Zustand am Ende eines Vorgangs:
Der Binnenmarkt ist/war eröffnet.

---

❸ *Passiv mit Modalverben*
Man benutzt das Modalverb in der entsprechenden Zeitstufe *(will, konnte, hat/hatte ... müssen)* und den Infinitiv des Vorgangspassivs (Partizip II + *werden*):
Ausländische Produkte durften auf dem deutschen Markt nicht unter der Bezeichnung „Bier" veräußert werden.

2   Verwenden Sie das unpersönliche Passiv: Was wird gemacht?

(1) im Urlaub in Österreich: *Da wird viel Ski gelaufen und abends ...*
(2) auf einem internationalen Kongress:
(3) bei einem Treffen zwischen zwei Partnerstädten:

3 Passiv mit Modalverben

Verdeutlichen Sie mögliche Folgen der EU-Erweiterung, indem Sie aus den folgenden Nominalphrasen Sätze im Passiv bilden.

Beispiel: weiterer Ausbau von Austauschprogrammen für Jugendliche →
Die Austauschprogramme für Jugendliche sollen/können ausgebaut werden.

(1) Schaffung differenzierterer Arbeitsmöglichkeiten für bestimmte Berufsgruppen
(2) effizientere Verfolgung von Wirtschaftsverbrechern
(3) leichtere Einrichtung von länderübergreifenden Forschungsprojekten
(4) Erhöhung der Toleranz gegenüber anderen Kulturen
(5) Verbreitung des gegenseitigen Wissens im Bereich Kunst und Kultur

4 Formulieren Sie Passivsätze mit dem Verb *bekommen*.

Beispiel: Das Patentamt hat dem Erfinder den neuen Apparat endlich patentiert.
Er sagt zu einer Kollegin: →
„Gott sei Dank habe ich den Apparat endlich patentiert bekommen."

(1) Die Firma hat der Apothekerin Probepackungen geschickt. Sie sagt: „..."
(2) Der Anwalt hat dem Angeklagten seine Rechte erklärt. Dieser erzählt später: „..."
(3) Man hatte schon vor Abschluss der Untersuchungen den Medien Informationen zugespielt. Eine Journalistin berichtet: „..."
(4) Dem Hersteller, der offensichtlich wissentlich mit den Gesetzen gebrochen hatte, wurde schließlich seine Lizenz entzogen. Er beklagt sich: „..."
(5) Die Behörde hat dem Ausländer endlich eine Arbeitserlaubnis ausgestellt. Er freut sich: „..."

5 Zustandspassiv

Überprüfen Sie, ob Sie zu den folgenden Sätzen im Vorgangspassiv das Zustandspassiv bilden können. Begründen Sie Ihre Entscheidung.

Beispiel: Der europäische Binnenmarkt ist Anfang 1993 eröffnet worden. →
Der europäische Binnenmarkt ist seit Anfang 1993 eröffnet.
[ist möglich: dauerhafter Zustand]

(1) Die Geschichte der europäischen Einigung ist in verschiedene Etappen geteilt worden.
(2) Die EWG ist 1957 in Rom von den sechs EGKS-Staaten gegründet worden.
(3) Die gemeinsame Politik ist mit diesem Vertrag auf weitere Bereiche der Wirtschaft ausgedehnt worden.
(4) Die Abgeordneten des europäischen Parlaments sind direkt gewählt worden.
(5) Über die Realisierung einer europäischen Währungsunion ist lange verhandelt worden.
(6) In Maastricht ist 1992 der „Vertrag über die Europäische Union" von 12 Mitgliedstaaten unterzeichnet worden.
(7) Der Amsterdamer Vertrag ist in den europäischen Medien intensiv diskutiert worden.

1   Sehen Sie sich nun die Übersicht über die Ersatzformen für das Passiv an.

§   Passiversatzformen

Neben den eigentlichen Passivformen gibt es viele passivähnliche Konstruktionen. Diese Passiv-ersatzformen haben dieselbe Funktion wie das Passiv, nämlich die Erwähnung des Urhebers einer Handlung zu vermeiden.

❶   *Ersatzformen für Passiv mit Modalverben*
   • *sein + zu + Infinitiv:* Je nach Kontext lässt sich diese Struktur in ein Passiv mit *können* (Möglichkeit) oder ein Passiv mit *müssen/sollen* (Notwendigkeit) übertragen: *Es war keine Einigkeit zu erzielen (konnte … erzielt werden). Alle dem Reinheitsgebot fremden Stoffe sind auf dem Etikett anzugeben (müssen … angegeben werden).*
   • zahlreiche Ausdrücke (meist in der Bedeutung *müssen*) wie z.B. *Es steht zu hoffen. Es bleibt abzuwarten. Es gibt viel zu besprechen.*
   • Adjektive auf *-bar/-lich: Diese Beamtin ist nicht bestechlich (kann nicht bestochen werden). Die EuGH-Urteile sind unanfechtbar (können nicht angefochten werden).*
   • *sich + Infinitiv + lassen: Bier lässt sich ohne chemische Zusatzstoffe herstellen (kann … hergestellt werden).*

❷   *Ersatzformen für Vorgangspassiv*
   • Reflexivierung (seltener): *Die als „Traditionelle Lebensmittel" eingestuften Produkte vermarkten sich sehr gut.*
   • Funktionsverbgefüge mit *kommen zu* und *finden/erlangen* (v.a. in Fachtexten): *1987 kam es in Bezug auf das Reinheitsgebot zu einer Entscheidung (wurde … entschieden). Diese Entscheidung fand/erlangte Beachtung (wurde beachtet).*
   • *man-Sätze (in der Alltagssprache): Durch Vorabentscheidungen des EuGH gewährleistet man (wird gewährleistet), dass Europarecht in allen EU-Ländern einheitlich ausgelegt wird.*

2   Verwenden Sie statt der unterstrichenen Passiversatzform die entsprechende Passivform.
   Beispiel: Urteile, die anfechtbar sind → *Urteile, die angefochten werden können*

   (1) Der Gerichtshof entscheidet aber auch endgültig, wie strittige Texte in den Verträgen zu verstehen sind.
   (2) Bier ist seit 500 Jahren ohne chemische Zusätze herstellbar.
   (3) Man ermittelte durch eine Umfrage das Verhalten der Verbraucher.
   (4) Das Urteil fand interessanterweise weltweit Zustimmung in den Medien.
   (5) Das reine Bier verkaufte sich nach dem Urteil sogar noch besser als vorher.
   (6) Es bleibt in den nächsten Jahren zu beobachten, wie sich der Markt weiter entwickelt.
   (7) Es lässt sich jetzt noch nicht vorhersagen, ob der Verbraucherschutz an Bedeutung gewinnen oder verlieren wird.
   (8) Da keine Einigkeit zwischen den Mitgliedstaaten zu erzielen war, vertagte man die Verhandlung.

3   Kann man die Sätze in 2 auch mit anderen Ersatzformen ausdrücken? Probieren Sie ein paar Alternativen aus.

4   Bilden Sie Sätze mit den Passiversatzformen.
Beispiel: die neue Creme verkaufen ➔

*Die neue Creme lässt sich bei älteren Frauen gut verkaufen / ist auf dem europäischen
Markt nicht verkäuflich / verkauft sich v.a. in Drogerien schnell / ist noch nicht zu verkaufen /...*

(1) die Mahlzeit essen
(2) ein solches Abkommen einhalten
(3) diese Meinung tolerieren
(4) den Apparat reparieren
(5) das Medikament vertragen

5   Adjektive auf *-lich/-bar*
Wie heißen die entsprechenden Adjektive?
Beispiel: Diesen Beamten kann man bestechen. ➔

Dieser Beamte ist bestechlich.

(1) Haltbare Cremes können auch ohne chemische Zusatzstoffe hergestellt werden.
(2) Diese Substanz kann in Wasser (auf)gelöst werden.
(3) Bei dem Prozess um das Reinheitsgebot konnte das Urteil nicht vorhergesehen werden.
(4) Durch Vorabentscheidungen des EuGH kann das Europarecht in allen EU-Ländern
einheitlich ausgelegt werden.
(5) In einem EU-Land rechtmäßig hergestellte Erzeugnisse können auch in den anderen
Mitgliedstaaten vermarktet werden.
(6) Die Kennzeichnung auf dem Etikett war nicht zu lesen.

6   Was bedeuten die Adjektive? Bilden Sie Paraphrasen.
Beispiel: unanfechtbare EuGH-Urteile ➔

EuGH-Urteile, die nicht angefochten werden können

(1) sichtbare Fortschritte
(2) eine gut analysierbare Substanz
(3) eine verwerfliche Vorgehensweise
(4) unverzichtbares Recht
(5) unauflösliche Widersprüche
(6) alle verfügbaren Mittel

Anhang

EINFÜHRUNG

Sie werden in den einzelnen Lektionen immer wieder auf die Strategien in diesem Anhang verwiesen. Im Folgenden finden Sie eine Zusammenfassung der wichtigsten Lernstrategien. Wenn Sie eigene Strategien haben, können Sie unsere Vorschläge ergänzen.

Bitte denken Sie daran: Es reicht nicht, wenn Sie eine Strategie verstehen. Wichtig ist es, sie häufig bewusst einzusetzen, damit Sie die Strategie mit der Zeit auch unbewusst und automatisch anwenden können. Denn das ist das Ziel: Sie sollen irgendwann ohne eine Kursleiterin / einen Kursleiter in der Lage sein, selbst weiter Deutsch zu lernen.

Wir haben Strategien zu Lesen und Hören (→ S1–S5), zu Sprechen und Schreiben (→ S6–S9) und zum Lernen (→ S10–S12) für Sie zusammengestellt.

STRATEGIEN ZUM UMGANG MIT TEXTEN

S1 Globales Lesen

Wenn Sie einen Text lesen, haben Sie verschiedene Interessen und Motive. Von diesem Interesse hängt es ab, welchen Lesestil Sie anwenden. Der häufigste Lesestil ist das globale Lesen. Beim globalen Lesen geht es darum, das Thema, die Teilthemen und die Textstruktur zu erkennen. Sie sollten dabei wichtige Informationen kennzeichnen (markieren, unterstreichen oder am Textrand anstreichen). Es ist nicht nötig, alle Einzelheiten des Textes zu verstehen.

① *Vor dem Lesen*
Aktivieren Sie Ihr Vorwissen zu den
- Textinhalten,
- Textsorten.
Verschaffen Sie sich einen Überblick über
- Überschriften und Zwischenüberschriften,
- optische Präsentation wie Bilder, Grafiken, verschiedene Schrifttypen, Hervorhebungen, Nummerierungen.

② *Während des Lesens*
- Versuchen Sie, Schlüsselwörter und Teilthemen zu erkennen.
- Kennzeichnen Sie die Hauptinformationen.
Die Hauptinformationen eines Textes finden Sie
- am Anfang oder Ende eines Abschnitts,
- im Umfeld von Schlüsselwörtern: Schlüsselwörter sind mit dem Thema verbunden und finden sich oft in den Überschriften; sie werden häufig wiederholt oder paraphrasiert und sind meist Nomen bzw. Nominalphrasen.
- Beachten Sie Textsignale wie z.B. Nummerierung (1., 2., 3.), Fettdruck, Kursivdruck, Unterstreichungen etc.

③ *Nach dem Lesen*
- Notieren Sie Stichpunkte (→ S4).
- Erstellen Sie eine Zusammenfassung.

④ *Üben*
Lesen Sie Zeitungs- und Zeitschriftenartikel, Fachartikel etc. mit einer Zeitbegrenzung. Was ist das Thema, was sind die wichtigsten Informationen? Bietet der Text überhaupt die gesuchte Information?

⑤ Eigene Vorschläge

_____
_____
_____
_____
_____

Globales Hören

Hören ist ein aktiver Prozess. Sie entscheiden je nach Interesse, wie intensiv Sie etwas verstehen möchten. Das ist sehr wichtig, da Sie einen gehörten Text normalerweise nicht wiederholen und mehrfach hören können (außer im Unterricht). Globales Hören ist der häufigste Hörstil. Dabei hören Sie das Wichtige aus einem gesprochenen Text heraus.

① *Einstimmung* (orientierendes Hören am Anfang)
   • Situation: Achten Sie auf Geräusche, die zu dem Hörtext gehören.
   • Thema: Worüber wird gesprochen? Lohnt sich das Zuhören für Sie?
   • Sprecher: Wie viele Personen sprechen? Wie wird gesprochen? Ernst, humorvoll, emotional, formell etc.?

② *Während des Hörens* (Gesamttext)
   • Konzentrieren Sie sich auf die Schlüsselwörter zum Thema (→ S1).
   • Konzentrieren Sie sich auf Hauptthema und Teilthemen.
   • Beachten Sie textstrukturierende Signale *(erstens, im Folgenden, übrigens, wie schon gesagt, zum Schluss* etc.) und Sprecherwechsel.
   • Beachten Sie die Intonation: Größere Pausen und stark fallende Intonation signalisieren den Schluss des Textes, eines Themas oder eines Abschnittes.
   • Textganzes: Um den „roten Faden" nicht zu verlieren, denken Sie nicht über einzelne Wörter oder die Syntax nach. Hören Sie auch bei Verstehensproblemen weiter zu.
   • Notieren Sie bei Vorträgen etc. Stichpunkte (→ S4) und nutzen Sie grafische Schemata.

③ *Nach dem Hören*
   Mögliche Aktivitäten nach einem globalen Hören sind z.B. das Erstellen von Zusammenfassungen, Kommentieren oder Diskutieren des Textinhalts etc.

④ *Üben*
   • Hören Sie mit geschlossenen Augen (z.B. im Bus): Versuchen Sie, Stimmungen, Geräusche etc. herauszufiltern.
   • Hören Sie ab und zu lange Texte, damit Sie sich „einhören".

⑤ *Eigene Vorschläge*

_____
_____
_____
_____
_____

Selektives und detailliertes Lesen bzw. Hören

1 Selektive Informationsaufnahme

Manchmal benötigen Sie, gelenkt durch Ihr persönliches Interesse oder durch eine bestimmte Aufgabenstellung, nur bestimmte Informationen aus einem Text. Sie hören bzw. lesen den Text dann selektiv, d.h. Sie müssen auf bestimmte Inhaltswörter oder auf textstrukturierende Merkmale achten, die Ihnen anzeigen, dass nun ein für Sie wichtiges Teilthema folgen wird.

① *Vor dem Lesen/Hören*
- Überlegen Sie, was Sie an dem Text interessieren könnte.
- Stellen Sie sich konkrete Fragen, die Sie durch den Text beantwortet haben möchten.
- Sammeln Sie Inhaltswörter oder Zahlen, die Sie im Text hören oder lesen könnten.

② *Während des Lesens/Hörens*
- Orientieren Sie sich an Zwischenüberschriften bzw. neuen Textteilen, die durch Pausen oder Gliederungssignale (*und nun* etc.) gekennzeichnet sind.
- Ignorieren Sie Informationen, die für Sie im Moment unwichtig sind.
- Konzentrieren Sie sich auf die gesuchten Informationen (Schriftbild, Lautbild).
- Versuchen Sie, Ihre Fragen zu beantworten.
- Notieren Sie die gesuchten Informationen genau.

③ *Nach dem Lesen/Hören*
Prüfen Sie, ob Ihre Fragen beantwortet worden sind. Wenn nicht, überprüfen Sie, ob Sie die richtigen Fragen an den Text gestellt haben.

④ *Üben*
- Lesen Sie Inhaltsverzeichnisse oder Register und versuchen Sie, die Informationen schnell im Lesetext zu finden.
- Streichen Sie alle für Sie unwichtigen Informationen im Lesetext durch.
- Lesen Sie die Schlagzeilen in der Zeitung und versuchen Sie, diese Informationen in den Radionachrichten wieder zu finden. Oder machen Sie es umgekehrt (im Inland).
- Nehmen Sie sich vor, bestimmte Informationen herauszuhören, z.B. Abfahrtszeiten (am Bahnhof), Gewichtsangaben (an der Käsetheke) oder wirtschaftsbezogene Themen (in den Nachrichten).

⑤ *Eigene Vorschläge*

_____

_____

_____

_____

_____

2 Detaillierte Informationsaufnahme

Detailliert lesen Sie, wenn Sie wirklich alle Informationen und logischen Beziehungen benötigen. Dies ist bei bestimmten Textsorten wie z.B. einem Gesetzestext, einer Bedienungsanleitung oder einem Gedicht nötig. Manchmal lesen Sie auch nur Textteile detailliert.
Detailliertes Hören ist nur bei sehr kurzen Texten oder Textteilen möglich, z.B. bei Liedtexten oder bei Radionachrichten.

S4 **Stichpunkte notieren**

Lange Texte bleiben nur schwer im Gedächtnis. Sie sollten deshalb Stichpunkte notieren, welche die Hauptinformation einer Aussage oder eines Abschnitts zusammenfassen. Wie Sie wichtige Informationen finden, können Sie bei globalem Lesen (→ S1) nachlesen.

① *Form*
Stichpunkte sind kurz. Notieren Sie sie als
- Nominalphrase: *Reaktion der Kinder,*
- Infinitivkonstruktion (Verb nachgestellt): *Kinder und Beruf vereinbaren* oder als
- Adjektivkonstruktion (Adjektiv nachgestellt): *Erziehungsurlaub für Väter empfehlenswert.*

② *Hierarchie*

Stichpunkte sollten übersichtlich gegliedert sein und die Textstruktur widerspiegeln. Verwenden Sie textgliedernde Signale (*1./2.*, Spiegelstriche, *a)/b)* etc.)

- Notieren Sie bei Dialogen die Sprecher mit dem ersten Buchstaben (*L = Lothar...*).
- Benutzen Sie visuelle Hilfsmittel wie z.B. Schemata oder Tafelbilder.

③ *Ökonomie*

Reduzieren Sie die Informationsmenge und verwenden Sie auch Ihre eigenen Abkürzungen und Symbole. Hier ein paar Hilfen:

- Konventionelle Abkürzungen

usw./etc.:	*und so weiter/etcetera*	*v.a.:*	*vor allem*
z.B.:	*zum Beispiel*	*z.T.:*	*zum Teil*
evtl.:	*eventuell*	*u.a.:*	*unter anderem*
ggf.:	*gegebenenfalls*	*i.e.S./i.w.S.:*	*im engeren/weiteren Sinn*
d.h.:	*das heißt*	*Jh.:*	*Jahrhundert*
ca.:	*circa*	*i.A.:*	*im Allgemeinen*

_____ _____

_____ _____

- Eigene Abkürzungen
  Kürzen Sie wichtige oder im Text frequente Wörter mit ein bis zwei Buchstaben ab,
  z.B. *Pb = Problem, bF = berufstätige Frau* etc.

- Symbole
  - $\approx$ / = : x ist ähnlich, identisch mit y
  - $\rightarrow$: x führt zu / ist Grund für y
  - $\nearrow$ / $\searrow$: x steigt, nimmt zu etc. / fällt, sinkt etc.
  - < / > : x ist kleiner, unwichtiger bzw. größer, wichtiger als y
  - ∞ : x hängt zusammen mit y

_____

_____

_____

④ *Kontrolle*

Überprüfen Sie eventuell kurz nach dem Notieren, ob Sie alles noch verstehen. Ergänzen Sie gegebenenfalls Ihre Notizen um weitere Stichpunkte oder Zeichen,

⑤ *Eigene Vorschläge*

_____

_____

_____

_____

_____

S5 **Autonome Textarbeit**

Im Vertiefungsteil finden Sie von Lektion zu Lektion immer weniger Aufgaben zu den Lese- und Hörtexten. Sie sollen weitgehend selbst entscheiden,

a) welchen Text Sie lesen oder hören wollen,

b) wie Sie diesen Text lesen oder hören wollen (global, selektiv oder detailliert),

c) wie Sie den Text weiter bearbeiten wollen.

Hier finden Sie ein paar Vorschläge, wie Sie vorgehen können.

① *Textauswahl*

Bestimmen Sie zunächst nach Themen oder nach einem orientierenden Lesen, welchen Text Sie bearbeiten möchten.

② *Sozialform*

Entscheiden Sie dann zusammen mit der Kursleiterin / dem Kursleiter, ob die Texte
- in Einzelarbeit oder
- in Gruppenarbeit (wie viele Personen?) bearbeitet werden sollen.

③ *Textarbeit*

Die weiteren Aktivitäten hängen davon ab, wie Sie den Text lesen oder hören wollen (→ S1– S3) und was Sie mit dem Text weiter machen möchten (→ ④). Machen Sie sich einen Zeitplan, den Sie auch einhalten. Wenn Sie in der Gruppe arbeiten, legen Sie Arbeitsaufträge fest.

④ *Textpräsentation*

Hier haben Sie viele Möglichkeiten. Die zwei wichtigsten:
- Stellen Sie Ihren Text im Plenum vor.
  - Geben Sie eine schriftliche oder mündliche Zusammenfassung.
  - Beantworten Sie Fragen zum Inhalt und erklären Sie die wichtigen Wörter.
  - Verdeutlichen Sie Textaufbau, Hauptinformation und Teilthemen auch visuell (mit Folien, an der Tafel etc.).
- Didaktisieren Sie Ihren Text für eine andere Gruppe.
  - Überlegen Sie, welcher Lese- oder Hörstil am besten wäre.
  - Denken Sie sich gute Fragen und Aktivitäten zum Text aus: Was können oder sollen die anderen herauslesen und -hören? Was ist wichtig?
  - Diskutieren Sie nach der Textarbeit Ihre Ergebnisse und Ihre Didaktisierung: Was war unklar? Warum?

⑤ *Weitere Aktivitäten zum Text*

War etwas wichtig, neu oder überraschend? Diskutieren Sie über den Text, sagen Sie Ihre eigene Meinung zum Thema oder vergleichen Sie mit Ihrer Heimat. Vielleicht schreiben Sie auch einen Text.

⑥ *Eigene Vorschläge*

_____

_____

_____

_____

_____

STRATEGIEN FÜR DIE EIGENE SPRACHPRODUKTION

S6   Schreiben

Beim Schreiben können Sie drei Schreibstile unterscheiden:
- Das kommunikative Schreiben ist adressatenorientiert. Ein Brief z.B. ist an eine bestimmte Person gerichtet.
- Beim funktionalen Schreiben stehen die Fakten und die Informationsvermittlung im Vordergrund wie z.B. in einem Bericht oder einem Protokoll.
- Das kreative Schreiben ist literarisch-fiktional orientiert, wobei die sprachliche Gestaltung eine besonders wichtige Rolle spielt. Beispiele sind ein Gedicht oder eine erfundene Erzählung.

① *Planung*
- kommunikatives Schreiben:

- Adressat: Wem schreiben Sie? Was erwartet diese Person? Haben Sie eher ein distanziertes oder freundschaftliches Verhältnis zu ihr?
- Ziel: Welche Reaktionen (Meinungen, Emotionen, Handlungen etc.) wollen Sie erreichen? Wie können Sie Interesse wecken?

- **funktionales Schreiben:** Wie ist die Textsorte (z.B. Lebenslauf oder Bericht) strukturiert? Welche Informationen müssen Sie präsentieren? Welcher Stil entspricht der Textsorte?
- **kreatives Schreiben:** Welche Assoziationen verbinden Sie mit dem Thema? Wie können Sie es entwickeln und sprachlich gestalten?

② *Stoffsammlung*

Was wollen Sie mitteilen (kommunikatives Schreiben), an Informationen weiterleiten (funktionales Schreiben) oder ausdrücken (kreatives Schreiben)? Notieren Sie Ihre Ideen in Stichpunkten. Sammeln Sie auch passende Wörter und Formulierungen.

③ *Ordnen*

Bringen Sie die gesammelten Ideen in eine sinnvolle Reihenfolge. Achten Sie auf die logische Abfolge, die typische Struktur der jeweiligen Textsorte sowie gegebenenfalls auf Spannung und einen interessanten Textaufbau.

④ *Schreiben*

Schreiben Sie einen ersten Entwurf des Textes. Beim kreativen Schreiben können Sie auch einfach assoziativ anfangen zu schreiben.

⑤ *Kontrolle*

Bitte nehmen Sie sich viel Zeit für die Revision des Entwurfs. Diese Phase ist mindestens genau so wichtig wie das Schreiben selbst. Im Unterricht kann auch Ihre Nachbarin / Ihr Nachbar diese Kontrolle übernehmen.

- **Inhalt:** Lesen Sie mit den Augen des Adressaten / der Adressatin. Ist der Textaufbau klar? Fehlen wichtige Informationen? Welche Informationen sind überflüssig (bekannt oder unwichtig)?
- **Fehlerkorrektur:** Suchen Sie im Text die für Sie typischen Fehler (z.B. Wortstellung, Endungen, Verbstrukturen, Tempus). Lesen Sie den Text ggf. mehrmals durch und konzentrieren Sie sich dabei jeweils auf einen der Fehlertypen.
- **Stil:** Haben Sie Wortschatz und grammatische Strukturen bei kreativem und kommunikativem Schreiben genug variiert? Haben Sie beim funktionalen Schreiben die für die Textsorte typischen Formulierungen verwendet?
- **Text:** Kontrollieren Sie, ob die Sätze und Absätze sinnvoll miteinander verknüpft sind. Haben Sie Konnektoren verwendet?

⑥ *Überarbeitung*

Wenn viele Fehler korrigiert werden müssen oder der Text zum Teil umgestaltet werden sollte, dann schreiben Sie den Text noch einmal.

⑦ *Üben*

- Schreiben Sie möglichst oft und möglichst verschiedene Arten von Texten: z.B. Kurszeitung, Briefe, Geschichten, Buch- und Filmbesprechungen oder Kommentare.
- Versuchen Sie, echte Adressaten zu finden: Suchen Sie sich Partner/Partnerinnen für E-Mail-kontakte (z.B. über http://www.slf.ruhr-uni-bochum.de). Schreiben Sie Firmen, Institutionen oder Universitäten an und bitten Sie um Informationen.
- Nutzen Sie jede Gelegenheit, Ihre Texte von einer/einem Deutschsprachigen korrigieren zu lassen. Im Sprachunterricht sollten Sie die Kursleiterin / den Kursleiter bitten, bei der Korrektur Ihre Fehler nur zu markieren und am Rand die Art des Fehlers (Textaufbau, Wortschatz, Grammatik etc.) anzugeben. Versuchen Sie, mit Hilfe dieser Hinweise Ihren Text selbst zu korrigieren.

⑧ *Eigene Vorschläge*

_____

_____

_____

_____

_____

S7 Zusammenfassen

Wenn Sie einen Text (Vortrag oder Lesetext) zusammenfassen, wird er in der Regel bedeutend kürzer als der Ausgangstext. Sie sollten sich auf die Hauptinformationen in chronologischer Reihenfolge beschränken. Dabei sollte der Aufbau des Textes erkennbar bleiben.

① *Vorbereitung*
Worum geht es in dem gesamten Text?
- Notieren Sie das Hauptthema.
- Unterstreichen Sie (in Lesetexten) oder notieren Sie in Stichpunkten (bei vorgetragenen Texten) die Hauptinformationen des Textes. Versuchen Sie schon hier, aus Detailinformationen allgemeinere Aussagen zu formulieren.

② *Schreiben*
- Als Einleitung formulieren Sie einen Satz zum Gesamttext.
- Formulieren Sie auf der Grundlage Ihrer Stichpunkte oder Unterstreichungen eine reduzierte und abstrakte Version der Hauptaussagen des Textes.
- Verknüpfen Sie diese reduzierten Aussagen durch passende logische Verbindungen wieder zu einem Text.

③ *Eigene Vorschläge*

_____

_____

_____

_____

_____

S8 Sprechen

Ziel des Sprechens ist es, anderen etwas mitzuteilen (funktionales Sprechen) oder sich mit anderen zu unterhalten (kommunikatives Sprechen). Dabei ist nicht so sehr die sprachliche Korrektheit wichtig, sondern eher, ob Ihre Gesprächspartnerin / Ihr Gesprächspartner versteht, was Sie mitteilen wollen (Sprechintention).
Folgende Aspekte sollten Sie beim Sprechen berücksichtigen:

① *Inhalt*
In mündlichen Texten haben Sie meist keine Zeit zum Planen. Außerdem bestimmen bei Dialogen auch Ihre Gesprächspartnerinnen/Gesprächspartner den Inhalt mit. Sie können das Gespräch also nur grob vorplanen.

② *Gesprächspartnerinnen/Gesprächspartner*
Mit wem sprechen Sie? Überlegen Sie genau, wer Ihre Zuhörerinnen/Zuhörer sind und was sie von Ihnen erwarten. Gibt es feste Rollen in dieser Gesprächssituation (z.B. Chefin – Angestellter, Verkäufer – Kundin)? Diese Aspekte beeinflussen das Register (→ ③).

③ *Register*

Das Sprachregister ist die Art und Weise, wie Sie sich ausdrücken. Das hängt von Ihren Gesprächspartnern und der Art des Textes ab: Ist der Text ein Monolog oder ein Dialog? Ein Alltagsgespräch oder eine Diskussion, eine Geschichte oder eine Beschreibung? Entsprechend benutzen Sie die Standardsprache oder die Umgangssprache, d.h. Sie wählen Kommunikationsmittel, die distanziert/formell oder persönlich/informell sind.

④ *Kommunikationsmittel*

Es gibt verschiedene Arten von Kommunikationsmitteln (Übersichten mit den wichtigsten Kommunikationsmitteln finden Sie in den verschiedenen Lektionen).

- Besonders in Standard-Situationen (beim Einkauf, im Restaurant, beim Arzt etc.) gibt es feste Wendungen, die nur leicht verändert werden (z.B. *Könnte ich bitte zahlen?*).
- Mit anderen Kommunikationsmitteln können Sie das Gespräch organisieren (Sprecherwechsel). Dazu gehören die Gesprächspartikeln (wie *mhm* oder *ach*) ebenso wie eine Reihe von Wendungen wie *ich meine* oder *wenn ich da einmal einhaken dürfte*.
- Eine weitere Gruppe von Kommunikationsmitteln ist spezifisch für eine bestimmte Textsorte (z.B. Argumentieren, Erzählen, Beschreiben, Erklären). Dazu gehören Wendungen wie *dem möchte ich entgegenhalten ...* oder *im Folgenden möchte ich erläutern ...*
- Strategische Kommunikationsmittel dienen dazu, über sprachliche Probleme oder Fehler zu sprechen (z.B. *nein äh* oder *wie sagt man doch gleich?*), Verständnisprobleme auszudrücken (z.B. *könnten Sie das noch einmal wiederholen?*) oder Missverständnisse aufzuklären (z.B. *da muss es sich um ein Missverständnis handeln* oder *ich fürchte, ich habe Sie vorhin falsch verstanden*).

⑤ *Merkmale mündlicher Kommunikation*

Mündliche Texte sind in vielen Aspekten anders als schriftliche. Folgende Merkmale der gesprochenen Sprache sind wichtig:

- Intonation: Durch Satzmelodie, Rhythmus, Akzente und Pausen können Sie Ihre Aussage gliedern, Wichtiges hervorheben, Anfang und Ende signalisieren etc.
- Kurzformen: Vor allem beim eher informell-umgangssprachlichen Sprechen fallen Endungen weg und Wörter werden zusammengezogen (*Was machsdn da? – Ich schreib n Liebesbrief.*).
- Ellipsen: In der gesprochenen Sprache lässt man oft Satzteile weg, wenn klar ist, was gemeint ist (*Hast du eigentlich Schluss gemacht mim Joachim? – Hab ich.*).
- Satzabbrüche und korrigierende Neuanfänge: Besonders beim spontanen Sprechen merkt man oft mitten im Satz, dass man eigentlich etwas anderes sagen wollte (z.B. *nee er hat – ich hab gestern – ich mein vorgestern mit ihm gesprochen.*).
- Partikeln: Typisch für die gesprochene Sprache sind auch Modal- und Gesprächspartikeln (→ Lektion 2, GT1, S. 64 und Lektion 5, GT3, S. 162).
- Nonverbale Mittel: Man unterstützt beim Sprechen den Inhalt der Aussage durch Gestik und Mimik (z.B. Stirnrunzeln bei Zweifel).
  Intonation und Ellipsen sollten Sie aktiv einsetzen, Nonverbales zumindest zum Teil von Deutschen übernehmen, Kurzformen und Abbrüche jedoch lediglich verstehen.

⑥ *Üben*

Sprechen wird nur flüssig und automatisch, wenn man viel spricht:

- Suchen Sie möglichst viele Sprechanlässe, und zwar auch außerhalb des Unterrichts.
- Lesen Sie sich immer wieder einmal kurze Texte laut vor.

Im Unterricht sollten Sie Partner- oder Gruppenarbeiten als Chance zum Sprechen ansehen. Sie lernen nicht nur durch Übung, sondern auch durch die Korrektur oder das Nachfragen Ihrer Mitlernenden.

⑦ *Eigene Vorschläge*

_____

_____

_____

_____

_____

S9 Referat/Vortrag halten

Ein Referat ist ein Vortrag zu einem ausgewählten Thema. Es wird mündlich vorgetragen, d.h. Sie sollten ein Referat nicht ablesen, sondern frei formulieren. Das erreichen Sie am besten mit Hilfe eines detaillierten Stichwortkonzepts.

① *Vorbereitung*

Ein Referat sollten Sie in verschiedenen Arbeitsschritten vorbereiten:
- Klären Sie, was genau das Thema ist, und grenzen Sie dieses ein.
- Sammeln Sie Informationen (Materialbeschaffung → S11) und wählen Sie wichtige aus.
- Notieren Sie alle wichtigen Informationen in Form von Stichpunkten (→ S4).
- Ordnen und gliedern Sie Ihre Informationen sinnvoll.
- Überlegen Sie, welche schwierigen Begriffe Sie definieren oder erklären müssen.

② *Vortragen*

Einige Hinweise zum mündlichen Formulieren:
- Sagen Sie in einer kurzen Einleitung, über welches Thema / welche Aspekte Sie sprechen werden.
- Formulieren Sie klar und präzise und bilden Sie vorwiegend kurze Sätze. Schauen Sie nur hin und wieder auf Ihre Stichpunkte.
- Machen Sie deutlich, wenn Sie mit einem neuen Teilthema beginnen.
- Achten Sie auf Ihre Sprechweise, d.h. artikulieren Sie klar und verständlich. Variieren Sie Tempo und Lautstärke. Am besten üben Sie das freie Sprechen Ihres Referats mehrfach zu Hause.
- Achten Sie darauf, dass Ihre Gestik und Mimik den Inhalt Ihrer Aussagen unterstützen und Sie alle Zuhörerinnen/Zuhörer ansprechen und anschauen.
- Unterstützen Sie Ihr Referat durch optische Hilfsmittel (Tafelbild, Folien etc.).

③ *Eigene Vorschläge*

_____

_____

_____

_____

STRATEGIEN ZUM SELBSTSTÄNDIGEN LERNEN

S10 Wortschatzarbeit

Der deutsche Wortschatz umfasst ca. 500 000 Wörter. Sie müssen also entscheiden, welche Wörter Sie wirklich brauchen, welche Sie aktiv verwenden oder nur verstehen möchten.

① *Wortbedeutungen erschließen*

Wenn Sie ein Wort nicht verstehen, entscheiden Sie zunächst, ob Sie es wirklich brauchen: Ist der Text sonst unverständlich oder unlogisch? Kommt das Wort oft vor? Wenn ja, setzen Sie folgende Strategien ein, um die Bedeutung zu erschließen:
- Wortbildung: Versuchen Sie, das Wort in Bestandteile zu zerlegen und die Beziehung zwischen diesen Teilen zu erkennen.
- Kontext: Gibt es Wörter vor oder auch nach dem unbekannten Wort, die Ihnen helfen, dieses Wort zu verstehen?

- Internationalismen: Überprüfen Sie, ob Sie das Wort in ähnlicher Form in Ihrer Muttersprache oder einer anderen Fremdsprache kennen.
- Wörterbucharbeit: Wenn alle anderen Strategien nicht funktionieren, greifen Sie zum Wörterbuch. Nehmen Sie nicht die erste Bedeutung, sondern prüfen Sie die verschiedenen Bedeutungen und evtl. auch die syntaktischen Verbindungen.
  Markieren Sie ein Wort bei jedem Nachschlagen mit einem Bleistiftpunkt im Wörterbuch. Erst beim dritten Punkt sollten Sie es herausschreiben und lernen. Überprüfen Sie immer, ob die von Ihnen gefundene Bedeutung im Kontext wirklich passt.

② *Wörter systematisieren*

Sie lernen Wörter besser, wenn diese in einem Zusammenhang stehen.
- Ordnen Sie neue Wörter nach Wortfamilien (z.B. bei abgeleiteten Verben).
- Klassifizieren Sie nach Kategorien (z.B. „Kleider", „Tiere", „Nahrungsmittel").
- Notieren Sie ggf. Synonyme oder Antonyme.
- Sammeln Sie die Wörter nach Zusammenhängen und Geschichten (z.B. „Restaurantbesuch" oder „Urlaub").
- Erstellen Sie ein individuelles Assoziogramm.

③ *Wörter lernen und wiederholen*

Probieren Sie verschiedene Möglichkeiten aus: Mit welcher Methode können Sie sich Wörter am besten merken?
- Legen Sie eine Vokabelkartei an mit den Kategorien „Neue Wörter" (Wiederholung alle 1–2 Tage), „Wiederholung" (1 x pro Woche) und „Kontrolle" (1 x pro Monat): Nach zwei bis drei richtigen Versuchen stecken Sie die Wortkarte jeweils in die nächste Abteilung. Wenn Sie das Wort endgültig gelernt haben, kann die Karte in ein Archiv. Wenn Sie das Wort doch vergessen haben, stecken Sie die Karte wieder nach vorne.
- Vokabelheft: Schreiben Sie die Wörter nicht alphabetisch auf, sondern nach den in ② genannten Ordnungsprinzipien. Schreiben Sie in das Heft oder auf die Vokabelkarten nicht (nur) Übersetzungen auf, sondern (auch) Kontextsätze, Paraphrasen oder ein Beispiel. Bei Verben und Substantiven notieren Sie auch grammatische Informationen und bei wichtigen Wörtern auch Verwendungsbedingungen (z.B. typische Verbindungen).
- Wenn Sie sich ein Wort nicht merken können, versuchen Sie es mit einem Trick: Merken Sie sich z.B. das Wort mit einer „Eselsbrücke", das ist ein ähnlich klingendes oder geschriebenes Wort in Ihrer Sprache (z.B. *mail* (engl.) ➔ *Mehl; malik* (arab. „König") ➔ *melken*) und überlegen Sie sich einen Merkvers oder ein Merkbild (z.B. ein wunderschön gekleideter König, der im Schmutz kniet und eine Ziege melkt).
- Sie sollten neuen Wortschatz viel anwenden, damit Sie ihn behalten. Zum Wiederholen des aktiven Wortschatzes schreiben Sie am besten kurze Texte oder unterhalten Sie sich mit jemandem über ein entsprechendes Thema.

④ *Eigene Vorschläge*

_____

_____

_____

_____

_____

S11 Materialbeschaffung

Für die Projekte oder Referate/Vorträge müssen Sie sich oft selbst geeignetes Material suchen. Aber auch später, wenn Sie nicht mehr in einem Deutschkurs sind, können Sie sich leicht weiter informieren, wenn Sie gezielt vorgehen. Dazu haben Sie verschiedene Möglichkeiten. Wir können hier nur die wichtigsten zusammenstellen.

① *Materialquellen*

Überlegen Sie sich, woher Sie am besten die benötigten Informationen bekommen:

- Personen: Es gibt im Prinzip zwei Gruppen von Informantinnen/Informanten: die „Laien", d.h. normale Interviewpartnerinnen/Interviewpartner (im Sprachinstitut, auf der Straße, im Café etc.) und die Expertinnen/Experten zum Thema (an der Universität, in einschlägigen Institutionen, in Betrieben etc.).
- Ämter und Geschäfte: Hier erhalten Sie Formulare, Informationsbroschüren etc.
- Bibliotheken: Hier können Bücher und Zeitschriften eingesehen (und z.T. kopiert) oder ausgeliehen werden.
- Medien (Presse, Radio, Fernsehen, Internet).

② *Materialbeschaffung*

- Personen: Sie können die Informationen notieren oder aber evtl. mit einem Kassettenrekorder oder einer Videokamera arbeiten. Das hängt davon ab, was sich für Ihr Thema besser eignet und Ihnen zur Verfügung steht.
- Zeitungen/Zeitschriften: Besorgen Sie sich zum Thema passende Artikel. Fast alle großen Zeitungen sowie viele Zeitschriften haben z.B. mittlerweile ein Internet-Angebot, das man sehr oft über http://www.*name der Zeitschrift*.de finden kann. Sie können auch eine Suchmaschine (s. u.) verwenden. Die meisten Zeitungen haben einen kostenlosen Suchservice, mit dem Sie gezielt nach Begriffen zu Ihrem Thema suchen können (z.B. die Süddeutsche Zeitung, die ZEIT, die Neue Züricher Zeitung, der Stern). Dann erhalten Sie alle Artikel aus dem Archiv, die vielleicht für Sie interessant sein könnten.
- Suchmaschinen: Für die Suche im WWW ist die Verwendung einiger wichtiger Suchmaschinen in Deutschland notwendig. Damit finden Sie z.B. Organisationen, die für Ihr Thema relevant sind. Überlegen Sie sich vorher wichtige Suchbegriffe zu Ihrem Thema (z.B. bei Beruf: Beruf, Informatik, Computer, Entwicklung, Programmieren, Softwaremanagement etc.). Nehmen Sie eine Suchmaschine, die nur in deutschsprachigen Seiten sucht (wie z.B. http://www.google.de, http://www.yahoo.de und http://www.metager.de) und die möglichst nicht nur Einzelbegriffe sucht, sondern innerhalb eines Themas eine spezifizierte, d.h. kombinierte Suche ermöglicht.
- Bibliotheken: Fragen Sie die Aufsicht, wie man a) mit Katalogkästen und b) am Computer etwas suchen kann.

③ *Auswahl des Materials*

Die Materialsuche ergibt meist viel mehr Material, als Sie brauchen. Bei der Auswahl des Materials, das Sie für Ihr Projekt verwenden, sollten Sie folgende Aspekte berücksichtigen:

- Bedeutung und Repräsentativität der Informationsquelle: Ist das Material für einen Standpunkt, eine soziale Gruppe etc. aussagekräftig?
- Informationsgehalt, Schwere, Länge, Attraktivität etc. für Ihre Kolleginnen/ Kollegen
- Motivation und Originalität: Regt das Material zum Diskutieren oder Nachdenken an? Werden verschiedene Aspekte dargestellt oder kontrastiert?

④ *Eigene Vorschläge*

_____

_____

_____

_____

_____

Mittlerweile haben Sie einige Strategien kennen gelernt, mit denen Sie sich gezielt eine Fertigkeit oder einen Bereich erarbeiten können. Daneben gibt es Strategien zum Lernen allgemein.

① *Vorbereitung*

Machen Sie sich einen realistischen Lernplan:
- Zeit: Zu welcher Uhrzeit lernen Sie am besten? Wann brauchen Sie Pausen? Wie können Sie Ihre verschiedenen Aufgaben koordinieren?
- Lernort: Lernen Sie möglichst an einem Ort, wo Sie sich konzentrieren können. Wenn Sie nur nebenher wiederholen möchten, geht das natürlich auch im Bus etc.
- Lernziel: Lernen Sie nicht ohne Konzept, sondern setzen Sie sich ein bestimmtes Ziel, das Sie auch wirklich erreichen können.

② *Lernen*

Nicht nur Wortschatz und Grammatik, sondern auch Lesen und Sprechen müssen ständig geübt werden, damit die Sprache immer flüssiger wird.
- Kontinuität: Versuchen Sie lieber weniger, aber regelmäßig zu lernen.
- Stimmung: Lernen Sie möglichst nicht unter Druck, sondern schaffen Sie sich eine schöne Lernatmosphäre. Belohnen Sie sich nach dem Lernen.

③ *Kontrollieren und wiederholen*

Verschwenden Sie Ihre Zeit nicht mit Dingen, die Sie schon können.
- Führen Sie ein Lernheft mit Fehlerstatistik: Was macht Ihnen immer wieder Probleme? Welche Lernschritte haben nicht funktioniert? Welche Alternativen könnten Sie noch ausprobieren?
- Schreiben Sie sich ab und zu nach dem Lernen oder nach dem Unterricht auf, wann und warum Sie etwas gut verstanden und behalten haben: Lernen Sie eher durch Zeichnungen, Schemata etc. oder durch Musik, Sprechen und Rhythmus? Brauchen Sie eine Erklärung oder üben Sie lieber, bis etwas automatisch geht? Versuchen Sie, Ihren Lernertyp möglichst gut zu nutzen.
- Sprechen Sie mit den anderen im Kurs über Ihre Lernstrategien und auch über individuelle Probleme. So erhalten Sie gute Tipps.

④ *Eigene Vorschläge*

_____

_____

_____

_____

_____

Lektion 1

A3/2 Umgang miteinander von Deutlichkeit und Klarheit geprägt *Möbelkauf, Radiokauf: genaue Maße, Verlässlichkeit;* Leben nach genauem Plan, Kontrolle *geringe Flexibilität, wenn Unvorhergesehenes passiert, z.B. bei unangemeldetem Besuch;* geografische Unkenntnis z.B. *Verwechslung von Guinea mit Papua-Neuguinea oder Kenia;* weniger auf Kleidung achten *mit Anzug aufgefallen; schlichte und farblose Jeans-mit-Pullover-Tracht;* Form der Konfliktbewältigung *abruptes Ende von Freundschaften/Beziehungen durch Streitsituationen;* spirituelles Vakuum *Unzufriedenheit vieler Menschen; fehlendes Wissen, wie man mit Unglück umgehen kann;* intimes Verhältnis zum Portemonnaie *Schutz vor fremden Blicken durch Verstecken;* niemandem etwas schuldig bleiben wollen *ein Geschenk erfordert ein Gegengeschenk*

A3/3 Flexibilität/Improvisation: Deutsche weniger, Afrikaner mehr; Kleidung: Afrikaner elegant und diskret, Deutsche in farbloser Einheitskleidung; Konfliktbewältigung: bei Afrikanern „Djikke" = Rücksichtnahme gegenüber Verwandten und Freunden, Verzeihen von Unrecht, bei Deutschen wird enge Beziehung in Streitsituationen unwichtig

A4 vage (Z. 4): Gegensatz: *Direktheit* (Z. 5), *Ja heißt ja* (Z. 3); Verbindlichkeit (Z. 7): Beispiel: *Wenn ich mich ... Regal ... drei Tage später tatsächlich noch da* (Z. 9–12); Unkenntnis (Z. 31): *nicht wissen* (Z. 32), *verwechseln* (Z. 33); spirituelles Vakuum (Z. 70–71): *spirituelle Ressourcen fehlen* (Z. 75), *diese Leere* (Z. 77); *etwas geht schief* (Z. 74): Beispiele: *arbeitslos, krank werden* (Z. 74); perplex (Z. 90): *Verlegenheit* (Z. 88)

A5 etwas Unvorhergesehenes: etwas nicht Erwartetes; Improvisation: spontanes Reagieren; Sozialisation: Erziehung; flexibler: beweglicher; Panik: Aufregung, Angst; geprägt: beeinflusst, geformt; urban: städtisch; diskret: unauffällig; unweigerlich: mit Sicherheit; Kontrahenten: Gegner; abrupt: ganz plötzlich; kompensieren: ausfüllen, ersetzen

A6 Kolumbien (männl.): 3, 6; Frankreich (männl.): 7, 9 – England (weibl.): 2, 5, 8; Iran (männl.): 10; Kroatien (männl.): 1, 4

A8/1 „Dazwischen": zwischen zwei Welten: zwischen dem Land, woher man kommt, und dem Land, wo man lebt (Deutschland)

B3 Familienstrukturen verändern sich, schwierige Zeiten für Familien

B5 Familie, Familienstrukturen, Kinder, Eltern

B6 3 Erziehung heute (Z. 51–67) 4 Soziales und ökonomisches Umfeld für Familien mit Kindern (Z. 68–Ende) 2 Entwicklungen in der Familienstruktur (Z. 37–50) 1 Einstellung zu Familie und Kindern (Z. 1–36)

B7 12 bezahlen; 1 Überblick; 4 Lebensgemeinschaft; 9 lockerer Erziehungsstil; 8 trennen; 10 sich kümmern; 2 Eltern; 3 optimistisch; 5 Wiedervereinigung; 7 aktive Senioren; 11 reduzieren; 6 drastisch gesunken;

B8/9 Ein-Eltern-Familie (Teilthema 1/2) → *Familie bzw. Kind/er mit nur einem Elternteil;* Einbindung in stabiles familiales Netz (1) → *integriert sein in einen festen Familienverband;* Wärme, Anregung und soziale Regeln als magisches Dreieck der Erziehung (3) → *Hurrelmann bezeichnet Wärme, Anregung und soziale Regeln als die drei wichtigsten Faktoren der Erziehung;* Durchschnittsfamilie mit zwei Kindern (1) → *Eine Familie hat in der Regel zwei Kinder;* zu wenige Ganztagsschulen (4) → *zu wenige Schulen, in denen Schüler vormit-*

tags und nachmittags Unterricht haben bzw. betreut werden; zunehmende Entkoppelung von Ehe und Familie (2) → *Die Zahl der Eltern, die nicht verheiratet sind, nimmt zu;* starke Beziehung zwischen Generationen (1) → *Die Beziehung zwischen Kindern und Eltern/Großeltern ist stärker/enger als zu Freunden;* fehlende Kindergarten- und Hortplätze (4) → *Es fehlen Plätze in Kindergärten und in so genannten Kinderhorten, in denen Kinder berufstätiger Eltern ganztägig betreut werden;* keine kinderfreundlichen Arbeitszeitmodelle (4) → *keine familienfreundlichen Arbeitsformen und -plätze für Eltern mit kleinen Kindern wie z.B. Halbtags-, Teilzeitarbeitsplätze;* Familie und Kinder an oberster Stelle der Werteskala (1) → *Familie und Kinder stehen an erster Stelle einer Skala, die Werte des Lebens misst;* geringeres Pro-Kopf-Einkommen (4) → *niedrigeres Einkommen des Einzelnen*

B10 *Eine Werteskala (die)* ist ein Ordnungsprinzip von Werten. *Ein Standardmodell (das)* ist ein Modell, das dem Durchschnitt entspricht. *Die Geburtenrate* gibt innerhalb einer Statistik die Anzahl der Geburten pro Lebensgemeinschaft an. Als *Wendeschock (der)* bezeichnet man die seelischen Erschütterungen, die 1989 und später im Zuge der Wiedervereinigung eintraten. *Die Lebenserwartung* ist das Alter, das Menschen im Durchschnitt erreichen. *Der Trauschein* ist das offizielle Dokument, das die Heirat bescheinigt. Die *Kindergartenöffnungszeit* ist jene Zeit, in der ein Kindergarten geöffnet ist. *Arbeitswelt (die):* Gemeint sind hier die Arbeitgeber. Eine Arbeitsstelle, an der man in der Woche / im Monat/Jahr weniger Stunden arbeitet als bei einer Vollbeschäftigung, nennt man *einen Teilzeitarbeitsplatz (der).* Das *Großstadtviertel* ist ein Teil einer Großstadt mit einem eigenen Namen (z.B. Prenzlauer Berg in Berlin). *Eine Altersversorgung (die)* ist eine finanzielle Absicherung im Alter (durch Rente, Altersversicherung oder private Fürsorge). *Kindergeld* ist ein monatlicher Betrag für jedes Kind, das den Eltern vom Staat als Erziehungshilfe gezahlt wird.

B13/1 6, 2, 5, 3, 1, 4, 7

B13/2 Beurteilung berufstätiger Mütter durch andere Mütter/Großeltern: Vorwurf, Kinder zu vernachlässigen; Kinder: gehen Weg unterstützend mit, fragen aber auch, warum Mutter bei bestimmten Dingen nicht dabei ist; Bewertung von Vätern im Erziehungsurlaub: positive Reaktion bei anderen Männern (Vätern), aber auch: man macht das als Mann nicht, Gefahr für Karriere.

B14/1 Berufstätige Frauen sind bessere Mütter, weil solche Frauen zufriedener mit ihrem Leben sind und somit die Bedürfnisse des Kindes besser erfüllen.

B16 allein lebende Person mit sechs Buchstaben: Single

B18/2 Single auf Zeit: unfreiwillig, transitorisch, vorübergehend, nicht immer zufrieden, Enttäuschung, Vereinsamung; Langzeit-Single: freiwillig, eigenständige Lebensform, überzeugte/echte Singles, zufrieden, bewusst allein, frei, unabhängig

B19/1 (1) jemand, der eigentlich eine Partnerin / einen Partner sucht; auf den zu Hause niemand wartet; den dieser Zustand unzufrieden macht; für den diese Situation unbefriedigend ist. (2) jemand, der bewusst allein lebt; dem diese Situation gefällt; dessen Lebensform auf zunehmendes Interesse stößt; in dessen Leben ein fester Partner keinen Platz hat.

B19/2 (1) ..., in der jemand sein Leben gestaltet. (2) ..., die durch zu viel Nähe entsteht. (3) ..., in der man von einer Lebenssituation in eine andere übergeht. (4) ..., über das kontrovers diskutiert wird. (5) ..., an der Eltern und Gesellschaft mitwirken.

C5 1. Thema: Freizeitverhalten alter Menschen: mehr Fernsehen als in 80er Jahren. Quelle: Studie des B.A.T. Freizeit-Forschungsinstituts
2. wichtiges Thema des 21. Jh.: fehlende soziale und psychische Vorbereitung der Generation der über 80-Jährigen auf das Leben im Alter. Probleme alter Menschen: ungesicherte materielle Zukunft
3. soziale Faktoren im Alter: soziale Bindungen zu Familie und Freunden. Aktivitäten im Alter: Besuch von Vorträgen, kulturellen Veranstaltungen, ehrenamtliche Aufgaben. Zitat: von Opaschowski. Was wird im Zitat gesagt: alte Menschen eher Stubenhocker, nicht aktiv genug
4. Bewertung der Rentenzeit: Erleichterung gegenüber Berufsleben

C6 Zusammenfassung
In diesem Text geht es um das Freizeitverhalten alter Menschen, die heutzutage mehr fernsehen als noch in den 80er Jahren. Dies ergab eine Studie des B.A.T.-Freizeitinstituts. Ein wichtiges Thema des 21. Jahrhunderts wird die Tatsache sein, dass die Generation der über 80-Jährigen weder sozial noch psychisch auf das Leben im Alter vorbereitet ist. Ein weiteres Problem ist, dass die Zukunft der Alten materiell unsicher ist. Als wichtig im Alter werden soziale Faktoren wie Bindungen zu Familie und Freunden angesehen. Aktivitäten im Alter können der Besuch von Vorträgen und kulturellen Veranstaltungen sein und die Übernahme von ehrenamtlichen Aufgaben. Demgegenüber sind die alten Menschen nach Opaschowski, dem Leiter der Studie, eher Stubenhocker und nicht aktiv genug. Allerdings wird das Rentnerleben in der Regel mit Erleichterung begrüßt.

C7/1 Z. 16–17 *die Generation der über 80-Jährigen*, Z. 20–21 ... *von Hochaltrigen und Langlebigen*, Z. 27–28. *den künftigen Ruhestandsgenerationen*, Z. 36 *jeder zweite Befragte*, Z. 42 ... *der Befragten*, Z. 43 *die Senioren*, Z. 45 *ein Großteil*, Z. 47 *die älteren Menschen*, Z. 50 *sie*, Z. 51 *der Neuen Alten*, Z. 51 *die* ..., Z. 56 ... *der Befragten*, Z. 58 *ihnen*. Z. 60 *viele*, Z. 61 *etliche Befragte*, Z. 67 *die Ruheständler*

C7/2 *alte Leute – sie – sie – Viele (Immer mehr) Rentner – ihnen – Befragten – sie*

C8 *Damit* (Z. 10): mit der Tatsache, dass viele Ruheständler schon nachmittags fernsehen; *seinen* (Z. 15): den Worten von H. Opaschowski; *darauf* (Z. 23): auf ein hohes Alter vorbereitet sein; *hinzu* (Z. 25): zu dieser fehlenden Vorbereitung; *ihre* (Z. 32): der jungen Berufstätigen; *ihre* (Z. 33): der jungen Berufstätigen; *Dabei* (Z. 46): bei all diesen Beschäftigungen; *ihr* (Z. 53): der alten Menschen; *ihnen* (Z. 58): den Befragten

C9/1 *Opaschowski zufolge*; Zitat (Anführungsstriche)

C9/2 Z. 6 *Dies ergab*, Z. 9 f. *wende sich zu*, Z. 13 *sagte*, Z. 15 *Nach seinen Worten*, Z. 24–25 *komme hinzu*, Z. 30 *hieß es*, Z. 30 *Der Untersuchung zufolge*, Z. 35–37 und 56–57 *gab an, dass* ..., Z. 45–46 *übernehme*, Z. 60 *empfänden*, Z. 67 *zögen*, Z. 70–72 *würden gekappt, nicht mehr aufgesucht*

GT1/1 (1) Ganztags|schulen (2) Schul|ferien, Aus|land (3) Groß|teil (4) Schwimm|bad, Freizeit|angebote

GT1/2 G steht an zweiter Stelle, B spezifiziert das Kompositum, G klassifiziert das Kompositum, G bestimmt den Artikel (bei Nomen), G bestimmt Singular oder Plural (bei Nomen).

GT1/3 Grundversorgung: r Grund (Nomen), Mehrbelastung: mehr (Adverb), Arbeitsmarkt: e Arbeit (Nomen), Großstadt: groß (Adjektiv), Familiengründung: e Familie (Nomen), Schultag: e Schule (Nomen), Bruttoeinkommen: brutto (Adverb), Schlussstrich: r Schluss (Nomen), Wohnsituation: wohnen (Verb), Kleinanzeige: klein (Adjektiv), Liebeserklärung: e Liebe (Nomen), Bücherregal: s Buch (Nomen), Rauchverbot: rauchen (Verb), Einkommenstabelle: s Einkommen (Nomen)

GT1/4 Nomen: Ziel, Reise, Pläne; Adjektiv: verwöhnt, schön, feindlich, interessiert, willig; Verb: setzen, saugen; andere (Adverbien): teils, heraus

GT1/5 ø: Grundøversorgung, Schuløtag, Schlussøstrich, wunderøschön, staubøsaugen; (e)s: Arbeitsmarkt, Liebeserklärung, Einkommenstabelle, erfolgsverwöhnt, Ausflugsziel, Umzugspläne; (e)n: Familiengründung, Ferienreise; (e)r: Bücherregal, kinderfeindlich

GT2/1

	Nominativ	Akkusativ	Dativ
maskulinum	*der*	*den*	*dem*
femininum	*die*	*die*	*der*
neutrum	*das*	*das*	*dem*
Plural	*die*	*die*	*denen*

GT2/3
(1) Wichtiger als Freunde sind Familienmitglieder, zwischen denen enge Beziehungen bestehen. (2) Eltern erhalten vom Staat Kindergeld, dessen Höhe jedoch nicht ausreichend ist. (3) A. Souaré, dessen Kleidung meistens sehr elegant ist, wundert sich über den Jeans-mit-Pullover-Look in Deutschland. (4) Der Verkäufer gab genaue Auskunft über das Radio, für das sich Souaré interessierte. (5) Das Bild von Afrika ist durch Schulbücher geprägt, in denen Afrika als ein Ort wilder Natur dargestellt wird. (6) Die Deutschen haben ein intimes Verhältnis zu ihrem Portemonnaie, das sie versteckt halten. (7) In Deutschland gibt es eine große Unzufriedenheit, was auf ein spirituelles Vakuum zurückzuführen ist. (8) Man verzeiht Menschen, mit denen man befreundet ist, ein Unrecht.

GT3/2 Konjunktor: *aber, doch*; Subjunktor: *während*; Präposition: *entgegen*; Adverb: *aber, doch, jedoch, hingegen, dagegen*; Wendung: *im Gegensatz zu/dazu/dazu, dass, im Unterschied zu/dazu/dazu, dass*

GT3/4 (1) In Deutschland achtet man weniger auf die Kleidung. In Guinea *hingegen* kleidet man sich gerne diskret und sehr elegant. (2) Die Deutschen leben nach einem genauen Plan und möchten alles kontrollieren. *Im Gegensatz dazu* sind die Afrikaner durch ihre Sozialisation flexibler. (3) In den Medien wird häufig vom Verfall der Familie gesprochen. *Jedoch* ist die Bedeutung von Kindern und Familie nach wie vor sehr groß. (4) Einem kinderlosen Arbeitnehmer bleiben von 30.000 Euro Bruttoeinkommen rund 17.500 Euro netto. *Im Unterschied dazu* entfallen auf ein Elternteil einer vierköpfigen Familie knapp 7.000 Euro. (5) Kinder nicht erwerbstätiger Frauen leiden oft unter der Unzufriedenheit ihrer Mütter. Berufstätige Frauen *dagegen* erfüllen die psychischen Bedürfnisse ihrer Kinder insgesamt besser. (6) *Während* Singles auf Zeit das Alleinleben als Übergangsstadium auf dem Weg zu einer neuen Partnerschaft verstehen, leben Langzeit-Singles bewusst allein.

GT4/2 (1) Peter antwortete, sie möge sich nicht immer in seine Angelegenheiten mischen. (2) Clara fragte, ob er denn nie unzufrieden mit seinem Leben sei. (3) Peter fragte zurück, was sie damit meine. (4) Clara äußerte darauf, er solle sich doch nicht naiv stellen. Sie fragte, ob er denn gerne so lebe. (5) Peter forderte sie auf, sie möge bitte ein Mal versuchen, ihn zu verstehen.

GT4/3 (1) Der Soziologe Aboubacar Souaré schreibt, in Deutschland sei der Umgang miteinander von Deutlichkeit und Klarheit geprägt; erleichtere; heiße, heiße, wisse, sei; empfinde er, sein könne; habe er ... kennen gelernt; er sich ... verabredet habe, sei ... gewesen, gemeldet hätten; er ... gesucht habe, gefragt habe, habe dieser ihm ... gegeben, habe gewogen; zeige sich; lebe, sehne sich; funktioniere, passiere, verlangt werde; seien; habe er erlebt, ausgelöst habe, seien ... gerückt worden, sei ... gewesen; ihn ... erstaune, sei; wüssten, liege, würden verwechseln (verwechselten); werde er gefragt, sei, gebe; scheine ... geprägt zu sein, darstellen würden (darstellten); habe; er habe seit seinem ... gelebt, kleide; habe er; er ... gezogen sei, getragen er ... aufgetaucht sei, sei er ... gefragt worden, er habe; favorisiert werde, habe, achte; angehe, gebe, ihm ... bekannt sei; beschreibe, getan hätten; verzeihe, besinne, befreundet sei, erlebt habe; vergebe, stehe; habe er ... erlebt, scheine ... zu geben; komme es ihm ... vor, zähle, würden ... verlieren; würden ... enden (endeten); seiner Meinung nach herrsche, worin er ... sehe; hätten ... geopfert; gehe, werde, würden fehlen (fehlten), umgehen könne; würden versuchen (versuchten), lernen würden (lernten); seien, würden ... passen (passten); gingen (würden ... gehen), sei; ihm auffalle, sei; hielten (würden halten), würden ... beugen (beugten); sei; sei, grüße, kennen würden, bekämen; reagiere; erhalte, erfordere; wolle

(2) Z. 6: Der DJI-Wissenschaftler Bien sagt, man könne nicht davon reden, dass die Familie zerbräche; Z. 13: Biens Fazit ist, dass die Bedeutung von Kindern und Familien nach wie vor riesengroß sei; Z. 26: Bien sagt, die Beziehungen zwischen den Generationen seien viel stärker als die Beziehungen zu Freunden; Z. 32: Wolfgang Hantel-Quittmann meint, alle seien doch Familienmenschen; Z. 54: Klaus Hurrelmann sagt, Erziehung sei noch nie so schwierig gewesen wie heute; Z. 64: Hurrelmanns Diagnose ist, dass viele Probleme, die Familien hätten, nicht aus der Familie, sondern aus dem Umfeld kommen würden, das auf die Veränderungen nicht angemessen reagiere;

(3) sei, gehe; seien, geopfert habe; setze sich ... durch; gebäre / würde gebären; solle ... entschädigen; würden ... stürzen (stürzten); entwickle

(4) Z. 10–14: Damit habe sich der Fernsehkonsum für die Ruheständler als Zeitfüller und oft auch als Zeitkiller etabliert, sagte B.A.T.-Studienleiter Professor Horst Opaschowski; Z. 19–24: Ein wachsender Anteil von Hochaltrigen und Langlebigen werde medizinisch und biologisch am Leben erhalten, ohne sozial und psychologisch darauf vorbereitet zu sein; Z. 26–30: Die gesetzlichen Rentenkassen könnten den künftigen Ruhestandsgenerationen wahrscheinlich allenfalls eine Grundversorgung gewährleisten, hieß es; Z. 50–56: Eigentlich wollten (und sollten) sie die Rolle der Neuen Alten spielen, die rund um die Uhr aktiv, vital und dynamisch seien. Dem stehe ihr tatsächliches Verhalten gegenüber, das mehr an Stubenhockerei als an Aktivitätsstress erinnere; Z. 64–66: Aus der Sicht von heute erscheine die Arbeitsbelastung Anfang der 80er Jahre fast wie eine Idylle.

Lektion 2

A3/1 widerstandsfähiges Gehäuse, aus einem massiven Metallblock herausgearbeitet, ein feines automatisches Manufakturwerk, ein Jahr Fertigungszeit, winzige Einzelteile, getestet und geprüft, mit Ultraschall gereinigt

A3/2 durch Wendungen wie: *wahre Schönheit; wie eine Perle, die langsam in einer Auster heranwächst; alles strahlt wie ein Juwel; das glänzende Äußere einer Oyster* (= Auster)*; die Schönheit beginnt bereits in ihrem Inneren*; im Bild: runde Form, halb geöffnet, damit man das Innere sieht

A5/3 Hauptaussagen: vgl. A5/4

A5/4 (1) Aufgaben der Biorhythmen: *Anpassung an wechselnde Umweltbedingungen, z.B. Jahreszeiten*

(2) circadiane Rhythmen = *dauern ca. 1 Tag* Eigenschaften der c. Rh.: - endogen - unabhängig von *Licht, Mahlzeiten, körperlichen Aktivitäten, sozialen Faktoren* - bewiesen durch: *Isolationsexperimente* - allerdings: *c.R. ca. 25 Stunden*

(3) Tagesperiodik auch genetisch angelegt, Erklärung/Beleg dafür: *Entdeckung eines mutierten Gens, verantwortlich für vorgezogenes Schlafphasensyndrom ("Lerche")*

(4) iU (innere Uhren) bestimmen Tagesform: Gesundheit/Krankheit: *morgens eher Herzinfarkt*; Hochs/Tiefs: *Hochs um 10–11, 15, 19 Uhr wegen stimulierender Substanzen im Blut, Tiefs um 9, 13–14, 18 Uhr* Hunger: *5 x am Tag, z.B. mittags, wegen Anstiegs von Magensäurespiegel* Schmerzempfindlichkeit: *morgens und abends hoch, nachmittags niedriger*

(5) *Beispiele für biol. Rh.: Blutdruck: morgens und abends hoch (allerdings multifaktoriell)* Haut: *erneuert sich ca. alle 27 Tage, Schweißaktivität hoch um 15 Uhr*

(6) *Störungen der iU: Schichtdienst* Jetlag: Ursachen/Faktoren: *Diskrepanz zw. Ortszeit und Biorhythmus bei Überfliegen von mind. 2 Zeitzonen, stärker bei Ostflug (= Verlängerung des Tages) als bei Westflug (= Verkürzung)* Schwangerschaft/Wechseljahre

A5/5 (1): Zusammenfassungen in Z. 1–6; Z. 48–50; Z. 98–103; Z. 131–133 :Alle Abschnitte stehen als Einleitung am Anfang. Bei anderen Texten findet man Zusammenfassungen am Schluss.

(3): (a) ist besser, da in (b) Einleitung mit Thema fehlt, Hauptinformationen unverbunden nebeneinander stehen, Hauptinformationen fehlen (z. B. Aussagen zu Blutdruck, Haut), irrelevante Detailinformationen gegeben werden (z. B. Isolationsexperimente, Zahnarztbesuch).

A6 (1) hervorhebend: auch, auch, erst, bereits, zum Beispiel, nur noch, alleine, noch, auch, z.B., noch, noch, auch, auch

(2) verstärkend/abschwächend: (viel) zu, sehr, so, weitaus, besonders, besonders, vergleichsweise, besonders, sehr

(3) schätzend: ungefähr, circa, etwa, am wenigsten, fast, etwa

A7/1 Zeitpunkt: kürzlich, früh, gegen 19 Uhr, dann, früh, am Morgen, in den Morgenstunden, spätabends, zwischen 10 und 11 Uhr, gegen 9 Uhr, zu keinem anderen Zeitpunkt, nach dem Mittagsgipfel, zwischen 13 und 14 Uhr, um 15 Uhr, dann, um 15 Uhr, am Nachmittag, am Vormittag, dann, am Vormittag, um 16 Uhr herum, mittags, gegen 18 Uhr, um 19 Uhr, morgens und abends, wenn (Nachtschichtarbeit ...), dann, morgens und abends, nachmittags und nachts, gegen 15 Uhr, wenn, dann, erst ... wenn, nach dem Wechsel, nach einem Westflug, nach einem Ostflug Zeitdauer: einen Tag, wenn (der Wechsel ... wegfällt), mit einem 25-Stunden-Tag, solange, im Verlauf eines Tages, 27 Tage, einen Monat, in diesem Zyklus, um mehrere Stunden, länger, einen Tag,

Frequenz: am häufigsten, in der Regel, für gewöhnlich, wieder, dreimal, zwei- bis dreimal, wieder, nochmals, in einem Ein-Minuten-Rhythmus, oft

A7/3 Zeitpunkt, da es v.a. um Zeitpunkte im Tagesablauf geht, die durch die inneren Uhren bestimmt sind

B1/2 Elena: 1 (subjektiv): Zeit wichtige Rolle, flexibler als Deutsche; 2 (Heimat): Zeit nicht mit Stress verbunden, Madrid: Zeit wichtig je nach Situation; 3 (Deutschland): Zeit immer Stress, man muss alles schnell machen, nichts tun ist faul sein

Christina: 1: Zeit persönlich: achtet nicht darauf – für Arbeit: sehr wichtig; 2: Zeit für einander, bei Einladungen nie pünktlich kommen, sonst für Gastgeber Problem; 3: mit Zeit ernst umgehen, Terminkalender als Kontrolle
Marta: 1: Zeit wichtig, fehlt immer, Zeit bewusster erleben, immer messen; 2: Zeit dehnbar, genug Zeit haben; 3: Zeit fast schmerzlich
B2/1 (1)b; (2)a; (3)c
B5/1 Psychologe Robert Levine an der California State University – Fresno
B5/2 Hypothese, dass das Zeitgefühl in verschiedenen Ländern kulturbedingt ist.
B5/3 Studien in 31 Ländern: in Großstädten Beobachtung von Gehgeschwindigkeit, Zeit für Verkauf einer Briefmarke und Genauigkeit der öffentlichen Uhren
B5/4 1. Platz Schweiz, 2. Irland, 3. Deutschland, dann Japan; letzter Platz Mexiko
B6/1 Wohlstand, Grad der Industrialisierung, Einwohnerzahl, Klima, Individualismus
B8/1 Präsens (allgemeingültige Aussagen) und Perfekt (noch gültige Sachverhalte)
B8/2 Präteritum (Wiedergabe des Experiments aus der Distanz heraus)
B8/3 Präsens (gilt zur Zeit des Experiments und heute auch)
B8/4 (2) Perfekt, (3) Präsens, (4) Präsens
B9/1 je = Nebensatz, desto = Hauptsatz
B9/2 Z. 44–45; Z. 53–55; Z. 71–73; Z. 74–75; Bedeutung: etwas wird verglichen und zueinander in Beziehung gesetzt
B9/3 Vergleichen Sie Ihre Regeln mit der Regel in GT4.
B9/4 Z. 48–52: Je aktiver die Wirtschaft von Orten ist, desto größeren Wert auf Zeit legen sie, und je wertvoller die Zeit ist, desto aussichtsreichere Kandidaten für eine aktive Wirtschaft sind die Orte; Z. 79–80: Je größer die Hitze ist, desto weniger Energie hätten die Menschen; Z. 80–85: Je wärmer Länder sind, desto weniger benötigen die Menschen zum Leben und desto weniger müssen sie sich anstrengen, um ihren Lebensunterhalt zu verdienen; Z. 86–88: Je höher die Temperaturen sind, desto mehr erhöht sich auch die Lebensfreude; Z. 100–103: Je wichtiger soziale Beziehungen in einer Kultur sind, desto entspannter ist die Haltung der Zeit gegenüber.
C1 1f – 2h – 3e – 4i – 5c – 6g – 7b – 8d – 9a
C2 Normalerweise gehe ich zwei Mal pro Woche ins Fitness-Studio. *Im Augenblick* allerdings fehlt mir dazu die Zeit. – Der *von einem Unwetter überraschte Bergsteiger* hatte schon alle Hoffnung aufgegeben. *Im letzten Augenblick* hörte er jedoch die Propeller des Rettungshubschraubers. – Meine Schwester kommt immer zu spät zu Verabredungen: Neulich habe ich am Bahnhof *eine geschlagene Stunde* auf sie gewartet. – Eigentlich hatten wir an dem Abend gar nicht mehr mit Angela gerechnet, als sie *zu später Stunde* doch noch erschien. – Für Philipp ist *die Stunde der Wahrheit* gekommen: Morgen wird Eva ihm sagen, dass sie ihn verlassen möchte. – Cora weiß, *was die Stunde geschlagen hat:* Wenn sie jetzt nichts tut, fällt sie durchs Examen. – Sicher ist hier noch alles ganz neu für dich, aber *mit der Zeit* wirst du dich daran gewöhnen. – Es ist jetzt noch zu früh, eine Entscheidung zu treffen, aber *zu gegebener Zeit* sollten wir noch einmal über das Problem sprechen. – Er war die ganze Zeit arbeitslos, jetzt hat er wenigstens eine Anstellung *auf Zeit* gefunden. – Früher war es undenkbar, dass eine Frau eine leitende Position besetzen konnte. *In jüngster Zeit* aber gibt es immer mehr weibliche Führungskräfte in Wirtschaft und Politik. – Er versprach

ihr, *für alle Zeiten* treu zu sein. – Ich bin *zurzeit* völlig überlastet mit Arbeit. – Was, schon elf Uhr? *Um diese Zeit* kann man in Deutschland niemanden mehr anrufen. – Eigentlich mag ich keine klassische Musik. Aber *von Zeit zu Zeit* höre ich mir diese CD von Mozart ganz gerne an.
C3/1 (1) Wichtige Angelegenheiten sollte man rechtzeitig erledigen. (2) Mit der Zeit verarbeitet man auch sehr schlimme Erfahrungen. (3) Der Morgen ist die beste Zeit am Tag (z.B. schön, ruhig, kreativ). (4) Bei Problemen sollte man keine vorschnellen Entscheidungen treffen.
C5/3 1. Hauptklientel: Privatwirtschaft, Nonprofit-Organisationen (Behörden; Gewinne nicht im Mittelpunkt); 2. Teilnehmer mit den größten Schwierigkeiten: mittlere Führungsebene, Fachkräfte; 3. Zeitdiebe: der andere Mensch, der einen plötzlich unterbricht; 4. Frage nach langfristigem Erfolg des Programms: für manche kein Erfolg, für viele Teilerfolge, für 10% großer Erfolg; 5. Tipps: vermeiden: vorschnelle Zusagen, unklare Kommunikation; empfehlen: Zeit für zusätzliche Arbeit kalkulieren; Zeitspanne für jeweilige Arbeit genau absprechen
C7 3, 4, 5, 6, 10
C8/1 trennbar: einfallen, einhalten, sich vornehmen, ausmachen, wegbügeln, anwachsen, durchzappen, aufpassen; untrennbar: sich verzetteln, entdecken, überraschen, übernehmen
C8/2 trennbar: *einhalten:* in einem Rahmen halten; *sich vornehmen:* als nächste Aufgabe vor sich setzen; *wegbügeln:* durch Bügeln eliminieren; *durchzappen:* schnell durch die Kanäle gehen;
untrennbar: „ver" = abweichen: *sich verzetteln:* (zu viele Zettel überall haben =) zu viel Verschiedenes zu tun haben, nichts richtig machen (ähnlich: *sich verlaufen, verstecken*); „ent" = weg: *entdecken* = aufdecken, ans Licht bringen (ähnlich: entwirren, entkalken); *überraschen:* etwas kommt so rasch über jemanden, dass er vorher nichts merkt; *übernehmen:* auf sich nehmen
C9/1 an Frauen, speziell Hausfrauen (s. Quellenangabe): *Frisör, Wocheneinkaufsplan, Großputztag, Wäsche waschen* etc., *Ihr Mann ...*
GT2

	Zeitpunkt	Zeitdauer	Frequenz
Subjunktor	wenn, als, nachdem, bevor	während, solange	immer wenn
Präposition (z.T. nur mit Angabe von Stunde/Uhrzeit)	um, an, gegen, in, bei, bei, nach, zu, ab, von ... an, vor	während, für, von ... bis	
Adverb	morgens/mittags, früher, vorher, plötzlich, dann, kürzlich, neulich		wieder, einmal (zweimal ...), oft, selten, immer, freitags, stündlich/täglich ...
Wendung	eines Tages, eines Morgens, eines Morgens vor einem halben Jahr, im Moment ...	eine Stunde/Woche, einenTag/Monat, einen Augenblick/Moment ...	jede Zehntelsek., jede Minute/Stunde, jeden Tag ..., alle 90 Minuten, alle vier Stunden ...

GT3/2 (1) Vergangenheit (historisches Präsens); (2) Gegenwart (geschieht jetzt); (3) Gegenwart (hat immer Gültigkeit); (4) Vergangenheit (Spannung); (5) Zukunft
GT3/3 (1) Vergangenheit (Distanz); (2) Gegenwart (höfliche Distanz); (3) Vergangenheit (Distanz); (4) Vergangenheit (höfliche Distanz); (5) Vergangenheit (höfliche Distanz)

GT3/4 (1) Vergangenheit (noch relevant); (2) Vergangenheit (Aufmerksamkeit); (3) Zukunft (in der Zukunft abgeschlossen); (4) Vergangenheit (noch relevant); (5) Gegenwart (noch relevant, aber in der Vergangenheit begonnen)
GT3/6 Zukunft; Vermutung; Vermutung; Zukunft; Zukunft
GT3/7 nicht korrekt: (2) und (4)
GT3/8 fuhren; war; ging; kam auf/kommt auf; drang ein/dringt ein; brach aus/bricht aus; sank/sinkt; konnten retten; verging; schrie/schreit; sahen auf, war, kam, würde fressen; strandete; gab, fragte, holt, sucht; beschlossen; kam; fanden/finden; redete/redet; sind; beobachten; zeigen; war geschehen; vergaß; verloren; würden verlassen; wäre; gibt; fanden; blicke zurück; sage; war; habe gemacht
GT4 (1) Je mehr man arbeitet, desto mehr Geld verdient man. (2) Je mehr Bücher wir lesen, desto mehr Wissen erwerben wir. (3) Je häufiger wir etwas wiederholen, desto besser merken wir uns etwas. (4) Je mehr wir zu tun haben, desto schneller vergeht die Zeit. (5) Je mehr wir arbeiten, desto weniger Freizeit haben wir. (6) Je fleißiger wir sind, desto bessere Ergebnisse erzielen wir. (7) Je öfter wir ein bestimmtes Buch lesen, desto besser verstehen wir es. (8) Je länger ich diese Person kenne, desto weniger mag ich sie. (9) Je schneller man arbeitet, desto mehr Stress hat man. (10) Je weniger wir ausgehen, desto weniger Leute lernen wir kennen.
GT5/1 ent-: weg oder heraus aus etwas; zer-: kaputt machen (trans.) oder sich auflösen (intrans.), z.B. in Teile, in andere Konsistenz; miss-: Negation; nicht korrekt
GT5/2 Aus intransitiven werden transitive Verben.
GT5/3 Konkrete Bedeutung: 1b, 2b, 3a, 4a, betont = trennbar; abstrakte Bedeutung: 1a, 2a, 3b, 4b, unbetont = untrennbar
GT5/4 be – **Einfluss** – en, an – **er** **kennen**, ver – **heimlich** – en, ver – **einfach** – en, be – **Absicht** – igen, be – **Seit(e)** – igen, ver – an – **schau(en)** – lich – en, be – **Inhalt** – en; ver – **einsam** – en

Lektion 3
A4 Arbeitsmodelle: 1 Vertrauensgleitzeit, 2 Teilzeitarbeit, 3 Tele-Arbeit, 4 Feminisierung, 5 schlecht bezahlte Dienstleistungen (McJobs), 6 Selbstständigkeit (Existenzgründung). Branchen: 1 Telekommunikationsindustrie, 2 Freizeitindustrie, 3 Gesundheitswesen, 4 Bildung, 5 Umwelt.
A5 *Vertrauensgleitzeit* bedeutet, dass die Mitarbeiterinnen und Mitarbeiter eines Unternehmens selbst entscheiden können, wie sie ihre (tägliche, wöchentliche, monatliche) Arbeitszeit organisieren. Unter *Teilzeitarbeit* versteht man ein Arbeitszeitmodell, bei dem Mitarbeiterinnen und Mitarbeiter (täglich, wöchentlich, monatlich, jährlich) nur einen Teil der Arbeitszeit der Vollbeschäftigten (25 %, 50 %, 75 % usw.) ableisten und entsprechend auch nur diesen Anteil an Lohn und Gehalt bekommen. Wenn jemand zu Hause, z.B. am Computer, Arbeiten für ein Unternehmen erledigt, dann heißt das / nennt man das *Telearbeit*. *Feminisierung* der Arbeit wird als die Nutzung weiblicher Fähigkeiten wie Flexibilität, Anpassungsfähigkeit, Teamorientierung, Phantasie, Kreativität im Arbeitsprozess erklärt. Wenn man von *schlecht bezahlten Dienstleistungen* spricht, meint man Nebenjobs wie Putzen, Kinder hüten, Koffer tragen, Waren im Supermarkt einpacken etc. Bei einer *Existenzgründung* wird jemand *selbstständiger* Unternehmer.
A6 arbeiten: beschäftigen, beraten, organisieren, sammeln, ordnen, aufbereiten, heilen, betreuen, pflegen, ausbilden, weiterbilden, planen, umschulen, forschen, entwickeln, informieren, vorsorgen, entsorgen

Menschen: Arbeitsgruppe, Team, Mitarbeiter, Vorgesetzter, Beschäftigter, Stammarbeiterin, Kernmannschaft, Freelancer, Selbstständiger, Selbstvermarkter, Angestellter
Eigenschaften: flexibel, kommunikativ, teamorientiert, fantasievoll, „weiche Intelligenz", Anpassungsfähigkeit, pfiffig, Durchsetzungskraft, Organisationstalent, zuverlässig, fleißig, Wagemut
Orte: Unternehmen, Siemens, Mannheimer Versicherungs-AG, Bayer AG, Mutterbetrieb
weitere Aspekte: Vollbeschäftigung, Acht-Stunden-Tag, Dienstjubiläum, Arbeitsalltag, Arbeitsmarkt, Vertrauensgleitzeit, Arbeitszeit, Arbeitslosigkeit, Teilzeit, Betriebsanbindung, Teamsitzung, Branche, Job, Projekt, Beschäftigungsförderung
A7/1 Z. 17: 40 Jahre lang dieselbe Arbeit, Z. 19: Unterhaltung, Z. 21: Gefängnis, Z. 42: kontrollieren können, Z. 94–95: erarbeiten wir ... uns, Z. 101: Freischaffender, Z. 104: Billigarbeitsplätze (Assoziation zu McDonalds).
A7/2 Brigitte: sehr bekannte Frauenzeitschrift, daher Pronomen wir/du; ich: v.a. Autorinnen und Leserinnen.
A7/3 Neues Thema: z.B. Z. 39–40; Direkte Ansprache: z.B. Z. 12–14, Z. 18; Lebendiger gestalten: immer der Fall; Zum Nachdenken anregen: z.B. Z. 5–6, Z. 60–61; Provozieren: z.B. Z. 42–43
B1/1 Zahlungsmittel: Arbeitskraft; Mitglieder: ganz unterschiedliche Menschen und Berufsgruppen, Leute mit wenig Geld und viel Zeit ebenso wie Berufstätige; Motive: verschieden, z.B. sich etwas ohne Geld leisten, etwas tun, was Spaß macht, Fähigkeiten einsetzen, die man sonst nicht braucht, Fantasie entwickeln
B1/2 Kochen, Internetkurs, Gärtnerarbeit, Fotos/Video, Kuchenbacken, Computerkurs, Putzen
B4 Text 1: womit: Lösungen für Probleme finden; wer: Menschen mit Witz, Spontaneität und Fantasie, z.B. Juristin, Kunsthistorikerin, Journalist, Schuhverkäufer, Konditorin (anders sein als andere); Kunden/Probleme: Leute mit Alltagsproblemen (wie hohe Telefonrechnung) und Großfirmen wie Microsoft, Nestlé, Stadtverwaltung von Biel (Großstadtproblem Graffiti); Kosten: 9,90 Franken bis 990.000 Franken
Text 2: Unternehmen: Einkaufsservice; Kundengruppe: Menschen mit wenig Zeit, Alte und Gebrechliche; Voraussetzungen: Eintragung als Gesellschaft bürgerlichen Rechts (GbR), Fax und Telefon; Verdienst: 8 Euro bei Einkäufen unter 50 Euro, sonst 15% des Einkaufswerts; Werbung: 3.000 Flugblätter
B5/1 Name: Maria Herrmann; Adresse: Bahnhofstr. 10, Mainz; Tel: 35 07 21; Liefertermin: Samstag 11 Uhr; Einkäufe: große blaue Müllsäcke, Haarspray von Nivea (extra stark), 3 Sekt (Henkel oder was anderes Trockenes), 2 Lavazza, 1 Kasten Mineralwasser (Selters), 1 Liter Milch (Landliebe), 3 Nussjogurt (Bauer!), 2 Gervais-Hüttenkäse, Obst/Gemüse: 1 Schachtel Cocktailtomaten, Eisberg-Salat, 1 Beutelchen Zwiebeln (normale), 1 Kilo saure Äpfel (grüne und rote), Senf (Löwensenf), 200 Gramm französische Salami
B5/2 Selektives Hören
B7/1 grammatisch vollständig: (3) und (5)
B7/2 Ergänzungen: zwei clevere Jura-Studenten (wer?), lästige Einkäufe (was?); Angaben: seit kurzem (wann?), problemlos (wie?)
B7/3 (1) (Seit einigen Wochen) müssen Mainzer *(wer?)* von solchen paradiesischen Zuständen *(wovon?)* (nicht länger) **träumen**. (2) Die Leute *(wer?)* **halten** das *(was?)* (prinzipiell) für eine tolle Idee *(wofür?)*. (3) ... (aber) das Misstrauen *(was?)* ist groß *(wie?)*. (4) Etwa 13 Euro *(wie viel?)* **hat** das

Einkaufenlassen *(was?)* **gekostet**. (5) ... als ich *(wer?)* alten Leuten *(wem?)* das Essen *(was?)* **gebracht habe**. (6) (Außerdem) **wohnt** Antje Tomscheit *(wer?)* im fünften Stock *(wo?)*. (7) (Sonst) **gehe** ich *(wer?)* (in der Mittagspause) zum teuren Laden um die Ecke *(wohin?)*. (8) Die jungen Leute *(wer?)* **haben** ihr Dienstleistungsunternehmen *(was?)* „J.D.'s Einkaufsservice" *(wie?)* **genannt**. (9) Jörg Wolff und Darius Zajk *(wer?)* **sind** Studenten *(was?)*. (10) Die meisten *(wer?)* **finden** diese Idee *(was?)* gut *(wie?)*. (11) Der Telefonservice *(was?)* **beginnt** um 10 Uhr *(wann?)* und **dauert** (dann) bis 20 Uhr *(wie lange?)*.

B7/4 Subjekt-Ergänzung: wer/was; Akkusativ-Ergänzung: wen/was; Dativ-Ergänzung: wem; Lokal-Ergänzung: wo; Direktional-Ergänzung: wohin; Temporal-Ergänzung: wann/wie lange; Qualitativ-Ergänzung: wie

B8/3 Die Ergänzungen sind unterstrichen: (Laut Zeitung) sind die Organisatoren des Einkaufsservices *(wer?)* (übrigens) Studierende des Faches Jura *(was?)* gewesen. (2) Die beiden *(wer?)* teilten sich ihre Zeit *(was?)* (flexibel) ein. (3) Sie *(wer?)* fingen schon morgens *(wann?)* (mit dem Service) an. (4) (Daher) haben sie *(wer?)* die Bestellungen *(was?)* (meistens) (noch am gleichen Tag) ausgeführt. (5) Sie *(wer?)* sind (zum Einkaufen) (fast immer) in einen großen Supermarkt *(wohin?)* gefahren. (6) (Dabei) konnte man *(wer?)* sich (absolut) auf sie *(auf wen?)* verlassen. (7) (Bis heute) haben sie *(wer?)* den zwei Studenten *(wem?)* (immer wieder) neue Aufträge *(was?)* gegeben. (8) (Deshalb) müssen die Mainzer *(wer?)* (nicht länger) von solchen paradiesischen Zuständen *(wovon?)* träumen.

Mittelfeld links: Subjekt E$_{Subj}$, Akkusativ-E. E$_{Akk}$, Dativ-E. E$_{Dat}$
Mittelfeld rechts: Temporal-E. E$_{Temp}$, Lokal-E. E$_{Lok}$, Klassifikations-E. E$_{Klass}$, Direktional-E. E$_{Dir}$, Präpositional-E. E$_{Präp}$, Qualitativ-E. E$_{Qual}$, Akkusativ-Ergänzung E$_{Akk}$

C4/1 Beschäftigte: über 9000 (9350), Mitarbeiter in Deutschland: 1350, 1000; M. in Türkei: 8000; Deutsche: einige, 70%: deutschstämmige, 20%: türkischstämmige, 10%: aus 30 verschiedenen Nationen

C4/2 Firmenphilosophie: multikulturell und multinational; Eigenschaften: deutsche Mitarbeiter: Disziplin, Fleiß, Pünktlichkeit, ausländ. Mitarbeiter: Kreativität; positive Auswirkungen: Übernahme von Gewohnheiten anderer Nationalitäten, Kennenlernen von und Respekt vor anderen Mentalitäten, Vorteile für ausländische Märkte

C4/3 Eigenschaften bei Deutschen: diszipliniert, kalt, nicht sozial; wünscheswerte Verhaltensweisen: auf Leute zugehen, Vorurteile und Barrieren abbauen

C6/1 Zusammenarbeit in Teams (bis Z. 4)

C6/2 *Leiten einer Textilfirma, zwei Stunden Zeit für Aufgabe, Spieler, Firmenentscheidungen treffen, virtuelle Firmen*
Bei einem *Unternehmensplanspiel* versucht man spielerisch, das Funktionieren und die Abläufe in einem Unternehmen/einer Firma zu simulieren.

C6/3 Ziel der Untersuchung: Synergieeffekte in interkulturellen Arbeitsgruppen
1. Phase der Einarbeitung: nach Nationen getrennt: in zwei Stunden Firmenentscheidungen für zwölf Monate treffen
2. Expertenphase: Teams international gemischt
Ergebnisse des Planspiels: Amerikaner: entspanntes Angehen, Misserfolg nicht persönlich nehmen, offen bei Entscheidungsfindung, kompromissbereit, flexibel gegenüber Lösungsansätzen, sanfter Kritikstil
Deutsche: Identifizierung mit Aufgabenstellung, aggressiv bei Misserfolgen, optimale Lösungen finden, gründlich, wollen Partner dominieren, gern dozieren, schonungslos kritische Punkte ansprechen

Indonesier: offen bei Entscheidungsfindung, kompromissbereit, flexibel gegenüber Lösungsansätzen
Schlussfolgerung: Möglichkeit des Voneinander-Lernens, Förderung durch Sensibilisierung des Mitarbeiter für synergetische Effekte/Besonderheiten anderer Nationalitäten
Kritik an der Studie: keine Übereinstimmung zwischen Untersuchungsbedingungen (nur 3 Leute pro Team) und Realität

C7 Amerikaner: pragmatisch an die Sache herangehen, etwas handhabbar machen, kleine Ziele setzen
Deutsche: Neigung zur Vorausplanung, stringente Arbeitsteilung, Versuch, den Dingen auf den Grund zu gehen, große Ziele setzen
Indonesier: sich flexibel auf die jeweils aktuelle Situation einstellen, Entscheidungen in der Gruppe abstimmen, nicht so offen mit Kritik umgehen können

C9/1 (1) Grund – Folge; (2) F–G; (3) F–G; (4) G–F; (5) F–G

C9/2 Grund: weil, die Begründung war, weil, denn; Folge: daher

VT4/1 6, 3, 11, 10, 2, 5, 4, 7,1, 9, 8

VT7/1 Situation: arbeitslos, Charakter: gelangweilt, vielleicht arbeitsscheu, motivationslos, unselbstständig; Horoskop: bringt ihn dazu, die Stellenangebote weiter zu lesen; Verhalten in Situation: isoliert sich immer mehr.

VT7/2 Probleme: Sein Lebenslauf ist nicht mehr attraktiv. Wortspiel: „Vertreter" hat zwei Bedeutungen : a) Berufsbezeichnung (Waren verkaufen); b) Anhänger einer z.B. politischen Position. Der Erzähler hat langjährige Erfahrung als b), nicht als a), verschweigt das aber in seiner Bewerbung.

VT7/3 Reaktion auf neue Situation: Er ist begeistert und meint, ein neues Leben beginnt.

GT1/2 (1) Sie vermarkten ihre Kreativität in einer Denkfabrik. Sie helfen ihren Klienten mit guten Ideen. Sie verkaufen elegante Lösungen für alle Probleme. Sie erklären einem Mann, wie er seiner Tochter das Telefonieren abgewöhnen kann. Sie geben jedem Anrufer die Chance, auch billig eine Lösung zu finden. Sie besprechen ihre Ideen im Team. (2) Nicht passend: *vermarkten*: eine Sängerin, den Arbeitnehmer; *trauen*: den Firmenwagen, dem Arbeitsplatz; *besprechen*: den neue Nachbarin, den Chef (3) helfen, erklären, geben: Die Handlung ist auf eine Person bezogen.

GT1/3 (1) 1e, 2f, 3d, 4c, 5a, 6b
(2) Lokal-Ergänzungen bei Verben der Position *(wo?)*: *sitzen, liegen, sich befinden*; Direktional-Ergänzungen bei Verben mit zielgerichteter Bewegung *(wohin?)*: *liefern, kommen, legen*.
(3) 1 zu ihrer tschechischen Partnerfirma, R; 2 im Internet, O; 3 zu ihrem Arbeitsplatz, R; 4 im Wald, O; 5 an die frische Luft, R; 6 Auf dem Fließband, O; 7 auf einer Modewelle, O; 8 in nötige Neuinvestitionen, R; 9 in einer Agentur, O; 10 in die Endrunde, R

GT1/4 (1) Die Mitarbeiterin ist Juristin, intelligent, die Jüngste im Team, gut, eine gute Koordinatorin, interessant, gestresst; Die Mitarbeiterin fühlt sich gut, gestresst; Die Mitarbeiterin heißt Bauer; Die Mitarbeiterin findet die Idee gut, interessant; Die Mitarbeiterin nennt ihn einen Lügner; Die Mitarbeiterin wirkt gestresst; Die Mitarbeiterin hält den Vorschlag für eine gute Idee, für interessant. (2) Klassifikations-Ergänzung E$_{Klass}$ bei *sein* und anderen Verben wie *nennen*: Nomen drückt Beruf oder Status aus. Qualitativ-Ergänzungen E$_{Qual}$ bei *sein* und bei Verben, bei denen eine Eigenschaft wichtig ist (wie *sich fühlen, wirken, halten für*), die E$_{Qual}$ ist meist ein Adjektiv.

GT1/5 (1)/(2) Die monatliche Telefonrechnung (E$_{Subj}$) hat astronomische Höhen (E$_{Akk}$) erreicht. Die Tochter des Hauses (E$_{Subj}$) ist verliebt (E$_{Qual}$) und dies (E$_{Subj}$) schlägt sich ~~emp-~~

findlich auf die Rechnung ($E_{Präp}$) nieder. Der Vater (E_{Subj}) sucht ~~dringend~~ nach einer eleganten Lösung für das Problem ($E_{Präp}$). ~~Leider~~ wachsen Ideen (E_{Subj}) ~~nicht auf Bäumen~~, ~~aber immerhin~~ kann man (E_{Subj}) sie (E_{Akk}) kaufen.
~~In Biel in der Schweiz~~ gibt es (E_{Subj}) ~~seit November 1997~~ den weltweit bislang einzigen Brainstore, in dem man Ideen quasi an der Ladentheke bekommen kann (E_{Akk}). Die Idee dazu (E_{Akk}) hatte Markus Mettler, ein ehemaliger Student der Wirtschaftswissenschaften (E_{Subj}). ~~Nach seinen Worten~~ ist der Brainstore (E_{Subj}) „ein ganz normaler Laden, in dem man frische Ideen kaufen kann" (E_{Klass}). ~~Aber~~ so normal (E_{Qual}) ist der Laden ~~nicht~~.
GT2/2 (1) Der Personalrat erklärte *ihm* seine Rechte. (2) Die Studierenden wollten *sie* einer Kundin liefern. (3) Das Arbeitsamt soll *ihnen* einen neuen Arbeitsplatz vermitteln. (4) Sie vertraute *ihn* der Freundin an. (5) Er hielt *ihnen* einen Vortrag. (6) Die Firma verkaufte *ihnen* den größten Teil der Aktien. (7) Man übersetzt *sie* der Delegation.
GT3/1 Konjunktor: denn (G); Subjunktor: da (G); Präposition: wegen (G), aufgrund (G); Adverb: daher (F), deshalb (F), darum (F), deswegen (F), nämlich (G); Wendung: aus diesem Grund (F), der Grund/die Begründung dafür ist (G), die Ursache dafür ist (G)

Lektion 4
A1 (1) Zur Entspannung sollten Sie ein Bad im Whirlpool nehmen, das die Durchblutung der Haut fördert. (2) Bevor man morgens aufsteht, sollte man seinen Körper umarmen, sich einen guten Morgen wünschen und tief atmen. (3) Gegen schlechte Laune hilft Sporttreiben wie Joggen oder Aerobic. (4) Mit den Fingern spielen beruhigt und bringt Ausgleich. (5) Bei Figurproblemen hilft gezieltes Training mit Fitnessgeräten wie dem Bodytrainer. (6) Wenn man Stress hat, kann man die Hände locker ausschütteln, die Fäuste ballen und damit die Arme abklopfen etc.
A6/1 Zum Beispiel: Z. 1–12 (Einleitung), Z. 12–34 (Laufen), Z. 34–46 (Walking), Z. 46–69 (Radfahren), Z. 70–Ende (Schwimmen).
A7/1 Ausrüstung: gute Laufschuhe, Pulsmessgerät; Radlerhose, eng anliegendes Trikot; Schwimmkleidung mit geringem Wasserwiderstand, Schwimmbrille, Schaumstoffbrett.
Vorgehensweise: vor dem Laufen Dehnübungen, zunächst lockeres Tempo, Belastung nach und nach ausdehnen, aufrecht gehen, Arme schwingen, in Gruppe laufen; Rad fahren, Lenker und Sattel richtig einstellen, Kniegelenke schützen, rhythmischer Bewegungsablauf, am Anfang maximal 60 Minuten, ausdehnen auf 2–4 Stunden; verschiedene Schwimmstile (Brust, Rücken, Kraulen), am Anfang kurze Abschnitte.
A7/2: Konditionssteigerung (Z. 7), *wieder zu mehr Puste kommen* (Z. 12–13), *Herz und Kreislauf werden angeregt* (Z. 13–14), *der Körper stellt sich auf höhere Belastung ein* (Z. 32–33), *wieder zu mehr Kondition zu kommen* (Z. 46–47).
A10/1 Ein Ziel oder ein Zweck.
A10/2 (1) um die Kondition zu steigern, (2) damit man den Herzschlag im Auge behält, (3) zur Vermeidung von Verspannungen, (4) um nach einem arbeitsreichen Tag zu entspannen.
A11 direkte Rede (Z. 39–43, 49, 53–55)
indirekte Rede: *sei geeignet* (Z. 35–36), *mache* (Z. 45), *benutzt werde* (Z. 48), *sei zweitrangig* (Z. 48), *sollten eingestellt sein* (Z. 50–51), *sollte fahren* (Z. 56–57).
redeeinleitende Wendungen: *so Frobel* (Z. 43), *Er empfiehlt* (Z. 43), *laut Frobel* (Z. 47), *sagt Frobel* (Z. 55)

B1/1 211,0; gesetzliche Krankenversicherung; 118,5; privaten Haushalte; 23,3; öffentlichen Haushalte; 17,7; private Krankenversicherung; 16, 2; gesetzlichen Pflegeversicherung; Arbeitgebern; privaten Organisationen; der gesetzlichen Unfallversicherung; der gesetzlichen Rentenversicherung
B1/2 Z. 1–2, Z. 2–7; Z. 8–9
B3/3 (1) Schlafstörungen nicht zu sehr beachten; (2) tagsüber Entspannungsübungen machen; (3) tagsüber an frischer Luft bewegen; (4) frühzeitig zu Abend essen, ab 15 Uhr kein Kaffee/Tee; (5) abends zu bestimmter Zeit mit Arbeiten aufhören; (6) erst ins Bett gehen, wenn man müde ist; (7) Schlafzimmer lüften; (8) umschalten auf Ruhe durch konzentriertes Ein- und Ausatmen
B10/1 Maxie Wander ist krank. Sie ist aus der Klinik, in der sie operiert worden war, entlassen worden. Jetzt ist sie zu Hause. Zur Nachbehandlung muss sie später in eine andere Klinik gehen. Sie hat noch starke Schmerzen.
B10/2 Ernst: wahrscheinlich ein enger Freund in Wien, da sie ihm als Erstem schreibt. – Fred: vielleicht ihr Mann, da er sie pflegt und sich sehr liebevoll um sie kümmert. – Dani: vermutlich ihr Sohn.
B10/3 Sie denkt über ihr Leben nach, genießt den Alltag (z.B. ihren Garten; sie hört Musik, kocht gern, hilft ihrem Sohn bei den Hausaufgaben) und versucht, nicht an ihr Problem zu denken, sondern eine positive Einstellung zum Leben zu haben. Die Krankheit lässt sie alles intensiver erleben, sie wird schöpferisch.
C3 1. Wasser: bei psychovegetativen Erkrankungen, Fuß- und Armbäder, kalte und heiße Güsse; 2. Bewegung: Muskulatur, Kreislauf, Atmung trainieren; 3. Ernährung: Diabetes, Übergewicht, Arteriosklerose; 4. Ordnungstherapie: Gleichmäßigkeiten für bestimmte Tätigkeiten einhalten; 5. pflanzliche Therapie
C6/1 Gewürze wirken auf Nervenzellen ein, sie beruhigen und stimulieren; Sie haben fast keine Nebenwirkungen.
C6/2 Kopfschmerzen: Rosmarin; Magenbeschwerden: Ingwer, Sternanis; Rheuma: Ingwer, Sternanis; Husten: Sternanis; „Schüchternheit": Sternanis; Karies: Chili.
C7/1 bitter, scharf, fruchtig, aromatisch, beißend, würzig, süßlich, sauer
C8 Verben: einwirken auf, beruhigen, stimulieren, (einen) Effekt haben, bewirken, schützen, aktivieren, anregen, entspannen, besänftigen, helfen, verstärken, wirken, desinfizieren, lindern, stoppen
Adjektive: antibakteriell, krebshemmend, bekömmlich (machen/werden), entzündungshemmend, immunstärkend, magenverträglich, keimfrei (machen)
C10/1 2: auch Partnerorgan untersuchen und behandeln; 4: Patienten selbst sagen – entscheidend für die Diagnose; Merkmale – indirekt; Puls- und Zungendiagnose. 8: ja: Stärkung des Immunsystems, Heilkräuter, Akupunktur; 10: nein: lebensbedrohliche Krankheiten – westliche Schulmedizin, chronische Krankheiten – chinesische Medizin; 14: Nadelstiche lösen Energieblockaden; 16: ja: Druckschmerz, hängt davon ab, welche Punkte; 21: sehr wichtig: Lebensmittel Potential an Wärme und Kälte, im Gleichgewicht; 22: heiß z.B. Pfeffer, kalt z.B. Salat, Erkältungssymptome z.B. mit kalten Speisen lindern; 25: neuerdings Akupunktur, bei chronischen Krankheiten, andere Verfahren oft selbst bezahlen
C10/2 Zu 4: Für die Diagnose ist zum einen das Gespräch mit dem Patienten entscheidend, zum anderen aber auch Merkmale wie der Gang, die Stimme und die Haut des Patienten.

Zu 8: Das Hauptziel der chinesischen Heilkunde ist die Vorbeugung durch Stärkung des Immunsystems, z.B. durch Kräuter und Nadeln.

Zu 10: Besonders hilfreich ist die chinesische Heilkunde bei chronischen Krankheiten wie z.B. Allergien, Migräne etc.

Zu 14: Durch Akupunktur werden Energieblockaden im Organismus gelöst, so dass die Lebensenergie ungehindert fließen kann.

Zu 16: Dabei kann Akupunktur auch schmerzhaft sein, abhängig davon, welche Punkte behandelt werden und wie tief die Nadeln eingestochen werden.

Zu 21: Die Ernährung ist von großer Bedeutung, da die chinesische Medizin jedem Lebensmittel ein Potenzial an Wärme und Kälte zuschreibt.

Zu 22: Hierbei wird zwischen heißen Lebensmitteln, warmen, neutralen, kühlen und kalten Lebensmitteln unterschieden.

Zu 25: Neuerdings zahlen einige Kassen auch dann z.B. für Akupunkturbehandlungen, wenn vorher keine Behandlung durch die Schulmedizin erfolgt ist, besonders bei chronischen Erkrankungen.

C11/1 „In der westlichen Spezialisten-Medizin werden ø Beschwerden und ø Krankheiten oft isoliert betrachtet und untersucht. Die chinesische Heilkunde dagegen geht davon aus, dass es zwischen ø Organen, die nach unserem Verständnis von ø Anatomie und ø Physiologie nicht viel miteinander zu tun haben, ø Wechselbeziehungen gibt. Solche ungewöhnlichen Paare sind zum Beispiel ø Herz und ø Nieren, ø Lunge und ø Dickdarm. Für die Praxis heißt das: Wenn an einem Organ ø Beschwerden auftreten, muss auch sein „Partner-Organ" untersucht und eventuell mitbehandelt werden. Insgesamt gibt es nach ø chinesischem Verständnis zwölf dieser „Organsysteme". Als sehr wichtig für ø Diagnose und ø Therapie gelten außerdem ø Faktoren wie ø Ernährung und ø Bewegung, ø Klima, ø Seelenzustand, ø Arbeitsbedingungen, ø Partnerschaft, ø Familie und ø Lebensweise."

C11/2 *solche ... Paare*: Organe, die nach unserem Verständnis ... nicht viel miteinander zu tun haben (Z. 7–9); *das*: die Tatsache der Wechselbeziehung (Z. 6–10); *außerdem*: Partnerorgan mitbehandeln (Z. 12–15); *daraus*: aus den genannten Merkmalen (Z. 33–37); *dafür*: zur Vorbeugung (Z. 49–50); *damit*: Krankheit (Z. 62)

C11/3 *danach* (Z. 106), *davon* (Z. 109), *das* (Z. 113), *außerdem* (Z. 114), *darauf* (Z. 119)

C12/1 (1) Falls .... sind; (2) Ist ... ausgebrochen; (3) Bei einem Blinddarmdurchbruch; (4) nur unter der Bedingung ..., dass ... versagt hatten; (5) wenn ... hat

C12/2 (1) falls; (2) kein Konnektor, nur Stellung; (3) bei; (4) unter der Bedingung, dass; (5) wenn man

VT1/1 Gruppenversicherung: sozial gestützte, private Versicherung; Ersatzkassen: für alle Fachstudenten, staatlich überwacht; private Krankenkassen: wenn man noch im Deutschkurs oder über 30 Jahre alt ist, große Unterschiede. Sie braucht: Gruppenversicherung

VT1/2 medizinische Grundversorgung: akut auftretende Krankheiten, akute Zahnprobleme, Medikamente

VT2/1 nur in den Monaten der Bezahlung, nur bei neu aufgetretenen oder erstmals bemerkten Krankheiten, Entbindung frühestens acht Monate nach Versicherungsbeginn, Krankheit in Heimat wird nur bezahlt, wenn schon drei Monate versichert, Heimataufenthalt nicht länger als sechs Wochen im Kalenderjahr.

VT2/2 Versicherungsbeitrag: monatlicher Beitrag, den man an die Krankenkassen zahlen muss, um den Versicherungsschutz zu haben; Einzugsermächtigung: schriftliche Erlaubnis, dass die Krankenkasse den Versicherungsbeitrag jeden Monat vom Konto der/des Versicherten abbuchen kann; Behandlungskosten: Kosten für die Behandlung durch eine Ärztin / einen Arzt; erstattungsfähige Beträge, erstatten: (Geld-)Beträge, die von der Krankenkasse zurückgezahlt (= erstattet) werden

VT3/1 ... Die Ampel stand für mich auf grün. Ich wollte also auf der linken Seite der Universitätsstraße auf dem Fahrradweg die Koblenzer Straße überqueren, als ich von einem Auto, das nach links abbiegen wollte, übersehen und daher angefahren wurde. Die Kollision erfolgte bei geringem Tempo. Dennoch verletzte ich mich am rechten Fuß und am rechten Unterschenkel. Auch an meinem Fahrrad entstand erheblicher Sachschaden: Das Vorderrad ist kaputt, der Lenker verbogen und der Rahmen weist zahlreiche Kratzer auf. Der Schaden am gegnerischen Fahrzeug hingegen ist minimal: In Höhe der Beifahrertür entstand eine Delle und es gibt einige tiefe Kratzer im Lack ...

GT1/2 (1) die; (2) eine andere; (3) Das beste; (4) øø; (5) die; (6) der, die höhere; (7) die, ø; (8) ø; (9) der; (10) im

GT1/3 den neuesten Laufapparat, Eine andere Möglichkeit, ein individuelles Programm, ø unterschiedliche Funktionen, ø Fitnesskleidung, ø Herr Sander, ø Geld.

GT1/4 er; Er; Der Naturheilkundler; Kneipp; der ungewöhnliche Mann; er; der selbst ernannte Heiler; ihn

GT2/1 Subjunktor: *damit* (Z), *um ... zu* (Z); Präposition: *für* (Z), *zwecks* (Z), *zu* (Z); Adverb: *dazu* (M); Wendung: *mit dem Ziel* (Z), *zu diesem Zweck* (M)

GT2/3 (1) um zu, damit („damit ... tut"), (2) um zu, damit („damit ... genießen kann"), (3) damit, (4) damit, (5) um zu, damit („damit ... verbessert"), (6) damit; Regel: *um ... zu* nur bei gleichem Subjekt

GT3/1 Subjunktor: *falls* (B), *wenn* (B), *sofern* (B); Adverb: *andernfalls* (F), *sonst* (F); Wendung: *im Falle* (B), *unter der Bedingung* (B)

GT3/2 (1) Man sollte sich ... durch Dehnübungen aufwärmen, sonst/andernfalls kann man sich verletzen. (2) Lenker und Sattel sollten richtig eingestellt sein, sonst/andernfalls kann es zu ... Verspannungen kommen. (3) Wichtig sind gute Laufschuhe, sonst/andernfalls kann die Belastung ... hoch sein. (4) Ein Arzt muss sich ... Zeit ... nehmen, sonst/andernfalls sollte man über einen Arztwechsel nachdenken. (5) Man braucht unbedingt einen Versicherungsschutz, sonst/andernfalls kann ein Krankenhausaufenthalt sehr teuer werden.

Lektion 5

A4/4: Alle sprechen von Frühlingsgefühlen, jedoch fehlen wissenschaftliche Erkenntnisse dazu. – In Deutschland gibt es hierzu noch keine Studien. – Fachleute erklären Frühlingsgefühle mit der Reizüberflutung durch die Natur im Frühjahr. – Der Antrieb der Menschen wird dadurch gesteigert. Hierzu wurden an der Universität Greifswald 600 emotionsauslösende Reize untersucht. – Die sexuelle Aktivität wird im Frühjahr angeregt. – Noradrenalin und Serotonin werden freigesetzt und lösen diese Aktivität und Glücksgefühle aus. – Frühlingsgefühle empfinden wohl nur diejenigen, die sich viel im Freien aufhalten. Sie spielen deswegen heute eine geringere Rolle als früher.

A5 plötzlich bebendes Hochgefühl ≠ langsam erstarrende Gefühle; geballte Einwirkung verschiedener Reize auf den Menschen ≠ Reizarmut; Antriebssteigerung durch längere, hellere und wärmere Tage ≠ Aktivitätsabnahme durch kürzere, dunklere und nasskalte Tage; Aufhellung der Stimmung durch frische, leuchtende Farben ≠ düstere Stimmung durch graubraune Farbtöne; emotionsauslösende Reize (①) ≠ wenig stimulierende Eindrücke; Anregung der sexuellen Aktivität ≠ sexuelle Antriebslosigkeit; Anstieg von Testosteron bei vermehrter Lichtstrahlung ≠ verminderte Hormonproduktion bei Lichtmangel; glückliches Gefühl (Hochstimmung) ≠ Depressivität

A7/1 Beziehungsgespräch zwischen einem Mann und einer Frau. Man hört nur den Mann, da es sich um ein Telefongespräch handelt.

A7/2 Z. 6: *an dich denken*; Z. 7: *weil du ja auch letztes Mal gesagt hattest*, Z. 9: *hast du gesagt* Z. 12: *dann dacht ich, ruf doch mal an* und Z. 16: *weißt du doch*; Z. 17: *nee nee*; Z. 18: *das das das seh ich nicht so . nee das muss ja auch nicht sein*; Z. 20: *ne? he?*; Z. 21: *das versteh ich nicht*; Z. 24: *das ginge ruhig so*; Z. 25: *is ja gar nich wahr!*; Z. 27: *dann dann dann passt mir das auch nicht*; Z. 31: *weil, ich mein das is doch alles nicht so wichtig*; Z. 37: *alles klar, muss ja auch nich*; Z. 39: *das is schon in Ordnung*

A7/3 Z. 15, Z. 25, Z. 32

A8/1 Anfang: *äh, ja, doch, nee, ach, genau, Mensch, na, okay, mhm*
Ende: *ne?, nee, he?, äh, also, wa?, oder?*
Häufig: *ja, nee, äh, doch, ne?*

A8/2 (1) Ja, aber bei Mayer ist sie billiger. (2) Ja also, dann mach das. (3) Ja gut, ich finde sie zwar nicht so toll, aber wenn du meinst ... (4) Ja nee, die andere ist doch viel besser.

A8/3 A: ne? – B: Ja – A: Ja nee – B: Doch – A: Ach

A9 geht's = geht es; is = ist; musst = musste; dacht = dachte; ma = mal, rumkommst = vorbeikommst; seh = sehe; letzt mal = das letzte Mal; versteh = verstehe; nich = nicht; wär = wäre; würd = würde; wa? = was?; mein = meine; nix = nichts; denn ab dafür = dann okay;

A11/1 Text 1: *Amanda: eine Parteisekretärin zur Mutter* (Z. 8); *schon 34, fast 35* (Z. 9); *nicht geschminkt* (Z. 11); *nichts zu verbergen* (Z. 11–12); *nur Fingernägel dunkelrot* (Z. 12); *ohne gefragt zu sein, erzählt ... Lebensgeschichte* (Z. 13); *mitten in einer Ehe ... mit Grauen* (Z. 17–18); *lächelt* (Z. 26)
er: *als ob solche Nebensächlichkeiten mich schrecken könnten* (Z. 9–10); *Mühe, konzentriert zuzuhören, zwinge mich* (Z. 14); *kann Leute nicht ausstehen, denen man alles zwei Mal erzählen muss* (Z. 15–16); *verbeultes Auto* (Z. 19–20); *weiß nicht, wohin fahren* (Z. 21); *hundert Mal ist mir diese Frage leicht von den Lippen gegangen* (Z. 22–23); *am Reden hindert* (Z. 25), *Zunge ist gelähmt vor Liebe* (Z. 25–26); *Zauderer* (Z. 29)
Text 2: Julika: *ihren geschwächten Körper* (Z. 7); *hütete sich zu lächeln* (Z. 10); *begreiflichen Verlegenheit* (Z. 12–13)
Stiller: *mit harten Bildhauerhänden* (Z. 5–6); *mit unbegreiflicher Heftigkeit* (Z. 6); *presste ... an sich* (Z. 7); *zerquetschen* (Z. 8); *tat er Julika sehr weh* (Z. 8); *starrte er sie an* (Z. 9); *rief* (Z. 11); *riss ihr den Halm aus den Zähnen* (Z. 11–12); *empörte ihn* (Z. 14); *Augen fingen zu glänzen an, wässrig zu werden, Tränen kamen* (Z. 14–15); *warf Kopf in ihren Schoß* (Z. 16); *klammerte sich mit beiden Armen an Julika* (Z. 16–17)

A12 (1) = E_{Akk} (2) = $E_{Präp}$ (3) = E_{Subj}

A13 geschehen → lassen; zu lächeln → sich hüten; zu glänzen + wässerig zu werden → fingen ... an

A14/1 (1) kein Wunder, (2) In Wirklichkeit, (3) unpassend

A14/2 Um die Personen lebendig zu beschreiben und ihre Handlungen zu bewerten.

B1/2 Mit einem Stipendium kommt der 16-Jährige in den Mittelwesten der USA, fühlt sich bald überfordert und

bekommt Heimweh. Er überwindet den Kulturschock schließlich, indem er zu seiner Fremdheit steht, Unterschiedlichkeiten akzeptiert und spürt, wie er sich der Sprache annähert.

B2 ☺: freundliche Menschen; euphorisch sein; aufgeregt stolz; offen und lockend; belustigt von etwas erzählen; besser gehen
☹: Gefühle der Überforderung; begrenzte Wahrnehmungsfähigkeit; Zusammenbruch; sich fremd fühlen; nicht dazu gehören; anders sein und „es" nie schaffen; eng und verschlossen; Überforderung spüren; sich aus der fremden Welt zurückziehen; Heimweh haben; sich elend und ausgesetzt vorkommen; alles erschien unverständlich, fremd und feindlich

B3/1 1. Euphorie, 2. Entfremdung, 3. Eskalation, 4. Missverständnisse, 5. Verständigung

B3/2 1. Phase: Z. 1–29; 2. Phase: Z. 30–48; 3. Phase: Z. 49–57; 4./5. Phase: Z. 58–Ende.

B4 Die deutsche Übersetzung des englischen Satzes oder der Titel einer Veröffentlichung zum Thema „Träumen in der Fremdsprache".
Fußnoten erläutern bestimmte Textstellen, geben Zusatzinformationen oder Literaturverweise.

B5 Zusammenfassung: Wolf Wagner kommt als 16-Jähriger mit einem Stipendium in den Mittelwesten der USA. Nach anfänglich euphorischen Gefühlen über diese aufregende und neue Situation beginnt er sich fremd und überfordert zu fühlen. Er hat Sprachprobleme und bekommt Heimweh. Schließlich empfindet er alles, was er nicht kennt, als feindlich, und bewertet es negativ als „Barbarei". Die Wende zum Positiven kommt mit einem Traum, den er auf Englisch träumt. Er erzählt allen Leuten davon und sie lachen gemeinsam darüber. So nähern sich Wagner und die US-Amerikaner einander auf humorvolle Weise an.

B6/1 Präposition: *wie in eine ... Grundsubstanz* (Z. 13–14); *anders als alle anderen* (Z. 32); *wie eine Schwelle* (Z. 33); *als Besuch* (Z. 38), *wie in den Ferien* (Z. 38); *als pure Barbarei* (Z. 52); *wie auf Zehenspitzen* (Z. 56); *als 16-Jähriger* (Z. 58–59); *als Annäherung* (Z. 72); Subjunktor: *wie ich bewältigen konnte* (Z. 29); *wie wenig ich von dem verstand* (Z. 41–42)

B7 (1) *Was vorher offen und verlockend ausgesehen hatte* = E_{Subj}; (2) *daran, dass ich mich nicht länger nur als Besuch ... fühlte* = $E_{Präp}$; (3) *dass ich eine lange Zeit bleiben würde* = E_{Subj}; (4) *wie wenig ich von dem verstand, was um mich herum geschah* = E_{Akk}; (5) *wie auf Zehenspitzen in der Spitzfußstellung einer Ballerina zu schlafen* = $E_{Präp}$; (6) *dass ich auf Englisch geträumt hatte* = E_{Akk}; (7) *dass es ein Problem sein könnte, in welcher Sprache man träumt* = E_{Akk}; (8) *dass die fremde Sprache nicht nur durch Kampf und Krampf zu erlernen war* = E_{Akk}

B10/1 **Deutschland heute:** angeborenes Distanzbedürfnis; Distanz als Schutz der Privatsphäre; Distanzregeln als Teil der Erziehung; Isolierung durch Distanzregeln
Europa früher: im frühen Mittelalter geringes Distanzverhalten; später hochdifferenzierte Distanzkultur: Distanz zu körperlichen Funktionen ebenso wie allgemeine Distanz innerhalb und zwischen den Schichten; immer neue Distanzierungsmittel.
Hintergrund: Schichten-Gesellschaft, bei der der Aufstieg in eine höhere Schicht z.B. durch Imitation möglich ist.
Indien: Distanzregeln nicht zu bemerken, z.B. im Bus, im Museum; Distanz zwischen Kasten definiert, daher keine Distanzierungsmethoden entwickelt
Hintergrund: Kasten-Gesellschaft: Wechsel in eine andere Kaste (z.B. durch Imitation) ist unmöglich

B10/2 Mit Schock, Angst, Gefühl des Ausgeliefertseins, Wut, Verzweiflung, Hassausbrüchen und Entsetzen.

B10/3 Phasen 3 (Eskalation) und 4 (Missverständnisse wahrnehmen)

B10/4 Indem er sich an die kulturgeschichtliche Entwicklung der Distanzierungsregeln von Europa, speziell Deutschland, erinnert und mit der Entwicklung in Indien in Beziehung setzt.

B11 *Distanzbedürfnis* (Z. 2): Wunsch nach Distanz; *Fluchtdistanz* (Z. 3, 4): Entfernung, die Tiere zum Feind halten, wird diese Distanz unterschritten, löst das Flucht aus; *Distanzregeln* (Z. 6, 29–30, 38): Regeln für das Verhalten in Bezug auf Distanz; *Distanzkultur* (Z. 17): Summe der Distanzregeln; *Distanzierungsmethoden* (Z. 20, 32–33): Art und Weise der Distanzierung; *Distanzierungsmittel* (Z. 21): einzelne Möglichkeiten der Distanzierung; *Distanzlosigkeit* (Z. 36): Fehlen von Distanz

C2/1 Vorbeugen gegen interkulturelle Missverständnisse: Verhalten planen, sich auf die jeweilige Kommunikationssituation einstellen; Verhalten in Problemsituationen: nicht mit Angst reagieren (im Beispiel: davonlaufen), sich auf Kommunikation vorbereiten, auch auf Unvorhergesehenes

C2/2 Folgen von Angst: nur mit sich selbst beschäftigt sein; Ratschläge: Angst beiseite lassen, Situation anders interpretieren, sich auf wiederkehrende Gespräche vorbereiten, Lernen von entsprechenden Redemitteln, mit Situation umgehen und sie in Frage stellen, Fragen an Kommunikationspartner

C3/1 *sorgte ... für* (Z. 1–2); *darüber ... erschrocken* (Z. 6–7); *an ... glaubte* (Z. 8)

C3/2 (1) auf; darauf, (2) davon, (3) an, (4) mit, (5) mit

C7 Ärger/Wut: in Rage geraten über etwas; aus der Haut fahren; in die Luft gehen; außer sich sein; jdm. platzt der Kragen
Abneigung/Desinteresse: jdn./etw. nicht abkönnen; jdn. nicht riechen können; jd. kann einem den Buckel runterrutschen; jdm. die kalte Schulter zeigen; jd. kann einem gestohlen bleiben; etwas lässt jdn. kalt
Freude/Begeisterung: strahlen wie ein Honigkuchenpferd; hingerissen sein von jdm; hin und weg sein von jdm; ganz aus dem Häuschen sein über etwas; außer Rand und Band sein; außer sich sein; Feuer und Flamme sein
Verliebtheit: hingerissen sein von jdm; hin und weg sein von jdm; sich wie im 7. Himmel fühlen; Schmetterlinge im Bauch haben; Feuer und Flamme sein; jdm. das Herz höher schlagen lassen

C8 Szene 1: Abneigung, Desinteresse; Szene 2: Eifersucht und Rechtfertigung; Szene 3: Verliebtheit; Szene 4: Streit.

VT2/1 „Herzblatt": Illustrierte für Frauen (v.a. Hausfrauen), eher nicht intellektuell; Gründe für die Krise: kaum Gespräche; keine geistigen Gemeinsamkeiten; Personen: Kurt Triebold: verunsichert, sieht seine Ehe plötzlich aus einer anderen Perspektive; Kumpel: negativ der Zeitung gegenüber, eher frauenfeindlich, sehr dominant und laut; Mia: versucht, Position der Frau zu erklären

VT4 Abschwächung: *mal* in (5), (9), (12), *ja* in (11); Vorwurf: *doch* in (4), (7), (8), (12); Offensichtlichkeit: *eben* in (3), (13); Bekanntheit: *ja* in (5), (6), *doch* in (4), (7); anschließende Frage: *denn* in (1), (2), (10)

GT1/2 Gruppe 1 (Zeit): beginnen, aufhören, sich daranmachen, fortfahren, sich anschicken. – Handlung bezieht sich auf Subjekt.
Gruppe 2 (Rat): erlauben, raten, empfehlen, veranlassen, verbieten. – Handlung bezieht sich auf Dativ-Ergänzung.

GT1/3 (1) Der Arzt ließ sie operieren. (2) Sie lehrte ihn gut Englisch sprechen. (3) Er konnte nicht schlafen, weil er sie

die ganze Zeit schluchzen hörte. (4) Die Schwestern ließen ihn Julika besuchen. (5) Er sah das Problem der Trennung auf sich zukommen.

GT1/6 mit; mit; vor; über; vor; vor; mit; über; mit

GT1/7 warnen vor; uneins sein mit; erschrecken über; auskommen mit; sich verstecken vor; kämpfen mit; sich aufregen über; auf der Hut sein vor; sich anlegen mit; sich beschweren über; staunen über

GT1/9 sprechen über (Wir sprechen über den Film.); von (Wir haben von ihm gesprochen.); mit (Ich habe mit ihm (über den Film) gesprochen.)
sich freuen über (Ich freue mich über das Buch.); auf (Ich freue mich auf den Urlaub.)
schreiben auf (Er schreibt auf Deutsch.); an (Er schreibt an seinen Freund.); über (Er schreibt über seine Erfahrungen in den USA.)
klagen auf (Sie klagt auf Schadenersatz.); über (Sie klagt über Kummer.); gegen (Sie klagt gegen den Pharmakonzern.)
halten für (Ich halte ihn für sehr talentiert.); zu (Ich halte auch jetzt zu ihm.)
teilen in (Sie teilt den Kuchen in Stücke.); durch (Teile 12 durch 3.)
leiden an (Er leidet an Grippe.); unter (Sie leidet unter Kummer.)

GT1/10 (1) Er freute sich darüber, für ein Jahr als Austauschschüler in die USA gehen zu können. (2) Er achtete nicht darauf, dass die neuen Mitschüler zunächst sehr zurückhaltend waren. (3) Er beschwerte sich darüber, dass die Butter gesalzen war. (4) Er dachte daran, wie es den alten Freunden in Deutschland geht. (5) Er staunt darüber, dass in den USA alles so leer und weit ist. (6) Er spricht darüber, dass die erste Zeit für ihn sehr schwierig war. (7) Er entschuldigte sich dafür, dass sein Englisch nicht sehr gut war. (8) Er ärgerte sich darüber, dass er nur langsam neue Leute kennen lernte. (9) Er fürchtet sich davor, dass er nichts versteht, weil sein Englisch noch mangelhaft ist. (10) Er gewöhnte sich daran, dass er im Unterricht nicht alles verstehen konnte.

GT1/11 Z. 31 *dazu*: zu den anderen; Z. 37 *daran*: an der Enge und Verschlossenheit; Z. 62 *davon*: von dem englischen Traum; Z. 64–65 *darüber*: über den englischen Traum; Z. 67 *danach*: nachdem er vom Traum erzählt hatte

GT2/2 (1) Er schrieb ihr *anfangs* viele Briefe in das Sanatorium. (2) Er wollte sich eigentlich *zunächst* nur bei ihr für sein Benehmen entschuldigen. (3) Aber die Briefe wurden leider *immer* ungeöffnet an ihn zurückgeschickt. (4) Anscheinend hatte sich seine Frau sich *zu dieser Zeit* endgültig von ihm abgewandt. (5) Diese Tatsache brachte Stiller *damals* allmählich wirklich um den Verstand.

GT2/3 zum Kontext passt: 1a, 2b, 3a, 4b, 5b
möglicher Kontext für 1b [Seine Frau wollte eigentlich nicht feiern, aber...] 2a [Seitdem gingen sie immer an ihrem Jahrestag an diesen Ort zurück.] 3b [Probleme gab es genügend, nun nicht auch noch durch Streit.] 4a [Der Laden um die Ecke hatte schon geschlossen, deshalb musste sie bis in die Stadt laufen.] 5a [Daher konnten sie endlich ihr Geschäft vergrößern.]

GT3/3 leider – vielleicht – wahrscheinlich/vermutlich – angeblich – vermutlich/vielleicht – anscheinend

GT3/4 Sie: denn – Er: doch mal, denn – Sie: doch – Sie: eben, ja/doch – Er: doch – Sie: ja – Er: eben – Sie: ja/doch, doch mal, ja

GT3/5 *denn*: anschließende Frage; *etwa*: Vorwurf; *eigentlich*: neue Frage zum Thema; *übrigens*: Themenwechsel

GT3/6 *mal* = Könntest du das bitte tun? *ruhig* = Das darfst du gerne tun; *ja* = Ich rate dir dringend, das zu tun; *bloß nicht/ja nicht* = Ich rate dir davon ab, das zu tun; *nur/bloß*: Ich rate dir davon ab/warne dich, das zu tun; (1) Ich rate dir davon ab/warne dich, das zu tun; (2) Könntest du das tun? (3) Das darfst du gerne tun; (4) Ich rate dir davon ab, das zu tun; (5) Ich rate dir dringend, das zu tun.

GT3/7 Axel: *mal, eigentlich, mal*; Bernd: *doch, ja*; Axel: *bloß, ja, denn, eigentlich*; Bernd: *etwa, übrigens*; Axel: *ja, etwa, doch*; Bernd: *ruhig mal, ja, doch*

GT4/1 wie eine Schildkröte; als er; wie alle; als man es erwartet hatte; schneller als der Wind; als sie geplant hatten; wie zu Hause; heißer, als sie gedacht hatten; weiter weg als im Reiseprogramm beschrieben; lauter als auf einer Baustelle; nicht so schön, wie ihre Freunde es ihnen prophezeit hatten; So schnell wie möglich; schöner als daheim

GT4/3 Text 1: Z. 9–10: *als ob solche Nebensächlichkeiten mich schrecken könnten*; Z. 11: *wie jemand*; Z. 26–27: *als würden meine Gedanken dort wie auf einem Bildschirm übertragen*

Text 2: Z. 1: *als hätte er noch nie ein Weib gesehen*; Z. 4: *wie ein Tarzan*; Z. 7–8: *als wollte er Julika zerquetschen*; Z. 11: *als läge Julika auf der anderen Talseite*

Grund: In literarischen Texten dominiert bildhafte Sprache.

GT5 Liebe: Für manche kommt sie nur einmal im Leben vor. Für die anderen zweimal, dreimal oder öfter und für viele Leute jeden Freitagabend. Aber es ist nicht leicht, in dieser Welt jemanden zu lieben. Heutzutage ist es nicht leicht, einem anderen Menschen zu trauen und sich ihm mitzuteilen. In Wirklichkeit müssen die Leute, die ohne Probleme leben wollen, am besten allein bleiben. Man kann machen, was man will, aber man ist eben allein. Wenn man nicht allein sein will, muss man mit anderen Leuten zusammen leben, die vielleicht nicht so sind, wie man es gerne hätte. [...] Wie merkt man eigentlich, dass man verliebt ist? Ja, das ist eine schwere Frage. Ich würde am liebsten eine Schülerin heiraten. Hoffentlich finde ich schnell eine.

Die kleine Meerjungfrau: Es war einmal eine kleine Meerjungfrau, die tief unten im Meer lebte. Sie hatte sechs wunderschöne Schwestern, die mit ihrem Vater und ihrer Großmutter in einem großen Königsschloss lebten. Die kleine Meerjungfrau war die jüngste der Schwestern und wünschte sich sehr, die Menschen und die Welt über dem Meer zu sehen. Eines Tages schwamm sie nach oben und sah einen Schiffsunfall. Ein schöner Prinz wäre dabei fast ertrunken, aber die kleine Meerjungfrau half ihm. Sie legte den schönen Prinzen auf die weiße Küste des Meeres. Sie liebte ihn so sehr, dass sie ihre wunderschöne Stimme einer Hexe verkaufte, um Beine zu bekommen. Leider heiratete der Prinz eine andere und die kleine Meerjungfrau musste zu Schaum werden. Als sie sich selbst ins Meer warf, fühlte sie sich warm und leicht. Freundliche Gesichter umgaben sie und sagten: „Wir sind die Töchter der Luft. Wir helfen Menschen und Tieren und nach 500 Jahren bekommen wir eine Seele wie die Menschen. Du warst so nett zu dem Prinzen, du kannst auch anderen helfen und dann eine Seele bekommen."

Lektion 6

A2/1 *Und wenn Sie's auf einen Doktortitel abgesehen haben, ...* → wenn Sie promovieren / Ihren Doktor machen wollen; *Oder sind Sie ein Großstadt-Fan?* → leben Sie gern in einer Großstadt?; *[Das] ist weitgehend Geschmackssache.* → da kann man unterschiedlicher Meinung sein; *Bildung gegen Bares.* → Bildung kostet Geld; *Nicht immer das Gelbe vom Ei.*

→ es ist nicht immer alles ideal; *eine Handvoll Unis* → einige (wenige) Universitäten

A2/4 Text 1: Betreuung: – , Studiendauer: kürzer als an Unis, Lage: – , Praktika: Praxissemester in Betrieben, Aufnahmetests: – , Chancen: zielgerichtete Ausbildung;
Text 2: Betreuung: neue Unis oft bessere Betreuung, schneller mit Dozenten ins Gespräch kommen, Studiendauer: – , Lage: neue Unis oft in kleinen Städten bzw. Campus meist am Stadtrand, Praktika: – , Aufnahmetests: – , Chancen: – ;
Text 3: Betreuung: persönliche Betreuung an privaten Unis; Studiendauer: kürzere Studienzeiten; Lage: oft in Kleinstädten; Praktika: – , Aufnahmetests: schwer, Chancen: gute Firmenkontakte

A2/5 Kriterien: verschiedene Ansprechpartner (Professoren, Studenten, Top-Manager, Eltern), verschiedene Fragestellungen (Betreuung, Studiendauer, Praktika)

A4/1 Gründe für zahlreiche Privathochschulgründungen: Unzufriedenheit mit System; Vorbild: amerikanische Universitäten; Urteil Landfried: eher skeptisch

A4/2 Vorteile: bessere Leistungen, Spezialisierung, gehen gezielter auf Bedürfnisse ein, Ausbildung besser und praxisorientierter, bessere Ausstattung;
Nachteile: Geld spielt große Rolle, sozial ungerecht, elitär, schwierig hineinzukommen

A4/3 etwas Neues machen; zeigen, dass Hochschulen und Wissenschaft sich selbst regieren können; Freiheit in Verantwortung, selbständig sein; Bewusstsein von Auswirkungen der Wissenschaft auf Umwelt und Menschen

A4/4 weg von Frontalunterricht, Verschulung, Regelstudienzeiten, festen Curricula hin zum freien Studium und zu Partnerschaft in Lehre und Forschung; weg von theorieorientierter Lehre hin zu praxisorientierter Lehre; Spielraum für Modell- und Reformversuche; obligatorisches Begleitstudium in Geisteswissenschaften

A7/2 Jura: zulassungsbeschränktes Fach? ja, zulassungsbeschränkt, NC-Fach; Semester aus Heimatland anrechnen? evtl.: man muss Scheine vergleichen; Jura: Vollzeit- oder Teilzeitstudium? beides möglich, auch als Nebenfach, Staatsexamen oder Diplom bzw. Magister; Sprachprüfung? ja, DSH; wie lange Deutsch lernen/Studienkolleg besuchen? max. 1 Jahr; wo Sprachprüfung? an Uni/Spracheninstitut; wie teuer Studium? je nach Anspruch verschieden; Wohnsituation? kein Problem: priv. Zimmer oder Wohnheim; Wohnheim? 150 bis 200 Euro warm; Privatzimmer? Preis: je nach Zimmergröße, Lage; Stipendien in Deutschland? s. erkundigen beim Akademischen Auslandsamt oder beim Deutschen Akademischen Austauschdienst in Bonn

A9/3 von ... auf ... gestiegen; entspricht; von ... auf; lagen; nahmen ... ein; begrenzt; belief sich auf

A10/1 Martin ist Student. Er soll eine Magisterarbeit schreiben, aber ihm fällt nichts ein, er hat eine Schreibblockade *(leeres Blatt, Fahlheit dieser Wüste, bleierne Stille)*.

A10/5 Das Seminar ist eine kleine elitäre Gruppe. Martin gesteht, dass er keine Arbeit geschrieben und kein Referat vorbereitet hat. Wahrscheinlich bedeutet dies das Ende seines Studiums; dies könnte der Grund für seine Übelkeit sein.

A10/6 Grafische Spur (Z. 8); *bleierne Stille mit einem ersten ursprünglichen Laut zerteilen* (Z. 8–9); *eine Form schaffen, die weiterwachsen konnte* (Z. 9–10); *scharfer Hund* (Z. 15); *am Grunde der Schutthalde* (Z. 18–19); *das Alpha-Tier* (Z. 22); *ziegelsteindicke Masse Papier* (Z. 27); *mit einer Frisur wie eine Mütze* (Z. 28); *in seinem Hirn ... dichtes Schneegestöber* (Z. 32); *Nerven wie Feuerdrähte* (Z. 39); *in Martins Schädel löste sich donnernd eine Lawine* (Z. 42); *... auf seinen Schultern lastete das Gewicht eines Kleiderschranks* (Z. 43); *wie ein Menetekel*

(Z. 47–48); *Da begrub ihn die Lawine unter sich* (Z. 49); *… mit der Gewalt einer Sturmböe* (Z. 54)

B4/1,2 2g, 1d, 6c, 4a, 5f, 7b, 3e

B4/3 Prof. Ostrowski lehrte von 1988 bis 1991 an der Addis Abeba University. Seitdem gab es einen Austausch zwischen der AAU und der TU Darmstadt; Beide Länder – nicht nur das Entwicklungsland – ziehen Nutzen aus diesem Projekt; Während des Auslandsaufenthalts lernte er, sich auf fremde Kulturen einzustellen.

B4/4 Er hat sich interkulturell gesehen häufig falsch verhalten.

B5/1 **Infinitiv:** das Leben, das Rösten, die Kosten (Pl.), das Arbeiten, das Essen

Verbstamm (+/– Veränderung): der Augenblick, der Vergleich, der Niederschlag, der Vortrag, der Talk, der Anfang, der Auftrag, der Gegensatz, der Unterschied, der Gegenzug

Verbstamm + ung: die Erfahrung, die Entwicklung, die Abholzung, die Bewirtschaftung, die Lebenshaltung, die Bedeutung, die Befürchtung, die Umstellung, die Einladung, die Nutzung, die Vorbereitung, die Beratung, die Versorgung, die Vermittlung

Verbstamm + er: der Nutznießer, der Träger, der Berater, der Lehrer

Verbstamm + e: die Hilfe, die Aufgabe, die Sprache

Verbstamm + nis: das Verhältnis

Verbstamm + st: der Dienst

reduzierter Verbstamm + (at)ion: die Lektion, die Kooperation

reduzierter Verbstamm + ent: der Absolvent

Adjektiv + keit: die Schwierigkeit, die Tätigkeit

Adjektiv + heit: die Vertrautheit, …

Adjektiv + e: die Stärke, …

Adjektiv, Partizip: das Positive, die Allerwerteste, die/der Diplomierte

B5/2: Beispiele: stehen ➔ Stehen, Stand, Steher; liegen: Liegen, Liege, Lage

B6/2,3: *der/ein ältere(r)* **Student** (Adjektiv)

der/ein seine Diplomarbeit vorbereitende(r) **Student** (erweitertes Partizip)

der/ein an der TU Darmstadt eingeschriebene(r) **Student** (erweitertes Partizip)

der/ein **Student***, ein Mann von 27 Jahren* (Apposition)

der/ein **Student** *Thomas Winter* (Apposition)

der/ein **Student** *mit Auslandserfahrung* (Präpositionalphrase)

der/ein **Student** *dort* (Adverb)

der/ein **Student** *der Rechtswissenschaft* (Genitiv)

der/ein **Student***, der an der TU Darmstadt eingeschrieben ist* (Satz)

B7 a) Adjektiv b) Adjektiv, Präpositionalphrase c) Genitiv d) Genitiv e) Präpositionalphrase f) Apposition g) Präpositionalphrase h) Adjektiv, Apposition i) Satz j) Satz k) Genitiv l) Satz

B8 Relativsatz: *um das sich der Projektträger gekümmert hatte*; dass-Satz: *dass die Umstellung auf das Klima Schwierigkeiten machen würde*; Nebensatz mit anderem Subjunktor: *als er zum ersten Mal die äthiopische Bergwelt erblickte*; indirekter Fragesatz: *wie man sich am besten auf fremde Kulturen einstellt*; Infinitiv mit zu: *deutsche Bauingenieure … vorzubereiten*

B10/1 Keine der Lösungen ist richtig: Mysore ist der Name einer Stadt im südindischen Bundesstaat Karnataka.

B10/2 *Asteriskus:* Sternchen, z.B. als Hinweis auf eine Fußnote; *Conjunctiva:* Bindehaut des Auges; *dekantieren* nennt man das Umfüllen von Rotwein aus der Flasche in ein offenes Gefäß, damit der Wein vor dem Trinken mit Sauerstoff angereichert wird. *Dilwara:* Tempelanlage in Rajasthan,

Indien; *Olm:* Ein Olm ist ein Kleintier. *Rübsen:* aus Mittel- und Südeuropa stammende Art des Kohls; *Schattenwickler:* grau bis bräunlich gefärbter Falter, Gartenschädling; *Schmuckkörbchen:* einjährige Sommerblume, botanischer Name: Cosmea; *Seeteufel:* wiss. Name: Lophiidae, Familie von Fischen, Speisefische; *Sternleeren:* Gebiete im Band der Milchstraße, die wie dunkle Löcher aussehen; *Sternmulle:* nordamerikanische Maulwurfart, wiss. Name: Condylurinae; *Taumesser:* Drosometer, Gerät zur Messung der Taumenge; *vertikutieren:* Das Vertikutieren gehört zu den Gartenarbeiten; man entfernt im Frühjahr aus dem Rasen das Moos und das abgestorbene Gras und lockert den Rasen gleichzeitig auf, damit er belüftet wird. *Yokuts:* Indianervolk in Kalifornien; *Zwiefache:* Volkstänze aus Bayern und Österreich mit häufigem Wechsel zwischen geradem und ungeradem Takt

C2/1 Gründungen seit 1946; Leitung oft Schulrektor; 1975 NRW Weiterbildungsgesetz: Bildung für alle; Kosten: 1/3 Land, 1/3 Stadt, 1/3 Teilnehmergebühren; 70er Jahre Aufschwung

C2/2 Alphabetisierungskurse, *Kurse zum Erwerb Schulabschluss, EDV-Kurse*;

Sprachkurse: hauptsächlich: *Deutsch als Fremdsprache* aber auch: *Türkisch, Englisch, Japanisch, Französisch, Neugriechisch, Spanisch*

Gesundheitskurse: *Gymnastik, autogenes Training, Vollwerternährung, Raucherentwöhnung*

Kreativkurse: *Malen, Zeichnen, Töpfern, Musik, Theater*

Besondere Kurse: *Jodeln, Hundeführerschein, Psychologie-Seminar*

C2/4 1. Abschnitt: global; 2. Abschnitt: selektiv; 3. Abschnitt: selektiv

C2/5 1946: Gründungen; 1975: Weiterbildungsgesetz in NRW; in den 70er Jahren: großer Aufschwung; seit 1985: Arbeitnehmer-Weiterbildungsgesetz: 5 Tage Bildungsurlaub pro Jahr; relativ neu: geförderte Qualifizierungskurse, z.B. für Jugendliche ohne Ausbildungsplatz

C3 Zusammenfassung (Muster): In dem Vortrag geht es um die Volkshochschulen in Nordrhein-Westfalen. Zunächst geht die Referentin auf die Entstehung dieser Weiterbildungsinstitutionen ein. Nach wenig professionellen Anfängen in den Jahren nach dem Krieg verpflichtete das nordrhein-westfälische Weiterbildungsgesetz von 1975 alle Städte und Gemeinden zur Einrichtung einer Volkshochschule, was in den 70er Jahren zu einem großen Aufschwung führte. Die Sprecherin beschreibt sodann das Angebot an überwiegend abends stattfindenden Kursen, das vor allem Sprach-, Gesundheits- und Kreativkurse umfasst. Schließlich geht sie auf aktuellere Entwicklungen ein und weist auf Kurse im Bereich der „Beruflichen Bildung" und auf Qualifizierungskurse für Gruppen hin, die auf dem Arbeitsmarkt schlechte Chancen haben. Beide Kurstypen werden vom Staat gefördert.

C4 Schaubild-Beschreibung (Muster): Das Schaubild informiert über die Entwicklung der Volkshochschulen in Deutschland.

Auf der linken Seite werden in zwei Säulendiagrammen die Anzahl der Kurse und die Teilnehmerzahlen zwischen 1970 und 1995 dargestellt. Auffällig ist, dass in diesem Zeitraum die Anzahl der Kurse kontinuierlich von 110 000 (1970) auf 501 000 angestiegen ist. Auch bei den Teilnehmerzahlen ist diese Entwicklung zu beobachten: während 1970 2,2 Millionen Teilnehmer Kurse belegten, so waren es in den 80er Jahren schon mehr als doppelt so viele. Die Zahl stieg bis 1995 auf 6,4 Millionen an.

Der rechte Teil des Schaubilds informiert über die Kursaufteilung im Jahr 1995. Die Angaben erfolgen in Prozent. Sprachkurse liegen mit 29,1% des Gesamtangebotes an erster Stelle. Den zweiten Platz nehmen Gesundheitskurse mit 22,5 % ein. Etwa ein Fünftel der Kurse sind Kreativkurse. Der Rest verteilt sich auf naturwissenschaftliche, kaufmännische, hauswirtschaftliche und sozialwissenschaftliche Angebote.

Insgesamt lässt sich also festhalten, dass sich im Zeitraum von 1970 bis 1995 die Anzahl der Kurse verfünffacht, die Teilnehmerzahlen verdreifacht haben und der Schwerpunkt des Angebots im Bereich der Sprach- und Gesundheitskurse liegt.

C5/1 bisheriges Fernstudium: beschwerlich, abgekapseltes Lernen, viel Selbstdisziplin nötig, fehlende Zeit für Präsenzseminare, Stress, Isolation;

Fernstudium per Internet: Unterrichtsstoff und -aufgaben über Datennetz, über Computer Zugang zu Bibliothek, sozialer Kontakt über virtuelle Cafeteria, gemeinsame Vorbereitungen via Netz, Verkürzung der Präsenzphasen in Seminaren, bessere Lernmotivation;

Fernunterricht für die Weiterbildung: Wissenslücken schnell schließen, billiger, kein Versäumen der Arbeit, Lernmodule für einzelne Qualifizierungsmaßnahmen, Lernerfolge zertifiziert

C5/2 Abschnittszusammenfassungen (Muster)
Abschnitt 3: Das Hagener Angebot, die Studiengänge weitgehend über Internet zu absolvieren, hat das Fernstudium erleichtert. (Z. 33–49) Abschnitt 4: Sozialer Kontakt wird durch eine virtuelle Cafeteria ermöglicht. (Z. 50–56) Abschnitt 5: Durch Online-Gruppenarbeit kann man sich mit anderen Studierenden auf Prüfungen vorbereiten und die vorgeschriebenen Präsenzphasen in Seminaren verkürzen. (Z. 57–77) Abschnitt 6: Immer mehr Studierende nehmen das Angebot war. (Z. 78–90) Abschnitt 7: Virtuelles Lernen ist v.a. für die Weiterbildung ideal geeignet. (Z. 91–107) Abschnitt 8: In einem Großprojekt werden an 13 Fachhochschulen und Universitäten virtuelle Studiengänge in modularer Form für Weiterbildungszwecke aufgebaut. (Z. 108–124) Abschnitt 9: Unternehmen kaufen Lehrmaterial für Qualifizierungsmaßnahmen ihrer Mitarbeiter bei der jeweiligen Hochschule, die auch berät, hilft und zertifiziert. (Z. 125–Ende)

C6 (1) *eine freie Stunde dazwischen schieben können* (Z. 8–10); (2) *Studiengänge weitgehend über Internet absolvieren* (Z. 36–37); (3) *Präsenzphase* (Z. 74); (4) *unkomplizierter Zugriff auf Wissen* (Z. 99–100); (5) *jederzeit verfügbar* (Z. 102); (6) *Lernerfolg mit einem Zertifikat bestätigen* (Z. 134–136)

C9 *das abgekapselte Lernen* → Das Lernen ist abgekapselt. *über die BRD verstreute Studienzentren* → Die Studienzentren sind über die BRD verstreut. *im vergangenen Wintersemester* → Das Wintersemester ist (gerade) vergangen. *die vorgeschriebenen Präsenzphasen* → Die Präsenzphasen sind vorgeschrieben. *die verbesserte Kommunikation* → Die Kommunikation ist verbessert. *die etablierten Hagener* → Die Hagener sind etabliert. *die kommenden fünf Jahre* → die fünf Jahre, die kommen; *die federführende Fachhochschule* → Die Fachhochschule ist federführend.

C10 siehe S. 277

C11/1 *damit*: mit der Möglichkeit, sich in eine virtuelle Cafeteria einzuklicken, um Nachrichten auszutauschen

C11/2 (1) via Netz; (2) per Mausklick

C11/3 durch, mittels, mit Hilfe von, unter Zuhilfenahme von

GT1 (1) Der Anteil der ausländischen Studierenden in Deutschland betrug 8,2% / hat 8,2% betragen. (2) Der Anteil in Sprach- und Kulturwissenschaften belief sich auf 25% / hat bei 25% gelegen. (3) Der Anteil der Studierenden, die für ein bis zwei Semester im Ausland studieren, stieg von 30% auf 35% / ist von 30% auf 35% gestiegen. (4) Die Zahl der in einem Online-Studium eingeschriebenen Studierenden vergrößerte sich um 3% / hat sich um 3% vergrößert. (5) Die Preise für Lebensmittel sanken infolge einer niedrigen Inflationsrate um 2% / sind infolge einer niedrigen Inflationsrate um 2% gesunken. (6) Die Ausgaben des Staates für Bildung und Forschung gingen von 12% auf 10% zurück / sind von 12% auf 10% zurückgegangen. (7) Die Mieten für Zimmer in Studentenwohnheimen blieben in den letzten 3 Jahren unverändert / sind in den letzten 3 Jahren unverändert geblieben. (8) Die Zahl der in den Wirtschaftswissenschaften eingeschriebenen Studierenden stagnierte / hat stagniert.

GT2/1 (1) Produkt = Erzeugnis, Produktion = Herstellung von Waren, Produzieren = Vorgang der Herstellung; (2) Verstehen = begreifen, Verständnis = das Verstehenkönnen/Einfühlungsvermögen, Verstand = Denkkraft; (3) Lesen = einen geschriebenen Text wahrnehmen und verstehen; Lesung = (lautes) Lesen von Texten, Lese = Ernte; (4) Denken = geistige Arbeit, Gedanke = Inhalt des Denkens/Idee, Gedächtnis = Fähigkeit, sich etwas zu merken bzw. sich später daran zu erinnern; (5) Sprache= Verständigungsmittel, Sprechen = Laute, Wörter bilden, Spruch = kurzer, einprägsamer Gedanke; (6) Erkennen = Wahrnehmen, Erkenntnis = Ergebnis des Erkennens; (7) Beziehung = Verbindung/Verhältnis, Bezug = Hinsicht/Bezugnahme; (8) Unterschied = die Verschiedenheit/Ungleichheit; Unterscheidung = das Unterscheiden/Verschiedenheiten erkennen; (9) Vorgehen = das Handeln/Geschehen; Vorgang = etwas geschieht bzw. ist geschehen (Geschehnis oder Entwicklung)

GT3/1 (1) die 1983 gegründete Universität Witten-Herdecke, die erste deutsche Privatuniversität, an der 900 Studierende studieren; (2) ein an einer Fachhochschule absolviertes, vier Jahre dauerndes Ingenieurstudium, zu dem zwei Praxissemester in einem Betrieb gehören; (3) von manchen Studierenden bevorzugte, in der Betreuung bessere Kleinstadt-Unis mit kleineren Kursen und kreativen Konzepten; (4) die Weiterbildung erleichternde, über das Internet zu absolvierende Online-Kurse

GT3/2 (1) Die an einer Hausarbeit arbeitende Studentin recherchierte viel im Internet. (2) Das von ihr belegte Seminar fiel aus. (3) Sie wird ihr voraussichtlich neun Semester dauerndes Studium erfolgreich abschließen. (4) Ein frei vorgetragenes Referat findet mehr Aufmerksamkeit beim Publikum. (5) Die letzte Woche abgelaufene Leihfrist wurde nicht verlängert. (6) Hoffentlich erhalten sie die erhofften Noten. (7) Sie ging oft in die alle zwei Wochen stattfindende Ringvorlesung. (8) Den Inhalt von selbst exzerpierten Büchern behält man besser.

Partizip I: • Die Handlung ist immer *gleichzeitig*. • Das Partizip hat immer *aktive* Bedeutung.
Partizip II: • Die Handlung ist bei transitiven Verben *gleichzeitig*, oder *vorzeitig/vergangen*, bei intransitiven Verben ist sie *vorzeitig/vergangen*. • Das Partizip hat bei transitiven Verben eine *passive* Bedeutung, bei intransitiven Verben eine *aktive*.

GT3/3 (1) Strafrecht, (2) Auslandserfahrung, (3) Ausbildung, (4) Praktikum, (5) Ziel

GT3/4 *siehe S. 277*

GT4/1 Subjunktor: dadurch, dass / indem; Präposition: mittels/mit/durch; Adverb: dadurch, damit; Wendung: mit Hilfe

GT4/2 (1) Die Studierenden können Nachrichten austauschen, indem sie sich in die virtuelle Cafeteria einklicken. (2) Durch die Verbesserung der Kommunikation unter den Online-Studenten stieg die Lernmotivation deutlich an. (3) Dadurch, dass Informationen per Datenleitung transportiert werden, sind sie jederzeit verfügbar. (4) Mit PC und ISDN-Anschluss haben die Studierenden Zugang zu einer umfangreichen Bibliothek. / Mit Hilfe von PC und ISDN-Anschluss haben die Studierenden ... (5) Es wurde eine virtuelle Cafeteria eingerichtet. Dadurch entstand eine Art Campusleben für die Online-Studenten. (6) Durch Abbau von Stress und Isolation brechen weniger Studierende ihr Studium ab.

GT4/3 (1) Dadurch, dass Volkshochschulen eingerichtet wurden, wurde ein Bildungsangebot auch für die Menschen geschaffen, die keinen Zugang zur Universität haben. (2) Indem man ein differenziertes Finanzierungsmodell erstellte, konnten die Teilnahmegebühren niedrig gehalten werden. (3) Dadurch, dass sie die entsprechenden Kurse besuchen, können die Teilnehmer wichtige Schulabschlüsse wie z.B. das Abitur nachholen. (4) Indem das Kursangebot gezielt ausgebaut wird, leisten die Volkshochschulen einen wichtigen Beitrag zur Weiterbildungspolitik der Regierung.

Lektion 7

A1/1 Volkslied: Vortrag von mehreren Sängern oder kleinem Chor, eher fröhlich, meist ohne Instrumentalbegleitung, bei geselligen Anlässen; Kunstlied: solistischer Vortrag, getragen, meist mit Instrumentalbegleitung (Klavier), im Konzert

A1/2 1. Strophe: Wasser, 2. Strophe: Räder, 3. Strophe: Steine

A2 1 Volkslied; 2 Kunstlied

A3 Bildaufbau: Im Vordergrund zwei Wanderer mit Gepäck in Begleitung eines Hundes, im Hintergrund ein Bauer mit einem Tier (kaum zu erkennen); Landschaft: im Hintergrund ein Dorf, eine Burg auf einem Berg, rechts ein kleiner Fluss mit einem Boot, Himmel mit Wolken; Eindruck: Die Wanderer sind hell, also fröhlich: einer schwenkt den Hut, sie sind gut gelaunt. Auch der Hund springt fröhlich herum. Der Bauer hingegen ist dunkel, gebückt, wirkt beschwert (evtl. ein Hirte wegen des Stabs und des Tiers); Stimmung: Bild macht Lust auf Reisen, wandern, in die Welt ziehen: Aufbruchsstimmung
Miniatur: im Widerspruch zu Bild (älteres Ehepaar mit Baby im Käfig eingesperrt)

A4/1 Volkslied: kleiner Chor, kein Instrument, einfache Melodie, fröhlich

A4/2 wieder das Thema der Wanderschaft und des Reisens

A5/2 Z. 1–8: Vater ist mit Sohn unzufrieden, weil dieser nicht arbeitet. Er schickt ihn weg. – Name: jemand, der *nichts taugt* = der zu nichts zu gebrauchen ist. Z. 9–21: Er freut sich auf die Zukunft und das, was ihn erwartet, während seine Bekannten und Freunde zu Hause bleiben und arbeiten müssen. Z. 38–60: Er sieht viele neue Dinge im Vorbeifahren und ist zunächst glücklich darüber. Dann allerdings denkt er an zu Hause und bekommt ein bisschen Heimweh.

A6 (1) ... die ich ganz gut spielte ... (2) Ich fühlte mich herrlich unbeschwert. (3) ... ein elegant und wertvoll aussehender Reisewagen ... (4) ... sprach mich freundlich an ... (5) ... junger Mann, Sie können ja schöne Lieder singen." (6) „Um Ihnen, gnädige Frau, eine Freude bereiten zu können, ..." (7) ... und sagte spontan ... (8) „Steigen Sie doch hinten auf." (9) Ich machte eine Verbeugung und sprang hinter den Wagen. (10) In rascher Fahrt ging es los. (11)

Mir war ganz eigentümlich zumute, so, als müsste ich wieder umkehren.

A7/1 gut gelaunt: *lustig* (Z. 1/13), *recht wohl* (Z. 4), *sich sonnen* (Z. 6), *sich dehnen* (Z. 6), *sich recken* (Z. 7), *sein Glück machen* (Z. 10), *stolz* (Z. 12/18), *Freude* (Z. 16), *zufrieden* (Z. 18), *ewiger Sonntag im Gemüte* (Z. 19), *Herz so voller Klang* (Z. 39–40), *holdselig* (Z. 42–43), *lachen* (Z. 47), *froh* (Z. 48), *jauchzen* (Z. 53)
Musik/Geräusche: *brausen* (Z. 1), *rauschen* (Z. 1), *zwitschern* (Z. 2), *rumoren* (Z. 5), *singen* (Z. 12/32/42/43), *rufen* (Z. 13/18), *Geige* (Z. 14/20/54/59), *spielen* (Z. 14/20), *Klang* (Z. 40), *zuhören* (Z. 41), *Lieder* (Z. 43), *knallen* (Z. 49), *Wind pfeift* (Z. 50), *schreien* (Z. 53), *jauchzen* (Z. 53), *still werden* (Z. 56), *leise* (Z. 56)
Arbeit: *Mühle* (Z. 1/6/57), *emsig* (Z. 2), *Arbeit* (Z. 7/17), *rumoren* (Z. 5), *Brot erwerben* (Z. 8), *graben* (Z. 17), *pflügen* (Z. 17), *Sorgen, Last und Not um Brot* (Z. 29)
Bewegung: *Rad* (Z. 1), *tröpfeln* (Z. 2), *sich tummeln* (Z. 2), *wischen* (Z. 3), *aus dem Haus treten* (Z. 4–5), *rumoren* (Z. 5), *sich dehnen* (Z. 6), *sich strecken* (Z. 8), *in die Welt gehen* (Z. 9), *auf Reisen gehen* (Z. 11), *gehen* (Z. 13), *holen* (Z. 14), *schlendern* (Z. 15), *hinausziehen* (Z. 17–18), *in die Welt hinausstreichen* (Z. 18), *hinauskommen* (Z. 20), *spielen* (Z. 20), *fortgehen* (Z. 21), *schicken* (Z. 23), *springen* (Z. 30), *sich umsehen* (Z. 38), *herankommen* (Z. 38), *fahren* (Z. 39), *langsam gehen* (Z. 40), *wandern* (Z. 44), *schütteln* (Z. 47), *aufspringen* (Z. 48), *untergehen* (Z. 51), *vorüberfliegen* (Z. 52), *strampeln* (Z. 53), *tanzen* (Z. 54), *höher steigen* (Z. 55), *aufsteigen* (Z. 55–56), *leise wogende Kornfelder* (Z. 56–57), *umkehren* (Z. 59), *sich hinsetzen* (Z. 60)
Stillstand: *sitzen* (Z. 3), *sich sonnen* (Z. 6), *liegen* (Z. 26), *stillhalten* (Z. 42), *einschlafen* (Z. 60)

A7/3 Größte Gruppe: Bewegung; Grund: Thema der Wanderschaft, Wanderschaft wird assoziiert mit positiven Aspekten (gute Laune, Musik); Arbeit wird dazu im Gegensatz gesehen (= kleinste Gruppe).

B1/1 1749 Frankfurt; 1765–1768 Leipzig; 1770–1771 Straßburg; 1772 Wetzlar; ?–1775 Frankfurt; ab 1775 Weimar; 1786–1788 Italienreise, danach wieder Weimar

B1/2 „Die Leiden des jungen Werther", „Götz von Berlichingen", „Clavigo", „Egmont", „Iphigenie", „Torquato Tasso", „Reineke Fuchs", „Xenien", „Wilhelm Meisters Lehrjahre", „Hermann und Dorothea", „Faust I", „Wahlverwandtschaften", „Westöstlicher Divan", „Aus meinem Leben. Dichtung und Wahrheit", „Metamorphose der Pflanzen", „Farbenlehre", „Wilhelm Meisters Wanderjahre", „Faust II"

B1/3 Literatur, Politik, Naturwissenschaften

B1/4 (Liebes-)Beziehungen: Friederike Brion, Charlotte Buff, Lili Schönemann, Charlotte von Stein, Christiane Vulpius; Kinder: August; Arbeitgeber und Freund: Karl August von Sachsen; Kollege und Freund: Friedrich Schiller; Helfer: Eckermann

B2/1 BEHERZIGUNG: Gegenüberstellungen: ruhig bleiben, klammernd sich anzuhangen – sich zu treiben, ein Häuschen bauen – unter Zelten leben, auf die Felsen trauen – die festen Felsen beben; eines schickt sich nicht für alle: jede/r muss seinen/ihren eigenen Lebensweg finden; Fragen wer/an wen: der Dichter an den Lesenden; Antworten: jede/r muss für sich eine individuelle Antwort finden
ERINNERUNG: *immer weiter schweifen*: nicht zufrieden sein mit dem, was man bekommen kann, und immer weiter suchen; *das Gute liegt so nah*: z.B. eine Frau oder Freunde, vielleicht auch ein Lebensweg; *das Glück ergreifen*: sich keine Gelegenheit entgehen lassen, offen sein auch für kleine Dinge

B3/2+4 1: Vegetation (Zitronen, Orangen, Laub, Myrte, Lorbeer); 2: Haus (Säulen, Dach, Saal, Gemach, Marmorbilder);

3: Landschaft (Berg, Steg, Nebel, Weg, Höhlen, Drachen, Fels)
B3/5 Italien
B3/6 Kunstlied: nur eine Sängerin, Instrumentalbegleitung, musikalische Gestaltung in jeder Strophe anders, getragen-traurig
B4/2 Faust ist resigniert und ohne Hoffnung.
B4/3 Teil 1: Forschungsbereiche: Philosophie, Jura, Medizin; Titel: Magister, Doktor; jetzige Tätigkeit: Lehrer
Teil 2: Wissen: gescheiter als andere, doch nichts „Rechtes"; Weitergabe von Wissen: glaubt, er kann nichts lehren und die Menschen nicht verbessern; persönliche Erfolge: kein Gut und Geld, keine Ehre, keine „Herrlichkeit der Welt"; Fazit: kein Hund möchte so leben
Teil 3: Er hat sich der Magie ergeben. Er will erkennen, was die Welt zusammenhält.
B8/1 a) Z. 4–6; b) Z. 2–3, Z. 19–23; c) steht nicht im Text; d) Z. 1–3; e) steht nicht im Text
B8/2 *kollektive Wesen (Z. 1); empfangen und lernen ... von denen, die vor uns waren ... die mit uns sind (Z. 2–3); als ob sich die Welt ... nicht ... aufdränge (Z. 7–8); die Mittel der äußern Welt ... heranzuziehen ... dienstbar zu machen (Z. 12–13); zu sehen und zu hören, zu unterscheiden und zu wählen, ... wiederzugeben (Z. 16–18); verdanke meine Werte ... tausenden von Dingen und Personen (Z. 18–19); zu ernten, was andere ... gesäet hatten (Z. 22–23)*
B8/3 Z. 3: Mensch mit außergewöhnlicher Begabung; Z. 7/11: geniale Veranlagung, Fähigkeiten, Kunstverständnis
B9 Bildhauerei, Theater, Dichtung, Architektur, Musik, Film, Gesang, Tanz; Labyrinth: Es gibt viele verschiedene <u>Wege zur Kunst</u> und vielfältige Kunstwege.
B11 *würde ... kommen, wollte* (Z. 4): Bedingung; *anginge* (Z. 7): Vergleich; *aufdränge, machte* (Z. 8): Vergleich; *vorüberginge* (Z. 9), *würfe* (Z. 10), *müsste* (Z. 11), *hätte* (Z. 11): Bedingung; *könnte* (Z. 15): Bedingung; *wollten* (Z. 16): Bedingung
C1/1 f – g – b –d – c – a – e
C2/1 Mittelpunkt: Dom; um dieses Zentrum herum: das Rathaus (Römer), Kaufhäuser, Lagerhäuser, Gaststätten, Marktplatz, Verwaltungsgebäude, Geschäfte
C2/2 794 erste urkundliche Erwähnung der Stadt Frankfurt; 10./11. Jh. Braubachstraße Nordgrenze, Main Südgrenze, Bau des ersten Fußgängerübergangs über Main, Ausdehnung der Stadt nach Süden; Staufer (13. Jh.) romanische Wehrmauer, neue Kaiserpfalz am Main; 14. Jh. Befestigung mit 60 Türmen um die Stadt ab 1400 Landwehr als großer Ring um die Stadt; ab 13. Jh. Domneubau; 14. Jh. hochgotischer Chor und langes Querschiff; 1415 Westturm begonnen; bis 18. Jh. Wohnhäuser in Fachwerkbauweise (noch erhalten: Bebauung des Römerbergs); 2. Weltkrieg Bombardierung der gesamten Altstadt
C2/3 Stadt anhand Architektur ablesen = Fassaden und Elemente einzelnen Epochen zuordnen; ab 15. Jh. Fachwerkhäuser (meistens Handelshäuser); 18. Jh. Veränderung des Stadtbildes: weniger Fachwerkhäuser, mehr große barocke Häuser, Wohnbereiche nach außen gedrängt oder entlang Landstraßen (N/O/S/W); 19. Jh. Industrialisierung und Bevölkerungswachstum: Eingemeindung von Dörfern (z.B. Bornheim); Anfang 20. Jh. Reihenhaussiedlungen, Stadtteile z.B. Römerstadt (für Angestellte und Arbeiter); nach 1950 Wiederaufbau und Bau der wichtigsten Bankenstadt, Stadt für Handel und Börse, auf kleinem Raum sehr viele Hochhäuser; Gegensätze zwischen mittelalterlicher Stadt und Stadt des 19. und 20. Jh. gut sichtbar
C2/4 17. Jh. Wehrmauern nicht genügend Schutz für Bevölkerung; 1635 barocke Befestigungsanlage mit Wall und Graben (sternförmiger Grundriss); 18. Jh. Dom und

Römerberg noch wichtige Punkte, aber Hauptwache und Zeil Zentrum für Handel und öffentliches Leben; 19. Jh. Entwicklung zur Großstadt, Handel und Geldwirtschaft, neu angelegte Straßenzüge, verdichtete Bebauung, vier- bis fünfstöckige Wohn- und Geschäftshäuser; Ende 19. Jh. Bau wichtiger Mainbrücken, 1872–1880 Bau des Opernhauses; 1. Weltkrieg: Stillstand der Bauwirtschaft, ab 1920 Mangel an Wohnraum; Baudezernent May: Dezentralisierung der Stadterweiterung durch Trabantensiedlungen mit Wohnkomfort außerhalb des Grüngürtels der Stadt; März 1944 Zerstörung der Altstadt, relativ später Wiederaufbau; ab 1960/1970 bauliche Verdichtung im historischen Bankenviertel, entlang Wallanlage erste Hochhäuser
C3 (a) ab 1920 (b) 15. Jh., (c) 18. Jh., (d) Ende 19. Jh., (e) nach 1960, (f) 13. Jh., (g) 14. Jh.
C5 (1) *... einem durch Gebirge und Wald geschützten Flusstal:* Der Siedlungsplatz zeichnete sich durch seine günstige Lage in einem Flusstal aus, das durch Gebirge und Wald geschützt war. (2) *... der gegenüberliegenden Uferseite:* Mit der Ausbildung eines Brückenkopfes auf der Uferseite, die gegenüber lag, begann die Ausdehnung der Stadt nach Süden. (3) *... dem 1280 vollendeten Gotteshaus:* Der Dom ist neben dem Gotteshaus der Dominikaner, das 1280 vollendet wurde, eine der frühesten Hallenkirchen im Mittelrheingebiet. (4) *Der nach den Plänen von Dombaumeister Madern Gerthener 1415 begonnene Westturm:* Der Westturm, der 1415 nach Plänen von Dombaumeister Madern Gerthener begonnen wurde, überragt das Kirchenschiff um etwa das Doppelte. (5) *die weitgehend rekonstruierte Bebauung:* Allein die Bebauung des Römerbergs, die weitgehend rekonstruiert wurde, vermittelt noch einen Eindruck dieser Epoche. (6) *... die neu errichtete Hauptwache und die ständig weiter ausgebaute Zeil:* Im 18. Jahrhundert übernahmen die Hauptwache, die neu errichtet worden war, und die Zeil, die weiter ausgebaut wurde, die Rolle als Zentrum für Handel und öffentliches Leben. (7) *... neu angelegte Straßenzüge und eine planmäßig verdichtete Bebauung:* Die Innenstadt erhielt durch Straßenzüge, die neu angelegt wurden, und eine Bebauung, die man planmäßig verdichtete, ein neues Gesicht. (8) *... der an das Zentrum angrenzenden Stadtteile:* Nach den schweren Bombenangriffen im März 1944 war auch ein Großteil der Stadtteile, die an das Zentrum angrenzten, schwer beschädigt.
C6 weltliche Gebäude: *Rathaus, Villa, Hof, (Königs-/Kaiser-)Pfalz, Wohnhaus, Steingebäude, Opernhaus, Geschäftshaus, Trabantensiedlung, Mietskasernen, Bürohaus;* Gebäudeteile: *Wohntrakt, Turm, Pfalzkapelle, Erdgeschoss, Hinterhof, Dachterrasse, Bad, eingebaute Küche;*
kirchliche Gebäude: *Dom, Kirche, Kloster, Gotteshaus, Hallenkirche;* Gebäudeteile: *Chor, Querschiff, Turm, Kirchenschiff, Kapelle, Turmabschluss, Spitzhelm, Steilkuppel*
Schutzvorrichtungen: *Wehrmauer, Befestigung, Landwehr, Wall, Warte, Stadtmauer, barocke Befestigungsanlage, Graben*
Baustile und Stilepochen: *karolingisch, Gotik, Barock, architektonische Avantgarde*
VT1/2 *mein Herz näher angeht:* ich bin in sie verliebt; *sie hat allen meinen Sinn gefangen genommen:* ich muss immer an sie denken; *garstiges Gewäsch:* oberflächliches Gerede; *verziehen:* warten; *fiel mir das reizendste Schauspiel in die Augen:* da spielte sich vor mir eine schöne Szene ab; *meine ganze Seele ruhte auf der Gestalt:* bei ihrem Anblick fühlte ich, dass ich sie liebte; *von der glücklichsten Gesichtsbildung:* hübsch; *unsere Vetterschaft ist sehr weitläufig:* entfernt verwandt sein

VT1/4 *anöden*: langweilen; *es stank mich immer fast gar nicht an*: es störte mich meistens nicht; *fläzte mich hinter meine Laube*: sich lässig hinsetzen; *Ich dachte, mich streift ein Bus*: ich war völlig überrascht; *dass man kaputt geht*: man glaubt es nicht; *dass Charlie mir was sein konnte*: Charlie bedeutete mir etwas; *Ich himmelte sie nicht an*: ich flirtete nicht mit ihr; *Richtige Schweinsritzen*: kleine häßliche Augen; *Scheinwerfer*: große strahlende Augen; *poppt*: das ist toll; *in die Klauen*: in die Hände

VT1/6 Frauen: Lotte: liebevoller Umgang mit den Kindern, wird geliebt, liebenswürdig, Engel, vollkommen, Einfalt und Verstand, Güte und Festigkeit, Ruhe der Seele, Mädchen von schöner Gestalt, mittlere Größe, simples weißes Kleid, mit blassroten Schleifen an Arm und Brust, Freundlichkeit

Charlie: Kindergärtnerin, ironisch, will Edgar helfen, wunderschöne Augen (Scheinwerfer), „ein Engel", „vollkommen"

Männer: Werther: Werther erzählt selbst, daher erfährt man von ihm nur, dass er sehr verliebt und daher vergnügt und glücklich ist.

Edgar: Über Edgar erfahren wir mehr, da die Situation einmal aus seiner, einmal aus Charlies Perspektive dargestellt wird: kann mit Kindern umgehen, kann nicht zeichnen, scheint sehr verliebt zu sein in Charlie, gerissen; liest und zitiert den „Werther" und hat ebenfalls einen Freund Wilhelm („Willi")

Paare: die Männer sind jeweils offensichtlich sehr verliebt; die Frauen reagieren jedoch nicht darauf

VT1/7 Gemeinsamkeiten: Es wird das Kennenlernen der Paare beschrieben. In beiden Texten sind Kinder beteiligt. Unterschiede: Neben sprachlichen Merkmalen hören wir im zweiten Text nicht nur den Mann, sondern auch die Frau.

VT2/1 Bild 1: jdm. im Weg sein; Bild 2: jdm. den Weg bereiten; Bild 3: jdn. aus dem Weg räumen; Bild 4: jdm. aus dem Weg gehen

VT2/2 *jdm. im Weg sein/stehen*: jd. ist jdm. ein Hindernis; *etw. auf den Weg bringen*: eine Angelegenheit initiieren; *den Weg alles Irdischen gehen*: vergänglich sein, sterben; *Mittel und Wege finden, um ... zu*: Möglichkeiten finden; *jdm. nicht über den Weg trauen*: jdm. nicht vertrauen; *jdm. aus dem Weg gehen*: jdn. nicht treffen wollen; *jdm. den Weg bereiten*: Schwierigkeiten für jdn. beseitigen; *jdm. den Weg abschneiden*: jdm. zuvorkommen; *seiner/ihrer... Wege gehen*: machen, was man will; *auf dem besten Weg sein zu etwas*: jd. gerät in eine negative Situation; *auf halbem Weg umkehren*: etwas nur zur Hälfte tun; *jdn. aus dem Weg räumen*: jdn. ermorden; *jdn. vom rechten Weg abbringen*: jdn. negativ beeinflussen; *vom rechten Weg abkommen*: etwas Strafbares oder Unmoralisches tun

GT1/2 (1) Wenn ich doch die Menschen verstehen würde / verstünde! (2) Wenn ich doch die Wahrheit erkennen würde! (3) Wäre ich doch ein Magier! (4) Wenn ich doch Macht hätte!

GT1/3 (1) Vielleicht wäre er zufriedener gewesen, wenn er nicht so klug gewesen wäre. (2) ..., wenn er keine Schüler hätte unterrichten müssen. (3) ..., wenn er nichts hätte wissen wollen. (4) ..., wenn er weniger gewusst hätte. (5) ..., wenn er viel Geld verdient hätte. (6) ..., wenn er mehr gelacht hätte.

Lektion 8

A1/1 Europafahne, 50-Euro-Schein, Europa mit dem Stier, Europaparlament, Europahymne

A1/2 Die Schweiz (CH) ist nicht Mitglied der Europäischen Union. Außer Deutschland und Österreich gehören noch Belgien, Dänemark, Finnland, Frankreich, Großbritannien, Griechenland, Irland, Italien, Luxemburg, die Niederlande, Portugal, Schweden und Spanien zur EU.

A2 eher positiv: 1, 2, 4, 5, 6; eher negativ: 3, 7

A3 1951: 3; 1957: 8; 1972: 6; 1973: 2; 1975: 12; 1979: 11; 1981: 9; 1986: 1; 1992: 4; 1993: 7; 1995: 13; 1997: 10; 1999: 5.

A4/1 erster Satz: Urheber genannt, zweiter Satz: Handlung betont

A4/2 5: keine E$_{Akk}$, 9: keine E$_{Akk}$, 10: reflexives Verb, 12: keine E$_{Akk}$

A4/3 Zustandspassiv; Vorgang ist abgeschlossen

A5/1 (1) Förderung eines ... wirtschaftlichen und sozialen Fortschritts; (2) Behauptung der Identität der Union auf internationaler Ebene; (3) Stärkung des Schutzes der Rechte ... der Mitgliedsstaaten; (4) enge Zusammenarbeit in ... Justiz und Inneres

A5/2 linke Säule 1: (1); mittlere Säule: (2) ; rechte Säule: (3), (4)

A6/1 2, 4, 5, 6, 7

A8/1 Katja: Europa kriegt mehr Wert; großer Zusammenschluss; für sie einfacher mit der Ausbildung
Stefan: gut, dass Europa zusammenwächst; keine Zollprobleme mehr; Reisen und Studieren einfacher
Laura: Austauschprogramme für Schüler; Sprachen für späteren Beruf; Kulturen kennen lernen
Christian: woanders studieren leichter; Interaktion größer; aber Gefahr durch Nationalgedanken

A8/2 Der Firmenleiter spricht mit dem Marketing-Experten, er ist der Direktor, der andere der Angestellte. Sie sprechen über eine Werbekampagne für Jugendliche: Europa sollte durch Anzeigen, Plakate etc. interessant gemacht werden.

A8/3 82% aller deutschen Jugendlichen denken bei Europa an schlechtes Bier und Rinderwahnsinn, 79% an Umwelt und Arbeitsplatz, 95% haben Angst vor dem Euro → deutsche Jugend hat Angst vor Europa.

B2 ❶ Europäischer Rechnungshof, ❷ Europäische Kommission, ❸ Europäisches Parlament, ❹ Europäischer Gerichtshof, ❺ Europäischer Rat

B3/1 Bayerisches Reinheitsgebot von 1516 = älteste Bestimmung bei Lebensmitteln; erlaubt nur Gerste, Hopfen, Wasser; Verbraucherschutz: bis heute aktuell

B3/2 älteste lebensmittelrechtliche Vorschrift; 93%: Reinheitsgebot auch für andere Lebensmittel; 90% entspricht Verbraucherbedürfnissen; 90%: Brauer sollen Gebot auch einhalten, wenn nicht mehr obligatorisch

B3/3 Tendenz der EG-Kommission in 70er Jahren: Bier-Vorschriften vereinheitlichen, Zusatzstoffe erlauben; 1982 Vertragsverletzungsverfahren gegen BRD wegen Grundsatz: Verkauf von rechtmäßig hergestellten EG-Produkten in allen EG-Ländern erlaubt; 1987 durch EUGh-Urteil bestätigt, aber mit deutlicher Kennzeichnung von Abweichungen vom Reinheitsgebot

B3/4 (1) *es bedurfte* (Z. 18); (2) *Aufweichung* (Z. 19); (3) *dieses ehernen Grundsatzes* (Z. 19); (4) *keine Einigkeit ... zu erzielen* (Z. 23); (5) *zu den Akten gelegt* (Z. 24); (6) *ein Verfahren eröffnen* (Z. 25–26); (7) *untersagen* (Z. 28); (8) *Erzeugnisse* (Z. 30); (9) *ihre Haltung zu untermauern* (Z. 35); (10) *ist dieser Auffassung nicht gefolgt* (Z. 35–36).

B3/5 EUGh-Urteil beste Werbung für deutsches Bier, Reinheitsgebot jetzt bekannt; wenig Importbier, und dann meist nach Reinheitsgebot gebraut; steigende Tendenz im Ausland, Reinheitsgebot anzuwenden

B3/6 Herstellungsverfahren und Rezeptur müssen obligatorisch eingehalten werden; zum Schutz vor billigen Imitaten
B5/1 Vorgangspassiv: *durften ... veräußert werden* (Z. 16–17); *musste ... gelegt werden* (Z. 24); *können ... gebracht werden* (Z. 30–31); *darf ... nicht behindert werden* (Z. 31–32); *hergestellt werden* (Z. 42) *müssen ... angegeben werden* (Z. 43–44)
Zustandspassiv: *war ... verboten* (Z. 14–15); *Biere, die ... hergestellt ... waren* (Z. 40)
C1/1 Andere Phonetik (z.B. Ach-Laut, R) und andere Intonation.
C1/3,4 Schweizer: Europäer, vielsprachiges Land, Italienisch, Französisch, Deutsch, Romanisch; Schweiz: Kantone, Bund von Einzelstaaten; Gegensatz: nicht EG-Mitglied, aber Mitglied des Europarats; Schweiz: neutrales Land, wichtig im 2. Weltkrieg, Neutralität im Militärischen, Internationales Rotes Kreuz Sitz in der Schweiz, Fürsorge für Soldaten; Erinnerungen heute noch lebendig; Europa heute ein ganz anderes als früher, so wird Schweiz Zugang zum Europa der Märkte finden.
C2/1 Das Verhältnis der Schweiz zu Europa ändert sich; es gibt zwar noch Skepsis, aber die Beziehungen werden intensiver.
C2/2 Beitrittsverhandlungen zur EU: Nach „Nein" bei der Volksabstimmung von 1992 zum EWR versucht Bundesrat bilaterale Verhandlungen mit Brüssel (Text 1). Bundesrat hält am Ziel eines EU-Beitritts fest, jedoch zunächst bilaterale Verträge (Text 2). Bilaterale Abkommen könnten Beitrittswillen der Schweiz schwächen (Text 3).
Volksinitiative „Ja zu Europa": Bundesrat empfiehlt Ablehnung der Volksinitiative, um zunächst die bilateralen Verträge abschließen zu können. Danach erst Weg in die EU (Text 2).
Freihandelsabkommen (EFTA) und Europäischer Wirtschaftsraum (EWR): 1992 Ablehnung des Abkommens über den EWR durch Volksentscheid (Text 1). Nach Abschluss der bilateralen Verträge Ende der Periode des Freihandelsabkommens (Text 4).
Bilaterale Verhandlungen und Abkommen mit der EU: Nach Ablehnung zum EWR bilaterale Verhandlungen mit Brüssel. Nach vier Jahren diese Verhandlungen abgeschlossen (Text 1). Schweiz will weitere bilaterale Abkommen (Text 3). Positionspapier der EU von 1998 über ggf. weitere bilaterale Verträge. Der Abschluss der bilateralen Verträge hat neue Grundlage zwischen Schweiz und EU geschaffen (Text 4).
Position der EU gegenüber der Schweiz: Weitere bilaterale Verträge zwischen Bern und Brüssel könnten Beitrittswillen der Schweizer zur EU reduzieren. EU-Positionspapier: Deswegen hoher Preis für ggf. weitere bilaterale Verträge (Text 3).
C4/1 Ab Z. 12: Verbesserung der Aufenthalts- und Arbeitsbedingungen für EU-Bürger in der Schweiz; Teilhabe der EU-Bürger am Sozialversicherungssystem nach 6 Monaten Beitragszahlung; feste Quote von Aufenhaltsbewilligungen; diese entfällt später, aber Wanderungsentwicklung wird noch 7 Jahre kontrolliert. Wenn zu viele Einwanderungen, wieder Kontingente möglich, aber nach 12 Jahren ganz frei.
C4/2: *am 11. Dezember 1998* (Z. 1); *vier Jahre nach Beginn der Verhandlungen* (Z. 5–6); *1992 (vorläufiger Stopp...)* (Z. 9); *nun (erzieltes Abkommen ...)* (Z. 11); *während einer ersten Phase ...* (Z. 11–12); *nach zwei Jahren* (Z. 14); *gleichzeitig* (Z. 14); *länger als sechs Monate ...* (Z. 15); *nach einer Übergangszeit von fünf Jahren ...* (Z. 18); *während weiterer sieben Jahre ...* (Z. 20); *der vorangehenden drei Jahre* (Z. 22); *für die zwei folgenden Jahre ...* (Z. 22); *erst zwölf Jahre nach Inkrafttreten ...* (Z. 23)

1992 Referendum zum Beitritt EWR, abgelehnt
1994 Beginn der Verhandlungen über ein bilaterales Abkommen
1998 Abschluss der Verhandlungen, Erlangung eines ähnlichen Status wie ein EU-Mitgliedsland
2000 Abschaffen der Bevorzugung einheimischer Arbeitskräfte und der Kontrolle von Arbeitsverträgen mit EU-Angehörigen
2003 Probeweise Einführung der Freizügigkeit des Personenverkehrs: Wegfall der Höchstzahlen von Einwanderungen
2010 Keine Einwanderungskontingentierung mehr: freier Personenverkehr verwirklicht
C6/2 Refrain 1/2: Schweizer sein, ganz allein, gut gefahren seit 700 Jahren als die freundlichen fleißigen Opas Europas. Refrain 3: Schweizer sein, ganz allein, Wir trotzen der Gefahr nach 700 Jahr mit fest entschlossenem Schritt bis Europa der Schweiz beitritt!
C6/3 Strophe 1: die Arroganz eines Landes, das sich reich und besonders fühlt, Strophe 2: die Behandlung von Ausländern, die sich nicht anpassen etc. Strophe 3: die Isolierung innerhalb von Europa
VT1/1 Phönizien, Europa, Agenor, Asien, Zeus, Eros, Hera, Kreta, Minos, Rhadamantys, Hades, Sarpedon
VT1/3 Er verwandelt sich in einen Stier, damit ihn Europa und seine Frau Hera nicht erkennen.
GT1/3 (1) Differenzierte Arbeitsmöglichkeiten für bestimmte Berufsgruppen müssen/sollten geschaffen werden. (2) Wirtschaftsverbrecher können/könnten effizienter verfolgt werden. (3) Länderübergreifende Forschungsprojekte könnten leichter eingerichtet werden. (4) Die Toleranz gegenüber anderen Kulturen müsste erhöht werden. (5) Das gegenseitige Wissen im Bereich Kunst und Kultur soll verbreitet werden.
GT1/4 (1) Ich habe Probepackungen zugeschickt bekommen. (2) Ich habe mein Recht erklärt bekommen. (3) Die Medien bekamen schon vor Abschluss der Untersuchungen Informationen zugespielt. (4) Ich habe meine Lizenz entzogen bekommen. (5) Ich habe endlich eine Arbeitserlaubnis ausgestellt bekommen.
GT1/5 (1) möglich: Teilung in Etappen hatte ein Resultat, das heute noch gilt; (2) nicht möglich: „gründen" ist ein kurzer Moment, kein Zustand; (3) möglich: Die Ausdehnung gilt heute noch, ist ein länger dauernder Zustand; (4) möglich: Das Resultat der direkten Wahl ist, dass die Abgeordneten auch später noch direkte Ansprechpartner für die Wähler sind und bleiben. (5) nicht möglich: „Verhandeln" kann kein Resultat sein, das Ergebnis wäre „ist ... entschieden"; (6) nicht möglich: Das Verb „unterzeichnen" erlaubt zwar ein Zustandspassiv, aber in diesem Satz wird durch „1992" eindeutig ein punktuelles Ereignis dargestellt; (7) nicht möglich: Wenn man zum Ergebnis von „diskutieren" kommt, dann ist etwas „ausdiskutiert", nicht „diskutiert".
GT2/2 (1) verstanden werden sollen/müssen; (2) kann ... hergestellt werden; (3) wurde ... ermittelt; (4) wurde ... zugestimmt; (5) wurde ... verkauft; (6) muss beobachtet werden; (7) kann noch nicht vorhergesagt werden; (8) erzielt werden konnte, wurde ... vertagt
GT2/4 (1) Die Mahlzeit ist zu essen, ist essbar; lässt sich essen. (2) Ein solches Abkommen ist einzuhalten; ist einhaltbar; lässt sich einhalten. (3) Die Meinung ist zu tolerieren; ist tolerierbar; lässt sich tolerieren. (4) Der Apparat ist zu reparieren; ist reparierbar; lässt sich reparieren. (5) Das Medikament ist gut zu vertragen; ist gut verträglich; lässt sich gut vertragen.

GT2/5 (1) herstellbar (2) wasserlöslich (3) vorhersehbar (4) auslegbar (5) vermarktbar (6) nicht leserlich / unleserlich

GT2/6 (1) Fortschritte, die gesehen werden können; (2) eine Substanz, die gut analysiert werden kann; (3) eine Vorgehensweise, die verworfen werden sollte; (4) ein Recht, auf das nicht verzichtet werden kann; (5) Widersprüche, die nicht aufgelöst werden können; (6) alle Mittel, über die man verfügen kann

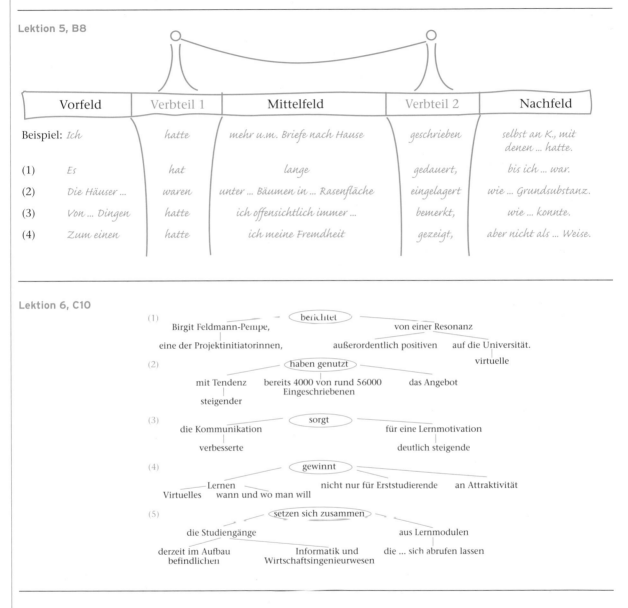

Lektion 5, B8

	Vorfeld	Verbteil 1	Mittelfeld	Verbteil 2	Nachfeld
Beispiel:	Ich	hatte	mehr u.m. Briefe nach Hause	geschrieben	selbst an K., mit denen ... hatte.
(1)	Es	hat	lange	gedauert,	bis ich ... war.
(2)	Die Häuser ...	waren	unter ... Bäumen in ... Rasenfläche	eingelagert	wie ... Grundsubstanz.
(3)	Von ... Dingen	hatte	ich offensichtlich immer ...	bemerkt,	wie ... konnte.
(4)	Zum einen	hatte	ich meine Fremdheit	gezeigt,	aber nicht als ... Weise.

Lektion 6, C10

(1) Birgit Feldmann-Pempe, eine der Projektinitiatorinnen, berichtet von einer Resonanz außerordentlich positiven auf die Universität. virtuelle

(2) haben genutzt mit Tendenz steigender bereits 4000 von rund 56000 Eingeschriebenen das Angebot

(3) die Kommunikation verbesserte sorgt für eine Lernmotivation deutlich steigende

(4) gewinnt Virtuelles Lernen wann und wo man will nicht nur für Erststudierende an Attraktivität

(5) setzen sich zusammen die Studiengänge derzeit im Aufbau befindlichen Informatik und Wirtschaftsingenieurwesen aus Lernmodulen die ... sich abrufen lassen

Lektion 6, GT3/4

	Artikel Genitiv	Adjektiv/ Partizip	Nomen	Genitiv Apposition	Präpositionalphrase	Attribut-Satz
(1)	eine	bereits im Studium erworbene	Auslandserfahrung		im angestrebten Beruf,	die ... kann
(2)	die	praxisorientierte	Ausbildung	Hannas	zur Systemad. an einer FH	
(3)	ein		Praktikum	europ. Jugendl.	im benach. Ausl.,	durch das ..

	Artikel Genitiv	Adjektiv/ Partizip	Nomen	Genitiv Apposition	Präpositionalphrase	Attribut-Satz
(4)	die	vom M. geförderten	Pläne	der Universität	mit dem Ziel,	... einzuricht.
(5)	das		Thema	Gentechnik,		das ... wird
(6)	Deutsch- lands	wichtigste und weit. bek.	Forschungs- einr.,	das MPI,		wo ... betrieb. wird
(7)	viele	besonders interess., noch ungelöste	Probleme	der Wissensch.	im Bereich ... der Angew. B.	
(8)	die	äuß. befrucht.	Zusammenarbeit	zweier P.Uni.	in parallelen Forsch.proj.	
(9)	Ø	vielverspr.	Methoden		im Bereich der P.fusion ... (kurz: PF), v.a. in den USA bekannt	

Lektion 4, B7, S. 111 Kopiervorlagen für die einzelnen Rollen

(1) Sprechstundenhilfe:
Sie möchten eine Patientin / einen Patienten nicht mit dem Arzt verbinden: Der Arzt hat viel zu tun und er berät nicht gerne am Telefon. Sie bestehen darauf, dass die Patientin / der Patient in die Sprechstunde kommt.

(1) Patientin/Patient:
Sie haben rote Flecken am ganzen Körper und rufen Ihren Arzt an, um ihn persönlich um Rat zu fragen. Sie sind sicher, dass der Arzt gerne mit Ihnen sprechen wird.

(2) Krankenschwester/Krankenpfleger:
Eine Patientin / Ein Patient beschwert sich, sie/er will endlich gehen. Sie glauben jedoch, dass sie/er noch nicht gesund genug ist. Überzeugen Sie sie/ihn, zu bleiben.

(2) Patientin/Patient:
Sie liegen schon zwei Tage im Krankenhaus, ohne dass man sich richtig um Sie kümmert. Sie wollen nach Hause. Sie sprechen mit der Schwester.

(3) Ärztin/Arzt:
Eine Patientin / ein Patient beschwert sich bei Ihnen über die hohen Kosten. Ihrer Meinung nach hat sie/er sich dafür nicht zu interessieren, da die Krankenkasse die Kosten übernimmt.

(3) Patientin/Patient:
Ihre Arztrechnung ist sehr hoch und enthält Kosten für Untersuchungen, die Ihrer Meinung nach gar nicht gemacht worden sind. Beschweren Sie sich bei Ihrer Ärztin / Ihrem Arzt.

(4) Notärztin/Notarzt:
Sie sollen zu einem Unfall kommen. Sie fragen die Anruferin / den Anrufer nach dem Unfallhergang und den Symptomen der Patientin / des Patienten.

(4) Nachbarin/Nachbar:
Ihre Nachbarin / ihr Nachbar hatte einen Unfall in ihrer/seiner Wohnung. Sie haben das zufällig mitbekommen und telefonieren nach einer Notärztin / einem Notarzt. Sie/Er soll sofort kommen.

Quellenverzeichnis

Titelfoto: Corbis Stock Market, Düsseldorf (George B. Diebold)

Lektion 1
Seite 11: BTZ (Bremer Touristik Zentrale) 2000
Seite 12: Zeichnung: Sepp Buchegger, Tübingen
Seite 14: Text von Dorothee Wenner aus: Unser Ausland, Econ Ullstein List Verlag, München; Foto: Werner Bönzli, Reichertshausen
Seite 17: Gedicht von Alev Tekinay aus: Die Deutschprüfung. Erzählungen. © 1990 by Brandes & Apsel Verlag, Frankfurt
Seite 20: Text aus: Spiegel special 12/1997, S. 24
Seite 22: Text aus: Spiegel special 12/1997, S. 115
Seite 23: Cartoon von Peter Butschkow, Langenhorn
Seite 24: Textauszug aus: Horst W. Opaschowski: Die Hätschelkinder der Konsumgesellschaft. In: Gerd Grözinger, Das Single. © 1994 by Leske + Budrich, Opladen
Seite 26: Fotos: Michael Kämpf, Berlin
Seite 27: Tabelle aus: Jugendwerk der deutschen Shell: Jugend 2000. Die 13. Shell Jugendstudie © 2000 by Leske ı Budrich, Opladen
Seite 28: Artikel vom 3.7.98 (dpa-Meldung)
Seite 32 f.: Text von Michael Trauthig aus: Suttgarter Zeitung vom 8.4.98*
Seite 34 f.: Text und Foto: Beate Schöne, Wuppertal
Seite 36: Text von Volker Thomas aus: PZ/Wir in Europa 76, 11/93, Universum Verlagsanstalt, Wiesbaden*

Lektion 2
Seite 43: Deutsches Uhrenmuseum, Furtwangen; Sanduhr, Sonnenuhr: MHV-Archiv; Küchenuhr, Radiowecker: Prospektmaterial
Seite 45: Noten des Kinderliedes aus: Heribert und Johannes Grüger, Die goldene Liederfibel © 1977 by Patmos Verlag GmbH. & Co. KG, Düsseldorf
Seite 46: Produktanzeige „Gehäuse" mit freundlicher Genehmigung von ROLEX Uhren, Köln
Seite 48 f.: Text „Die innere Uhr" von Dr. Thor und Dr. Fietze genehmigt von DGN Deutsches Gesundheitsnetz Service, Düsseldorf
Seite 53: Text aus: Psychologie heute, Juni 1998
Seite 57: Text und Abbildung von Helmut Dittrich aus: Erfolgsgeheimnis, Verlagsgruppe Koch, Planegg/Martinsried
Seite 58: Text von Gabriele Müller aus: Zeitschrift prima Carina (Zeitschrift eingestellt ab 1/2000)
Seite 61: Text aus: Psychologie heute, Juni 1998; Abbildungen: MHV-Archiv
Seite 62: „Die missbrauchte und verzweckte Zeit": Ein Beitrag von Philippe Dätwyler
Seite 63: Radiowecker: MVH-Archiv

Lektion 3
Seite 71: AKG-Images, Berlin; Interfoto, München (Franz Roth); Adam Opel AG; Gerd Pfeiffer München
Seite 72: Cartoon: M. Perscheid © Bulls Press, Deutschland
Seite 74 f.: Textauszüge aus: Brigitte 11/98, S. 126–134, Picture Press, Hamburg
Seite 76: Grafik: Globus Infografik, Hamburg
Seite 78: Hörtext: Telefoninterview mit Stefan Purwin „Tauschring Berlin" aus dem Jahre 1997. Ausgestrahlt in der Sendung von A. Appel: Arbeit. Last und Lust, Ausbeutung und Aufgabe genehmigt von hrMedia, Frankfurt
Seite 79: Text von Anette Kelter aus: Süddeutsche Zeitung vom 25.7.98
Seite 80: Text von Carlo Rosenkranz aus: Mainzer Allgemeine Zeitung vom 24.4.98
Seite 85: Grafik: © KPMG Consalting, Frankfurt
Seite 86: Text (aus: Focus 23/1997) und Fotos: Mit freundlicher Genehmigung der Sahinler Group Europe, Würselen
Seite 88 f.: Text von Karen Steiner aus: Süddeutsche Zeitung vom 4.6.98
Seite 94 f.: Textauszug aus: Der Zimmerspringbrunnen von Jens Sparschuh © 1995 by Verlag Kiepenheuer & Witsch, Köln

Lektion 4
Seite 103: Fußballclub Ismaning (Heinemann); Florian Hagena, München; Andres Schätz; Ismaning (Tang-Soo-Do); Heinrich Weil, Moosinning
Seite 104: Foto: Werner Bönzli, Reichertshausen (Anke Schäfer); Kurztexte aus: Vital 12 vom 26.11.97, Jahreszeiten Verlag, Hamburg
Seite 105: Abbildung aus: Schülerduden Sport © 1987 by Bibliographisches Institut & F.A. Brockhaus, Mannheim; Hörtext: Frühgymnastik von Heidi Blumenauer aus der Sendereihe: Die Frühgymnastik des Familienfunks BR2, mit freundlicher Genehmigung von Frau Blumenauer und dem Bayerischen Rundfunk
Seite 106: Text aus: www.mainpost.de vom 14.8.2000, Main-Post/Würzburg
Seite 109: Globus-Grafik, © Globus-Infografik, Hamburg
Seite 111: Text von Gisela Böttcher aus: Capital Nr. 6/97 © Gisela Böttcher, Köln
Seite 112: Maxie Wander: Brief an Ernst E. vom 5.10.76 aus: M.W. Leben wär' eine prima Alternative. Tagebücher und Briefe. Hrsg. von Fred Wander. Deutscher Taschenbuch Verlag, München © Fred Wander, Wien
Seite 113: Bild: AKG-Images, Berlin; Text: Verlag F.A. Brockhaus, Mannheim, Brockhaus Enzyklopädie, 19. Auflage; Hörtext: Barbara Weber im Interview mit Professor Amon zum Thema „Naturheilkunde", Deutschlandfunk/ Deutschlandradio, Köln
Seite 115: Abbildung und Text aus: Brigitte 22/97/Picture Press, Hamburg
Seite 117 ff.: Text aus: Brigitte 11/96/Picture Press, Hamburg
Seite 118: Foto oben: AKG-Images, Berlin; unten: Schaubild
Seite 121: Merkblatt für Versicherte: Notgemeinschaft Studiendank e.V. Universität Mainz
Seite 122: Zeichnung: Sepp Buchegger, Tübingen
Seite 123 f.: Umschlag-Abbildungen: Bastei Verlag; Texte: Copyright der Originalausgabe: Dr. Stefan Frank, Band 1379, Schön, reich – und dem Tod geweiht © 1997 by Bastei Verlag, Bergisch Gladbach. Copyright der Originalausgabe: Dr. Thomas Bruckner, Band 128, Ein Kind sucht seinen Vater © 1995 by Bastei Verlag Bergisch Gladbach. Abdruck der Texte mit freundlicher Genehmigung der Verlagsgruppe Lübbe GmbH & Co. KG

Lektion 5
Seite 129: Bild 1: In Fritz Löffler – Otto Dix, Leben und Werk. Bild 4: In Günter Feist -Hans Grundig © 1977 by Verlag der Kunst, Dresden (Privatbesitz Denzlingen) VG Bild-Kunst, Bonn 2002; Bild 2, 3, 5, 7 : Artothek, Weilheim; Bild 6: AKG-Images, Berlin
Seite 130: Bilder oben: Gerd Pfeiffer, München; Bild unten: Interfoto München (Karger-Decker); Hörtext: Veronika, der Lenz ist da! Von Walter Jurmann und Fritz Rotter, Wiener Boheme Verlag, München, gesungen von den Comedian Harmonists

Seite 131:	Text: dpa
Seite 132:	Bild: GoodTimes-Verlag, Bildagentur Darmstadt (Kranz)
Seite 133:	Lese- und Hörtext: Sabine von Stefan Remmler, George Glueck Management, Berlin, gesungen von TRIO*
Seite 135:	Text von Jurek Becker aus: Amanda herzlos. © 1994 by Suhrkamp Verlag Verlag, Frankfurt
Seite 136:	Text von Max Frisch aus: Stiller. © 1980 by Suhrkamp Verlag, Frankfurt
Seite 138-142:	aus: Wolf Wagner, Kulturschock Deutschland. © 1996 Europäische Verlagsanstalt/Rotbuch Verlag, Hamburg
Seite 144:	Textauszug aus: Hinnenkamp: Verfolgungsjagd in der Fußgängerzone in: Fetscher/Hinnenkamp: Interkulturelles Kommunikationstraining und das Managen der interkulturellen Situation
Seite 147:	Die Bildszene wurde von den Autorinnen fotografiert
Seite 149 f.:	Text aus: Gerlinde Unverzagt, Endlich geschafft! Prüfungsängste bewältigen © 1997 by Kreuz Verlag, Zürich (S. 51 und 67)
Seite 151 f.:	Text von Tania Konnerth, Hamburg aus: www.zeitzuleben.de
Seite 153:	Hörspiel: Dora is wech von Axel Marquardt* mit freundlicher Genehmigung von Radio Bremen; Abbildung „Herz Dame" mit freundlicher Genehmigung der Spielkartenfabrik Altenburg
Seite 155:	aus: Loriot, Szenen einer Ehe © 1983 by Diogenes Verlag AG Zürich
Lektion 6	
Seite 167:	Foto eines alten Uni-Gebäudes: Universität Heidelberg; alle anderen: Universität Paderborn; Witze aus: UniCum 9/1998 © UniCum-Redaktion, Bochum
Seite 168 f.:	Text 1, 2, 3, 4 aus: Brigitte Sonderheft „Job und Karriere" special 2/98, Picture Press, Hamburg
Seite 170:	Hörtext: Privathochschulen – klein aber fein von Frank Niess aus der Radiosendung: Wissen – Wissenschaft im Gespräch SWR 2 vom 2.9.98 mit freundlicher Genehmigung von Herrn Niess
Seite 171/185/193/194	Globus-Infografik, Hamburg
Seite 173 f.:	Text aus: Dietrich Schwanitz, Der Campus. © 1995 Eichborn AG, Frankfurt am Main
Seite 176 f.:	Mit freundlicher Genehmigung für die Verwendung der Fotos von Dr. Friedberg Pflüger; Rupert von Plottnitz; Anke Brunn; Ottmar Schreiner (© J. H. Darchinger, Bonn); Text aus: UniCum 16, Nr. 1 (Jan. 1998) © UniCum-Redaktion, Bochum
Seite 178 f.:	Text von Beate Beering aus: Süddeutsche Zeitung vom 18.4.98
Seite 186 f.:	Text aus: Wirtschaftswoche Nr. 51 vom 10.12.98 © Verlagsgruppe Handelsblatt, Düsseldorf
Seite 189 f.:	Text aus: UniCum 16, Nr. 1 (Jan. 1998) © UniCum-Redaktion, Bochum
Seite 190:	Text von Andreas Köster aus: Academix 1999 © Academia-Press/Studenten-Presse, Heidelberg
Seite 191:	Text von Martin Spiewak aus: DIE ZEIT 2000.02.17 © DIE ZEIT, Hamburg
Lektion 7	
Seite 199:	MHV-Archiv; Filmprojektor: Kinoton, Filmtheater- und Studiotechnik, Germering; Schreibfeder: AKG Berlin; Leichamschneider: „Naturtrompete": Kunsthistorisches Museum, Wien; alle anderen: Gerd Pfeiffer, München
Seite 200–205:	Fotos: AKG-Images, Berlin
Seite 202 f.:	Text aus: Aus dem Leben eines Taugenichts, Band 2, hrsg. von Richard Dietze, Leipzig/Wien, Bibliographisches Institut & F.A. Brockhaus, Dudenredaktion, Mannheim
Seite 205 f.:	Text aus: Der Volks-Brockhaus, Deutsches Sach- und Sprachwörterbuch für Schule und Haus, 9. Verb. Auflage, Leipzig 1940, S. 254–255, Bibliographisches Institut & F.A. Brockhaus, Dudenredaktion, Mannheim
Seite 209:	Textauszüge aus: Johann Peter Eckermann, Gespräche mit Goethe in den letzten Jahren seines Lebens © 1922 by Knaur, Berlin
Seite 210:	Foto: Gerd Pfeiffer, München
Seite 210-13:	Foto a, f, g: Jochen Keute, Frankfurt am Main; Foto b, d (Seifert), c (Marth), e (Keute) © Tourismus + Congress GmbH Frankfurt am Main
Seite 213:	City-Plan Frankfurt/M.: Stolz Design Rodgau
Seite 213 f.:	Stadtgeschichte aus: Karl Baedeker: Frankfurt am Main, 6. Aufl. 1998, S. 39–42 © Verlag Karl Baedecker, Stuttgart
Seite 218 f.:	Auszüge aus Goethes Werke
Seite 219 f.:	Text von Ulrich Plenzdorf aus: Die neuen Leiden des jungen W. © 1973 by Suhrkamp Verlag, Frankfurt (S. 41f)
Seite 221:	Zeichnungen: Sepp Buchegger, Tübingen
Lektion 8	
Seite 226:	Europa-Parlament: MHV-Archiv (MEV C. Koserowsky); Europa mit dem Stier: AKG Berlin
Seite 227:	Text aus: www.europarl.de
Seite 228 f.:	Textauszug aus: W. Weidenfels/W. Wessels: Europa von A–Z, 5. Aufl. © 1995 by Europa Union Verlag, Bonn; Grafik: Zahlenbilder © Erich Schmidt Verlag, Berlin
Seite 229:	Hörtext „Euromarketing" von den Scheinheiligen mit freundlicher Genehmigung von Christian Ehring und Volker Diefes, Düsseldorf
Seite 230:	Grafik: Globus-Infografik, Hamburg
Seite 232 ff.:	Textabdruck mit freundlicher Genehmigung des Bayerischen Brauerbundes, München
Seite 238:	Hörtext „Schweizer sein" von Franz Hohler mit freundlicher Genehmigung von Herrn Hohler, Zürich
Seite 239:	Text Gustav Schwab aus: Sagen des klassischen Altertums. © 1998 by Insel Verlag, Frankfurt/M.; Foto: AKG-Images, Berlin
Seite 241:	Foto: Thomas Stark, Maitenbeth